2022年度山东省高等学校

"青创团队计划"团队项目(编号:2022RW004)阶段性成果

刑事合规的理论前沿

李本灿 主编

北京大学出版社

图书在版编目(CIP)数据

刑事合规的理论前沿 / 李本灿主编. —北京：北京大学出版社，2023.8
ISBN 978-7-301-34146-9

Ⅰ.①刑… Ⅱ.①李… Ⅲ.①刑法—研究—中国 Ⅳ.①D924.04

中国国家版本馆 CIP 数据核字（2023）第 118744 号

书　　　名	刑事合规的理论前沿 XINGSHI HEGUI DE LILUN QIANYAN
著作责任者	李本灿　主编
责任编辑	孙　辉　方尔埼
标准书号	ISBN 978-7-301-34146-9
出版发行	北京大学出版社
地　　　址	北京市海淀区成府路 205 号　100871
网　　　址	http://www.pup.cn　http://www.yandayuanzhao.com
编辑部邮箱	yandayuanzhao@pup.cn
总编室邮箱	zpup@pup.cn
新浪微博	@北京大学出版社　@北大出版社燕大元照法律图书
电　　　话	邮购部 010-62752015　发行部 010-62750672 编辑部 010-62117788
印　刷　者	大厂回族自治县彩虹印刷有限公司
经　销　者	新华书店
	650 毫米×980 毫米　16 开本　26.75 印张　383 千字 2023 年 8 月第 1 版　2023 年 8 月第 1 次印刷
定　　　价	98.00 元

未经许可，不得以任何方式复制或抄袭本书之部分或全部内容。
版权所有，侵权必究
举报电话：010-62752024　电子信箱：fd@pup.pku.edu.cn
图书如有印装质量问题，请与出版部联系，电话：010-62756370

序　言

李本灿教授主编的《刑事合规的理论前沿》是一部介绍近年来国内外理论界研讨刑事合规理论发展的著作。作为讨论参与者之一，应本灿教授之邀，欣然作序。

记得2018年，本灿教授组织一批年轻学者编译出版了《合规与刑法：全球视野的考察》（中国政法大学出版社2018年版），集中展示了国外学者多年来关于合规研究的基础理论，为国内刑事合规研究提供了重要的理论参鉴。差不多同时，最高人民检察院检察理论研究所主办的《中国刑事法杂志》为推动国内刑事合规的研究，专门将刑事合规作为一个重要选题，约请了有关学者从不同的角度对刑事合规进行探讨，并于2019年第2期集中刊发了几篇研究文章；同时，中国人民大学刑事法律科学研究中心、《中国刑事法杂志》编辑部在2019年5月共同主办了"合规、刑事风险与单位犯罪"研讨会，结合相关文章，就刑事合规引入的正当性基础进行了深入的研讨，刑事合规迅速成为法学界的一个热门话题。山东大学法学院敏锐地抓住这一前瞻性的议题，在2019年秋天成立了以本灿教授为执行主任的刑事合规研究中心，并举办了首届"刑事合规理论与实务"高端论坛，国内研究刑事合规的学者来到美丽的山东大学青岛校区，就刑事合规的相关问题进行研讨。我有幸应邀参加了论坛，并就刑事合规与刑法教义的关系作了主题发言。此后，新冠疫情肆虐的三年中，线下研讨一度受阻，但山东大学法学院刑事合规研究中心的研讨活动并没有中断，通过线上举办"刑事合规名家论坛"，邀请国内研究刑事合规的专家进行讨论交流，同样取得了丰硕的研究成果。本书的特点之一，就是原汁原味地记录了相关研讨会嘉宾的主题演讲、与会学者的点评与谈,不同观点的交锋使我们一下子回到了当时的研讨场景。对关注合规研究的读者而言,本书既回顾了近年来国内学者对刑事合规研究的努力,又揭示了当下刑事合规实践的问题域,值得推荐。

现阶段人们对刑事合规的研究,大致有刑事诉讼法学、刑法学和犯罪学三个主要视角。刑事合规制度的快速发展与企业合规不起诉、暂缓起诉制度具有密切关联。因此,围绕着暂缓起诉,通过建构程序上的制度对企业合规进行激励,事后刑事合规对涉罪企业或者涉罪的企业成员予以不起诉,就成为刑事诉讼法学者研究的重点。可以说,一段时间以来,与刑事合规相关的研究主要围绕企业合规不起诉制度的构建而展开。实体刑法的研究范式,着重研究的是刑事合规对单位犯罪定罪量刑带来的实体影响,将合规激励的内容尽可能融入刑法教义,从刑法规范内部、责任主义和罪刑法定等视角论证推进合规改革并使其获得正当性的基础。犯罪学研究的视角,是从刑事诉讼法和刑法规范外研究刑事合规制度,主要是从传统的企业犯罪应对策略的失效、预防犯罪的刑事政策对策上论证刑事合规制度,从国家与企业合作共治的角度论证企业合规对预防企业犯罪的主要意义,并赋予其正当性基础。应该说,刑事合规的这三个研究方向,对刑事合规激励的正当性和合法性都非常重要。通过不同的视角和范式选择刑事合规的某个侧面,通过既有的理论推导,构建刑事合规的正当性基础,这无疑是有意义的。但正因为视角不同,各有侧重,刑事合规也就有了多重阐释,如果仅仅专注于刑事合规的一个侧面,则难以理解刑事合规的全部内涵,且容易形成不同领域的研究各说各话,缺乏整体、相同的观察,甚至相互抵牾。例如,目前人们的研究更侧重程序上的合规激励制度构建,涉罪或者涉案企业通过承诺建立有效的合规制度,予以不起诉处理。而单纯地从程序上思考合规改革的研究范式,大多形成了脱离实体刑法的现象,甚至形成了对实体法的直接否定,这种不正常的冲撞就有可能偏离合规改革的法治方向,也容易遭到来自方方面面的质疑。

由此看来,尽管没有理由指责人们在研究刑事合规过程中偏执于某一学科的信条,但单纯强调某一方面,限制了研究的广度和深度,确实难以支撑刑事合规的正当性基础。在实践中,这种分割、脱离的现象直接影响了刑事合规的深入发展。换句话说,刑事合规的目标得以实现,需要一个非常重要的维度,就是一个多元的、相互融合的一体化思维,以避免学科划分所带来的羁绊。刑事合规制度建构的基础是法人(单位犯罪)制度。法人犯罪本身是刑事政策的产物,而对法人犯罪如何追究刑事责任,有赖于刑事实体和刑事程序相互配套、同向发力的制度。值得肯定的是,本书所涉及的刑事合规研究主题较为开放,既有刑法学的视角,也有诉讼法和刑事政策的路径,既有德国、法国、意大利等国家刑事合规理论与实践的最新动向,也有我国检察机关企业合规改革中实践问题的分析;既有宏观的刑事合规与相关刑法、刑事诉讼法理念变革,也有合规与反洗钱、合规与第三方监管机制等具体问题,其中,民营企业的刑事合规问题、《民法典》中的合规要求对企业刑事合规的影响,拓展了现阶段刑事合规的研究视野,能够让我们看到更为完整的刑事合规意涵。

刑事合规不是中国的本土原创。本书中,《德国刑事合规的基本问题》《合规问题在德国的最新发展:企业主对于员工实施的业务关联性犯罪行为的责任》《意大利企业组织模式的适当性标准及其证明》《法国反腐败合规立法创新及其启示》等文章带来了国外刑事合规理论研究和立法改革的最新成果,对于中国刑事合规制度的建构和理论研究的深入都具有启示意义。当然,刑事合规的实践是多元的,任何制度的借鉴都不等于照搬照抄,域外的问题也不等于中国的问题。再成功的制度,在不同的环境中都会有一定的变异,正是这种变异,反映了刑事合规制度的本土化进程,并丰富了刑事合规本身的内涵。因此,刑事合规制度在我国落地生根的过程中,尤其需要提取我们自己的经验和创造,给出契合和融入我国刑法单位犯罪制度的刑事合规方案,这也是刑事合规研究的理论真正意义所在,而这离不开学界的不懈努力。本书的出版,正是这种努力的重要收获。

是为序!

孙国祥*

2023年3月19日

---

* 南京大学法学院教授、博士生导师,江苏省刑法学研究会会长。

目 录

上 篇

刑事合规的刑法教义学思考 / 003
德国刑事合规的基本问题 / 038
民营企业的刑事合规问题 / 069
刑事合规与当代刑法改革 / 100
单位犯罪刑事案件量刑建议与不起诉制度 / 119
刑事合规检察实践的基本问题 / 140
金融合规与我国反洗钱刑事规制 / 166
企业合规不起诉:误解及纠正 / 199
我国《民法典》中的公司合规要求及其对未来立法的影响 / 234

下 篇

合规问题在德国的最新发展:企业主对于员工实施的业务关联性犯
　　罪行为的责任 / 263
意大利企业组织模式的适当性标准及其证明 / 283
法国反腐败合规立法创新及其启示 / 302
企业刑事合规引介的正当性及路径选择 / 333
检察机关服务企业重大法务风险防控研究 / 359
检察视角下企业合规第三方监管机制的构建 / 391
后　记 / 413

上篇

刑事合规的刑法教义学思考

主讲人：孙国祥（南京大学法学院教授）
与谈人：柳忠卫（山东大学法学院教授）
　　　　付玉明（西北政法大学刑事法学院教授）
　　　　蔡　仙（苏州大学王健法学院副教授）
致辞人：周长军（山东大学法学院院长、教授）
主持人：李本灿（山东大学法学院教授）
时　间：2020 年 10 月 25 日

主持人·李本灿

　　大家晚上好，我是今晚的主持人，来自山东大学法学院刑法学科的李本灿。由于时间的关系，我先简单做一个开场白，给大家介绍一下参加今天活动的各位嘉宾老师。他们分别是来自南京大学法学院的孙国祥教授、西北政法大学刑事法学院的付玉明教授，以及苏州大学王健法学院的蔡仙博士。此外，还包括我们本院的两位知名学者，周长军院长以及柳忠卫教授。

　　接下来我简单介绍一下今天主讲人以及与谈人的学术背景，首先是孙国祥老师。孙国祥老师是南京大学法学院的教授、博士生导师，他还有非常多的学术头衔，我就不一一介绍了。大家都知道孙国祥老师是以研究经济刑法见长的，最近这几年我们也都关注到孙国祥老师在他的研究方法上出现了很大的转变，孙老师现在开始用教义学的研究方法来解释经济刑法中的很多问题。针对经济刑法中的一个很重要的议题——刑事合规的问题，孙国祥老师这几年也特别地关注，他用教义学的方法来研究刑事合规，对国内刑事合规问题的研究起到了很好的引领性作用，我们大家也都看到了孙老师相关著作的发表。

第二位是付玉明老师。付玉明老师是西北政法大学的"长安学者"、特聘教授。付老师于武汉大学法学院获得法学博士学位,曾经长期留学日本,对于刑法教义学有非常深入的研究。近几年,我注意到付老师对刑事合规问题也有所关注和研究。

接下来是蔡仙博士,蔡仙博士毕业于北京大学法学院,获得了博士学位,她还曾经长期留学德国。由于德国对于合规问题的研究更多的是采用教义学的方法,因此蔡老师也深受德国学者的影响,对于刑事合规的教义学的问题也有非常深入的研究。

最后是柳忠卫老师,柳老师是山东大学法学院的教授、博士生导师,是我们的学科带头人,还是山东大学法学院刑事合规研究中心的主任。柳老师对刑法教义学也有长期的关注,对于刑罚论等相应问题也有非常深入的研究。近几年,可能由于工作的原因,他对刑事合规问题也非常关注。

以上是主讲人与几位与谈人学术背景的情况。介绍完各位老师之后,我们正式进入讲座的议程。因为今天晚上是系列活动的第一讲,非常荣幸地邀请到了山东大学法学院的周长军院长,请周院长进行一个简短的致辞,来介绍这一系列讲座的情况。

致辞人·周长军

谢谢本灿老师。尊敬的孙国祥教授、付玉明教授、蔡仙博士,以及今晚参加刑事合规名家论坛第一讲的各位老师、各位同学、各位同人,大家晚上好。刑事合规是当下我国刑法学、刑事诉讼法学和公司法学各学界普遍关注的一个焦点的研究话题,也是我们检察系统目前正在开展的改革试点问题。我关注到不少的检察机关现在正在进行企业合规暂缓不起诉的试点,可以说,合规问题也是实务部门高度关注的一个问题。

山东大学法学院刑事合规研究中心自成立以来,在柳忠卫教授、李本灿教授卓有成效的推动下,组织了系列的学术活动,形成了山东大学法学院刑事合规方面的一些鲜明特色,受到了国内外同行的广泛关注。今年是山东大学法学学科复办四十周年,为此法学院也组织了各个系列的学术活动来庆祝。在这个背景之下,山东大学法学院刑事合规研究中心进行了长时间的筹划、酝酿,组织举办这次刑事合规系列名家论坛。我们非常荣幸地邀请到了10位国内刑法学界、刑事合规学界以及民商法学界非常著名的专家、学者来担任主讲人,同时,我们也邀请到了国内对此方面非常有研究的中青年学者担任与谈人。这个系列论坛的开展,希望能为山东大学法学学科复办四十周年献上一份厚重的礼物,同时也希望通过系列论坛的举办能为我国刑事合规问题研究的进一步推进做出我们的努力和贡献。最后,衷心感谢接受邀请为我们刑事合规名家论坛做主题报告的各位专家学者和与谈人,也祝我们刑事合规系列名家论坛取得圆满成功!谢谢大家!

主持人·李本灿

谢谢周院长的致辞,也谢谢周院长成全这次活动。现在我们正式开始今晚的讲座内容,有请孙国祥教授就刑事合规的教义学问题给大家作分享,欢迎孙老师。

主讲人·孙国祥

尊敬的周院长、忠卫教授、玉明教授、蔡仙博士,大家晚上好。首先要祝贺山大法学院学科复办四十周年,也祝贺刑事合规高端论坛的举办。我觉得非常有意义,因为山东大学法学院刑事合规研究中心在忠卫教授和本灿教授的领导之下,成为国内刑事合规研究的一个"重镇"。本灿跟我联系说让我作一个抛砖引玉式的发言,我也是盛情难却。今天我主要想就刑事合规的教义学问题谈一点体会,供大家参考。

一、问题概览

我想讲四个问题:

第一,今天为什么要提出刑事合规的教义学问题。近几年来,刑事合规正成为我们国家刑法理论界的一个热点议题。刑事合规虽然肇始于刑法学界,但是从目前的趋势来看,刑事诉讼法学界的研究也非常热烈,甚至其他的学科像公司法学科对此也都有研究。有学者认为,严格意义上来讲,刑事合规的问题不是刑事实体法的问题,而是刑事诉讼法方面的问题。当然这个可以研究,我个人认为,任何程序的问题实际上最终可能还是归结到实体问题,因此,刑法理论界研究刑事合规也是义不容辞的。理论研究的深入,实际上也影响到了实务界。在律师界,刑事合规正成为刑事辩护律师的一个新的业务领域;在检察机关,刚才周院长也提到,针对企业犯罪日益严重的现实,从最高人民检察院到各个地方检察院,都出台了有关应用刑事合规的规定,在审查起诉的过程中如何运用刑事合规,对企业犯罪作出变通处理,以此推动企业合规。我觉得,从目前的趋势来看,刑事合规不但创设了一个新的违反规则的领域,构建了一个新的刑法构成要件的连接点,而且也会产生排除刑事可罚性的效果。当然,学界在肯定刑事合规意义和重要性的同时,对刑事合规的正当性基础也存在着一些疑虑,这个疑虑实际上大多依据的是传统的刑法教义学。也就是说,刑事合规跟我们传统的刑法教义学是不是或者说可能不可能存在着抵触?是不是损害了刑法的确定性和安定性?因为传统的刑法教义以实然规范为基础所建构的定罪量刑的体系基本上是封闭的、稳定的,它通过对刑法形式理性的遵从,以实现刑法的安定性、稳定性,而刑事合规具有预防性刑事政策的意味,它引导下的定罪量刑的体系具有一定的开放性,强调的是定罪量刑的合理性。在满足了某种合规要求以后,可能某种行为不作为犯罪认定或者作为从宽处罚的事由,那么这是否意味着刑事合规因为规范性的不足而有损刑法的确定性和安定性?这是一个疑虑。

第二,刑事合规是不是侵蚀了传统刑法教义所倡导的责任主义原则?

作为刑事合规制度的重要内容,不合规就可能存在着刑事可罚性。不合规产生的刑事后果意味着企业刑法上的监督义务范围的扩大,刑罚成为督促履行监督义务的一个重要手段。这是不是跟传统刑法上的行为主义、罪刑法定主义、法益保护主义、责任主义这些基本的原则相冲突?基于预防而制定的刑罚是不是超出了行为人的责任程度,尤其是传统刑法教义下,过失犯罪的刑事责任是建立在行为人对自己违反注意义务的不当行为承担责任的基础上的,任何人只对自己的行为负责,不需要对他人的不当行为承担责任。刑事合规下的刑法制度,意味着企业或者企业的监督者、管理者要对企业员工的不法行为承担责任,这是不是代人受过?是不是背离了传统的归责原则?是不是与传统的刑法教义学相抵触?上述这些重要问题,特别是管理人员的责任,基于目前的理论还没有得到充分的解决。

第三,满足了刑事合规要求的情况下,减轻甚至排除刑事可罚性的正当理由何在?因为传统的刑法教义强调罪刑相适应,应得刑罚的报应主义是配置或者裁量刑罚的基础。刑事合规以削减应得刑罚来实现刑法的预防利益,在实现了构成要件的场合,实施了合规措施或者准备实施合规措施的企业可以得到从宽处理。这种基于刑事政策需要而导致的报应刑的削减或者免除,是不是偏离了得其所得的刑罚正义目标?

第四,刑事合规会不会背离传统法治国刑法人权保障的理念?因为合规根据其内容可以分为预防合规(主要是针对可能的合规风险所采取的预防性措施)和监控合规(为了控制内部风险,赋予企业建立一个预防犯罪的内部组织调查乃至采取处置措施)。刑事追诉一定程度上有私人化的倾向,这是否会动摇法治国传统的刑法人权保障理念?

这些疑问是理论研究需要进一步解决的问题,就是说我们今天为什么要讨论这个问题。

二、刑事合规与刑法教义的关系

我个人认为,刑事合规是不是要因循当下的刑法教义体系,接受刑法教义学的检验,这涉及刑事合规跟刑法教义的关系问题。关于刑事合规和刑法教义的关系,从理论上有两种不同的思路或者说两种观点:

第一种观点认为,刑事合规不需要建立在传统刑法教义的基础之上,而应该立足于发展新的刑法理论。例如,德国罗什教授认为,刑事合规属于经济刑法领域,经济刑法是刑法不断细化过程中而出现的二级学科,刑法的这些新领域在越来越复杂的现实中变得更加多样,并且逐渐地偏离一致的学理规则。实际上,他所表达意思就是,经济刑法应该具有一定的独立性,需要从以前的或者说从传统的刑法教义中解放出来,具有自己刑事责任的特定规则,不需要完全遵循传统的刑法学的规则,这种思路下的刑事合规就是经济刑法学中的新的"学理规则",不需要受到传统刑法(教义)的束缚。

第二种观点则坚持传统的教义学理念,认为刑事合规不能脱离传统的刑法教义。例如,日本著名学者甲斐克则教授认为,刑事合规仍然需要以传统的行为主义、罪刑法定主义、责任主义这些基本的原理为前提,不能处罚形式上的违规行为。德国也有学者强调刑事合规最终必须且也能够与刑法的原则相一致。也就是说,刑事合规不能脱离传统的刑法教义去标新立异,只能在传统的刑法教义框架内发展,只有这样,刑事合规才能获得正当性基础。

在我看来,不同的观点、不同的思路,实际上反映了不同的价值导向。前者站在与时俱进的社会发展立场上主张,新领域的刑法问题不需要固守传统的刑法教义,而是要着重强调重塑新的刑法理论,通过新的刑法理论使刑事合规获得正当性基础。原因是,刑事合规产生的外在原因是社会经济发展的变化,工业革命带来社会繁荣的同时,也催生了诸多难以预测的风险,导致了刑法任务的转向,即从传统的事后惩治向风险防范偏移。由此主张每个时代都应该有自己的刑法理念。第二种观点实际上是坚守古典主义法治国的刑法理念,它体现了对传统刑法教义根基和纯正性的守护。既然刑法教义是系统化的刑法知识,那么当下刑法所要解决的问题也必须在传统的刑法教义中寻找理论支撑和解决方案,把刑法教义作为检验刑事合规妥当性的准绳,刑事合规的发展不能脱离传统刑法教义的边界,其概念需要得到传统刑法教义的标识。这是两种不同的思路。

怎么来看待上述两种不同的观点?我个人认为这两种观点都有一定的偏颇,过于偏颇的思路可能会影响我们对刑事合规问题的全面认识。对于一个新的刑法概念,如果我们只能小心翼翼地在传统刑法教义学的范畴内发展,大抵可以得出否定刑事合规正当性的结论。既有的刑法概念如果只能在固化的刑法教义框架内发展的话,可能会制约刑法理论本身的发展。但反过来讲,如果我们对刑法教义缺乏敬畏之心,刑事合规可能就会成为纯粹刑事政策的产物,就会成为游离于刑法之外的制度。而完全游离于刑法体系之外的刑事政策的举措,在法治社会不应该得到肯定。基于以上认识,德国学者对刑事合规有一个很有启发性的观点认为,刑事合规性并不是刑法的替代物,而是跨学科认知和系统化推动的预防工作的一个新的形式。既然刑事合规不是刑法的替代物,它就不能脱离刑法,也就不能脱离传统的刑法教义。但是刑事合规又是跨学科认知的新形式,具有预防性刑事政策的意涵,所以刑事合规制度的建构就需要有更广阔的视野,不能完全拘泥于传统封闭的刑法教义。由此我个人觉得,刑事合规和刑法教义学的关系,可以用两句话概括:刑事合规以教义学为基础,同时刑事合规以发展教义学为使命。

第一,刑事合规需要刑法教义提供理论支撑。首先,刑事合规与刑法教义学有着共同的输入基础,也就是实然意义上的刑事实体规范。刑事合规重要的机能是什么?是避免企业刑事风险,避免企业的刑事责任。刑事风险、刑事责任来源于何方?都来自刑事实体法的规定。既然如此,刑事合规也要以刑事实体法的规范为依据,基于刑法的实然规范的内容来预测可能带来的刑事责任和刑事风险。从这个意义上来讲,刑事合规不过是在前置领域预先对刑事实体法的规定加以具体地落实,任何为实现刑事合规而采取的预防措施必须为法律所允许,其本身不能逾越刑法的规定。其次,刑事合规也离不开刑法理论的指导。对企业而言,刑事合规意味着刑法规范性要求的落实。我们都知道,立法所确定的规范本身具有抽象性,简约的文字虽然能够使我们大概知道其内涵,但是实务中衍生出来的问题往往比现成的答案要多得多,所以规范的含义通常需要刑法的解释加以明确。刑法教义学的核心就是规范的理性解释。刑法教义为使人们更好地理解刑法规范,提供了强有力的认知模型、分析的根据和分析的基准,使刑法的适用建立在逻辑严密、精确的理性推理的基础之上。可以说,现代刑法教义实际上是解构、理解现代刑法所必不可少的工具。为了防范刑事风险而实施的刑事合规,需要对刑法规范本身有正确的理解,脱离了刑法教义,对刑法的理解可能仅仅建立在直觉的基础之上,而不了解刑法教义所反映的理念,对刑法的理解就会发生偏差乃至发生错误,而建立在错误理解基础之上的所谓的刑事合规措施,自始就可能没有效力,也不会起到预防犯罪的效果。例如,企业刑事合规的很重要的一个目标就是预防腐败,包括对内对外的腐败。对腐败犯罪而言,特别是相对于贿赂犯罪而言,需要对刑法上的贿赂犯罪有一个精确的把握。例如,什么是财物?在刑法教义学的范畴内,财物不仅仅包括传统的金钱、物品,还包括财产性的利益。由此可见,刑法教义为我们提供了一系列的概念、解释和体系化的分析框架,它可以帮我们解析并且统一适用刑法规范。刑事合规如果脱离了刑法教义的指导,可能成为一个自说自话的概念,无法融入刑法学科体系中,而且缺乏刑法教义的滋养,刑事合规的实践和理论注定无法走远。

第二,我认为刑事合规应该是教义学的发展,教义学是刑事合规的边界。刑事合规虽然以刑法以及刑法教义为基础,但它不同于刑法规范本身,也无法完全为传统的刑法教义所贯通。所以在我看来,它应该是发展了的刑法教义。首先,刑事合规需要刑法教义掣肘。刑事合规是企业、相关部门或者相关人员为了企业利益或者避免企业的刑事风险而制定的,与刑法的回顾性的处理方法不同,刑事合规主要是前瞻性的。也就是说,刑事合规所追求的预防犯罪的宗旨,通过犯罪化、非犯罪化、非刑罚化的刑事政策机能得以体现,所以刑事合规具有刑事政策的意义。刑法教义所追求的稳定性与刑事合规所倡导的灵活性之间存在着差异。不过我们也知道,当代刑法学强调教义学中引入刑事政策的重要性,提出了以刑事政策为导向的刑法体系,让刑事政策的思想贯彻到刑法教义学中去。一方面,教义学接纳了刑事政策,为教义学的发展注入了活力;另一方面,刑事政策也可以进入教义学,为刑事政策可能的任性发展套上一个"缰绳",所以刑事合规的政策性导向并不必然与现代刑法教义相矛盾。

其次,刑事合规是传统刑法教义基础之上的发展。刑法教义虽然具有稳定性,但并不固守传统,也并非一成不变。事实上,刑法教义学在不同的国度、不同的历史时代存在着显著的差异。所有的刑法理论(包括刑法教义)都应在实践中得到检验和发展,或者校正原有的教义,或者发展新的理论。因为刑法始终要面对和解决犯罪问题,而犯罪的质和量会随着时代的变化而变化,这也是推动刑法应对发展和变革的力量。所以在我看来,刑法教义应适应社会生活、社会实践,而不能为了教义学的自洽而排斥刑法理论的发展。所以,仅仅从理论发展的角度而言,刑法教义学的发展绝不是简单地从法条中获得的,而是在对内涵不清或者内容欠缺的法条进行无数次的补充和完善构成中逐渐形成的。现在,理论界正在讨论积极刑法观,当然也有很多学者持反对的意见。刑法学界广泛讨论的积极刑法观对于国家刑罚权扩张创设了"风险刑法""预防刑法"等新的概念,促进了刑法教义学的创造性的转换。可以说,教义学并不是自给自足的,它也需要因应时代。所以在我看来,大可不必因为教义学的时代变化而感到诧异,更不应该将刑事合规视为教义学发展的异端,反而应当充满热情地去设法将其接纳到教义学的体系里面。

三、刑事合规视野下的刑法教义学发展

刑法教义学是将刑法的范畴加以理论化、体系化的结果。在今天,刑法教义学已经形成了由法学界法学家设计的精密复杂而且相对稳定的概念体系。刑事合规与刑法教义并没有根本性的冲突,但是如何将刑事合规融入现有的刑法理论体系,还需要用现代的刑法分析工具进一步论证。

我认为有这么几个问题需要进一步论证：

第一，刑事合规与企业的刑事责任的问题。从目前的刑事立法趋势来看，世界上已经有越来越多的国家肯定了法人犯罪、企业犯罪，我国也是一样。我国单位犯罪立法虽然起步比较晚，但发展得比较快，无论是单位犯罪的罪名数量，还是单位犯罪的成立范围，在世界各国都应该是走在前面的。在这样的背景下，刑法教义实际上已经摆脱了当年法人犯罪肯定说与否定说之争。在20世纪八九十年代，特别是80年代末期90年代初期，学界围绕着法人犯罪肯定说和否定说展开了激烈的争论。现在的理论争议焦点已经转向了法人负刑事责任的根据问题。在这个问题上，理论界现在还没有达成共识，所以国外有学者认为，法人犯罪的追责根据仍然是"法人刑法理论中的最黑暗的黑洞"。最初，受传统刑法归责原则的影响，法人犯罪的刑事责任建立在严格责任基础之上。立法一方面肯定法人的刑事责任，另一方面把法人的刑事责任建立在企业员工或者代理人的犯罪行为基础之上，企业实际上是对企业员工或者代理人的违法犯罪活动负责。对于一个大企业来讲，即使是最末端职员的行为，只要能认定员工的犯罪行为与企业的业务具有客观上的联系，就可以追究法人的刑事责任。这种替代责任建立在民事上"仆人有过主人负责"的归责原则基础之上，把自然人的意识直接作为企业的行为和意识，把企业员工的犯罪直接与企业的刑事责任挂钩，企业对员工的犯罪承担绝对责任。在今天看来，这种做法显然不适当地扩大了企业刑事责任的范围，也背离了传统刑法教义的责任主义原则。从另外一个角度讲，如果员工为了企业利益实施了犯罪行为，让员工个人承担责任也不公平。到现在为止，刑事责任到底应当如何确定还没有统一的认识。

晚近以来，理论界关于法人刑事责任根据的讨论视角开始转换为法人自身的责任，即所谓组织体责任。组织体责任论把企业的责任建立在企业成员与企业相关联的基础之上，其理论根据在于：一是企业存在着"前过错"。企业承担责任的真正的实质原因不在于企业成员的犯罪行为，而在于企业对其应当采取必要措施以便确保符合规范行为的自身义务的违法,这也就是所谓的"前过错"的问题,这是企业承担刑事责任的实质理由。二是来自明确的法定的规范,也就是把自然人行为的责任归责于企业。它的构成要件是由立法者作为归责规范而设立。这种企业过错模式回答了为什么在处罚了具体实施犯罪的行为人之后,还要另外惩罚企业。第一是因为企业有过错,企业没有采取必要的措施来确保员工、企业符合规范的行为,企业违反了这个义务;第二是基于法律明确的规范。实际上,正是理论上关于企业刑事责任根据的一个新视角,为刑事合规的产生和发展奠定了基础。也就是说,刑事合规实际上是建立在企业预防犯罪的基础之上的,即有"前过错"的基础之上。

我国刑法上的单位犯罪,无论是司法解释还是相关的理论,目前单位犯罪的刑事责任都是建立在传统的个人责任基础之上。也就是说,单位犯罪的罪过是由单位的决策机关形成的,具体实施犯罪的单位成员为单位利益而实施犯罪,要么得到了单位的授权,要么得到了单位的确认,否则单位成员为单位利益而实施的犯罪行为不能认定为单位犯罪。这种归责原则免除了单位对预防员工犯罪行为的组织责任,也就是管理监督责任限缩了单位犯罪的范围,为单位规避刑事责任提供了方便条件。我国学者已经注意到我国刑法对单位犯罪归责原则的不足,提出了对于法人刑事责任的追究,应该从个人到组织的间接模式转向直接追究法人责任的组织责任模式。我也认为,我国要真正建立刑事合规制度,离不开单位犯罪归责原则的转型,单位刑事责任的直接根据不应仅限于单位决策机构去指挥员工去实施犯罪,还包括单位具有先前的管理上的过错,在没有有效地阻止员工犯罪而存在"先在"的管理上过错的情况下,单位也应该承担刑事责任。

第二,刑事合规与企业主管人员的刑事责任的问题。企业终究是人管理的,企业的组织过错实际上也可以归责于人的过错。现代刑法对企业犯罪大都采取"两罚制"或者"三罚制",当企业犯罪是由企业的主管人员直接组织、指挥、参与犯罪,那么企业以及企业的组织者、积极参加者应该承担刑事责任,这个没有异议,这与我国现在的单位犯罪规定是一致的,基本上不属于刑事合规所讨论的范围。刑事合规所关注的,是当企业员工为了企业利益而实施犯罪,比如企业员工为了企业利益而行贿,或者企业员工实施了与企业有关联的行为,例如受贿,企业主管人员对犯罪行为并没有直接的参与关系,没有去组织、指挥,甚至也没有默认,主管人员要不要负刑事责任?如果说主管人员仍然需要对员工犯罪负责的话,其负责的依据是什么?或者说,合规提出的一个重要问题是企业员工犯了罪以后,其犯罪行为或者公司管理机构和其他成员对监督义务的违反,在多大程度上属于公司可罚性的构成要件?也就是说,公司员工犯了罪,企业要在多大程度上对此犯罪承担相应的刑事责任?

这就涉及两个问题:

其一是如何认定企业主管人员的主观罪责的问题。美国学者认为,企业主管人员的责任是在不具有传统责任类型情况下的一种例外归咎。也就是说,它是超越传统归责原则的独立责任类型。企业的主管人员要对企业的员工的犯罪行为负责,归责基础是一种例外的归责类型,不是传统的归责类型,传统教义学的责任主义不能适用于企业主管人员的主观罪责。这种超越传统归责原则的独立责任类型肯定是大陆法系的刑法理论所不认同的,因为责任主义是大陆法系刑法教义的基石。如果简单地把企业员工的故意过失作为主管人员的故意过失,则背离了传统的不法与责任的刑法教义。为此,大陆法系发展了过失犯罪的理论,以此来论证相关企业人员的责任。在德国,学理上往往把企业高管人员置于保证人的地位,让企业主首先有义务遵守适用于行业的法律规范、经验规律、交往习惯。也就是说,他必须对自身责任范围内的危险源负责,并确保危险不会对他人的法益产生威胁。如果员工因为违反了其对于所有者的义务而犯了罪,以及所有者故意或者过失地不采取必要的监督措施阻止该犯罪,那么这个企业或者公司的所有者(企业的主管人员)对这些情况下的行为,也应该负刑事责任。所以从这个角度上来讲,企业被视为对第三人的危险来源,企业的所有者、领导者就具有了防止他的员工针对第三人实施犯罪行为的保证人的地位。德国著名经济刑法学家、经济刑法学之父梯德曼教授曾经指出,"将企业视为对第三人之危险来源,则企业所有人和负责人即有防止其员工对第三人为犯罪行为的保证人义务"。也就是说,肯定企业主管人员具有预防员工犯罪的保证人义务。这是怎么认定企业主管人员的主观罪责的问题。

其二是如何认定合规管理的疏虞与法益侵害结果的因果关系问题。从教义学的角度来讲,教义学的共识是,行为与结果之间的因果关系是行为人承担刑事责任的客观归责基础。因此在不作为的情况下,不履行注意义务的行为必须与相关的法益侵害结果存在着因果关系。管理监督过失行为的特殊性在于,企业犯罪的法益侵害结果往往是企业员工而不是监督者、管理者直接造成的。在刑事合规的视野里,相应的管理者、监督者的管理、监督义务与法益侵害结果的因果关系怎么去确定?因为结果是企业员工造成的,它如何跟企业管理者勾连起来?这个结果如何归责于企业的管理者、监督者?这涉及因果关系的认定问题。

一般认为,假定的因果关系、风险升高的理论对于企业主管人员刑事责任因果关系的认定具有实践意义。假定的因果关系认为,为了肯定一个因果关系,可以追溯另一个因果关系,借助于另外一个因果流程来作判断。刑事合规规定了企业及其主管人员预防犯罪的刑事义务,为了履行这种义务而采取的合规措施能够有效阻止员工实施相关法益侵害行为。按照假定因果关系的逻辑,如果行为人积极履行了作为义务,结果就可能被避免,不至于发生法益侵害的结果。如此,企业主管人员的刑事责任并不是直接源于员工实施的犯罪,而是企业管理、监督者没有有效阻止员工犯罪,当行为人没有采取有效的措施防止员工的犯罪行为,那就可以肯定行为人的不作为与结果之间存在因果关系。这种认定结论建立在一种假定的因果关系基础之上,但是,对员工特别多的大企业而言,把因果关系建立在"如果行为人采取有效的合规措施,结果就可能避免"的假定的基础之上,虽然便捷了因果关系的认定,但是确实也容易扩张因果关系。有的时候,即使企业采取了相关的合规措施,但谁也不能保证不发生个别员工的犯罪行为,即使企业采取了很好的合规措施,百密一疏,可能还会发生员工相关的犯罪行为,那是不是就可以反推企业既往的合规措施就是无效的呢?所以,以结果为导向的排除所有风险的假定因果关系,对企业和企业主管人员的合规管理要求可能过严、过高。

相比较而言,客观归责里边的风险升高理论对因果关系的判断可能更具有实际意义。因为风险升高理论不要求确证行为人如果采取谨慎行为一定能避免危害结果的发生,而只需要高度盖然性地避免结果发生即可。从这个意义上来讲,它是对结果回避可能性理论的一种弱化。也就是说,在采取措施以后,大概率可以避免员工的犯罪行为,也就可以起到了刑事合规的效果。所以,我觉得从这个角度上来讲,教义学上的风险升高理论有实践意义。我国刑法总则并没有直接规定管理监督过失,但是从刑法关于过失型渎职犯罪的法条来看,这些规定实际上已经包含了监督过失的一些理论,包括我国一些司法解释,也包括我国渎职罪里边的一些规定,都能体现监督过失的一些理论。但是对监督过失的因果关系的理论研究现在还比较薄弱,所以从刑事合规的理论基础这个角度上来讲,我认为对监督过失理论还需要进一步研究,这是第二个问题。

第三,刑事合规与正当化事由的问题。企业的合规制度在刑法中的作用应该是双向的,一方面,合规为企业设定了刑事风险管理义务,不合规引发了企业犯罪、员工犯罪,可能就导致刑事责任;另一方面,有效合规也担负着出罪的任务,也就是说,当企业完成了合规计划,采取了不使企业活动产生犯罪行为的防治对策时,即使发生了犯罪也可以把该犯罪认定为个人犯罪而不是企业犯罪。在我看来,刑事合规之所以能够阻却企业犯罪,阻却企业的刑事责任,阻却企业管理人员的刑事责任、主管人员的刑事责任,是因为正当化事由的基础或者相连接的是传统教义学里的信赖原则、期待可能性。首先,传统上,尽管被监督者的犯罪行为就是监督者的过失犯罪行为,监督者不得主张信赖原则免除自身的监督过失。但是我们国家学者也指出,如果企业建立一个比较完美的合规制度,尽到了犯罪预防的责任,仅仅因为职员的不合规行为而追究企业自身的刑事责任,有偏离责任主义的嫌疑。信赖原则的正当化机能正源于此,基于工作效率的安排,每个人都应该有自己的责任领域,只要在自己的责任领域尽到了管理责任、监督义务,对他人的危害行为,按照信赖原则,应该免除管理者、监督者的责任。其次,合规管理对预防犯罪而言不是万能的,由于社会分工越来越复杂,特别是一些现代企业体量庞大、结构复杂,要求企业领导对企业的事务事无巨细、亲力亲为、面面俱到,那都是强人所难。所以从这个角度上来讲,法律不应该强求法人代表竭尽所能地防止所有可能的职员违法行为,这实际上也办不到,所以这也是没有期待可能性的。从客观归责的角度上来讲,也可以得出同样的结论,因为缺乏合规措施升高了风险,升高风险等于制造风险。相反,采取了有效措施等于降低了风险,降低风险就等于没有制造风险,当然也就不存在刑事责任的客观基础。

刑事合规作为正当化事由,不仅是理论主张,也成为不少国家的立法实践。意大利法律上有明确的规定,如果公司能够证明犯罪行为发生之前业已确立旨在防止该类犯罪行为的管理体制并且该体制已经有效运行,公司可以免于承担责任。在美国,根据司法部的起诉指南,有效的合规计划是检察官考虑是否起诉企业的一个主要因素。在我国试点推行企业合规相对不起诉的背景下,如果企业能够证明或者根据要求已经建立了良好的合规制度,检察机关就可以不起诉。

刑事合规作为正当化事由,到底阻却的是不法还是责任,有不同的观点。新过失论把过失作为违法性要素,在过失犯罪中,特别是认定监督过失违反注意义务的问题上(包括刚刚讲到的管理监督过失),也可以把合规文化作为客观的注意义务的内容加以理解。所以,违法性阶段考虑过失犯罪的本质,刑事合规阻却的是违法性。与此相对,如果把合规义务作为责任阶段考虑,那么,刑事合规就是责任阻却事由。我个人认为,单位成员为了单位利益实施犯罪,由于单位缺乏主观上的联系(因为最低程度是需要有过失),那么他的行为不能表征为单位行为,法益侵害的结果与单位无关,因此不能确定单位实施了违法行为。所以在单位履行了合规义务的情况下,对单位而言,合规在我国应该是阻却违法的事由,而不是阻却责任的事由。

第四,刑事合规性与刑罚的目的问题。任何行为的犯罪化思考都离不开刑罚目的的正当性基础。关于刑罚目的,现代刑法理论有报应和预防之争。报应关注过去,所谓的已然犯罪;预防着眼于未来,所谓的未然犯罪。将两者加以协调、调和的折中主义认为应该同时考虑这两个目的。预防又有消极一般预防和积极一般预防之争,传统的消极一般预防把刑罚的目的定位于通过对特定犯罪规定刑罚来威慑具体的犯罪行为人和潜在的犯罪行为人。消极预防指导下的刑罚适用强调的是罪刑相当的报应刑,通过对已经犯罪的人施加刑罚来起到阻遏犯罪的效果。所以,传统的刑罚理论都是针对过去,是针对已经犯罪的行为人,是从过去的维度而言的,从这个意义上讲,刑罚并不直接和未来相关。但与消极的一般预防不同,当代刑罚理论和实践倡导积极的一般预防,通过对犯罪人科处刑罚,强化对犯罪行为所违反的规范的维护,维护法规范的稳定,维护社会规范的稳定。也就是说,积极的一般预防是强化人们的法律意识。刑事合规的基础是积极的一般预防理念。这是因为,在现代社会,信息社会、网络社会、风险社会相伴而来,对社会整个法律体系都形成了挑战,对刑法的挑战尤为严峻。所以,一方面,刑法制度希望构建一个行为控制系统,通过刑罚来震慑、降低犯罪行为对社会造成的风险,这在某种意义上就扩大了企业犯罪的范围;另一方面,我们又需要刑法通过作为正义的象征来保持强有力的制度信誉,引导人们遵从刑法。也就是说,面对刑法制裁风险的增加,传统的预防犯罪策略可能力所不逮。刑事合规是传统的预防犯罪策略的一个转变。从功利主义的角度出发,德国学者曾经指出,"在面临着来自政府的处罚威胁的时候,老板的自利本能就会促使他认真地监督员工,从而在实际上将他的处罚预期传递给员工,这样,使老板面临较低的承受严厉处罚的可能性的执法策略,可以调动公司内部的治理资源,来限制员工对公司犯罪活动的参与"。这个可能就是从预防犯罪的角度上来讲,引导经营者自主守法可能最有效率,也是刑事合规得以滥觞的重要原因。

刑事合规通过合规鼓励积极的一般预防。在并合主义的旗帜下,刑罚正当化根据是报应的正当性和预防犯罪目的的合理性融合。是否建立并且有效地实施了合规计划的企业,反映了预防的必要性,随之又影响了预防刑的供给需求。也就是说,在量刑的时候,考虑预防刑的时候,通过刑事责任的加重、减轻、免除,给企业合规以压力与动力,以激励使合规逐步成为企业的合规文化,从而实现一般预防的良性循环。从这个意义上来讲,刑事合规使刑法模式由对抗走向合作,是现代刑法发展的一个新的风向标。

结　语

通过以上简单的分析,我的初步结论是,刑事合规跟刑法教义并不存在无法调和的冲突,刑事合规的政策性导向也没有超越现代刑法教义的基本归责逻辑。在我国,单位及主管人员对企业员工承担的刑事责任,不应是单纯的决策机构指使员工实施犯罪,还应该包括没有有效地阻止员工的犯罪。这个问题是具有前瞻性的立法问题。在单位履行了合规义务的情况下,对单位而言,合规意味着成立违法或者是责任阻却事由,这有不同的观点。在我看来,合规应该成为违法阻却事由。以上就是我所要介绍的我对刑事合规和刑法教义的一点体会和思考。在我看来,这个问题还是一个范围比较广的问题,以上只是我个人粗浅的看法,不一定正确。

我们今天到场的几位与谈人,包括蔡仙博士、玉明教授、忠卫教授等,包括主持人本灿教授,更是我们研究刑事合规的前沿专家。他们肯定是有更多的体会的,我只是抛砖引玉,希望大家指正。谢谢!

主持人·李本灿

感谢孙老师给我们带来了一场学术盛宴,孙老师围绕着刑事合规的教义学问题,主要谈了三个问题,首先,介绍了为什么要讨论刑事合规的问题,也就是讨论刑事合规的大背景的问题。其次,孙老师从宏观的角度对于刑事合规和刑法教义学的关系做了一个简单的梳理。最后,对于刑事合规范畴内的具体的一些教义学问题,比如刑事合规与企业的刑事责任的问题;刑事合规与企业主管人员的刑事责任的问题;刑事合规与刑罚的目的的问题及刑事合规的正当化的事由问题等,围绕这些问题,孙老师作了非常详细的阐释。听完讲座之后,我本人也是受益匪浅,非常感谢孙老师的精彩讲授!

那么接下来进入与谈的环节。首先有请山东大学柳忠卫教授来谈谈他的看法。欢迎柳老师。

与谈人·柳忠卫

尊敬的孙国祥教授、付玉明教授、蔡仙博士,线上的各位朋友大家好!

作为听众,今天非常有幸能够参加孙国祥老师关于"刑事合规与刑法教义学"这一问题的讲座。我大致想从以下几个方面,谈谈我的一些想法和体会:首先我想简要介绍一下这次系列讲座的背景。刚才长军院长做了一些介绍,山东大学法学院刑事合规研究中心去年成立并且举行了首届高端论坛。我曾经和长军院长和本灿老师商量研讨会的形式和方式,原想定在9月或者10月开办一个研讨会,但是后来由于疫情的原因,我们调整了计划,改为邀请各位名家通过线上和线下相结合的方式,参与研讨刑事合规的相关理论和实务问题。所以在此,我代表山东大学法学院刑事合规研究中心向参与本次论坛的各位专家、与谈人表示感谢,也向参加论坛的其他听众表示感谢。

说实话我今天是勉强做所谓的与谈人,我虽然名义上是刑事合规中心的主任,但是我对刑事合规这个问题的研究并不多。我所有的相关知识,一是来自本灿老师;二是来自会议,所以我自己感觉在这方面的知识是比较浅薄的。我结合孙老师的报告谈这么三点粗浅的学习体会。

第一,今天孙老师报告的主题是刑事合规与刑法教义学的关系,首先我非常赞同孙老师的一个判断或者说一个论断——刑事合规是刑法教义学的发展,刑法教义学是刑事合规的边界。我感觉这句话对刑事合规和刑法教义学之间的关系作了非常精辟的概括。孙老师刚才谈到,有人认为刑事合规不是一个实体法的问题,而是一个程序法的问题或者说是一个公司法的问题,但我不这么认为,我们无论从哪个角度谈论刑事合规,只要我们承认所谓的刑事合规,那么它的核心目标就是要解决实施合规行为的企业刑事责任的有无或者大小的问题。因此刑事合规的实体法属性是不容置疑的,刑事合规也必须在刑法教义学的框架内就相关的问题进行探讨。

第二,就是刑事合规是否存在着刑法教义学的基础。曾经有学者问我,我国刑法里面并没有规定刑事合规,这个概念本身是舶来品,司法解释也没有形成合规的概念,没有规范,哪来的教义学?这一问题我向本灿老师请教过,我国关于单位犯罪的规定应当属于刑事合规的前置性的规范基础。我们探讨刑事合规的教义学基础,还有一个重要的任务,就是要在教义学的框架内解决刑事合规的正当性问题。这就是我下面要谈的第二个问题,刑事合规要解决的核心问题,就是事后的合规何以排除犯罪行为?刚才孙老师把合规分为预防性合规和监督性合规,其实从这个时间节点上说,我认为也可以分为事前的合规和事后的合规,事前的合规就是在案发前企业做了一系列的合规的工作或者有合规的计划或者有合规的措施,企业也履行了这样一系列计划和措施。在这种情况下,我们根据现有的刑法规定和刑法原则,排除企业的犯罪性应当问题不大。现在成问题的就是,企业实施了构成要件的行为以后,再实施相关的合规行为,如制定措施、计划并且履行。事后的合规行为排除行为犯罪性的根据在哪里?从宏观的角度,我有两点粗浅的思考和大家分享。

我认为对于事后的合规行为,从排除犯罪性的正当根据这个角度,一是可以从刑法机能这个角度分析。刑法有两大机能——人权保障机能和社会保护机能(或者称其为法益保护机能),自从提出刑法机能这个概念以来,这两个机能在不同的国家、不同的时期,总是处于一种不平衡的状态。在刑法规范中,对某些犯罪的规定可能体现的是人权保障的机能,对于某些犯罪的规定可能又突出了社会保护这样一个机能。对于企业犯罪这种事后的合规行为的犯罪性消灭,可以认为是人权保护机能的充分体现,而且在人权保护机能的背后,也保护了社会的利益。这是从刑法机能的角度。二是我认为可以从刑法的刑事政策化这个角度来探讨。根据我的理解,刑法和刑事政策的关系有两个向度:一个向度是刑事政策的刑法化,表现为刑事政策被制定为刑法规范,体现了刑法化;另一个向度是刑法的刑事政策化,刑法规范本身体现的是刑事政策的内容。我曾经把刑事政策和刑法的关系比喻成水和钢的关系,刑法规范具有刚性,需要刑事政策来软化这个刚性;刑事政策具有灵活性和不确定性,它需要刑法来消弭其灵活性和不确定性。从刑法的刑事政策化的角度来看,我们可以从两方面分析刑事合规的正当性:一方面,我认为刑事政策本身可以为刑事合规提供正当性的基础。在我看来,我国刑法中有些制度,包括刚才孙老师提到的单位犯罪或者法人犯罪制度或者原因自由行为,目前从规范刑法学的角度来看,还没有得到很好的解释,所以说法人犯罪的处罚根据仍然处在激烈的争论中。原因自由行为也是,虽然有学者提出了行为构造的模式,但是仍然没有很好地解决实行行为与罪责同在或者罪责与实行行为同在、与原因自由行为相冲突这一问题。但是我们如果换一个视角,单位犯罪在英美国家就是从社会性质的角度来考虑的,或者从刑事政策角度来考虑其当罚性或者可罚性问题。

如果从刑事政策这个角度探讨其正当性还有些勉强或者有些随意的话,那么现行犯罪论体系也可以为刑事合规的正当性提供根据。大家都知道罗克辛教授提出的"刑事政策性的刑法体系",或者称其为"刑事政策性的犯罪构成体系",在他的犯罪构成体系中,除了传统的不法和有责,还增加了预防的必要性。行为仅仅具备不法和有责,未必一定构成犯罪或者一定要给予刑罚处罚,同时还要考虑预防的必要性。对于刑事合规这样的行为来讲,企业如果在实施构成要件的行为(不法或有责的行为)以后,按照规定或协议制定了合规计划并且很好地实施了,那么我们因此认为其预防必要性减少甚至消灭,由此刑事责任可以减轻或者消灭。

第三，我想再谈一下刑事合规司法实践的动向。前两天我去山东临沂参加了山东省的刑法学年会，在年会上我得知郯城县人民检察院正在进行企业附条件不起诉的试点。全国一共有6家试点的基层检察院，该检察院就是其中一个。在和检察官们进行交流的时候，他们说现在遇到一个问题，就是对于企业家犯罪以后附条件不起诉的正当根据在哪里？一般的人为什么就要起诉？怎么理解这种情况下的不起诉与刑法面前人人平等的关系以及与罪责刑相适应原则的关系？这些可能都是需要深入探讨的问题。所以我们中心下一步的研究思路是，一方面，从实体法和程序法这两个角度同步展开；另一方面，在进行理论研究工作的同时还要密切关注司法实践。我记得2015年本灿老师来试讲的时候，我都没听明白刑事合规到底是什么，经过这几年的发展，特别是2017年以后，刑事合规的概念及其理念逐渐被大家认识，理论和实务界、实体法和程序法，都对刑事合规问题给予了应有的关注。我校刑事合规研究中心将继续关注相关的理论和实践，希望能为我国的刑事法治的进步做出我们的一点贡献。我的发言就到这里。谢谢主持人。

主持人·李本灿

谢谢柳老师非常精彩的点评，根据我的理解，柳老师其实重点谈了刑事合规中一个很重要的问题，也就是事后的合规何以排除其责任。确实，当前全国各地都在做不起诉与合规的结合的议题，据我自己的观察，当中的一个核心问题，就是企业事后建立的合规何以排除其责任，何以影响检察官的起诉决定，其正当性根据的问题，这是柳老师重点讲的一个问题。

接下来有请西北政法大学的付玉明教授来分享他的观点。

与谈人·付玉明

首先非常感谢山东大学法学院的周长军院长、柳忠卫教授和本灿教授的邀请,让我有幸亲身聆听孙国祥老师的现场报告。孙老师是我非常尊敬的学问大家,我知道他在经济犯罪问题上是国内的权威学者和标志性人物。从2017年以后,孙老师以及孙老师的门下基本上是以一个学门之力,在国内刑事实体法领域里掀起了刑事合规问题的研究热潮。今天孙老师的报告以及他的同名文章,我是非常欣赏、赞叹的。我认为《刑事合规的刑法教义学思考》这篇文章是现在甚至是未来对刑事合规问题进行教义方法研究的一个具有开创性和纲领性的文献。因为孙老师在这篇文章里论述了刑事合规和刑法教义学的内在关系,而且又为后续的研究搭建了一个基础性的框架。当然,这可能也是一个非常庞大的工程,可能还需要其他学者进行后面的论证补足,但是整体上,我认为孙老师的报告是非常具有开创性的。

首先,需要稍微梳理一下孙老师的基本观点,以便我后面谈学习心得。孙老师的基本立场是,刑事合规和刑法教义学并不存在无法调和的冲突,刑事合规的政策性导向并没有超越现代刑法教义学的基本规则逻辑。他主张将刑事合规的基本内容和刑法教义学进行贯通,通过将信赖原则、期待可能性等教义学内容作为连接点,进而将刑事合规作为一种违法或者是责任的阻却事由来处理,从整体上搭建一种刑事合规和教义学的融会贯通的体系。对于孙老师这个观点和论证思路,我是很赞同、信服的,我个人对此问题还仅是初步研究,对孙老师的观点还需消化领会,并需要进行延伸思考。以下,我想分别从宏观和微观两个层面谈一下我个人的学习心得。

就宏观层面而言,主要涉及孙老师的论证模式,实际上刚才柳忠卫教授也在与谈中谈到了这一点,我想稍微再深入一下。孙老师的论证模式,用刑事合规贯通于刑法教义学进行刑事政策和刑法教义学二者关系的论证,实际上是借用或者雷同于"李斯特鸿沟"和"罗克辛贯通"。也就是说,孙老师是从刑事政策与刑法教义学之间的关系这一宏观角度来进行阐述。近些年来,刑事政策问题和刑法教义学、刑法解释学的关系问题是学术的热点。就刑事政策介入刑法教义学而言,存在两种发展可能性,一种是外在的;另一种是内在的。外在的即刑事政策纯粹外在地介入刑法教义学中,对此,孙老师是持反对态度的,孙老师认为刑法是刑事政策的藩篱,教义学也是刑事合规的边界。我非常赞同孙老师的观点。就内在方面而言,则涉及如何在刑法教义学之内通过具有目的导向的刑法解释方法实现刑事政策与刑法教义学的贯通。值得注意的是,刑事政策实际上是一个国家或者是政党的立法政策,在某种程度上也是一个学科,也有它的学科属性。从两个学科的属性连接点上来讲,刑事政策和刑法教义学的关系有着一种天然的合法性或者正当性。但就刑事合规而言,其具有的刑事政策意义如何切入教义学中,其要素或内容为何值得思考。在我国,正如柳忠卫教授刚才所言,刑事合规目前还没有非常明确的刑事立法的规定,在没有立法规定的前提下,刑事合规从其内涵上来讲,是由规范性文件以及企业内部的章程规定的。这就存在刑事合规的规范性文件的法律效力以及位阶性的问题,在刑事合规向刑法教义学切入的过程,便会存在一个对规范性法律文件的法律效力及其位阶是否需要进行区分的问题。当然,如果刑法本身对于刑事合规作出明确规定,我们是可以接受的,然而现实却是,我国国内目前并没有明确的刑事立法规定,而刑法之外的低效力的规范性文件,其规范效力能否切入刑法中来,进而进入刑法的教义学内部,并阻却违法或阻却责任,其逻辑起点如何建立便成为问题。此外,是否存在企业规章代替刑事立法或者是续法、造法的问题?它与罪刑法定原则的关系,也值得我们思考。同时,由于刑事政策对于刑法解释的引导是具有国家政策性的,体现一定的宏观性,而企业合规则大部分是一个企业内部的具体性问题,如果直接使企业合规介入教义学领域里面来,在司法实践中面对具体问题时如何适用也会存在问题。易言之,抽象性理论在具体性的问题上如何实现相互调试,我觉得这值得我们后续研究者进行进一步的思考。

就微观层面而言,主要涉及两个问题:一是刑事合规的内涵及其外延;二是刑事合规与企业主管人员的刑事责任问题。

关于刑事合规的内涵及其外延。我们都知道,近两年刑事合规成为热点问题实际上是多方效应的结果。例如,受中美贸易战的形势、中兴事件以及华为孟晚舟事件的影响,刑事法领域、民商法领域、刑诉法领域都在研究相关的问题,不同学科是从不同的角度来进行研究的。刑法是其他法的保障法,在社会矛盾的解决和处理过程应当具有谦抑性,在其他法律不能解决的情况下刑法再出手,对此我本人非常支持。在此基础上,刑事合规如何解决和应对此类问题值得思考。这具体涉及刑事合规的内涵和外延问题。

其一,刑事合规之中,"合"的是什么规范。就企业合规而言,可能存在法律法规、行政规章、企业内部规定与规章,同时还理应包括刑法规范。这便又回到刚才上述问题,即存在刑事合规的规范性文件的法律效力以及位阶性的问题。

其二,对于刑事合规的外延,主要存在两个面向:一是国内面向,二是国外面向。国内面向有一个不应忽略的问题,即当下中国本土的企业犯罪或者是企业责任归属问题是否非常严重或者是达到了何种程度?易言之,对于现有的刑事合规的必要性问题,从刑法的角度来讲,可能还要进行一个现实的挖掘和必要性的论证。就国外面向而言,正如上述涉及企业合规问题的例子,刑事合规问题体现在外向型企业中。在企业走出去之后,中国企业要考虑在美国和欧盟适应对方法律的问题,实际上,这种合规性更多地体现为外国法的规制效力问题,由此便引发了国内法和国外法的调试问题。也就是说,能不能通过国内法刑事合规的构建,促使我国企业到国外去遵循刑事合规。这在逻辑上似乎讲得通,但也存在着一些局域性的问题,比如国内法是否需要对外国法律进行合法性的审查?这也会导致我们对于刑事合规的动力性和必要性的研究可能还需要更深入。

关于刑事合规与企业主管人员的刑事责任。在此我仅简单说一下,因为孙老师的讲座非常清晰,也非常有条理且充分,对德国和日本的很多学术观点也进行了分析,例如在德国,采用保证人地位说;在日本,这一问题的解决则是基于监督过失理论。基于中国刑法和日本刑法学的这种亲缘性,通常我们可能会更倾向采用监督过失理论,孙老师似乎也比较偏向于用监督过失理论来解决相应的问题。但问题是,基于中国独特的国情,我国刑法只是对基于国家职权行使的行为明确设定了一些监督过失类的渎职犯罪,比如环境监管失职罪、食品监管失职罪等,这又回到我刚才提到的问题——企业内部对监管人员、合规人员违法或合规与否的评价,能否上升为刑法上的责任?在刑法法条缺位的情况下,企业内部这种低效力的规章制度能否直接上升为刑法上的责任?进一步讲,如果是上升到刑法中的责任,具体认定中应当构成何罪?比如企业内部监管人员没有尽到监管义务导致他的下属行贿,在本人没有实施构成要件的实行行为的情况下,对他应该定什么罪?这可能也是一个值得思考的问题。

对于最高人民法院《关于审理交通肇事刑事案件具体应用法律若干问题的解释》中,如果指使、强令驾驶人违章驾驶,最后导致交通肇事的结果,应该对指使人定交通肇事罪这一规定,孙老师认为这体现出了监督过失的一种精神,对此我存在些许犹豫,指令和强令是否更多地体现为一种教唆,那么通过共同犯罪理论来对这一问题进行解决,从逻辑上来讲是否会更通畅?

另外,以监督过失理论解决这一问题便会面临在单位犯罪中如何认定因果关系,如何确定构成要件的结果的追问。这种结果到底是监管人员行为导致的还是具体实行的员工行为导致的?在认为是具体实行的员工行为导致的情况下,如何对监管人员进行归责?如果肯定企业这种固有责任的话,对于单位和单位内部人员是否存在另外的解决路径,比如过失共同犯罪理论等。如果有其他的理论能够解释有关问题时,是否还要从监督过失或者是刑事合规的角度来解释?总而言之,对于企业责任人员的处罚、惩治以及其必要性,首先应当思考以现有的法律或现有的教义学理论是否能够非常圆满地解决;如果不能解决,才应当追问是否只能通过刑事合规的角度来解决?这可能是需要我们之后补足论证的问题。

主持人·李本灿

感谢付玉明老师非常精彩的点评,付老师谈到了很多问题,包括刑事合规研究的宏观模式、刑事合规的内涵和外延问题、刑事合规中因果关系的问题以及监督过失理论的问题等。根据我的理解,一方面,付老师非常认同孙国祥老师整个研究的思路;另一方面,对于刑事合规中的很多问题也提出了疑问。按照我自己的理解,尽管现在越来越多的人讨论刑事合规的问题,研究也比较深入,但实际上有很多问题需要从反方向加以冷思考,这是我自己的一点感受。非常感谢付玉明老师,接下来有请苏州大学的蔡仙老师分享她的观点。

与谈人·蔡 仙

首先感谢周院长、柳老师还有本灿老师的邀请,也十分荣幸有机会就刑事合规问题向孙老师、柳老师还有付老师三位老师学习,尤其是从三位老师围绕着刑事合规中所涉及的刑事政策与刑法教义学的不同见解中,我受益匪浅。

首先,我想谈一下从刑法教义学视角研究刑事合规的理论和实践价值。正如孙老师的报告所言,刑事合规具有预防企业犯罪这一刑事政策的意涵。我们看到实务界、学界对企业合规的讨论,多数是围绕着企业合规计划怎么帮助企业预防、控制违法犯罪风险这一问题展开论证的,也就是从事前的犯罪预防视角来展开,至于合规计划在刑事案件发生之后,对于企业刑事责任,以及企业主管人员、合规官的刑事责任认定到底扮演了什么样的角色,并没有一个体系性的探讨。这就可能会涉及企业合规计划对于刑法上的过失标准、监督义务、具体犯罪行为的不确定构成要件要素或量刑有何意义。从刑法教义学的视角探究刑事合规对于企业以及企业相关成员刑事责任的影响机制,从三位老师的研究中可以发现,除了在理论层面有助于深化企业犯罪基础理论、监督管理过失理论及不作为犯罪理论,还有利于推进企业刑事归责模式的更新。另外,从刑法教义学视角研究合规还具有重大的实践意义,即可以将刑法的评价提前具体化和情境化。从刑法作为行为规范的视角来看,它告诉企业什么样的刑事合规可以提供一种出罪的事由,或者是减免刑罚的事由。企业可以有目的地设计和实施能够避免刑事责任的行为模式,最大限度地预防犯罪。从刑法作为裁判规范的视角来看,这个研究为司法者提供了一个客观统一的裁判标准。因为对于法官而言,无论是根据合规计划来宣告企业无罪还是罪轻,都必须要有一个充分的法理依据。

刚刚各位老师都探讨过刑法教义学和刑事政策之间的关系。与之类似,我主要想从刑法教义学本身的封闭性和开放性视角来谈一下刑事合规。我非常赞同付老师提到的刑事合规在刑法中并没有一个明确的规定。也就是说,合规并不是一个刑法上的规范概念,所以我们在探讨刑事合规或者是企业的合规计划是否能够影响企业刑事责任的时候,必须进行一个话语的转化。具体表现在定罪方面,比如在过失犯罪或者不作为犯罪中,企业事前的合规计划可以作为判断企业以及企业管理人员是否履行监督管理义务的一种征兆或者材料。所谓的材料,是指它不能够直接作为定罪量刑的依据,而是要进行转化,主要通过判断合规计划的制定和遵守来得出企业是否履行了必要的注意义务。合规计划的制定和履行不等于企业履行了监督管理义务,还要考虑其他的要素,比如措施是不是对于防止法益侵害而言必要、有效的措施。另外,也不是说如果没有制定合规计划或者没有履行合规计划,就没有履行必要的注意义务,因为有些时候某些合规计划是与企业犯罪没有关系的。所以我们可以看到企业制定或者履行合规计划能否影响企业的定罪,必须回到企业犯罪认定、过失犯罪的认定、不作为犯罪的认定,也就是它们的构成要件,即刑法教义学中来。

我们谈到企业的合规计划,包括事前的和事后的合规计划,都可能对企业的量刑产生影响。刑罚是以责任作为前提的,但又追求预防目的,所以学界通说认为量刑必须考虑影响责任大小以及预防必要性大小的情节。事前的合规计划可以影响企业的责任刑,而事后的合规计划主要是从犯罪预防的层面来看,如果企业事后制定了合规计划,就表示特殊预防必要性比较小。刚刚柳老师也谈到了事后的合规计划出罪的机理,包括从人权保障机能以及刑法的刑事政策化角度入手,我也是非常同意的,我在这里只是提供了另外一种思路。当然需要注意的是,如果企业没有制定有效的合规计划,是不能够作为加重企业刑罚依据的,否则就会存在双重评价的问题。因为在不法认定的时候,没有制定或者是没有履行合规计划已经作为企业没有履行必要注意义务这个要素进行了一次评价,所以不能在量刑的时候又进行一次评价。从定罪和量刑这两个层面来看的话,我们会发现刑事合规对于企业以及企业管理人员刑事责任的认定还是要回归到刑法教义学这样的一个领域内。

刑事合规与刑法教义学的开放性也有关系。刑法教义学的开放性是指刑法规定的制定、刑法理论的构建,必须和所规制的对象本身相匹配,比如企业的运作逻辑或犯罪机制。如果违背了企业犯罪或者预防机制本身固有的规律,那企业归责模式或者法律规定可能就难以发挥有效预防犯罪的功能。另外,刑事合规背后的理念也跟刑法教义学的开放性是相契合的,因为刑事合规突出了企业是一个独立的系统,在法律上它的人格跟企业成员人格是相互独立的,这就决定了企业与企业成员的刑事归责路径的认定应当是相分离的。

刑事合规也体现了组织系统和法律系统之间的有效互动。就像付老师刚刚所说,刑法如何对企业进行规制,因为企业的运作很大程度上是依赖于自身系统内部的规章制度,刑法是不能直接对企业组织的经营行为进行管理的,只能够为其划定框架,这与企业本身的性质有关,因为企业的组织机构是基于其经济动力设计的,所以必须给企业一定的自由以应对市场需要,对其监管不能过于死板。另外,随着现代企业技术创新的发展,国家难以掌握足够的有关安全及风险的技术知识,所以缺乏充分的信息和资源去有效监管企业,这样一来,就不得不只为企业规制一个大致的框架,在这个框架里,企业按照自身的经营需要对细节进行规定,这也体现了刑事合规的内在逻辑。

刑事合规的内在逻辑对我们刑法教义学的影响主要体现在企业刑事归责模式的演进。孙老师刚刚也提到,就是传统的个人归责模式向组织体责任模式演进的过程。其实刑事合规运动对这种演进也起到了一种推动作用。这种演进一方面是基于传统的个人抑制模式的弊端,传统的模式认为在认定企业刑事责任的时候,企业刑事责任建立在企业员工或者代理人犯罪的行为之上,包括我们所说的替代责任原则或者同一责任原则。但是这个责任模式存在的问题是,它将个人行为等同于组织的行为,但事实上随着企业组织的发展,尤其是企业组织的去中心化、功能分化,个人行为只能发挥有限的作用,企业决策也不是个人所能够决定的,所以就不能够直接将个人的行为等同于企业的行为。另一方面,如果将个人责任作为企业责任的基础,也就是将二者捆绑,会导致一个风险——法院会逐渐扩大个人刑事责任来追究企业的刑事责任。还有一方面,传统模式存在的问题还在于,由于它认为企业犯罪的原因仅仅在于企业内部成员的行为,那么对于企业组织系统本身存在的一种缺陷(例如组织管理上的缺陷、人事任免上的缺陷)进行了忽略,不管是对于成员行为如何进行调整,系统的缺陷依旧存在,那么犯罪的原因仍然存在,对于预防企业犯罪的效果就不大。基于这种原因,再加上刚刚提到的合规运动的兴起,所以组织体责任模式兴起。组织体责任模式强调组织本身的过错,将其作为企业刑事归责的基础。但是目前我认为,现在的研究可能存在着一些问题,很多学者提出了不同的组织体模式,比如法人文化理论(如果能够确认法人中存在促进法人成员的犯罪行为的法人文化时,就可以认定法人的罪过)、建构型法人责任(进行一种综合评价,需要判断企业组织规模、复杂性、形式、功能,还有决策过程和结构来判断代理人的行为是否是企业的行为)以及法人反应责任论(跟传统的责任原则相背离,认为法人的责任不是犯罪行为时的责任,而是没有采取一个令人满意的预防或者改善措施来应对已经发生的犯罪的应对责任)等。基本上每个学者在谈到组织体责任模式时,谈到如何通过组织自身的过错来构建企业组织刑事归责模式时,大家的观点都是不一样的。那么,到底如何构建组织体责任模式? 这也是我想向孙老师、柳老师以及付老师请教的。

在构建组织体责任模式的过程中,我们会发现,企业组织跟个人犯罪的特征是不一样的。比如,企业内部的决策过程呈现隐匿化的特征,控方要证明企业本身违反监管义务是非常困难的。另外,企业的认识因素跟自然人的认识因素是不同的,企业的行为需要通过自然人实施,所以如何避免简单地将自然人的行为认定为单位犯罪,就导致在构建组织体责任的模式时,学者之间的观点是不同的。其中我有一些疑问:第一,有些学者提到在构建企业责任时可以弱化责任主义,比如有的学者认为,为了防止在认定企业意志的时候将个人意志牵扯进来,主张抛弃企业刑事归责中的主观归责部分,而仅从客观归责的角度对单位犯罪的教义进行构建,主要是以企业对特定义务的违反以及义务违反导致危害行为发生作为依据,对其进行归责。那么,我的疑问就是,传统的过失犯罪认定在主观方面需要结果预见可能性,在企业犯罪中,这个结果预见可能性要不要放弃? 第二,因果关系的举证责任倒置的问题,其实这也是跟刚刚孙老师提到的风险升高理论相关,要证明行为人(主要是企业)违反监督管理义务和结果发生之间的因果关系,这种因果关系判断通常是需要通过这样的方式,即假设企业履行了监督管理义务结果能否避免? 不管是德国还是我国,多数观点认为,判断这样一个要素的时候,如果证明了,若企业履行了管理义务,结果不会发生(结果才能避免)的话,那么,应当追究企业的刑事责任;如果结果不能避免的话,就不能够追究企业的刑事责任。但孙老师所提到的,企业没有履行这样的一个监管义务,或者是在监管上的过错加强了或者是为犯罪的发生提供了条件即可,也就是升高了结果发生的风险。对于风险升高理论,德国虽然在刑法中是承认结果避免可能性的,即要有这样的因果关系,但在《秩序违反法》中提出的是一种风险升高理论,即只要促进了结果发生就可以。我国刑法理论坚持责任主义原则,那么结果避免可能性其实也是体现了企业的结果避免的能力。所以在我国语境下,到底是采取哪一个理论,我还是有一些疑惑。

另外,在构建组织体责任模式的时候,可能会存在一种法定的推定,由于控方要证明企业违反监督管理义务(企业自身有过错)是非常困难的,所以有的国家存在这样规定:只要企业员工实施了违法犯罪行为,便可以推断企业或者管理者没有制定有效的合规措施,并且未尽到预防违法犯罪行为的义务,除非企业证明自己已经尽到了义务。这种方案下,不管是什么样的员工犯罪都可以进行推定。另一种方案是企业领导实施的犯罪行为直接推定,但是下属(没有决策权限的人)实施的行为需要具体判断。这种法定的推定跟我国刑事诉讼中的"不得自证其罪"是否有冲突? 这些问题其实归结到一点就是,在对企业追究刑事责任的时候,对企业基本权利的保护是不是也应当像对自然人的基本权利的保护一样,还是说对企业的保护程度可以低一些? 如果可以低一些的话,它背后的依据又在哪里? 这是我的另一个疑问。

刚刚各位老师也提到了,刑事合规可能存在一个悖论,因为一方面合规计划可能会排除或者减轻企业的刑事可罚性;但另一方面,合规计划其实是创设了一个新的违反规则的领域,因为企业及企业成员是否违反规章制度是依据企业内部制定的合规计划来判断的。所以企业内部制定的合规计划是不是越细,企业内部发生违规犯罪的情形可能性就越高? 这样一来,如何实现我们所说的企业合规起到预防犯罪的效果? 因为可能存在这样的一种风险——企业为了避免自己为自己创造一个刑事风险而减少合规规则的内容。

我提了比较多的问题,在这里也是希望向各位师长请教。以上就是我的与谈内容,谢谢各位。

主持人·李本灿

非常感谢蔡仙博士系统和深入的与谈。蔡博士主要是从宏观、中观和微观三个层面提出了刑事合规研究中的一些问题。首先她的这种研究方式跟我有很大的相似性，而且她提出的很多问题也确实是我自己的疑问，所以接下来我想听一下孙老师对于刚才三位与谈人提出的疑问的回应。

主讲人·孙国祥

谢谢忠卫教授、玉明教授和蔡仙博士。你们也提出了很多的问题，有些问题可能也是我那篇文章没有完全考虑到的。

忠卫教授提到的事后实施合规措施排除犯罪性的正当性根据在哪里？这是我们目前在实务中遇到了一个最大的问题，因为各个地方检察机关都在实施企业合规相对不起诉，如果建立了相应的合规措施，可能一段时间过后就不起诉了，排除了刑罚或者说排除了犯罪性。我认为，在某种意义上讲，合规作为一种犯罪的阻却事由，基本上是一个违法阻却事由，但也不排除它是一种特殊的责任阻却事由。特殊的责任阻却事由就表现为，如果建立了事后合规措施，要考虑其预防刑的必要性的多少，当然这可能需要进一步考虑怎样去评估预防刑的多少；如果说缺乏必要性的话，那么作为一种特殊的鼓励措施，从刑事政策这个角度作为阻却事由也是可以考虑的。也就是说，现在对企业犯罪实施的不起诉制度不是完全没有教义学根据。

玉明教授主要是从刑事政策的角度进行探讨，我也非常认同刑事政策主要是立法政策，从立法上讲，刑事合规实际上涉及对单位犯罪的刑事政策问题。我们谈到的刑事合规实际在很大程度上是从立法的层面要加大单位对预防企业员工犯罪的责任问题，这实际上是立法上要考虑的一个政策问题。刑事政策不仅仅是立法政策，同时也是司法政策。我的理解是，合规措施本身并不是刑事政策，包括企业自身采取的一些合规规范、有关部门发布的一些规范性的合规标准，这些都不是刑事政策。实际上，刑事政策是对企业合规措施本身在刑法上的肯定或者鼓励，这可能才是刑事政策的内容。从司法角度来讲，刑事合规作为一项刑事政策，肯定可以承担例外的出罪功能，可以成为刑罚轻重裁量的一个标准。

玉明教授还提到在当下中国本土的企业犯罪是否比较严重，也就是刑事合规在今天讨论的意义这一问题。我认为在当下中国，企业犯罪应该说还是比较严重的，因为我国刑法上企业犯罪罪名已经非常多了，大概占刑法上罪名的1/3。当然，企业犯罪涉及的可能集中在几个罪名，但是这些罪名对于企业，特别是对竞争性比较强的企业，一旦涉嫌犯罪常常是致命的。例如，单位行贿这样的案件，如果企业涉嫌单位行贿犯罪，尽管判的刑可能不高、刑期可能不长，但如果是竞争性比较强的企业，像建筑工程领域，一旦列入黑名单可能几年都翻不了身，一个大企业可能就毁于一旦。前两年，习近平总书记强调民营企业的保护，所以企业合规现在被讨论得这么热，实际上也有这样的背景，因为很多企业涉嫌犯罪后倒闭，引发了很多社会问题，所以今天强调合规还是有很重要意义的。这是对玉明教授的回应。

刚才蔡仙老师提的问题比较多，我也没有过多地考虑，但是有一点，我认为，刑事合规既创设了刑事责任的连接点，创造出新的刑事责任处罚的事由，同时也确定了相应的出罪事由。作为入罪事由，创造了新的刑事责任的连接点的情况下，责任主义是不是被弱化了，或者说能不能被弱化？我个人认为，责任主义仍然是需要坚守的，特别是在我们这种历来强调主客观相统一的传统刑法原则或者刑法理论背景之下，责任主义仍然要坚守。在客观上违反义务的情况下，仍然需要在有履行义务能力的情况下才承担相应的责任。

Q1：传统的通过自然人路径认定单位犯罪的模式与组织体责任模式两种模式，在认定单位犯罪时如何选择？

我们现在讲到单位犯罪责任模式的转型，很多人都倾向于组织体责任的模式，我是赞同这种观点的。我认为，组织体责任模式可能更有优势，因为单纯的以高级管理人员的责任为核心来认定单位责任的模式为企业规避法律提供了可能，而组织体责任模式能够堵塞相应的漏洞。在组织体责任模式之下，高级管理人员的过错是企业的过错，同时即使不是高级管理人员的直接过错,也可能是企业组织体管理上的过错,从这个角度上讲,它堵塞了漏洞。所以我还是比较倾向于组织体责任模式,它可能更有优势。

Q2:如果把单位的责任来源定位为企业的自身管理体制缺陷,也就是企业的"前过错",那么在我国对单位犯罪普遍采取"单位犯前款之罪、单位犯本节之罪"的立法模式上,如何判断单位行为的构成要件该当性?

这个就是实然和应然的问题。因为我国现行刑法是企业直接犯罪,也就是企业主管人员、直接责任人员组织、指挥下的犯罪行为,所以我国现在的单位犯罪并不是建立在"前过错"的基础之上,而是完全建立在行为时的故意和过失的基础之上。我们今天倡导的刑事合规构建,很重要的一个内容就是要把企业的责任前置到企业自身管理,也就是企业自身管理过程中有没有"前过错",这是一个应然的问题。但是从实然的角度来讲,我们现在的刑事立法建立的是企业的组织者、领导者、直接责任人员组织指挥下实施的犯罪行为。所以我觉得这个可能就是应然和实然问题。

主持人·李本灿

非常感谢孙老师精彩的回应,我们的讲座已经进行了将近三个小时,我作一个简要的总结,说一下我自己的一点感受。

我们今天关于合规问题的讨论非常多,但是仍有很多的问题没有得到解决,这就需要我们用教义学的方法来看待这些问题,当然这种教义的方法可能不仅仅是刑法教义学,还可能需要宪法教义学的相关知识。刚才孙老师、蔡仙博士、付老师和柳老师都提到在刑法教义学中没有得到解决的一些问题,例如单位责任的根据的问题、不作为犯罪的问题、公司领导人员的作为义务的来源问题等。刚才孙老师提到了从危险源监督的角度去理解,但实际上职工能不能被理解成是一个危险源?这些其实都是值得去讨论的,所以刑法中其实有很多问题还没有得到解决,那么如何去解决？我觉得确实应该像孙老师这样用教义学的方法去解决。此外,它可能涉及程序法中的一些问题,比如蔡仙博士刚才所提到的推定的问题,按照传统的犯罪的认定方法,如果认为合规计划本身的有效性是一个犯罪构成要件要素的话,实际上应该由检察机关来进行举证,若公司提出来建构了一个合规计划,现在被认为有罪,检察机关应当去举证证明合规计划本身是无效的。要完成这样的举证责任,对检察院来讲其实是非常困难的,因为其不了解公司业务、公司治理的基本问题。如何解决这个问题?从世界的范围内来讲,有很多国家对于举证责任进行了重新分配,这更多的是一种政策上的体现,没有遵循传统的刑事诉讼法中一些基本的原则。这些都需要接受教义学的检验。又如证据中的一些问题,德国对于企业合规过程中内部调查所获取的证据的使用其实已经超越了传统刑事诉讼法中的证据规则。公司内部调查的过程中,企业员工基于劳动法以及劳动合同中配合公司内部调查的义务去做的内部调查陈述,直接被拿到刑事法庭上作为对他不利的证据,这是不是与刑事诉讼法中的"不得自证其罪原则"相违背？其实它是通过刑事合规制度间接绕过了刑事诉讼法的基本原则,那么如何去解决这些问题,需要我们通过教义学的方法进行思考。所以从这个意义上讲,孙国祥老师今天的讲座为中国的刑事合规研究指明了一个非常好的方向。

非常感谢孙老师精彩的演讲,同时也非常感谢付玉明老师以及蔡仙老师的精彩与谈。今天的讲座就到此为止,谢谢大家！

德国刑事合规的基本问题

主讲人：江　溯（北京大学法学院副教授）
与谈人：黄礼登（西南财经大学法学院副教授）
　　　　徐凌波（南京大学法学院副教授）
主持人：李本灿（山东大学法学院教授）
时　间：2020年11月7日

主持人·李本灿

尊敬的各位老师、同人，大家晚上好，欢迎大家参与山东大学法学院刑事合规名家论坛。今天是我们论坛的第二期，主讲人是来自北京大学法学院的江溯教授，他的讲座题目是德国刑事合规的基本问题。

我们今天的主讲人，相信大多数的听众都非常熟悉。因此，我在这里仅仅作一个简单的介绍。江溯老师现任北京大学法学院副教授、博士生导师，同时担任北京大学刑事法治研究中心副主任、法律人工智能研究中心副主任、《刑事法评论》主编。江老师还是中德刑法学者联合会的中方秘书，同时还担任德国维尔茨堡大学、奥格斯堡大学等多所知名大学或者科研院所的客座教授。江老师先后出版过多部著作或者译著，发表过五十多篇高水平的学术论文。江溯教授给我的印象是，除了对传统的刑法理论有非常精深的研究，对比较法也非常精通，这当然得益于他长期在德国、美国、日本等国家学习的经历。就刑事合规这个话题而言，据我所知，江溯教授已经进行了非常多的研究，并且他与德国权威的刑事合规专家，比如托马斯·罗什教授，有着非常密切的联系。

除了江溯教授之外，我们今天还有幸邀请到了两位优秀的青年学者助阵。第一位是西南财经大学法学院的黄礼登副教授，黄礼登教授曾经长期在德国学习，取得了德国柏林洪堡大学的法学博士学位。在我之前组织翻译《合规与刑法:全球视野的考察》这本书的过程中,黄老师主动承担了大量的翻译任务,在翻译的过程中以及此后的工作、研究过程中,黄老师也一直在关注德国刑事合规研究的情况,所以由黄老师来担任第一个与谈人是非常合适的。第二位是来自南京大学法学院的徐凌波副教授,凌波一直是我非常仰慕的年轻学者,尽管她比我还小一岁,但是凌波已经取得了北京大学法学院的法学博士学位和德国维尔茨堡大学的法学博士学位。她的研究方向主要是关于财产犯罪以及产品责任、因果关系等问题,而刑事合规与产品责任这样的问题其实有非常密切的关联,所以由凌波来担任今天的第二位与谈人也是非常合适不过了。

这是一个简单的开场白,我就不占用过多的时间,现在把时间交给我们的主讲人,有请江溯教授。

主讲人·江 溯

非常感谢李本灿教授的邀请,让我有机会参与刑事合规系列讲座中。第一讲是由孙国祥老师主讲的,内容是关于刑事合规的教义学的分析路径。今天,在探讨德国的刑事合规的过程中,我们可以很明显地看到,德国关于刑事合规的研究也具有很强的教义学的特征。

我在开场之前想首先声明一点,本灿教授刚才对我的介绍其实有一些夸张。本灿教授当年在马普所从事刑事合规研究的时候,我们有很多交流,私人关系一直非常好。但其实我个人对于刑事合规,准确地来讲,应当是有所关注但还没有真正意义上开始研究。这种关注实际上也是源自我十多年前在马普所留学的时候,关注到在马普所的图书馆中有相当多的关于刑事合规的研究文献。包括我们今天担任与谈人的徐凌波老师,她在德国的导师希尔根多夫教授,是在刑事合规这个领域有非常重要影响的学者。另一位担任与谈人的是黄礼登老师,如果读过李本灿老师编译的《合规与刑法:全球视野的考察》这本书,就会看到在这本书里面,黄礼登老师翻译了好几篇文章。近年来,我们发现在国内刑事合规的研究中,正如黄礼登教授在翻译丹尼斯·伯克教授的一篇文章里面所提到的那样,"合规"这个概念像通货膨胀一样被广泛使用,已经成为我们当下整个刑事法学界,甚至是超越刑事法学界的一个非常时髦的话题。

因此,我个人只是一个观察者,这种观察一方面来自我十多年前在德国留学的时候所接触到的德国文献,另一方面也是源自我近年来对一些有影响力的事件或者案件的一些观察。比如说前几年的葛兰素史克商业贿赂案件。在这个案件爆发之后,我在《月旦刑事法评论》上发表了《跨国公司在华商业贿赂的法律责任:以2014年GSKCI商业贿赂案为素材》,严格意义上说,这也是一篇刑事合规的文章。在此之后,我对刑事合规的关注更多的是来自我们的实务部门。我在过去相当长的一段时间内,曾经担任上海的一家跨国公司的合规顾问,专门针对商业贿赂提供咨询意见。此外,一些日常的律师的咨询案件里面,也会涉及刑事合规的问题,比如说我们前不久处理过一家公司在美国和其他国家从事比特币交易,但是这个公司的一部分技术人员身处国内,这样的刑事合规咨询工作。

目前从我们国内的研究来看,最有代表性的研究学者是李本灿教授和孙国祥教授。这两位老师对于刑事合规的研究应当说已经达到非常深入的程度,对于我们了解刑事合规的基本理论做出了非常重要的贡献。今天我的报告主要是对德国的刑事合规进行介绍,如果我们从德国刑事合规的讨论来看,实际上它和我们中国今天关于刑事合规的讨论有一个共同点——都受到了美国的影响。美国的《联邦量刑指南》规定,对于建立了合规计划的公司,在实施了相关的犯罪行为之后,是可以给予一定的刑罚优惠的。这样的一种刑罚激励,对于美国的刑事合规的讨论和实践,都发挥了非常重要的作用。实际上,德国的刑事合规的讨论在某种程度上也是受到了美国的影响。从实践的角度来看,德国的刑事合规早在20世纪70年代就已经出现,其首先开始于证券业,一些证券公司为了更好的满足内部管理的需求,在内部确立了一些合规计划。所以我们可以说,德国刑事合规的实践来源20世纪70年代的证券行业的一些合规计划。而合规在德国真正成为一个非常重要的问题,成为一个不仅是公众而且是学术界广泛关注的问题,则是源自西门子事件。西门子事件是涉及商业贿赂的一个案件,在这个案件中,由于西门子公司在合规方面做出了一些努力,其无论是在审前的处置,还是在罚款的金额方面,都获得了一定的减轻,这引发了德国学界关于刑事合规的广泛讨论。

一、刑事合规:功能与内涵

从目前的情况来看,德国学界对于刑事合规的讨论,第一个焦点是刑事合规的功能,也就是刑事合规到底发挥着怎样的功能?按照德国学界的理解,刑事合规主要的、最核心的功能,正如合规这一概念所显示的一样,是防范企业或者企业的职工和职员因为实施违法或者犯罪行为而给企业招致刑事责任的风险,所以从根本上讲,刑事合规的功能就是为了防范刑事责任的风险。与此相关的是,德国在讨论刑事合规的功能的时候,通常是从三个角度来加以理解的:第一个角度是预防功能,这也是我们在讨论刑事合规时涉及的最重要的一个功能。企业之所以设置或者建立合规计划,其目的在于防范企业遭受刑事责任的风险,事实上企业建立合规计划最大的动力也来自防范刑事风险。第二个角度是调查功能,也就是当企业内部的职员或高管实施了一定违法犯罪行为的时候,企业内部需要开展一些调查措施。如果企业员工甚至高管实施了违法犯罪行为却没有遭受相应的调查,这在一定程度上就会对违法犯罪行为起到鼓励、纵容的行为指引作用。第三个角度是制裁功能,也就是如果企业的高管或者职工、职员实施了一定的违法犯罪行为,在企业内部必须要对其进行一定的制裁,包括解雇、降级、调整薪资等措施。如果没有这些制裁措施,合规计划将不能发挥很好的作用。

第二个焦点是刑事合规的概念。"合规"这个词来自医学领域,此后在经济学或者管理学中广泛使用,一般的含义是遵守规范,即遵守法律规范或者法律以外的其他的规范。在一定意义上说,刑事合规是经济学或者管理学中合规概念的分支。但是刑事合规的具体含义是什么?对于这个问题,德国学界有很多的观点,不同的学者也存在不同的观点。比如说本灿老师编译的《合规与刑法:全球视野的考察》这本书中收录了德国慕尼黑大学法学院萨力格尔教授的《刑事合规的基本问题》,萨力格尔教授在这篇文章中对刑事合规作了一个界定;另外像本灿老师刚才提到的在德国对于刑事合规最有研究的托马斯·罗什教授,他对刑事合规又有一个界定;希尔根多夫教授对于刑事合规也有自己的界定。现在给大家介绍一下罗什教授对刑事合规概念的界定:刑事合规是指为了避免企业职员基于实施与企业相关的行为而负担刑事责任,所必须采取的全部必要且被允许的措施。我们可以看到,这一定义实际上仍然是比较抽象,或者说比较拗口的。下面我们从几个层面来对这一定义进行理解,通过分解该定义的要素来理解德国对刑事合规最有研究的学者是如何理解刑事合规的。这里涉及的第一个问题是刑事合规的目标,我们刚才讲到刑事合规的功能是为了预防企业刑事责任的风险。刑事合规总体的目标当然是为了防范刑事风险,但是具体的目标是什么样的?对这个问题,德国学界主要是从两个方面来理解的:一方面是从企业本身来理解,另一方面是从国家的角度加以理解。

从企业本身的角度来理解,对于企业实施合规计划最直接的动力就是要防止或者避免刑事责任,对于这一点可以从以下两个方面加以理解:一是合规计划有助于企业实现预防犯罪的目标,一个有良好合规计划的企业在很大程度上能够发挥预防犯罪的功能。我近年与一些跨国的互联网公司有所合作。例如,去年我曾带队参访微软总部,在我们行前,微软公司给每个人都发了一份文件,这个文件主要的目的是让我们确认参访人员中没有政府的公务人员。因为微软公司对我们这次参访提供了资助,而如果中国政府的公务人员接受微软公司的资助去美国参访,这在微软公司的合规计划里是不允许的。我们提供了相应文件,并且由我们学校、学院的领导签字、盖章,确认我们不属于政府的公务人员、不属于行使公权力的人。我认为这就是世界知名公司的合规计划的一个很好体现。这样一种方式能够避免微软公司向中国政府的公务人员实施贿赂,所以建立这样很良好的合规计划,实际上能够很好地预防相关犯罪的发生。

如果此后中国的司法机关或者美国的司法机关以此为由追究微软公司相关人员的刑事责任,微软公司就可以拿出我们这些参访人员所签署的相关的声明,以及相关的院系、学校的领导签字和确认,进而起到防止追诉的作用。二是对于企业,刑事合规的目标还包括当企业的职工或职员(不管是高管还是普通职员)实施了某种犯罪的时候,企业可以它建立或者确立了良好的合规计划为抗辩事由,从而切断企业和其管理人员、一般人员之间的责任关联。

从国家角度来理解,鼓励企业合规主要是考虑到国家的刑事司法机关在追诉犯罪的时候是需要成本的。犯罪率在不断上升,德国也是如此。从目前德国对于刑事合规外延的限定来看,其已经不限于经济刑法。据我们的观察,例如在数据领域、网络犯罪领域、刑事产品责任领域、金融领域等,都存在对刑事合规的需求和对刑事合规的讨论。如果我们大家对于德国的刑事合规有所了解的话,我们会知道托马斯·罗什教授编了一本《刑事合规手册》。这本书分为两个部分:第一个部分对刑事合规总论部分的问题进行了探讨;第二部分对刑事合规的分论部分,也就是刑事合规适用的领域逐一地进行了研究。如今,我们可以看到几乎在所有重要的领域里面,除了那些传统的自然犯罪领域,在很多与经济相关的领域里面都存在对刑事合规的讨论,所以今天刑事合规其实已经被延展到了相当广泛的领域。

第三个焦点是刑事合规的渊源,也就是刑事合规中的"规"到底来自哪里。按最狭窄的理解,刑事合规中的"规"应该首先来自法律,或者说刑法。也就是说,刑事合规当然是要合乎法律,或者更具体地讲,是符合刑法的规定。但事实上在合规的研究领域中,当我们讲到合规的时候,我们所讲的"规"绝不仅仅是国家的正式法律,更为重要的是企业的内部规定,或者说所谓的"最佳实践"(best practices),即企业根据他们自己的业务需求或者行业需求所发布的、针对企业内部员工的一些行为准则。我们今天在很多领域里都能看到其身影,如在人工智能领域、数据保护领域中,都能看到那些有影响力的大公司会发布一些"best practices"。人工智能、数据这些领域可能是比较新兴的领域,因为在这些新兴的领域里面国家的正式的法律可能还没有完全形成,所以就更加需要对行业有影响力的公司、企业,发布一些实际上带有伦理规范性质的准则,即"最佳实践"。从实际作用来看,"最佳实践"实际上是比刑法或者说国家其他的正式法律更为重要的刑事合规的渊源。企业在经营的过程中,通过遵守"最佳实践",能够更好地合乎国家的法律规定,实现防范刑事风险的功能。但是,我们应该注意的是,企业内部的这些规定,包括"最佳实践",和国家的正式法律可能并不一致,甚至在某些情况下这些内部规定可能与法律存在一些冲突,这种情况就要求制定合规计划的人、制定"最佳实践"的公司内部的人员要注意跟国家法律制度关系的协调。

接下来,我们再来看刑事合规的对象。刑事合规的对象中,最明显的是公司、企业及其职员。除此以外,当我们结合考虑刑事合规的目标时,实际上刑事合规的对象可能会产生一定扩展。比如,当刑事合规的目标是在企业的职员实施犯罪之后减免企业的惩罚的时候,刑事合规的对象可能是刑事执行机关或刑事司法机关、国家权力机关;当刑事合规的目标是为了提高公司的声誉,最终提高公司的价值的时候,刑事合规的对象可能是社会大众。以上是德国讨论的刑事合规的内涵问题,也就是说,我们可以从以上几个角度来理解刑事合规。当我们从这几个角度来理解刑事合规的时候,可以得出一个初步的结论:刑事合规是一个非常多样化,而且内涵非常丰富、非常广泛的概念。

二、刑事合规的实体问题

我们接下来再来看刑事合规的实体问题。刑事合规跟实体刑法的问题密切相关。刑事合规不同于我们有效的实体刑法或者程序法,它更多的是一个影响刑事可罚性的,或者说预防刑事可罚性的一种前置领域。这一前置领域与我们的实体法和程序法都有密切的关系。我们下面再来看在德国的实务和理论上所探讨的关于刑事合规的实体问题。在探讨刑事合规的实体问题的时候,我们首先要注意的是,德国刑法和中国刑法一个非常大的差别在于,德国刑法不承认公司或者法人等组织的刑事责任,只承认个人的刑事责任。当然,这并不意味着对公司、企业或者法人不能予以任何惩罚。当公司、企业实施了一定的违法犯罪行为时,按照德国《违反秩序法》的相关规定,可以对公司、企业判处罚款,但这种罚款是一种行政法意义上的惩罚,而不是一种刑事法上的刑罚,这是我们首先要注意的。正是这个差别才导致了德国原则上只承认个人的刑事责任。在这种情况下就会产生如下问题:公司的高管、职员、合规专员或者在外部为公司提供合规咨询服务的律师,为了公司的利益而实施了犯罪行为时,应当如何来追究刑事责任。在德国的讨论中,通常把这里的刑事责任区分成两种类型:一种探讨的是公司内部人员的刑事责任问题;另一种探讨的是公司外部人员的刑事责任问题。

就公司内部人员的刑事责任问题,首先涉及的是公司管理人员的刑事责任。公司管理人员的刑事责任又可以从两个方面加以探讨:一个方面是从作为的角度;另一方面是从不作为的角度。从作为的角度来探讨公司管理人员的刑事责任的时候,主要涉及的是公司管理人员在什么情况下要为公司职员实施的犯罪行为承担刑事责任;从不作为的角度探讨的问题是,公司管理人员在什么情况下可能要为其不作为而导致的刑事责任承担责任。

首先我们来看主动的作为,也就是公司的管理人员在什么情况下,或者依据什么样的原理,要为其公司职员实施的犯罪行为承担责任。我国刑法上有关单位犯罪的规定,通常指向单位的直接责任人员或者主管人员。按照该规定,我国单位的主管人员承担刑事责任有法律根据。但是,德国是不承认单位犯罪的,所有的犯罪都应该追究个人责任。在单位的职工实施了犯罪行为的时候,按照刑法理论追究实施犯罪行为的职工的刑事责任没有太大问题,但能不能追究他背后的单位的管理人员或者说我国刑法上的主管人员的刑事责任,就会成为问题。在我国可能并不存在这个问题,但是在德国刑法上就存在一个可罚性基础的问题。关于这个问题,有两个非常重要的判决,发展出了两种理论。一个是"皮革喷雾案",熟悉刑法的人应该对该案有所了解。"皮革喷雾案"实际上是将民法上的,或者说公司法上的责任理论移植到了刑法中,从而追究相关公司管理人员的刑事责任。在德国还有另一案例即"柏林墙射杀案",想必大家也都有所了解。在"柏林墙射杀案"中,罗克辛教授发展出一种通过有权力的组织支配的间接正犯的理论。这两种理论都可以用来说明在公司的职员实施了犯罪之后,他背后的公司管理人员的刑事责任。当然,目前德国学界普遍支持的是通过"有权力的组织支配的间接正犯"理论来解释公司管理人员的刑事责任。该理论有几个好处:第一个好处是,间接正犯在德国《刑法典》上能够找到直接的法条的根据,即第25条第1款第2项;第二个好处是,这种理论对于管理者的主观方面、主观要件的要求是较低的;第三个好处是,"组织支配"理论不仅可以用来解释公司的高管,也可以用来解释公司普通职员的上级的可罚性的问题。所以该理论在探讨公司管理人员为普通职员的犯罪行为承担刑事责任的问题上,能够发挥比较好的作用。

以上是关于公司管理人员作为的刑事责任问题的探讨,我们再来看一下不作为。不作为主要涉及当公司管理人员没有履行刑法意义上的防止下属、公司的普通职员实施犯罪的义务的时候,他需要承担刑事责任的基础。关于这个问题,德国学界的通说,包括德国联邦最高法院一致认为,公司的负责人或者公司的高管对于预防他的下属实施犯罪行为存在着一种基本的保证人义务。当其没有履行这种基本的保证人义务的时候,有可能要承担不作为的刑事责任。当然因为时间的缘故,没有办法对不作为的保证人义务进行更为详细的说明,这里面实际上涉及保证人义务的一般分类。在刑事合规的语境下,不作为的保证人义务也包括保护义务和监督义务。在德国的刑事合规讨论中,德国刑法与刑诉法并没有直接关于刑事合规的条款,但是德国《违反秩序法》第130条被认为是德国刑事合规的一个核心的条款。这个条款实际上规定了一种公司或者企业所有人的监督义务。也就是说,当公司或者企业的所有人违反了这样的监督义务的时候,其可能要承担责任。此处的监督义务,甚至包括选任、选择下属的义务。

以上是公司管理人员的刑事责任的问题,既包括高管,也包括一般的上级管理人员。另外一个在德国刑事合规的讨论中受到较多关注的问题是合规专员的刑事责任。关于这个问题本灿教授已经发表了相当有分量的论文,但是在德国,其实合规专员的刑事责任还是存在一定争议的。所谓的合规专员,指的是在一些企业的内部专门负责合规事务的职员。当合规专员没有尽到防止公司职员实施与公司相关的犯罪行为的时候,他承担刑事责任的基础和边界在哪里?这个问题在德国有很多的讨论,学界就该问题的立场实际上有了一个转变。早期学界对于特定情况下合规专员能够成为保证人这一点是没有异议的,但在2009年的"柏林城市清洁公司判决"之后这种情况发生了一定的变化。联邦最高法院在该案判决中写道,通常,合规负责人负有德国《刑法典》第13条的保证人义务,需要防止公司职员实施与公司相关的犯罪行为,这是合规负责人针对公司领导层所负担的必要义务的另一面,即其负有义务阻止违反规范的行为,尤其是犯罪行为。从这一判决来看,一方面德国联邦最高法院肯定了公司内部的合规专员在一定情况下、在一定范围之内、在一定领域里面负有防止犯罪的义务;另一方面其又指出合规专员的义务来自公司的领导层。所以这一判决具有两个方面的意义:一方面,其指出合规专员并非负有一般性的防止犯罪的义务,其强调义务是要在特定领域,特别是对于一些大型公司。如果是中小型的公司,那么它的合规部门或者它的合规专员所负责的合规领域可能是一般性的,比如对公司所有的大小事务都负担合规义务。但是对那些大型的,甚至是跨国公司的合规部门,其往往人员众多,而且不同的合规专员可能负责不同的领域,有的人可能负责商业贿赂的一个方面,有的人可能负责竞争法的一个领域,或者有的人负责其他的部分。在这种情况下,就不能让一个负责竞争法领域的合规专员承担商业贿赂领域的合规专员所承担的义务。所以上述判决中首先讲的是特定领域,这个特定领域一定是跟这个合规专员所负担的或者承担的义务领域一致。另一方面,这个判决还强调合规专员的这种保证人义务具有从属性,或者说合规专员居于一种次要的保证人地位。他的保证人义务或者保证人地位是从公司的领导层,或者说公司的高级管理人员那里推导出来的。换句话说,只有当公司的管理层承担主要的保证人义务的时候,才能探讨合规专员的保证人义务。

除了这两类公司的内部人员以外,还有其他的公司职员的刑事责任的问题。这里的其他公司职员指的是既没有合同上的义务,也没有在事实上承担防止公司内部犯罪行为的义务的职员。在这种情况下,其他公司职员并非完全没有承担刑事责任的可能性。有的时候可能因为他们服务的岗位,或者说可能因为劳动合同里面特殊的规定,其可能要承担一定的防止犯罪的义务。如果他违反了这种义务,那么也可能要承担一定的刑事责任。

以上是关于公司内部的人员的刑事责任问题。除此以外,德国还会讨论公司外部人员的刑事责任。今天在德国的情况,包括在我国的情况是,越来越多的合规业务都由外部的律师事务所,甚至是一些法律专家或者其他领域的专家来负责。在这种情况下,这些长期担任公司外部合规顾问的人,如果没有尽到防止公司内部的职员实施犯罪的义务的时候,他们的责任是什么?他们的责任是不是甚至要比公司内部的合规专员的责任更大?他们承担刑事责任的基础又是怎样的?这个问题在德国目前仍存在争议。因为相对于公司的内部人员,事实上公司的这些外部人员和公司的实际运作关系更加遥远。他们基于跟公司签订服务合同、咨询合同等契约合同关系,承担一定的合规的责任。他们承担的这种合规的责任能不能使他们负担刑法上的保证人义务或者处于保证人地位,是在德国被广泛讨论的一个问题。

三、刑事合规的程序性问题

我们再来看在德国讨论刑事合规时涉及的第三个方面的问题,那就是刑事合规的程序性的问题。刑事合规并不仅仅是一个跟实体法相关的问题,同时它也是程序面向的一个问题。关于这个问题,主要涉及公司、企业的内部调查和吹哨人制度。刚才在前面讲到企业合规计划非常重要的一个方面，就是当企业发现有一些员工实施了违法犯罪行为的时候要实施一定的内部调查。这样的内部调查与刑事司法机关的刑事调查是不太一样的，但是它也可能会跟刑事司法机关的刑事调查产生一定关联。

首先，关于内部调查。德国的通说认为，并不是在公司内部进行的所有调查都能称为内部调查，刑事合规意义上的内部调查指的是针对一个已经发生的或者存在一定嫌疑的违法犯罪行为所进行的特定的调查。内部调查通常是由公司内部人员实施的，但有的时候内部调查也会委托给外部的一些律师来进行。当谈到内部调查的时候，德国的讨论经常会把内部调查和刑事调查进行比较。内部调查跟刑事调查一个很大的差别在于，因为前者是一种企业内部行为，并不是公权力机关实施的调查，所以并不需要具备像德国《刑事诉讼法》所要求的前提，例如当发现了一个犯罪嫌疑人的时候，需要具备进行调查的前提要求，或者说前提条件。按照德国《刑事诉讼法》，要对一个嫌疑人进行调查，必须存在一种所谓的初步怀疑，而企业内部基于合规计划的内部调查不需要以初步怀疑作为前提条件，往往只要存在一个模糊的怀疑就可以。当然，虽然德国学界普遍承认内部调查在民法上、劳动法上是具有合理性的，但是也普遍认为内部调查必须遵循刑事诉讼的一些基本原则，防止对被调查人的基本人权的侵犯。当一些内部调查超过了合法的界限的时候，这种内部调查不能被允许。例如，采取欺骗、胁迫或者其他类似的方式来进行内部调查，或者采取法律禁止的强制性的手段，比如搜查、扣押等方式来进行内部调查。

另外，当我们谈到内部调查的时候，它还会涉及一个与刑事诉讼相关的问题，就是通过内部调查所获得的证言，可不可以作为今后在刑事诉讼中对被告人、犯罪嫌疑人不利的证据。这里实际上涉及在德国关于刑事合规的讨论里面一个非常有争议的，或者说被广泛关注的问题，即在劳动法上劳动者或者职员的陈述义务。当企业进行内部调查的时候，比如企业发现某些职员实施了违法或者犯罪行为的时候，按照《劳动法》规定，职员是有如实陈述义务的，他必须讲明真实的情况。但是《刑事诉讼法》上有不得强迫自证其罪的原则,现在的问题就是,当把内部调查所获得的某一个员工实施犯罪行为的证言转移到刑事诉讼中的时候,可不可以将这样的证言直接作为不利于该职员的证据。这涉及德国刑诉法中的"证据评价禁止"。也就是说,当有些证据不具备证据资格的时候,它不能进入评价的范围。在我们刚才讲到的基于内部调查而获得的对于某些员工或者公司管理人员不利的证言,并不能当然地被作为刑事诉讼中不利于被告人的证据。原因是,刑事诉讼坚持不得强迫自证其罪,虽然在劳动法上有如实陈述的义务,可是在刑诉法上没有证明自己有罪的义务。因此,如果职工基于劳动法上的陈述义务,在一个内部调查里面承认自己实施了犯罪行为,这一证言并不能当然地作为刑事诉讼中追诉犯罪的证据。这就是内部调查与刑事程序发生关联的一个面向。

涉及刑事合规程序性的另外一个问题是吹哨人制度。在有效的合规计划中,企业应当为员工的举报提供合理的途径。吹哨人制度源自美国公司法的实务。在合规的视野里,吹哨人制度被认为是非常重要的,但是在企业的员工或者劳动者举报企业内部存在的违法犯罪行为的时候,其可能会面临劳动法,甚至是刑法上的严重后果。一方面,企业的员工对企业的违法犯罪行为进行举报,有利于公权力机关追诉犯罪;另一方面,根据德国的《劳动法》以及《刑法典》的相关规定,当员工举报公司内部的违法犯罪行为时,他有可能面临着劳动法的制裁,甚至是刑法上的制裁。在德国,是否可以因为职工举报公司内部的犯罪行为而使之遭受劳动法上的制裁,是非常有争议的一个问题。这里面的举报又可以分为内部举报和外部举报,内部举报就是企业的职工在内部对他的上级或者是公司高管报告公司所实施的犯罪行为,外部举报就是企业的员工不经过内部举报而直接向刑事司法机关举报企业所实施的犯罪。从目前德国的法律来看,这种情况可否免除吹哨人在劳动法中的制裁?至少根据德国联邦劳动法院的观点,在外部举报的情况下,也就是公司职员不经过内部举报程序,而直接向刑事司法机关举报的情况下,即使举报符合事实情况,公司或者企业也可以解雇举报的职员。但是对于吹哨人的刑事可罚性,即在什么情况下可以援引德国《刑法典》第 34 条排除违法行为，还没有达成共识。最近德国的立法动向是，要将欧盟的 2012-943163 号指令转化成德国法，德国联邦政府也提出了相应的立法草案，我目前不知道这一立法草案有没有被通过。这一草案将会实现对吹哨人更好的保护：当职员是为了揭发某种违法犯罪行为的时候，使用、公开或者获得企业或者职工相关的商业秘密是合法的。一旦这样的立法通过了，相信可以对吹哨人起到更好的保护作用，从而能够更好地推动企业的合规计划的完善。

以上我对德国刑事合规中几个基本的问题进行了介绍，从这里我们可以看到的是，德国关于刑事合规的讨论具有很强的教义学的色彩，很注重刑事合规这样一种新的理论动向或者实践与既有的理论和法律之间的调和关系，这也是德国法学理论一个非常重要的特点。我们可以观察到，不仅仅是在刑事合规这样一个新兴的领域里面，实际上在很多其他的领域，比如网络犯罪或者人工智能刑法里面，德国的学者都不会轻言要推翻以前所有的基础，或者说完全不考虑以前的学者所建立的基础。他们不会这么考虑问题，相反，他们会充分地照顾或者运用以往已经形成的学术积累，充分地去调动、解释现有的法律，来应对这些新的领域和问题，这和我们国内研究一些新兴问题时的方法论非常不一样。可以看到，我们国内在研究一些新兴问题的时候，往往喜欢用"重构"一词，实际上，很多问题虽然是新的，但是它的理论基础并不是完全新的。我们又可以看到德国人在讨论这些新问题的时候，一方面承认、继承已有的、前人的、以往的研究成果，而且去合理地解释已有的法律；另一方面又在向前推进。在刑事合规的问题上，我们也能够看到这一点。也就是说，它在继承中有发展、有超越。这样的一种研究问题的方式是很值得我们借鉴的，就我们国内目前的刑事合规研究，我们发现不同学术背景的学者采取了不同的研究方法，这些研究方法对于我们推进刑事合规的研究有着非常重要的意义。但我们在研究这些新领域、新问题的时候，不要把它完全看成是一个新的领域、新的问题，不要一碰到新的问题就另起炉灶从头来过，而是应该在前人的基础上、在以往的理论框架的基础上，进一步发展完善，以便使我们的理论具备不断地与时俱进的能力。我今天的报告就到这里为止。感谢各位老师以及各位在线的朋友们。

主持人·李本灿

谢谢江溯教授非常精彩的演讲。我总结了一下,江溯老师主要谈了如下的几个问题。首先,他讨论了刑事合规的兴起背景,然后讨论了刑事合规的功能以及具体的内涵,之后江溯老师结合实体法以及程序法,具体讨论了刑事合规跟实体法或者是程序法具体的一些结合点。应该说,这样的一个报告是非常全面的。我对这个问题的研究有五六年的时间,但是江溯老师可能用一个多小时的时间就已经进行了一个比较广泛的介绍。在很多的问题上,其实我自己也学习到了很多,尤其是江溯老师在讲座最后还涉及了刑事合规的研究方法的问题。他刚才提到,研究方法应该更多地建立在我们自己的法律基础上,提倡用教义学的方法研究问题。其实刑事合规的研究也是这样的,中间有很多的问题需要在我们现有的法律资源中去进行挖掘,比如说我们国家究竟有没有刑事合规制度?我们要不要用教义学研究方法去研究?有很多学者,尤其是程序法的学者,对我们实体法上的研究提出批判,说你们进行教义学的研究,但一个基本的法条都没有,要怎么去解释呢?但实际上,如果对我国《刑法》第30条、第31条进行充分的挖掘的话,其实有很多的工作可以做。所以我对于江溯老师所提出来的这种研究方法也是深以为然。接下来我们进入与谈的环节,首先有请黄礼登老师。

与谈人·黄礼登

首先感谢本灿老师的邀请,今天非常高兴能够有机会参加到江溯老师的讲座中。此时此刻不由想起几年前参加本灿老师组织翻译《合规与刑法:全球视野的考察》的历程,当时感觉那是非常愉快的一段学术之旅,因为不仅翻译了一个全新的题目,还在这个过程中和本灿老师以及其他老师进行了深入的交流,我个人也在这一个新的领域得到了一些新的知识。后来一段时间,我其实处于一种观察者的地位,自己并没有深入研究。今天听了江溯老师的讲座,受益匪浅,所以我也想在这个地方谈一点我的观感。

与其他国家相比,德国对刑事合规的基本问题有自己独特的视角和解决方案。对此,刚才江老师已经做了详细的讲解,我主要想从以下几个方面来谈一谈自己的一点浅见。

第一点,我们今天谈的德国的刑事合规是在一个不承认法人刑事责任的刑法体系下的刑事合规问题,这有什么独特之处?在这样一个背景下谈刑事合规,就意味着需要说明刑事不合规的责任来源问题,即没有办法从替代责任角度去理解企业管理层和合规官员应当为员工犯罪承担刑事责任的问题。我注意到,有的学者在谈我们国家能不能引进刑事合规制度的时候,提出了一个命题,即这个是立法问题还是司法问题。如果是立法问题,则是有难处的,因为刑事合规的立足点是替代责任、严格责任,而这并不是我们国家的法律基础。但是我们观察到德国在没有法人刑事责任的刑法体系下,也同样把刑事合规研究得风生水起,而且在刑法实践中也有成熟的判例。因此这就给我们一个启示,我们完全可以在中国的刑法体系中,把企业管理层的刑事责任理解为基于个人行为的刑事责任,在这一点上刑事不合规起到的是寻找个人刑事责任连接点的作用,这是我的第一点观感。

第二点,将刑事合规放在德国刑法教义学高度发达的大背景下,它有自己的特点。我们在教义学上谈刑事合规,要解决的一个难题就是我们为什么要对第三人独立自主的行为承担刑事责任?这个问题确实是难题,但是德国又发展出一些比较成熟的刑法模型,解决了在两个人之间没有意思联络的情况下,为什么一个人要为第三人独立自主的犯罪行为承担责任的问题。德国的这种模型也可以用在企业管理层何时为员工独立犯罪行为承担刑责的难题上。在德国刑法上,大概有以下三种特殊的情况,可以来解决为第三人自主行为承担刑责的模型。

第一种是我们熟悉的片面帮助犯,但这以行为人知晓第三人的犯罪行为为前提,并且要提供实际帮助,同时不把第三人的犯罪成果视为自己的犯罪成果。如果企业管理层、合规官员知道员工犯罪而不阻止,就是不作为的帮助犯,当然这以他们有保证人的义务为前提。

第二种就是间接正犯的一种特殊类型,行为人虽然和第三人没有意思联络,但是他利用了作为媒介工具的中间人产生的对象认识错误。例如,行为人偶然知道了第三人的杀人计划,正好行为人的仇人和第三人准备杀的人也很像,于是行为人就把他的仇人约到了离第三人不远的地方,第三人果然误以为那是他要杀的人,实施了杀人行为。在这个案例中,第三人实施了独立自主的杀人行为,他要为自己的杀人行为负完全的责任。同时行为人利用了他的认识错误,相当于利用了第三人作为犯罪工具,因此也要承担刑事责任。但第二种类型也不适合用来确定公司管理层的刑事责任。因为通常情况下,在员工犯罪的时候,管理层对此是不知道的,即不知道员工的犯罪计划,也不会对此加以利用。因此前两种模型并不适合我们今天的话题。

第三种类型可以纳入考虑范围,即刚才江老师已经提到的德国的组织体支配型的间接正犯这种模型,这是指行为人和第三人处在一个严密的组织体系中,行为人对第三人有一种支配控制的能力。第三人实施了与组织体有关的犯罪,处于组织体最上层的行为人,对此要承担正犯的责任。虽然他与第三人没有联络过,但是理论上把这种情况叫作"正犯背后的正犯"。就像江老师刚才提到的,德国最有名的案例就是"柏林墙射手案",东德守护柏林墙的士兵开枪射杀了企图翻越柏林墙到西柏林去的人,士兵本人以谋杀的罪名被起诉,同时对此事件并不知情的当时的东德最高领导人、统一社会党的总书记、国务委员会主席和当时的国防委员会主席克伦茨,也因为此案以谋杀罪被起诉判刑。德国刑法理论认可"正犯背后的正犯"这个形态,同时认为还可以将其用于黑社会组织的犯罪以及涉及公司企业的犯罪,但是有一个前提就是,组织体应当形成了一种对外的犯罪风险,组织体的领导层对此有防止出现犯罪的义务。所以说,单纯的不作为犯还解决不了为第三人独立犯罪承担刑事责任的难题,但是在一定程度上可以解决不作为帮助犯的问题,从根本上还需要运用"正犯背后的正犯"理论来解决企业领导层和合规专员负正犯的刑事责任问题。我们看到,不满足"正犯背后的正犯"条件的企业领导层自然不会入罪,但是如果没有适当的刑事合规制度情况下员工犯罪,企业领导层可能触犯德国《违反秩序法》第130条,被科以高达100万欧元的处罚。所以学界也把《违反秩序法》第130条叫作德国广义上的刑事合规规范。这个就是我翻译的丹尼斯·伯克教授《合规讨论的刑法视角》一文的主张,该文的副标题就是"《违反秩序法》第130条作为刑事合规的中心规范"。它之所以重要,原因在于:一是它是广义刑法上的刑事合规规范;二是它可以为我们狭义刑法解决在教义学上没有办法对企业领导层进行归责处罚的这种漏洞。在什么情况下,我们没有办法对这个企业的领导层进行处罚呢?我们可以在客观归责的层面进行探讨。在探讨企业刑事合规时,比较典型的是过失的不作为犯这样一种情况,企业领导层可能有不履行监督义务的监督过失,但是在这种情况下有可能没有办法对他归责。过失犯罪在客观归责问题上有一个条件,就是要有一定的义务违反关联性。当事情的发展没有出乎生活经验的预料,具有结果的可预见性,也就是如果不作为违反义务几乎必然地要导致后果的发生、必然地提升了风险,这个时候进行客观归责是没有问题的。但是如果结果只是可能会发生,不作为只是提高了结果发生的可能性,而不是高度盖然性的时候,有一种观点认为应当适用存疑有利于被告的原则,认定结果可能不会发生,对行为人作有利认定,因此就不能对他进行客观归责。还有一种情况,从规范保护目的来解释,也有可能没有办法进行客观归责。我们知道刑事合规的规范保护目的是避免员工犯罪,而不是首先避免公司不受外界、不受第三人的侵害。在论证公司管理层保证人义务的实质来源的时候,我们会主张公司这种组织体是有缺陷的,如果缺乏刑事合规,它对社会是有风险的。而建立刑事合规的根本目的就在于避免这种风险,避免对社会或者对第三人产生危险。此处可以联系我国《刑法》第167条签订、履行合同失职被骗罪,如果公司缺乏相关的合规制度,员工在签订合同的时候失职被骗,国有公司所代表的国家利益受到了损害,但是它不一定能够进行客观归责,因为这个时候合规的保护目的不是首先保护公司的利益不受损害,而是避免员工犯罪损害第三人或者是社会的利益。当出现这种情况的时候,合规问题仍然没有解决。所以,如果能够在行政处罚上,也就是借鉴德国《违反秩序法》在框架内处理的做法,对此进行漏洞弥补,将起到一个非常好的作用。

我想谈的第三点观感就是保证人的义务,因为保证人的义务是确定企业领导层为员工犯罪而承担刑事责任的一个关键问题。这个义务从何而来,学界观点非常多,本灿老师还专门写了非常有深度的文章。我们可以观察到,一方面学者认为对人的支配可以产生一种保证人的义务,但是另一方面又认为对员工不能够支配控制,因为员工是有尊严的,对他支配、控制实际上是对人进行了物化。有学者提出了对此问题的解决方案,那就是把"支配"置换成"影响",用"影响"这个词语、用指令或者随时调换员工的情形来论证这个问题。但实际上这样只是换了一个名词而已,其本质并没有变。因此,组织体的支配本身并不能天然地带来保证人义务,关键是这种支配可能产生危害的时候,才会带来一种义务。这样我们就能明白为什么德国认为东德作为国家形态这样的组织体,或者说黑社会组织这种组织体是有危害的。在这种组织体下,处在组织体最上层的人对于这个组织体不对社会发生危害,具有保证人义务。但德国学者为什么同时又将公司和企业这样的组织体和国家、黑社会相并列呢?我想可能是因为他们看到了现代企业在工业时代、后工业时代整体上的危险性。我的理解是:在企业这个组织体中,当员工被赋予一定的工作义务和获得收益的机会时,特别是在存在利益机制时,比如按件计酬、按业绩提成、获得晋升机会从而提高薪金档次等,他们的精神状态就会被系统性的利益所牵引,被一种组织化的机制所裹挟。这个时候对他们就不能再适用信赖原则,信赖员工是理性人,实际上人性都是软弱的。这个时候,员工本身不是社会的风险因素，也不是公司控制机制缺失激励了他们犯罪，而是现代化企业严峻的竞争淘汰机制为他们犯罪提供了激励。员工不是法律上的未成年人，也不是天生的犯罪人，他们是人格健全的社会成员。犯罪的员工需要自我答责，领导层也需要为有缺陷的组织体答责。公司领导层什么时候可以免于这种责任？我想那就是通过有效的机制去消除员工犯罪的诱因。因为企业的利益竞争机制带来了犯罪诱因，这样我们就能解释为什么我们强调合规体制，合规规定中不需要教育员工不能杀人、不能高空抛物、不能抢方向盘，就是因为这不是企业这个庞然大物在后工业时代为社会所带来的风险。

最后还有一个小小的观感，我注意到德国学者在谈刑事合规的时候，把它和雅各布斯的敌人刑法联系起来了，我觉得这是一个非常有趣的观察点。我们在谈刑事合规的时候，和敌人刑法又有怎样的关联呢？雅各布斯把刑法分类为市民刑法和敌人刑法，市民刑法是以自由为导向的，敌人刑法是以安全为导向的。在以自由为导向的市民刑法中，市民对国家承担的只是一个最低的义务，而在敌人刑法中，由于国家承担了保护公民安全的重任，公民享有这种利益，市民享有这种好处，那么自然他们也应当为国家的安全承担更高的义务。在这种视角的理解下，我们就能够明白为什么要提犯罪预防私权化、犯罪预防自治化。因为按照敌人刑法的观点，法益的危险源就是敌人，因此对危险源的控制——刑事合规是一种重要的手段，它恰好是对敌人刑法观念的一种践行，也是一种强化。当然这只是一种观念上的对刑法文化的影响，我们完全不用听到"敌人"这个词就感觉又回到了斗争年代。正如西政的谭淦老师在他翻译的一篇文章中谈道：敌人刑法只是一种观念、一个术语，我们完全可以把敌人刑法这个词置换成我们喜闻乐见的词语，那就是风险刑法。在后工业时代采取一种更为前端的诸如刑事合规这样调节社会的模式，具有其合理性。以上就是我的一些浅见。再次感谢本灿教授，谢谢江老师。

主持人·李本灿

好的,感谢黄礼登教授非常精彩的与谈。黄老师首先讨论了刑事合规的讨论背景问题,即我们是不是必须在单位犯罪的语境下进行讨论,或者它跟我们单位犯罪中的归责模式有什么样的联系。黄老师谈论的第二个、第三个问题是为什么要对别人的行为负责以及保证人义务来源,严格来讲这是一个大的问题,涉及我们合规制度中的合规官的保证义务。也就是说,一个人为什么要为别人的行为负责,如何解决与我们刑法中的自我答责原则之间的关系。最后黄礼登老师还谈到了合规与敌人刑法的理念问题,这四点我觉得都是深受启发的,尤其是第一点。关于第一点,我这里想借主持人的特权来说两句。关于合规的讨论背景,我们国内有很多的学者认为,既然讨论合规最多的是美国法律,美国具有公司犯罪这样的一种制度,而德国没有公司犯罪制度,那么你们今天为什么要去讨论德国的刑事合规?你们这样的一种讨论有什么样的意义?据我所知,在我们国内的学理研究中,有很多人持一种质疑的态度。当然,合规跟我们单位犯罪制度确实有一定关联,但是它并不必然非要在单位犯罪的制度语境中进行讨论,比如说我们涉及的合规官的责任问题,其实它就是通过人的责任来促进合规管理义务的履行,这也是刑事合规制度的一种很重要的建构方法。刚才黄礼登老师还提到了刑事合规的立足点是替代责任和严格责任的问题,我看到我们国家的文献中也有学者提出这样的问题,以美国的制度作为参照背景,认为刑事合规是在替代责任制度背景下产生的,因此它是以替代责任为根基的。因为替代责任最后导致的结果其实是公司承担严格责任,所以有学者认为,我们刑法中坚持责任主义,未来要建构刑事合规制度必须突破我们刑法中相关的责任主义原则,这种观点对不对?这肯定是有问题的,其实可以简单地去做一个参照,而非仅仅参照美国法。其实可以发现这里涉及的是刑事合规制度的类型问题。我的一个简单的结论是,不同的单位归责模式与不同的刑事合规制度类型可能是一一匹配的,但这并不代表刑事合规就是立足于替代责任或者是什么样的归责原则。这是听了黄礼登老师的与谈,我自己的一点点感想,我们下面的一位与谈人是南京大学的徐凌波教授,有请凌波。

与谈人·徐凌波

好,谢谢本灿教授。首先非常感谢江溯教授的报告,也非常感谢本灿教授的邀请,很高兴有这个学习的机会。因为今天不管主讲人江溯教授,还是与谈人黄礼登教授,包括主持人本灿教授在这个问题上的研究都是非常深入的,所以我主要是以学习者的身份过来旁听的。特别是,江溯教授特别谦虚,实际上在我了解的范围内,江老师应该是国内最早意识到刑事合规具有非常重要的理论和实践意义的学者之一。因为在我读博士学位的时候,江溯老师就已经跟我说,刑事合规这个问题非常重要。囿于我在这个问题上有限的阅读范围,我个人在这个问题上的观点相对会更加保守一些。关于刑事合规,我想谈以下几点:

第一点,普遍意义上的合规并不仅仅局限在刑事法的领域内,甚至我们可以说,刑事的合规并不是合规最主要的部分,尤其是在我们国家现行法律体系下考虑到刑事制裁与行政制裁之间的权限分配,企业的合规首先要做的可能更多的是行政法层面的合规。因此我觉得这个问题的讨论可能需要更多的跨部门法的一些研究。

第二点,由于刑事合规并不是一个传统的刑法教义学上的问题,所以就需要去讨论,我们要怎么样把它去嵌套到一个传统上主要是站在报应性、回溯性的事后立场去考虑刑事责任的这样一个刑事司法体系里面。整体上讲,我觉得如果从各个国家的角度来看,英美法系和大陆法系分别代表了两种不同的合规思路。从英美法系的角度来讲,它可能更多的是在程序法的背景下讨论的,更多的是嵌套在了他们的辩诉交易、认罪协商的过程之中,把它作为一个减轻公司刑事责任的部分,这与他们的刑事程序、刑事司法具有更大的灵活性相关。

而在像我们这种大陆法系的国家,因为它的程序制度本身更加严格,因此可能还是需要通过实体法路径进行制度嵌入。正如刚才黄教授说的,德国的刑事合规主要是在德国现行法不承认法人犯罪这样一个背景下出现的。在秉持个人责任原则的德国法上,原则上应该是要首先考虑距离法益侵害最近的直接实施行为者的责任,然后再向前通过共犯的制度来进行责任的归属。由于事件链条拉得越长,追责的难度就会越大,所以在涉及公司的情况之下,就会出现很难追究公司高管的刑事责任的问题。直接实施犯罪的下级职员并不知道自己行为的整体意义,因为他并没有站在最高权限上面去,处罚他所产生的预防效果极其有限。与此同时,作为高管、作为决策的作出者,又可以通过各种各样的机制去规避自己的责任。对于这样一种公司内部的分工所导致的责任的消解,许乃曼教授首次引入了乌尔里希·贝克在风险社会中所提出的那样一个概念,即有组织的不负责。其实许乃曼教授在提出、引入这个概念的时候,讲的就是公司。他自己在后来的文章里面也说,他讲的就是公司这样一种通过内部纵向的和横向的分工,从而将责任消解掉的这样一个组织体。但是很有意思的是,许乃曼教授大概也是国内比较熟悉的德国学者中,最严厉地反对在德国现行法下设立法人犯罪的一个学者。2014年,德国北威州专门提出过一个要设立单位犯罪、公司犯罪的草案,然后许乃曼教授写了大概100多页的专家意见来反对该议案。

德国学者所找到的两个实体法上的连接点,就是刚才黄教授与江老师都已经提到的组织支配形态下的间接正犯,当然这个类型刚才大家都已经大概提到了。简单地回溯一下的话,其实最早这个类型出现在德国联邦最高法院关于国防委员会(下令柏林墙射击的国防委员会)案判决的最后一部分,诉讼意见里面提到:这样一种利用组织体来实施犯罪的间接正犯类型可以在将来适用于公司的高管。比较有意思的是,组织支配这个概念最早是由罗克辛教授在受到艾希曼审判后提出来的,但是我们可以看到,他在最近这两年关于组织支配的文章里,也反对将组织支配适用于公司高管的责任。我觉得,他们比较有意思的一点是,提出一个理论的人并不一定支持把这个理论适用于所有的领域,所以可能提出这个理论的人和最终将这个理论推广到很多的不同的领域里面去解释的人不是同一个人,甚至提出者反而是反对做这样一种泛化的人。这是德国教义学上比较有意思的一个点。

第三点,保证人地位的问题。两位教授刚才也已经提到了,在柏林城市清洁公司诈骗案中,当时德国联邦最高法院首次确立了合规官对于公司内部工作人员实施的犯罪居于监督者保证人地位,在直接实施者可以构成犯罪的同时,合规官也要以不作为的方式承担不纯正不作为犯的刑事责任。这也是我感到特别困惑的一个地方,通过实体法将它嵌入我们现在的传统的德国刑法教义学体系的时候,这个意义上的刑事合规到底是服务于证立刑事责任、扩张刑事责任、追究公司高管的刑事责任,还是说像最初我们所想的那样通过刑事合规制度的设立帮助企业更多地去减轻甚至是规避某些刑事责任风险,在我看来,这两者似乎有一些矛盾。从柏林城市清洁公司诈骗案来看,它其实可能更多的是服务于扩张刑事责任,作为一个追究公司高管刑事责任的工具出现的。这与最初我们提出来的可以帮助公司规避风险的目标之间的关系,我觉得还要向两位老师请教一下。

这个问题其实在我们国内也出现过,就是在产品刑事责任的领域。刚才本灿教授也提到了,我们国内因为有法人犯罪,有很多学者质疑说,是不是我们就不需要研究德国这种没有规定法人犯罪的制度背景下的刑事合规。我之前写产品刑事责任的时候,劳东燕老师给过我一个建议,即不能说它完全没有意义,因为即便是在我国承认单位犯罪的情况之下,我国现行刑法分则中也只有部分犯罪承认单位犯罪,只有在存在法律明文规定的情况下才会作为单位犯罪处理,剩下的那些犯罪,尤其是大量的过失犯罪还是要追究单位内各个人员的刑事责任,因此德国的个人责任制度对我们来讲还会有一些借鉴意义。在我国也有类似的情况,2006年齐齐哈尔第二制药厂有一个假冒的丙二醇事件,基本案情是,公司的内部采购人员因为收受贿赂或者其他情况,收购了一批假的有毒的原料,制成的药剂给病人注射后导致了病人死亡。采购者和直接负责采购的经理是肯定要追究刑事责任的,当时是以重大责任事故罪来追究刑事责任,特别是要以重大责任事故罪来追究公司总经理的刑事责任。作为过失犯,公司总经理的刑事责任需要论证他在何种意义上违反了义务。当时就使用了 GMP(Good Manufacturing Practice)认证标准,这是一个专门的企业内部的类似于广义上的合规的标准。当时齐齐哈尔第二制药厂这个企业是获得了 GMP 的认证的,但在实施的过程中并没有严格地执行 GMP 认证的各种各样的标准,法院最终是以这样一个理由来肯定了总经理的刑事责任。这个其实跟我们现在讲的,刑事合规成为保证人地位、公司注意义务的内容的一个来源,是有非常接近的、密切的关系的。所以整体上来讲,我在这个问题上并没有想得特别清楚,关于合规作为一个能够证立责任的部分,和它最初所要实现的能够帮助企业规避刑事风险的目标之间的关系,这一问题我需要向各位老师请教。

主持人·李本灿

好的,非常感谢凌波。凌波首先提出我们的合规研究范围的问题,确实,合规不仅仅是一个刑事法中的问题,还可能涉及公司法、行政法等很多其他领域。我们这次系列的论坛也确实考虑到了这样的问题,所以我们也邀请了一些公司法的学者来讨论合规的问题。在我们的行政法领域,其实有大量部门规章中涉及合规问题,包括我们的行政和解制度,所以它是一个多学科的问题。另外,刚才凌波提到了刑事合规制度如何嵌套入我们国家刑事司法的问题。她还提出了自己的疑问,我之前也考虑过,等会儿请江溯老师连同听众发过来的一些问题,给我们统一作一个解答。有请江老师对与谈人的与谈以及听众的疑问做集中回应。

主讲人·江 溯

好的。刚才其实黄礼登老师没有对我的报告提出什么疑问,或者说更多的是一种延伸,我觉得黄礼登老师讲得也让我受益匪浅。徐凌波老师讲的是我自己其实也有注意到的问题,即刑事合规的作用。一个完整的合规计划的存在既可能发挥追究刑事责任的作用,也可能起到减免企业的刑事责任的作用,怎么来看待这个问题?比如说对于合规专员,如果所在企业有很好的合规计划,但这个合规计划并没有得到遵守,或者合规专员没有履行相关的义务,这种情况下可能公司已经制定了的那个完整的、好的合规计划反倒会成为认定这个合规专员刑事责任的证据,所以它的作用是朝着追究刑事责任的方向去的。但在企业因为员工实施犯罪而被追究刑事责任的情况下,刑事合规又可能会发挥减轻甚至免除企业的刑事责任的作用。我倒不觉得在不同的场景之下,或者说在不同的问题上,合规所发挥的不同功能有什么特别大的矛盾。因为对于前者,一个好的合规计划发挥的是证据功能;而在后者的情况下,一个好的合规计划发挥的功能是,如果一个企业有很好的合规计划但是它的员工没有遵守,就不应该追究企业的责任,是这样的一个关系。

我们的听众主要提了三个问题。其实听众提的第一个问题也是刚才黄礼登老师、徐凌波老师,包括本灿老师所讨论的问题,就是在不承认单位犯罪的制度背景下讨论刑事合规的意义,或者说讨论德国的刑事合规的意义。我个人倒是觉得有没有单位犯罪制度实际上对于讨论刑事合规本身没有太大的影响,因为刑事合规并不是刑事法律制度本身,它不是刑事实体法也不是刑事程序法,它是刑事实体法或者说刑事可罚性的一个前置领域,是一个为了预防刑事可罚性而前置的领域。它跟实体法和程序法是有关系的,但是它又有独立的含义、独立的研究内容,并不能以有没有单位犯罪制度或者说法人刑事责任制度,来决定我们是不是可以探讨或者可以研究刑事合规,我觉得这两者之间实际上并没有特别大的关联性。我们可以看到的是,虽然德国没有法人或者公司刑事责任这样的制度,但是我们的单位犯罪制度所解决的直接责任人员的刑事责任和对公司判处罚金的问题,在德国也都能解决。我们的单位犯罪制度发挥的第一个作用是对那些没有直接实施犯罪的人的追责问题。第二个作用是它发挥着对公司判处罚金的功能。在德国的法律制度背景之下,这两种目的都能实现:首先对于那些没有直接实施犯罪的人,比如说公司的管理人员或者相关的上级、领导,可以通过我们今天讲的一些理论如保证人义务、保证人地位,或者说通过组织支配的间接正犯等理论,解决它的可罚性资格问题。其次,我们可以看到,虽然德国没有对于单位或者公司、企业的罚金,但是《违反秩序法》里面对企业是有规定罚款的,实际上这只是名字不同而已。我们不要认为德国没有法人犯罪制度和我们有法人犯罪制度有特别大的区别,我认为两者并没有本质上的区别,只不过是解决问题的途径不一样,所以我认为有无单位犯罪制度与讨论刑事合规之间并没有特别大的关联。另外,刑事合规实际上有一种超越我们现有的刑法和刑诉法的独立意义,所以并不受是否有单位犯罪制度的法律规定的影响。

第二个问题就是有听众问道单位犯罪的归责基础。关于这个问题其实我们理论上的探讨很多,主要是从两个方面展开:一方面是从单位内部的自然人之间的关系角度来研究单位犯罪的归责基础;另一方面是从单位本身作为一个组织体的角度来加以研究。从前一种视角来看,存在例如替代责任理论,其含义是公司的主管人员虽然没有直接实施犯罪,但是对员工所实施的犯罪要承担替代责任,甚至是严格责任;从后一个视角来看,则存在所谓的法人拟制说,认为法人也有它的意志,虽然它的意志和自然人不一样,但是它也有独立的意志。当然这种独立的意志是通过自然人,尤其是公司的管理人员、高管来体现的。所以,理论上要说明单位犯罪的刑事责任的基础,实际上也是有各种各样的进路的。但我不认为因为我们有单位犯罪的制度,所以刑事合规制度嵌套不进来,他们之间并没有排斥关系。

第三个问题就是说在刑事合规和优化营商环境的背景之下,如何更好地保护民营企业家的合法权益的问题。这个问题是一个挺大的问题。其实我们今天在政策上讨论民营企业家的合法权益的保护，是有一些背景的。这些背景包括：第一，我们民营企业的重要性日益增长。民营企业是我们国民经济真正的、最重要的支柱，它的重要性已经远远超过国有企业，无论是数量还是对劳动岗位的贡献，包括对GDP的影响都远远超过了国有企业。第二，虽然我们法律上讲对民营企业和国有企业同等保护，但是从实际情况来看，实践中我们对于民营企业的保护力度的确是不如对国有企业的保护力度，这是客观存在的。实践中的确存在一些违反法律规定、任意剥夺民营企业家的合法权益，包括人身权利和财产权利的现象。在这种背景之下，我们才提出了要营造良好的法治营商环境，保护民营企业家的合法权益。我认为这样的政策是非常重要的，但必须指出的是，因为我也跟一些民营企业有很多接触，就刑事合规来说，我们的民营企业做得没有国有企业好。因为我们的国有企业有相关的，甚至级别很高的合规管理要求，所以国有企业的管理相对来说要更加合规一些，这一点是我们不能否认的。相对来说，在很多刑事案件里，我看到民营企业的管理十分混乱，远谈不上合规。我有一个很好的朋友开了一家与数据相关的公司，在了解了他公司内部的管理之后，我发现整个企业的管理极其不规范，没有任何防范刑事风险的意识。所以我最后建议他必须聘请一位专门的、专业的律师来给企业做合规。我们的民营企业在合规这方面是存在极大的问题的，这是造成民营企业家更容易招致、引发刑事风险的一个非常重要的因素。我们不能抽象地谈要保护民营企业家的合法权利，我们要清楚地认识到国内现在一个大的问题是，我们的合规文化还没有建立起来。这种合规文化的缺失很重要的体现是，我们很多民营企业在整个企业的运营过程中没有合规意识，所以为了更好地保护民营企业家的合法权益，就要求我们的民营企业要建立现代的企业合规计划，这是非常重要的。常见的是，我们的民营企业家把一个独立的企业或者公司看成他自己家的个人财产，这种观念是一种非常落后的观念，这样的观念造成了其在内部管理时完全不顾及国家的法律，包括刑法的相关规定。

所以，我们今天讨论刑事合规，包括本灿老师举办这样一个系列的刑事合规的讲座，其实有一个目的，就是提醒或者说警示我们的企业、公司要建立健全相关的合规计划，以便能够更好地防范甚至是避免相关的刑事风险。这是我对我们的与谈人和听众们提出的部分问题进行的一个简要回复。

主持人·李本灿

  好的，非常感谢江溯老师精彩的回复。不知不觉已经两个小时了，在这两个小时里，我自己也学习到了很多。针对刚才江溯老师的讲座以及凌波、听众刚才所提出的问题，我利用主持人的特权简单讲两点。

  刚才凌波提到我们刑事合规制度一开始的初衷是预防、减轻公司的责任，而德国现在的做法，其实将合规作为积极证立个人责任的一种连接点。如何去理解这个问题？我自己觉得究竟是积极地证立还是消极地减轻公司或是个人的责任，其实是一个一体两面的问题。如果观察我们国家的司法实践中的一些案例的话，也可以看到关于合规跟个人责任的连接的问题，其实司法实践中有很多的案例都体现出来这种精神。在这些案例中，一方面不合规当然会成为认定过失责任的一个重要的连接点、一个重要的工具；另一方面也可以看到在很多的案例中，企业实施了广义上的合规计划，比如说企业履行了社会责任，也会作为减轻企业或者是个人责任的一种根据。所以从这个意义上讲，合规它究竟是积极地证立责任还是削减或者减轻责任，这是一个问题的一体两面，这是我自己一个简单的想法。

  刚才还有听众提到一个问题，就是江老师回答的第一个问题，即在我们国家已经规定了单位犯罪制度的情况下，还有什么必要去研究德国的合规的模式的问题。实际上这个问题非常简单，大家可以看一看，我们国家尽管规定了单位犯罪的制度，但实际上单位犯罪的条款有多少？其实它仅仅占刑法分则的1/3，很多重要的罪名比如贷款诈骗罪，就没有规定单位犯罪,包括我们很多过失类的犯罪,比如重大责任事故类的犯罪,其实都没有规定单位犯罪。在这些领域里如何去建构合规制度,其实就必须通过个人责任的角度,通过这样一种方式来督促他们履行合规义务。其实从很多的司法解释或者是《刑法修正案(十一)》中,都可以发现、观察到这样一种理念,即通过个人责任来促使他们履行自己的内部控制的义务。这是我对这个问题的一点个人想法。

接下来,我还想给各位老师以及听众提供两个线索。今天我们讨论的刑事合规的基本问题,其实刚才江老师已经作了非常全面的讲解。最近我跟德国基尔大学丹尼斯·伯克教授的沟通比较多,因为按照规划我今年7月就应该去做他的访问学者的。在我们的沟通过程中,他给我提供了一些很重要的信息,比如说关于公司犯罪制度的问题,我们可以看到德国《社团制裁法》的专家意见稿中其实涉及了很多合规问题,包括第3条、第10条以及第16条,都涉及合规制度的问题。这样的一个专家建议稿中涉及的合规制度,其实是对《违反秩序法》第130条的一种改变。《违反秩序法》规定应该去建立内部控制机制或者内部监督机制,如果是故意或者过失不建构这样的一种机制的话,发生违法行为时应该承担秩序违反的行为责任。德国《社团制裁法》的草案其实对于这一点作出了修改。在我看来,这样的一种修改对公司来讲其实是更加严厉的,对于个人来讲也是更加严厉的。根据草案的规定,故意和过失其实是不需要的,如果没有合规制度,升高了风险、最后发生了风险,那么可能就要承担责任。这是一个重大的改变,这是第一点关于德国《社团制裁法》草案的问题。

还有一个问题是关于合规的一系列德国的最新判决。刚才江老师也提到了2009年德国联邦最高法院的柏林城市清洁公司诈骗案,这个案件发生之后其实还有很多,至少有两个重要的案件。一个是2011年德国联邦最高法院第四刑事法庭(刚才2009年的案件是第五刑事法庭)关于施工工地欺凌的案例,它大概讲的是几个工人在长达两年多的时间里欺凌另外一个工人,工程队的领导对这些情况其实是知道的,对于这些人构成的伤害或者侮辱犯罪,这个领导要承担什么样的责任,他是否承担不作为的责任？最后第四刑事法庭否定了他的责任，认为这样的一种风险不是业务中特别附着的一种风险。应该说，这个判决是非常有意义的，它明确提出了"业务关联"以及"业务当中特别附着的"这样一些概念。另一个在2018年，德国联邦最高法院第五刑事法庭作出的一个判决，该判决其实是对于2011年的判决有某种意义上的否定，或者说这是以一种更隐蔽的方式扩大个人责任。大概的案情是一个人开了一个商店，雇了一些职员，职员中有一个是他的哥哥，帮他销售货物。他在销售货物的过程中还销售毒品，他把这些毒品放到商店的隐蔽之处。最后这个人构成销售毒品类的犯罪，他的哥哥也承担了这样的责任，原因在于他利用了柜子等便利条件。在便利店贩卖商品的过程当中，贩卖毒品的行为是不是正常的业务中所附着的风险？我觉得并不是。2018年的判决可能是在用一种更隐蔽的方式，承认了对一个场所具有支配可能就会产生义务，这样的一种观念其实是对传统观念的颠覆。所以我觉得，这一系列的判决都具有特别重要的意义，也建议我们对于德国刑事合规问题比较感兴趣的同人可以去专注这些问题。我自己的想法就简单说这么多。

不知不觉已经两个多小时了，这也就意味着我们今天的讲座就要结束了。最后特别感谢江溯老师，感谢凌波、礼登老师，感谢你们的精彩分享，我们今天的讲座到此结束，谢谢大家。

民营企业的刑事合规问题

主讲人：卢勤忠（华东政法大学刑事法学院教授）
与谈人：胡常龙（山东大学法学院教授）
　　　　孙瑞玺（山东省律师协会副会长）
主持人：李本灿（山东大学法学院教授）
时　　间：2020 年 11 月 29 日

主持人·李本灿

各位老师、同学、朋友，大家晚上好，欢迎大家来到山东大学法学学科复办四十周年刑事合规名家论坛第三期。今天，我们非常荣幸邀请到了华东政法大学的卢勤忠教授，他今天的讲座题目是"民营企业的刑事合规问题"。卢勤忠老师长期从事经济刑法学的研究，尤其是对金融刑法以及商业贿赂犯罪等方面有非常深入的研究。近些年来，卢老师也在关注民营企业的刑事法律风险防控问题，去年也成功获得了关于该主题的国家社科基金项目资助。由此可见，卢老师对这一块有非常深入的研究。

与此同时，我们还邀请到了两位与谈人。第一位与谈人是我们山东大学法学院的胡常龙教授，胡老师在刑事诉讼法，尤其在证据法等方面都有非常精深的研究。此外，胡老师对于商业贿赂犯罪也有非常多的研究。近些年来，胡老师也接触了很多的实务工作，他曾在山东省高级人民法院工作多年，现在担任山东省律师协会刑事诉讼法委员会的主任，在此过程中，胡老师参与了很多重要刑事案件的审理或者辩护。

第二位与谈人是孙瑞玺会长。孙会长是山东省律师协会的副会长、山东达洋律师事务所的律师，同时他也是我们山东省人民政府的法律顾问。在律师执业过程中，孙会长也参与办理了很多与公司犯罪相关的案子。

通过以上简单的介绍不难发现,无论是我们的主讲人还是与谈人,对于我们今天的话题都有非常深入的研究,所以我们可以期待三位老师共同为大家带来一场学术的盛宴。

接下来我们正式进入今天的讲座,有请卢勤忠教授!

主讲人·卢勤忠

很高兴收到我们山东大学法学院的邀请,来对民营企业的刑事合规问题谈点看法。

我将要讲的内容是刑事合规和刑事法律风险防范的结合。当然,我这里讲的是民营企业的刑事合规及刑事法律风险防范,而不是所有企业的刑事合规和刑事法律风险防范问题。为什么讲这个选题呢?刚刚我们李本灿老师也讲了,因为前年刚好有一个国家社科基金项目,所以就对这个问题展开了一定的研究。当然,现在这个研究还是初步的,也是在一边学习一边推进。

前段时间我去了一些检察院,和他们交流检察系统中民营企业的刑事合规怎样可以做得更好的问题。我们学校也有合规方面的一个研究中心,依托该研究中心,我们也和检察系统展开了合作,进行了初步的交流探讨。通过与检察机关的交流、调研,我也是很受启发。

我今天主要讲五个方面的内容。第一个是基本背景的介绍,从一些基础理论展开介绍;第二个是合规与风险的逻辑关系;第三个是当前民营企业面临的一些刑事法律风险;第四个是防范民营企业刑事法律风险的对策;第五个是国家关于民营企业法律保护的政策精神,对这些政策精神应当如何正确、辩证地加以理解。

一、民营企业刑事合规的基本背景

首先我们来看第一个问题,即基本背景。为什么现在突然要强调民营企业的刑事合规呢?我觉得这和民营企业的民事法律保护密切相关,所以在讲到合规之前,就必须先讲一下我们国家民营企业法律保护的背景。从中央层面来看,我们的宪法、法律、国家的政策都对民营企业的保护很重视。《宪法》专门规定,非公有制经济是我们社会主义市场经济的重要组成部分。十五大报告里面,把公有制为主体,多种所有制经济共同发展,确立为我国的基本经济制度,明确提出了非公有制经济是我国社会主义市场经济的重要组成部分。十六大报告里面也提出,要毫不动摇地巩固和发展公有制经济,毫不动摇地鼓励支持和引导非公有制经济。党的十八大进一步提出来,要毫不动摇地鼓励、支持、引导非公有制经济发展,保证各种所有制经济依法平等使用生产要素,公平参与市场竞争,同等受到法律保护。从这些规定可以看出,我们国家的公有制经济和非公有制经济同样不可以被侵犯。党的十八届五中全会专门提到,要鼓励民营企业依法进入更多领域,引入非国有资本参与国有企业改革,更好地激发非公有制经济的活力和创造力。党的十九大把"两个毫不动摇"、坚持和发展中国特色社会主义的基本方略,作为党和国家的一项大政方针确定下来。2018年11月1日,习近平总书记主持召开了民营企业座谈会并针对民营企业的法律保护问题专门发表了一个重要的讲话。他指出:改革开放40年来,民营企业蓬勃发展,我们的民营企业从小到大、由弱变强,在稳定增长、促进创新、增加就业、改善民生等方面发挥了重要作用,成为推动经济社会发展不可或缺的重要力量。我国的经济发展能够创造现在这样的奇迹,民营经济功不可没。中央层面关于民营企业的政策文件,比如中共中央、国务院发布的《关于营造更好发展环境支持民营企业改革发展的实施意见》(以下简称《实施意见》)也提到,改革开放40多年来,民营企业在推动发展、促进创新、增加就业、改善民生和扩大开放等方面,发挥了不可替代的作用。民营经济已经成为我国经济发展的重要组成部分。上边提到的中共中央和国务院的《实施意见》也提到了,要进一步放开民营企业市场准入、实施公平统一的市场监管制度,强化公平竞争生态制度、刚性制约、破除招标投标的隐性壁垒等很多方面的内容。总体上说,我的感觉就是,民营企业与国有企业及其他经济主体受到同等保护。无论是从要放开民营企业的市场准入,还是实施公平统一的市场监管制度,还是要强化公平竞争生产制度的刚性因素等内容都可以看出,强调要公平、平等地对待民营企业。由此可见,从国家的层面来讲,我们现在对民营企业实际上是高度重视的。

当然,除了一般性政策上的公平竞争政策精神,《实施意见》还专门提到要健全平等保护的法治环境,其中第 12 条专门提到要健全执法司法对民营企业的平等保护机制,要加大对民营企业的刑事保护力度,依法惩治侵犯民营企业投资者、管理者和从业人员合法权益的违法犯罪行为;提高司法审判和执行效率,防止因诉讼拖延影响企业生产经营;保障民营企业家在协助纪检监察机关审查调查时的人身和财产合法权益。第 13 条专门提到要保护民营企业和民营企业家的合法财产,这个也是很重要的方面。要对民营企业进行保护,如果对财产不加以保护,其实也变得没有意义了,所以《实施意见》专门提到要严格按照法定程序采取查封、扣押、冻结等措施,依法严格区分违法所得、其他涉案财产与合法财产,区分企业法人财产与股东个人财产,严格区分涉案人员个人财产与家庭成员财产。《实施意见》还专门提到,要鼓励、引导民营企业改革创新、深化改革、促进民营企业规范健康发展理念。《实施意见》第 19 条提到,要推动民营企业守法合规经营。也就是说,我们对民营企业是要加强保护,但同时也提出了一个要求,就是其要合规经营。民营企业要筑牢守法、合规的经营底线,依法经营、依法治企、依法维权,认真履行环境保护、安全生产、职工权益保障等责任。这跟今天讲的主题密切相关。

在刑事司法层面上,最高人民法院在 2017 年 12 月 29 日,专门发布了《关于充分发挥审判职能作用为企业家创新创业营造良好法治环境的通知》(以下简称《通知》)。《通知》指出,要认识到依法平等保护企业家合法权益的重大意义,企业家是经济活动的重要主体,改革开放以来,一大批优秀企业家在市场竞争中迅速成长,为积累社会财富、创造就业岗位、促进经济发展、增强综合国力做出了重要贡献。法院审判必须充分发挥职能作用,依法平等保护企业家的合法权益,为企业家创新创业营造良好的法治环境。《通知》还指出,要依法保护企业家的人身自由和财产权利,严格执行刑事法律和司法解释,坚决防止利用刑事手段干预经济纠纷;坚持罪刑法定原则,对企业家在生产、经营、融资活动中的创新创业行为,只要不违反刑事法律的规定,不得以犯罪论处;要严格非法经营罪、合同诈骗罪的构成要件,防止随意扩大适用。对于在合同签订、履行过程中产生的民事争议,如果没有确实、充分的证据证明符合犯罪构成的,就不能作为刑事案件处理。正如前面的中央文件提到的,要严格区分企业家的合法财产和违法所得,如果没有充分证据证明是违法所得的,就不能判决追缴或者责令退赔;严格区分企业家个人财产和企业法人财产,在处理企业犯罪时,不得牵连企业家个人合法财产和家庭成员财产;要依法保护企业家的知识产权、保护企业家的自主经营权。这当然跟刑事合规是一种间接联系,但是从总体的政策精神上看,也要加强对企业家的法律保护。

2020 年 7 月 22 日,为贯彻落实中央政法委《关于依法保障和服务疫情防控常态化条件下经济发展的指导意见》,最高人民检察院专门制定了《关于充分发挥检察职能服务保障"六稳""六保"的意见》(以下简称《"六稳""六保"的意见》)。《"六稳""六保"的意见》专门提到,要依法保护企业的正常生产经营活动。"六稳""六保"最重要的就是要稳就业,保就业,关键在于要保护企业,怎么样才能保护企业呢?

第一,要加大力度惩治各类侵犯企业财产、损害企业利益的犯罪,依法严格追诉职务侵占、非国家工作人员受贿和挪用资金犯罪。根据犯罪数额和情节,综合考虑犯罪行为对民营企业的经营发展、商业信誉和内部治理、外部环境的影响程度,精准提出量刑建议。对提起公诉以前退还挪用资金或者具有其他情节轻微情形的,可以依法不起诉。对于数额特别巨大、拒不退还或者其他情节特别严重情形的,依法从严追诉。

第二,要依法慎重处理贷款类犯罪案件。在办理骗取贷款等犯罪案件时,要充分考虑企业"融资难""融资贵"的实际情况,注意从借款人采取的欺骗手段是否属于明显虚构事实或者隐瞒真相,是否与银行工作人员合谋、受其指使,是否非法影响银行放贷决策、危及信贷安全,是否造成重大损失等方面来合理地判断其社会危害性,不能苛求企业等借款人。对于借款人因为生产经营需要,在贷款过程之中虽有违规行为,但未造成实际损失的,一般不作为犯罪处理。对于借款人采取欺骗手段,获取贷款给银行造成损失,但证据不足以认定借款人有非法占有目的的,不能以贷款诈骗罪来定性处理。

第三,依法慎重处理拒不支付劳动报酬犯罪案件。充分考虑企业生产经营的实际情况,注意把握企业因资金周转困难拖欠劳动报酬与恶意欠薪的界限。对恶意欠薪涉嫌犯罪,在提起公诉以前,如果已经支付劳动报酬的,并依法承担相应赔偿责任的,可以依法不起诉。

《"六稳""六保"的意见》里也对其他方面提出了要求,比如对金融犯罪的惩治等,具体内容我就不再具体介绍了。

2018年11月10日,司法部也专门发布了《关于充分发挥职能作用为民营企业发展营造良好法治环境的意见》。该意见专门提到了要依法保护民营企业的合法权益,要坚决保护民营企业公平、公正、平等地参与竞争,享受同等法律待遇等。

总之,从中央的政策精神,最高人民法院、最高人民检察院、司法部发布的一些相关政策性文件、解释、规定都可以看出,我们国家对于民营企业的法律保护相当重视。

二、合规与风险的逻辑关系

上面就民营企业保护的一些重要意义做了介绍。因为今天我们讲的是民营企业的合规问题,因此,接下来我结合合规这一主题,就有关的一些问题谈点个人的看法。合规到底是什么含义?合规应该具备什么要素?合规和刑事法律风险防范到底有什么关系呢?

最初,"合规"这个词是来自英文,从字面就可以看出,所谓合规就是行为主体的行为必须符合法律、法规的规定。对于合规问题,现在无论是理论界还是实务界都逐渐地重视起来,这是一个研究的前沿问题。仁者见仁,智者见智,但是就我个人来讲,我认为合规应该包括三个方面的要素。一是合规的主体,谁来合规?二是合规的内容,也就是合规要合哪些规?三是合规的标准,也就是合规要达到什么样的程度才算是合规。我认为一个完整的合规的含义,应该要具备这三个方面的要素。

第一,合规的主体,从最广义的角度来讲,所有的法律调整对象都应该按照法律依法行事,但是我们通常讲的合规主体一般是指公司、企业等经营组织。国家机关、事业单位,当然也是必须符合法律规范,符合有关规定,但这不是我们通常意义上所说的合规,为什么国家机关、事业单位不是我们通常意义上的合规,或者说为什么我们对企业有合规的特别要求呢?或者为什么合规往往是针对企业?关于这个问题,要从企业的经营特性来寻找原因。因为企业是经济人,首要的目标是赚钱,它的决策和行为模式的支撑就是经济理性。

在法人的分类上,企业是营利法人,而不是公益法人。营利法人为了自身的利益追求,可能会疏于自我约束,触犯法规,因此对企业的自我约束就成为合规要关注的一个目标。就国外来看,欧美企业合规已经有半个多世纪了。我国改革开放以后,欧美的一些跨国企业集团逐步将企业合规引入中国设立的合资、合作和独资企业。2006年,中国银监会颁布了《商业银行合规风险管理指引》,2007年,中国保监会颁布了《保险公司合规管理指引》(已失效)。中国企业的合规,最早是在金融行业开展、发展和成熟的。

近年来,国家有关部门陆续出台、颁布了若干的合规管理规定,比如《证券公司和证券投资基金管理公司合规管理办法》《银行业金融机构全面风险管理指引》《企业内部控制基本规范》《企业境外经营合规管理指引》。2017年12月29日,国家标准化管理委员会等部门专门发布了《合规管理体系指南》。2018年5月4日,中国国际贸促会等组织发起设立了全国企业合规委员会。2018年的11月,中国国资委颁布了《中央企业合规管理指引(试行)》。企业合规的终极目标就是要保证企业依法经营、合规经营,只有这样,企业经营的目标才能得以实现。就我国目前的情况来说,国有企业的合规相对来说比较成熟,民营企业的合规还处在初步探索阶段。所以我们今天讲的民营企业的合规应该说还只是一个理论上的探索,实践还只是处在一个逐步地摸索和改革过程之中。当然,我们也可以看得出,民营企业的合规也很重要。其实,很多民营企业,因为它本身可能比国有企业更侧重于经济利益,可能为了赚钱、营利的需要,往往会疏忽对企业合规的内部管理要求。很多企业可能等到出了问题才知道合规的重要意义。对于企业来讲,如果事先没有防范,构成违法犯罪以后,整个企业就垮了,已经来不及了。所以,民营企业的合规非常重要,大家也都逐渐意识到了这一点。当然,也有些民营企业家觉得只要赚钱就可以,合规这个问题还是约束自己的手脚,而且搞合规要设立很多部门,增加很多成本,因此就不愿意做合规管理。其实,现在的民营企业不是原来的小打小闹作坊,而且有些民营企业是大规模的企业,因此,为了防范风险,必须要做好合规,对于企业合规,应该跟国有企业一样重视。

简单讲,合规的主体上,最初主要是国有企业,但是现在已经逐步向民营企业拓展。

第二,关于合规的内容,合规到底要符合哪些规?这实际上跟合规的称谓有关。最传统意义上的合规是指一种小合规,它在比较早的时候产生,仅仅是指企业的反腐败方面的合规管理。在早期的企业合规里,主要是指对商业贿赂这方面的控制。但是,现在合规的内容已经不再局限于小合规概念了,而是包含了大合规。所谓大合规,是指企业要符合各种法律规范。例如,《中央企业合规管理指引(试行)》专门规定,合规是中央企业及其员工的经营管理行为,要符合法律法规、监管规定、行业准则和企业章程、规章制度以及国际条约、规则等要求。其合规规范包括了所有的适用于企业的法律、法规和准则规范,由此可见,《中央企业合规管理指引(试行)》运用了企业大合规的理念来指导和规范企业合规管理。大合规是符合各个方面的法律、法规规定的,因此,当然也就包括了今天我们讲的"刑事合规"。

我认为,合规应该是指各种法律层面的合规,包括公司法、合同法、破产法或其他的行政法律,也包括我们今天讲的很重要的刑事合规。企业的刑事合规往往会被忽视,可能一直到企业构成犯罪,已经到了最严重的情况才会被重视,这时候为时已晚。因此,民营企业必须要做好合规,刑事合规也是一个很重要的方面。很多企业的财产被侵犯,我在后面会讲到,企业刑事法律风险包括贪污贿赂、商业贿赂、集资、税收等犯罪,这些风险涉及企业的方方面面。刑事合规其实也很重要,因此我们讲的合规应该是大合规的一种理念,不能再局限于原来早期的小合规的反腐败的内容。

第三,合规的标准。合规的标准就是合规要达到什么样的程度?合规有初级和高级的阶段,即初级合规和高级合规。初级合规就是一般性的,通常符合一般的法律规范就可以了。如果要真正做好一个合规,就应该包括合规机构的设立、合规制度的建立、合规的风险管理、合规审查、合规的评估、合规的培训、合规文化等方面的全方位的流程和措施。也就是说,合规应该是一个系统化的制度构建,这才是比较高层次的合规。

通过以上内容不难看出,合规应该包括三个方面的内容,即合规的主体、合规的内容、合规的标准,这是我自己对合规的一个初步的认识。

合规到底跟风险有什么关系?我个人认为,合规与风险紧密相关。原因是,合规实际上也是应防范法律风险的需要而建立的内控机制。或者说,正因为企业在经营过程中有各种法律风险存在,为了保护自身的利益,需要进行合规管理。也就是说,合规实际上是一种预防性的机制。从这个意义上说,合规和风险紧密相关。

当然,对于合规和风险有各种称谓,有的叫违规风险,有的叫合规风险,但就我个人的理解来看,合规风险这样一个表述好像不是太准确,因为合规本身就是出于风险的需要。试想,如果合规了的话还要去讲风险,那么还要合规干什么?当然,对这个词怎么样准确地表述,还是值得讨论的,我是不太建议用"合规风险"的说法。这是关于合规和风险的关系。

刑事合规和刑事风险其实也一样。从社会治理的角度来讲,要预防犯罪,其中的一种方法就是做好刑事合规。其实,刑法上的惩罚只是一个手段,它不是目的。刑法的根本目的,是要预防犯罪,而对企业,预防犯罪最好的方法应该是做好合规工作。防范风险实际上就是社会治理的手段之一。由此可见,刑事合规和刑事法律风险防范应该也是密切相关的。

三、当前民营企业面临的刑事法律风险

接下来,我来谈一谈当前民营企业的一些刑事法律风险。民营企业的刑事法律风险很广,或者说内容很多。我们《刑法》上总共有469个罪名,尽管企业不会涉及所有罪名,但单位犯罪条款也不在少数。企业犯罪可能都跟民营企业密切相关。有人曾经统计显示,当前的民营企业面临的刑事法律风险,涉及的罪名有50个。这些罪名主要是经济犯罪,还有一些贿赂犯罪。谈到刑事法律风险,不可能围绕这50多个罪名一一展开,我们的侧重点还是民营企业所面临的比较典型的法律风险。具体来说,我觉得有以下几大类问题比较突出:

第一,民营企业在融资过程之中,会面临刑事法律风险。融资过程之中最大的问题可能就涉及非法集资的问题。非法集资这一类犯罪涉及7个罪名。企业最有可能会触犯的是非法吸收公众存款罪,如果其有诈骗目的,会构成集资诈骗罪。当然,我国《刑法》上设立的非法吸收公众存款罪、集资诈骗罪有明确的规定,司法解释对于非法集资犯罪也作了明确的解释,即什么样的情况会构成非法吸收公众存款罪。根据相关司法解释,非法吸收公众存款行为要具备非法性、社会性、公众性、公开性特征。尽管如此,民营企业在进行一些融资过程之中,仍然会面临很大的风险,原因是,虽然法律、法规、司法解释有相关规定,但其实在理解上还是有很多不明确的地方。例如,假设民营企业吸收了一些资金,事后改变了用途,是否会构成非法吸收公众存款罪?尽管司法解释好像有规定,但还是有不明确的地方。再如,2010年最高人民法院《关于审理非法集资刑事案件具体应用法律若干问题的解释》第3条就规定,非法吸收或者变相吸收公众存款,主要用于正常的生产经营活动,能够及时清退所吸收的资金,可以免予刑事处罚;情节显著轻微的,不作为犯罪处理。这个解释表

明,如果行为人将吸收的存款主要用于正常的生产经营活动,能够及时清退,可以免予刑事处罚;情节显著轻微就不作为犯罪处理。这里的问题有很多,如什么是主要用于正常的生产经营活动?这个实际上很难判断。到底什么样的情况算是主要,什么算是次要,都不清楚。当然,吸收资金的过程之中,相关的规定很多都可能会涉及,具体的案例也很多。实际上,司法实践中民营企业涉及的犯罪很多都是按照非法吸收公众存款、集资诈骗去处理的,我觉得这是企业一直面临的最突出的风险。

第二,民营企业除了在资金吸收方面有风险外,在出借资金过程之中也会面临风险,最大的风险是可能会涉及非法经营罪。企业之间原来是不允许拆借资金的。1991年最高人民法院颁布的《关于人民法院审理借贷案件的若干意见》(已失效),对民事借贷主体限于至少一方是公民、自然人。后来,1999年最高人民法院又转变了态度,允许公民和非金融企业之间的借贷。也就是说,只要双方当事人意思表示真实,民间借贷就可以有效了。2015年最高人民法院《关于审理民间借贷案件适用法律若干问题的规定》专门提到什么是民间借贷,使企业之间的借贷和公民的借贷关系有了一定的区分。然而,企业借贷有可能会涉及一个刑事法律风险,也就是我讲的非法经营罪。2019年7月23日,最高人民法院、最高人民检察院、公安部、司法部专门公布的《关于办理非法放贷刑事案件若干问题的意见》规定,违反国家规定,未经监管部门批准或者超越经营范围,以营利为目的,经常性地向社会不特定对象发放贷款,扰乱金融市场秩序、情节严重的,依照非法经营罪定罪处罚。从这条规定就可以看出,如果民营企业非法发放贷款有可能构成非法经营罪。事实上,按照之前的司法逻辑,民间借贷不构成非法经营罪。例如,2012年2月26日,最高人民法院《关于被告人何伟光、张勇泉等非法经营案的批复》就指出,何伟光、张勇泉的发放高利贷的行为不宜以非法经营罪来定罪处罚。也就是说,对于民营企业发放贷款,特别是发放了一些利息比较高的贷款的行为,现在法律的规定和以前有了变化,我觉得这有可能是一种法律风险。当然,这里的发放贷款,应该是指向社会不特定对象发放贷款,不是向特定的人员、特定的对象、特定的企业出借。但是,到底什么样的情况算是特定,什么样的情况算不特定,标准也不是那么清楚。总而言之,民营企业在资金拆借过程中存在很大的刑事法律风险。

第三,民营企业在税收缴纳问题上,会涉及刑事法律风险,其中最主要的是虚开增值税专用发票罪、逃税犯罪。司法实践中,最常遇见涉企类犯罪就是虚开增值税专用发票罪。很多企业,特别是一些民营企业,内部的税务、财务方面的管理制度很不规范,或者对于相关法律的认识也不是太充分,认为开个发票好像也没什么太大的问题。所以,有的企业从事了正常的经营活动,有正常的交易行为,但是虚开了发票,也有可能是挂靠虚开发票。这种情况在司法实践中非常普遍,这种行为到底应不应该作为犯罪处理?按照法律的规定,虚开发票包括自己虚开的行为、帮助他人虚开的行为或者介绍他人虚开的行为,这些都是虚开发票的犯罪行为。但是,这是一种形式解释,我刚刚讲的情形是,很多民营企业虚开发票,但它本身有真实交易。也就是说,企业在形式上违反了规定,但实质上国家的税款并没有流失。对于这样的行为应不应该作为犯罪,理论上有争议。在这个问题上,最高人民法院也有一些指导性案例,比如2018年的最高人民法院发布的第二批"人民法院充分发挥审判职能保护产权和企业家合法权益典型案例"里面,就有一个张某强因虚开增值税专用发票被判处有期徒刑3年缓刑3年,并处罚金5万元的案件。对于这个案件,最高人民法院就认为,张某强以其他单位名义对外签订销售合同,由这家单位收取货款,开具增值税专用发票,不具有骗取国家税款的目的,未造成国家税收损失,其行为不构成虚开增值税专用发票罪。虽然这些案件最终宣告无罪,但是这至少表明,在司法实践中,对这种有实际交易但是又虚开了发票的行为是否构成犯罪,存在不同的认识。民营企业在实施这种行为的过程之中,会面临着一定的风险。

第四,民营企业在公关交往过程之中面临的风险,即商业贿赂。实际上,这是我前面讲的小合规的问题。民营企业最初所谓的合规风险主要是商业贿赂,商业贿赂是合规最开始提出来的一个动因。企业经营活动中的一些行为,比如给回扣、给好处、手续费等,其实都会涉及是不是构成行贿、受贿的问题。这个界限怎么把握?有的时候很难把握,最典型的就是张文忠案。张文忠是物美集团的负责人,支付给人家30万元好处费,最高人民法院对张文忠案件进行再审,认为依法不构成单位行贿罪。尽管如此,这些案件仍然表明,民营企业经常面临着商业贿赂风险。我国《刑法》上的贿赂犯罪有很多,最典型的有行贿罪、受贿罪、单位受贿罪、对单位行贿罪、对有影响力的人行贿罪等,所以民营企业可能稍有不慎就会构成这方面的犯罪,面临较大的风险。

民营企业在境外投资工程建设过程中,可能会有一些资金的往来,会涉及贿赂方面的问题,比如2017年到2018年中国年度合规蓝皮书里提出,腐败是我们中国企业遭受境外执法的首要原因。2018年1月到7月,有38个中资企业和个人因腐败等行为被世界银行列入黑名单。由此可见,民营企业的贿赂问题值得关注。

第五,民营企业内部人员犯罪的刑事风险。我们前面讲的是企业在对外经营过程之中可能涉及的风险问题。除此之外,企业内部也存在着一定的风险,内部的风险主要是企业内部人员可能构成相关犯罪,例如职务侵占罪、挪用资金罪等。在民营企业内部,有些员工为了自己的私利,实施了侵占、挪用企业资产的相关犯罪。此外,一些民营企业的投资人也可能构成相关的犯罪或者有一定的风险。有很多民营企业家有一种错误的认识,即他们认为企业是自己的,企业的财产就是自己的财产,没有将公司财产和个人财产进行区分,随意地处置公司财产。这种错误的认识和行为也可能会给自己带来刑事风险。由此可见,就内部的犯罪,主要包括两部分,即一般员工和企业的投资人都可能构成犯罪。

第六,民营企业平等保护上的法律风险。这主要涉及立法方面的问题。大家都知道,我国《刑法》上专门设定了针对国有企业及其职员的有关犯罪,与此相对,并未设立专门针对民营企业及其职员的犯罪。在量刑上,我们对国有企业人员的背信类犯罪的处罚要重于民营企业的内部人员。也就是说,我们对国有企业和民营企业存在着差别对待。对民营企业来讲,不平等的保护可能也会导致一些风险的增加。这个当然是一个立法问题,也是跟我们国家的实际情况相关的问题。我们现有的刑法对平等的理解主要是指法律适用上的平等,立法上的平等怎样来体现值得探讨。简言之,对于民营企业来讲,立法上的差别对待也意味着风险的存在。

第七,企业在构成犯罪或者涉嫌犯罪时,被采取强制措施上的风险。刑事法律风险不仅仅是刑法或者实体法意义上的风险,也包括程序法上的强制措施,以及其他的程序问题上的风险,最典型、最突出的就是民营企业一旦涉嫌犯罪以后,司法机关会对企业家采取一定的人身强制措施,对企业的财产也可能采取一些冻结、查扣等措施。在适用上述措施的过程中,有的时候可能不是那么谨慎,或者说适用范围有可能没有受到限制,这些都会对民营企业造成不利的影响,导致企业的关闭或者停产,造成员工的失业等。这些都是民营企业可能会面临的风险。

以上是民营企业所面临的刑事法律风险方面问题。

四、防范民营企业刑事法律风险的相应对策

第四个问题,就是怎么样防范企业的刑事法律风险。我认为可以从以下几个方面来采取相应的对策。

第一,要更新观念,以法治理念和法治意识来看待民营企业的刑事法律问题。长期以来,民营企业的发展一直受到歧视和压制。新中国成立以后,由于对民营企业有一个剥削、原罪的观念,民营经济成为我们社会主义革命的对象。改革开放以后,虽然民营经济获得了迅速的发展,但是民众对民营经济不屑的原罪观念仍然存在。因此,要重视民营企业的法律保护,就必须从不屑的原罪理念中解放出来,以法治的意识、法治的理念和法治的方法来对待民营企业的刑事法律问题。

第二,我认为必须采取的对策是要加强国家监管,提前预防民营企业经营中的违法违规风险。这就是我们今天讲的合规问题,刑事合规和国家监管虽然性质有所不同,合规是内生的、主动的一个内部约束,国家监

管是外源的、强行的外部监督,但两者的目标其实都是一致的,都是为了预防违法犯罪的发生,规范企业的经营行为。目前,我们在立法层面上如何体现合规理念,特别是刑事合规,还处在一种探索阶段。在司法层面,对刑事合规已经有了广泛的实践尝试,比如,有些企业在构成犯罪以后,检察机关让企业提交合规承诺书,根据企业履行合规承诺的情况,最终决定是否起诉企业。一些检察机关还专门印发了《关于对涉民营企业经济刑事案件实行法益修复考察期的意见》,推进了企业合规条件下的法益修复的考察制度,这个法益修复的考察制度就是指检察机关对移送审查起诉的民营经济犯罪案件,如果犯罪嫌疑人有修复受损法益意愿的,那么可以视其法益修复和认罪悔罪的态度,作出相对不起诉的处理。有的检察机关专门出台了《关于涉企案件刑事合规办理规程》《企业刑事合规协作办法》,专门设立了企业监控人、监督人。我觉得这样的一种实践层面的探索很有价值。这是在现有制度条件下,对做好合规的公司、企业给予一定的从宽优待。程序法层面上,我们现在主要采用相对不起诉的制度来处理企业合规案件,问题是,有没有什么其他更好的制度,比如说附条件不起诉。我国附条件不起诉主要对未成年人适用,对于做得比较好的企业有没有可能附条件不起诉,未来可以考虑推动修改刑事诉讼法有关的内容,设置类似于暂缓起诉等制度。在实体法层面,有没有可能在有关的单位犯罪条款里,将合规设定为从轻、减轻的量刑情节,这些都是值得研究的问题。

第三,必须严格按照罪刑法定原则和犯罪构成标准来区分经济纠纷和刑事犯罪。对于刑民交叉、行刑交叉的案件,司法机关必须防止将经济纠纷当作犯罪来处理,必须严格按照罪刑法定原则,不能突破法律界限。

第四,要慎重使用刑事强制措施,保护民营企业家的人身安全和财产安全。最高人民检察院、最高人民法院有相关的规定,我前面已经提到了,不再具体展开了。

第五,要及时平反一些涉民营企业的冤错案件,守住刑事执法的公平正义。对证据确实不扎实,或者事实不清的民营企业的犯罪案件,司法机关不能一判了之,如果发现确有冤错,必须及时纠正。最高人民法院对张文忠案的平反,彰显了刑事司法有错必纠的执法精神,对保护民营企业的合法权益有示范教育作用。

第六,必须依法打击侵犯民营企业合法权益的犯罪活动。对于侵犯民营企业的外部的或者内部的犯罪,都要与国有企业一样,一视同仁、平等对待,构成犯罪的必须去追究,这样才能够更好地促进民营企业的发展。

第七,我们要完善刑事立法、平等保护民营企业的产权。前面的讲述已经提到,我国《刑法》对国有企业设立了非法经营同类营业罪、为亲友非法牟利罪、签订履行合同失职被骗罪等特别罪名,而对民营企业的相关人员,则没有相应的罪名,也没有诸如国外刑法中的一般背信罪。在现有的条件下,如果要从立法上保护民营企业,可以考虑设定背信罪或者其他的有关的犯罪,以体现平等保护的精神。当然,现在《刑法修正案(十一)》实际上已经部分考虑了这个问题,未来如何进一步调整立法,还需要研究。

总之,民营企业刑事法律风险防范是一个综合性的工程,我们要以系统性、综合性、协调性的方式来治理民营企业刑事法律风险,这是关于民营企业的刑事法律风险防范的对策。

五、民营企业法律保护的政策精神

讲座最后,我想谈一下,如何正确理解和把握对民营企业法律保护的政策精神。关于这个问题,我就简单地讲四点:

第一,我们刚刚讲了,国家层面非常重视对民营企业的法律保护,但需要强调的是,对民营企业的法律保护,应该理解为保护民营企业的合法权益,而不是指庇护违法犯罪行为,对于民营企业本身确实已经构成违法犯罪的,当然要依法惩治。

第二,我们不能将合规简单地理解为,就是找法律漏洞或者钻法律空子。很多民营企业和民营企业家也会寻求法律的帮助,但是其往往会要求法律顾问或者律师帮助寻找法律漏洞。我们讲的刑事合规,应该说是一种制度性规范,目的是预防犯罪发生,不是单纯的、偏向的、狭隘意义上的钻法律空子。也就是说,合规不是为了钻法律空子,这一点必须明确。

第三,对民营企业的保护是长期保护,不是权宜之计。我们必须要避免运动式的执法。运动式的执法缺乏连续性、长远性的考虑,应当予以杜绝。

第四,民营企业的保护应该是全方位的保护,而不仅仅是某个单一方面的保护。我们不仅要保护民营企业家的人身和财产,也要保护民营企业的财产;不仅要保护民营企业一般性的财产,还要保护其他的商业秘密、其他的一些合法权益;不仅由刑法来进行保护,也要通过民法、经济法或其他的法律、法规来进行一种全方位的保护。

以上就是我对民营企业的刑事合规和刑事法律风险防控问题的初步看法,请大家批评指正。谢谢大家!

主持人·李本灿

非常感谢卢老师精彩的演讲。卢老师主要是从以下几个方面来讨论民营企业的法律保护问题,首先,详细地梳理了我们国家关于民营企业保护的一些政策性的文件。接下来,重点讨论了合规的基本含义和相关要素,以及合规和风险的逻辑关系问题。再接下来,重点分析了民营企业在经营的过程中可能面临的刑事法律风险问题,在此基础上,讨论了应对风险的策略。最后,卢老师对自己的讲座进行了一个升华。我从以上几点都颇受启发。尤其是卢老师最后提出的对于我们国家民营企业保护政策的辩证解读的问题,对此,我也深以为然。一方面,我们要保护企业的合法权益;另一方面,保护不是庇护企业的违法行为。今天我们讨论的主题是企业刑事合规问题。我们可以看到,对于民营企业的保护问题,这几年国家一直在提,各种各样的文件都在提民营企业的保护,提营商环境的优化。可是,我们在实践中看到的一个现象是,对民营企业的保护有的时候可能过度了。对于民营企业的一些违法犯罪行为,我们选择用行政处罚加以解决,实际上这是对于民营企业违法行为的纵容,某种意义上讲,这样一种司法政策其实创造了不太公平的营商环境。

所以在今年9月份的时候,最高人民检察院副检察长童建明在深圳的合规会议中指出,我们对民营企业保护的时候,一方面要保护它的合法权益;另一方面对于那些违法的企业,也要坚决予以打击,避免"破窗效应"的出现。

以上就是我的简单总结。接下来我们进入与谈环节,首先有请山东大学法学院的胡常龙教授。

与谈人·胡常龙

尊敬的卢教授、瑞玺会长、本灿教授,各位老师、各位同学晚上好。

刚才听了卢勤忠老师的讲座,受益匪浅,在这次讲座之前,我也仔细地拜读了勤忠老师的文章。当前,对于刑事合规问题、企业法律风险防范问题,理论和实务界都高度关注。我是做程序法研究的学者,目前程序法学界也关注刑事合规问题。有些检察机关正在进行这项改革的探索,并且提出建议,还要将刑事合规的问题,导入或者引入附条件不起诉中,扩大附条件不起诉的范围。

这个讲座设计的内容很好,目前无论是官方话语体系还是民间话语体系,都对刑事合规、民营企业刑事法律高度关注。我作为与谈人主要谈两个方面的体会:

第一个方面,为什么现在理论与实践、官方与民间都关注刑事合规。我认为有以下几点原因:

第一点,国民经济健康发展的需要。民营经济是社会主义经济的重要组成部分,体量上在国民经济中的占比越来越大。民营经济的健康发展,成为我们国家经济健康发展的重要一环。

第二点,企业特别是民营企业法律风险问题,特别是刑事法律风险问题,对企业所产生的危害远远超乎想象。不少企业因为刑事法律风险遭受灭顶之灾、倾家荡产。所以现在民营企业都逐渐地开始重视刑事合规的问题,逐渐建立了系统、完善、规范的刑事合规制度,以避免或者防范法律风险,特别是刑事法律风险。

第三点,国家治理体系和治理能力现代化的需要。党的十八届四中全会、十九大都提出,要进一步推进国家治理体系和治理能力现代化,当然这是一项宏大的工程,从微观层面上讲,企业治理的现代化也是其中重要的一个方面。实际上,在刑事合规问题上,我们正在逐渐地从企业自身治理向国家治理转变,国家层面上逐渐出台了许多的规范性指引,来有效地指导、规范企业的刑事合规制度建设。

第四点,企业违规现象还非常严重。刚才勤忠教授、本灿教授也讲了,企业在经营、成长的过程中,由于受国家政策的影响,由于受转型期的社会失范问题的影响,在经营过程中有诸多违规行为,这些违规现象对国家、对社会、对于企业本身、对个人所产生的消极影响是远远超乎想象的。所以基于以上理由,刑事合规成为当前企业和国家迫切需要加强研究和面对的问题。

第二个方面,我想结合刚才勤忠教授讲的,谈一下民营企业刑事法律风险防范过程中面临的司法困境。我们国家的企业,特别是民营企业,在经营或者发展的过程中,面临着诸多的司法困境,特别是进入司法程序后。对此,我总结了以下几点:

第一个困境,我们国家刑事诉讼法律出入罪功能倒挂导致的困境。也就是说,民营企业进入司法程序以后难以脱罪的问题,或者说入罪容易脱罪难的问题。我国《刑事诉讼法》存在入罪功能有余、出罪功能不足的问题,即一个人、一个企业进入了刑事司法程序后,即使你是清白的,再想清白脱身也是很困难的。

第二个困境,立案容易撤案难。当然这是和第一点相关联的,就是我国刑事立案,民营企业一旦被追诉、一旦被立案,再想撤案,可能性不大,公安机关撤案的概率很小。

第三个困境,拘捕容易取保难。刚才卢教授谈到,我们国家现在出台了一系列的文件,要求可捕可不捕的不捕,可诉可不诉的不诉。但是实践中,直到今天,个别地方、个别公安、司法机关仍然存在构罪即捕、滥用拘捕强制措施,或者说依赖拘捕强制措施的问题。这一点在民营企业涉罪问题上表现得也比较突出。当然,我们在向好的方向发展,最高人民法院、最高人民检察院、公安部陆续出台了相关的文件,要求重视非羁押强制措施的适用。

第四个困境,起诉容易不起诉难。关于不起诉问题,现在检察机关做了很多的努力,不起诉的比例大幅度上升,已经达到了8%左右。但是长期以来,我们的刑事司法实践中,检察机关面对侦查机关移送过来的案件,大多数选择起诉到法院。不起诉比例过低,个别检察机关存在着滥诉问题,存在着人为限制不起诉比例、自捆手脚的问题。

第五个困境,有罪容易无罪难。这也就是我们国家无罪判决"难产"的问题。民营企业及企业家进入司法程序脱罪极难,我们的无罪判决比例太低了,当然原因极为复杂。

第六个困境,刑罚过度、刑法越位。司法实践中不同程度地存在着过度刑法化的问题,少数公安司法机关倾向通过刑法手段化解社会矛盾,解决问题,这也是当前一个比较突出的问题。民营企业和企业家也面临这样的问题。有些纠纷本身是民事纠纷、经济纠纷,通过民事手段、行政手段就可以解决,但是我们把它纳入刑法的调整和规制范围之内,通过刑事诉讼程序处理。

第七个困境,低效辩护、无效辩护。我们刑事辩护当然在不断的发展,律师人数也在不断地增多,但是我仍然觉得,实践中有效辩护、高效辩护没有达到应有的要求。

第八个困境,错案难现、错案难究。刚才卢勤忠教授也谈到了,错案需要及时纠正,但长期以来,司法实践中恰恰存在着错案难现、错案难究的问题,就是错了也发现不了,错了也纠正不了。我们法院的审监庭每年都面对大量的刑事申诉材料,在处置的过程中,几乎都是一个结论——驳回申诉、维持原判。我们已经揭示出来的冤错案件,大多是一种被动纠错,俗称"亡者归来""真凶发现"。民营企业和企业家涉刑案件同样存在这个问题。

第九个困境,财产性强制措施适用不当。对财产的查封、扣押、冻结,刑事诉讼法定位为强制性侦查行为,而不是定性为强制措施。强制性侦查行为的适用过程中,在对民营企业的财产查封、扣押、冻结过程中,一些案件存在着超标准、超涉案数额查封、扣押、冻结的问题,少数案件甚至存在着查封、扣押、冻结案外人的财产的问题。

第十个困境,财产刑适用不当。财产刑适用过程中,罚没财产的时候,有时候涉案财产和非涉案财产、被告人财产与案外人财产区分不是那么严格,存在一些不规范的问题。当然这属于个别现象。

第十一个困境,机械司法。我觉得,现在个别地方的公检法人员存在着机械司法的问题,机械地套用犯罪构成,不顾案件发生的时代背景、政策背景等具体情形,不问案件是否有社会危害性,然后机械地作出有罪裁判。在某些案件中,机械地依靠、依赖某一个证据作出裁判,而不对证据进行全面、细致、准确的审查判断。比方说,个别重大责任事故罪,机械地根据责任事故报告,不去审查其到底是否科学、是否合理、是否准确,就仓促作出判决。机械司法问题在基层还是在一定程度上存在着。有个别基层法院对检察院起诉过来的案件,确实存在照单全收的问题。前一段时间到访某基层法院,刑庭老庭长50多岁,在基层法院刑庭从事了25年刑事审判工作,我问他这么多年作没作过无罪裁判,他说只有1起。

第十二个困境,证据滥用。我们现在有少数公检法人员仍然存在片面重视有罪证据、罪重证据的证明价值和作用,忽视、轻视甚至漠视无罪证据、罪轻证据的证明价值和作用,大胆地作出有罪裁判的问题。民营企业在进入刑事诉讼程序之后,同样面临这一困境。

第十三个困境,有罪推定思想。我做过13年法官,后来又做了十几年的辩护律师。我感觉,现在有一些公检法人员仍然带有一定的有罪推定思想,民营企业和企业家涉刑案件中,同样存在这个问题,包括非法吸收公众存款罪、虚开增值税专用发票罪、组织领导传销活动罪、串通投标罪等。例如,我最近辩护的一起开设赌场案,我认为该案被追诉人的行为明显不构成犯罪,但仍然被起诉到法院。

第十四个困境,疑罪从有。在我们国家的司法过程中,疑罪案件要从无处理很难,疑罪从有、疑罪从轻、疑罪从挂成了司法实践的一种比较常见的现象。对于这个问题,我曾经到多个法院做过调研,结论是49%左右的疑罪案件作出了从有处理。其中有部分法官可能填调查问卷的时候,未必表达的就是真实意思。疑罪从有是冤假错案酿成的基本路径和主要原因。我们今天揭示出来的冤假错案,它的原生态都属于疑案,既有有罪证据又有无罪证据,证据之间互相矛盾,不能得出被告人有罪的肯定性。那么民营企业和企业家涉及刑事犯罪,同样存在着一个疑案状态,而以往的疑罪从有的做法同样可能导致极难脱罪。

第十五个困境,我总结为专门人员精英化程度不足。改革的积极意义是毋庸置疑的,但也产生少量副作用。比方说加剧了个别法院、检察院案多人少的矛盾,另外少数入额的法官、检察官精英化程度不够,这一点可能在基层表现得更明显一些,少数法官、检察官在专业能力上特别是证据的运用能力和水平上,甚至在职业道德水准上满足不了司法公正的需要。在面对民营企业犯罪问题的时候,就可能会出现裁判失误的问题、出现错判的问题。

第十六个困境,民营企业在刑事法律风险防范过程中诉讼期限滥用。现在司法实践中存在滥用诉讼期限的问题,本来不符合法定的条件,但是由于办案人员没有那么多的精力,于是通过退回补充侦查争取诉讼期限,滥用延期审理争取审理期限。就民营企业犯罪、民营企业家犯罪而言,滥用诉讼期限无形延长了羁押的时间,导致民营企业和企业家无法及时从刑事诉讼程序中解脱出来,迟迟不能脱罪,进而对企业,对企业家的人身、财产等权益产生重大的影响。

这是我总结的十六个困境,听了卢老师的讲座感觉受益良多,这是个人的一点体会,讲得不到位的地方,请卢老师和各位老师多多批评指正。谢谢大家!

主持人·李本灿

感谢胡老师非常精彩的点评,胡老师主要谈了两个问题:一是为什么理论、实践、官方、民间都在关注刑事合规问题;二是刑事诉讼中的十六个困境。实际上,这十六个困境应该是胡老师十几年的法官生涯以及十几年的律师生涯的一个高度的总结和凝练,我们从中也可以学习到很多东西。

我们下一位点评人是孙瑞玺会长,有请孙会长。

与谈人·孙瑞玺

尊敬的卢老师、尊敬的李老师、尊敬的胡老师,大家晚上好!

第一,谈一下我个人对卢老师讲座的感受和体会。刚才听了卢老师的报告,事先也看了卢老师的大作,个人的体会是这样的,就是卢老师的这篇文章非常充实。同时把合规和民营企业的刑事法律风险防范有机地串联起来,在这样一个视角下,就会看到不同的风景。

我看了以后留下非常深刻的印象,特别是什么叫合规、合规的构成、大家应该怎么去把握。卢老师从合规的主体、内容和标准三个方面进行了归纳,认为合规应当包含这三个方面的要素。从这个意义上来理解合规,便于大家对这个问题进行把握,对此,我很受启发。同时,卢老师对当前的刑事法律风险防范的各种各样的问题,特别是当前民营企业面临的刑事法律风险的主要问题,也进行了归纳,我觉得完全符合当前的实际情况。从这个意义上讲,要感谢卢老师给我提供了一个学习的机会。

第二,谈一下合规和刑事合规问题的研究概况。现在大家都在谈合规,我觉得都已经很"热"了。刚才卢老师也说了,刑事合规或者刑事合规与刑事法律风险防范应该说是现在刑事法、程序法(刑事诉讼法)研究的热点问题,事先我也请我们山东达洋律师事务所刑事业务团队的律师做了一个简单的功课。

  我们大致看了一下,在当前的情况下,对于刑事合规与刑事法律风险防范领域,权威的学者都有所涉及。比如说,卢老师的这篇文章和别的文章不一样,它把合规问题和刑事法律风险防范有机地串联了起来,实际上就让合规和我们中国的现实情况结合起来了,这样一个新的视角对企业的刑事法律风险防范是有非常重大的意义的;李本灿老师的导师、南京大学法学院的孙国祥教授在2019年的《中国刑事法杂志》和2020年的《东方法学》里面有两篇非常重要的关于刑事合规的一些基础理论方面的研究;北京大学法学院的陈瑞华教授,不管是在《中国法律评论》上还是在《比较法研究》上,特别是在《中国律师》杂志开辟了一个栏目,专门写合规方面的文章;李本灿老师,作为我们山东大学法学院年轻有为的教授和博导、刑事合规研究中心的执行主任,他在这方面已经发表了数篇很有理论深度的文章。

  同时我们也注意到北京师范大学法学博士万方、中国人民大学的时延安老师、最高人民检察院检察理论研究所研究员石磊博士都有很多文章。从这个意义上看,应该说不管是刑法学者,还是刑诉法学者,甚至是证据法的学者,对刑事合规的问题、刑事法律风险防范的问题都特别关注,这是我们非常值得关注的一个现象。

  第三,谈一下合规的规范建设问题。我刚才查了一下,在我们阿尔法检索系统里面,以"合规"为检索关键词,截至现在(2020年11月29日)检索到727条关于合规的规范性文件。这些规范性文件中行政法规只有1篇,部门规章345篇,地方性法规341篇,行业规定40篇。由此可见,部门规章和地方性法规是主流。也就是说,现行的法律、行政法规对合规的问题还没有规定,但是在部门规章和地方性法规的层面已经"开花"了。特别是国家外汇管理局、证监会等机构率先就对合规的问题作出了规定,起码是建立了某种规范的尝试。所以我觉得这个现象也值得我们特别关注。

  第四,一个很重要的现象需要我们加以关注。从刑事判决上来看,涉及合规的案件非常少,但也已经有个别案件体现出了合规的理念。例如，大家都在谈论的雀巢公司员工侵犯公民个人信息案。这个判决是兰州市城关区人民法院作出的，案号是(2016)甘0102刑初605号刑事判决书。我想用简短的时间和大家看一下，在个人犯罪判决书里面，有一个特别的抗辩。被告人郑某、杨某抗辩说，他们是为完成公司任务而收集公民个人信息的，因此这个案件是单位犯罪案件，而不是个人犯罪案件。对于这个情况，公安、法院是怎么审查或者说雀巢公司是怎么提供证据的呢？法庭调查时，雀巢公司提供了《雀巢指示》(复印于雀巢公司员工培训教材)、雀巢(中国)有限公司情况说明，证实雀巢公司不允许员工以推销0—12月龄健康婴儿使用的婴儿配方奶粉为目的，直接或间接地与孕妇、哺乳妈妈或公众接触，不允许员工未经正当程序或未经公司批准而主动收集公民个人信息。

下边还有很多它的情况说明，证明该公司DR的概念、目标任务的情况，雀巢公司在《雀巢指示》以及《关于与保健系统关系的图文指示》等文件中明确规定，"对医务专业人员不得进行金钱、物质引诱"。对于这些规定要求，雀巢公司要求所有营养专员接受培训并签署承诺函。此外，还有一些证明这几个人都不被允许向医务人员支付任何资金或者其他利益、都参加了培训且参加了测试的证据。法院在"本院认为"部分指出：对于辩护人提出的本案系单位犯罪，应追究雀巢(中国)有限公司刑事责任的辩护意见，经查陈某某等证言、雀巢公司DR任务材料、雀巢公司证明、雀巢公司政策、员工行为规范等，证明雀巢公司不允许向医务人员支付任何资金或者其他利益，不允许员工以非法方式收集消费者个人信息。对于这些规定要求，雀巢公司要求所有营养专员接受培训，并签署承诺函。被告人等在明知法律、法规以及公司禁止性规定的情况下，为完成工作业绩而置法律规范、公司规范于不顾，违规操作，进而贿买医务人员，获取公民个人信息的行为，并非雀巢公司的单位意志体现，故本案不属于单位犯罪，对该辩护意见不予支持。

这个案件被很多学者无限称赞，甚至有学者称其为"中国刑事合规第一案"。从形式意义上来讲，法院的判决可能有些道理，但稍加思考就不难发现,可能并不是这么回事。我个人对这个案例有几个不成熟的想法,也想请教一下各位老师。

其一,这是一个合规的案例吗?有学者说这是一个合规的案例,是中国合规第一案。关于合规,学者有不同的理解,如卢勤忠教授认为"刑事法合规只是企业合规的其中一个内容。从企业层面来讲,企业的活动或其内部组成人员的行为可能会实施违法犯罪行为,触犯刑事法规,从而受到国家的法律制裁。这其实就是一种刑事法风险"。李本灿教授认为,合规是"为避免公司员工因其业务行为而进行刑事答责的一切必要且允许的措施"。日本学者川崎友巳认为,合规是"为避免因企业或企业员工相关行为给企业带来的刑事责任,国家通过刑事政策上的正向激励和责任归咎,推动企业以刑事法律的标准来识别、评估和预防公司的刑事风险,制定并实施遵守刑事法律的计划和措施"。结合以上认识,回到本案中,单位为了自己的利益抗辩称它不是单位犯罪,这些个人的行为跟单位没有关系。这是一种典型意义上的合规吗?

其二,单位是不是受益者?从实质意义上来看,这些人获得了这么多的个人信息,他们获得信息以后就大批量地销售雀巢的奶粉,员工在自己得到利益的同时,是不是雀巢公司也得到了巨大的利益?从实际受益的角度来讲,雀巢公司是不是非法出售个人信息的受益者,单位是不是应该也要对此承担责任?

其三,这些个人的行为是不是职务行为?对单位而言,仅仅是有这些文件,也只能说当初有这样的规范,但实践过程中是不是真正执行了呢?这些人在获取个人信息的同时,是不是就一定没有得到单位的同意?比如说在这个案件中,被告人郑某是雀巢(中国)有限公司西北区婴儿营养部市务经理,还有杨某是兰州分公司婴儿营养部甘肃区域经理,在这个过程中,他们的行为是不是代表了单位的职务行为?对这种行为,单位是不是要承担责任?

以上就是我考虑到的一些问题,向大家请教。

同时我再分享给大家一些案例,这几个案例也是我们的团队成员收集的,我觉得很有启发性,也非常简单,我用几分钟的时间说一下。

案例一,江苏省无锡市新吴区人民检察院对于虚开增值税专用发票的行为作出了不起诉决定,持续跟进监督,并积极帮助公司完善刑事合规制度,引入现代化管理制度。该公司采纳了检察官的建议,并聘请专家及执业律师组成了法律专业团队,帮助公司制定了一整套合规方案,最大限度地防控来源于企业内部或外部的刑事法律风险。

案例二,也是虚开增值税专用发票案。该案中,检察机关建议公司在财务制度、危废处理、日常管理等方面加强刑事合规建设,邀请企业刑事合规专业律师担任公司独立合规审查专员,对公司进行合规评测,围绕企业运营、生产经营、财税申报、环保处置、应急管理等方面建立完善的规章制度。

案例三,深圳市南山区人民检察院建立了一套机制,充分发挥检察职能作用,依托法律监督者身份,帮助企业进行刑事合规建设,协助企业完善各项管理制度,加强员工法律意识培训,并定期对该企业进行监督,推动企业合规建设,使企业发展重获生机。

案例四,上海市长宁区的案例,这个案例直接提到了一个所谓的合规建议,这个建议不是直接给企业提的,而是给税务机关提的。"该院建议税务机关除了要对涉案企业依法予以行政处罚外,还应督促和帮助企业查找漏洞,建立健全发票管理、税收申报等税务合规制度,通过对企业经营者和财务人员的教育和培训,提高涉案企业税务合规的意识和能力,将来定期进行跟踪回访,督促他们及时建立刑事合规制度,筑牢守法合规经营底线"。这个可能和前面案例还不一样,前面有些是检察院直接去监督,而这个案例是检察院中立,让税务机关去做,因为它是涉及偷税、漏税或者说是虚开增值税专用发票,税务机关要去给企业做好工作,不但做好工作,还要进行一些合规建设。

案例五,也是虚开增值税专用发票案。江苏省江阴市人民检察院的办法是,在履职的过程中,在辩护律师接受涉案企业的刑事委托后,积极向江阴市人民检察院提交了刑事合规的申请。经过严格的审核程序后,最终江阴市人民检察院同意涉案企业进行刑事合规整改,双方于2020年7月17日就刑事合规事项签订了暂缓起诉协议,同日检察院出具了暂缓起诉决定书。之后也是辩护律师积极地工作,比如督促企业补缴税等。经过辩护律师刑事合规团队3个月的努力,涉案企业积极配合,最终江阴市人民检察院于2020年11月17日宣布了不起诉决定。我觉得这一点应该是非常像美国的附条件不起诉制度,或者暂缓起诉协议制度。

通过以上讲解不难发现,一方面,国内的合规研究已经广泛展开;另一方面,司法实践中的典型案例还相对较少,由此形成理论规范研究的热和司法实践的冷这种反差,原因到底是什么?

原因一是本土化难。合规制度还是从国外引进来的,引进来以后如何进行本土化的处理,如何让大家去接受,如何让这些理论和我们既有的知识对接,这是一个非常重要的原因。这个本土化过程可能还要花费一些时间。

原因二是出罪难。在刑事领域里,中西方的差别非常大,中国的刑事法,刚才常龙教授也说了,卢老师也说了,情况是虽然入罪难,但是入罪相比出罪又要简单得多。一旦要入罪,你想出罪,难上加难。不管是基于刑法的规定,还是基于对我们法官、检察官、公安的考核机制以及我们刑法文化的考量,我觉得都非常难。特别是现在还有一个认罪认罚从宽制度,可能就更难了。所以说,我觉得导致这个现象出现的非常重要的原因,就是中国的刑法更多的方面是严厉打击犯罪,而忽视了权利保护。

原因三是认罪认罚从宽制度冲抵合规建构的根基。尽管依赖刑法的成本很高,有些甚至是加重刑罚,但是当前我们认罪认罚从宽制度适用于所有的罪名。这个制度的实施导致一个企业在一开始要投入大量的时间、精力、成本,建立刑事合规,最后的结果还不一定怎么样的情况下,更愿意通过认罪认罚较大可能地得到一个从宽的结果。也就是说,对于企业来讲,认罪认罚从宽的确定性和低成本使企业不愿意更多地投入合规建设,从而使合规机制流于形式。

以上是我个人不成熟的想法，非常肤浅，向卢老师、李老师、胡教授及在线的老师们请教，请予批评指正，谢谢！

主持人·李本灿

非常感谢孙会长深刻的与谈。孙会长的与谈主要包括如下几个方面：

首先，对我们国内刑事合规的研究的情况，以及关于合规的立法情况做了一个简要的回顾。其次，对企业合规的典型案例进行了梳理，并对这些案例发表了深刻的观点。最后，对理论研究与司法实践的落差，即合规制度本土化的困境及其原因提出了自己的看法。

对于孙会长的与谈，我个人受益匪浅，非常感谢孙会长！

接下来，我想借用主持人的身份，分享一下我自己的一点学习体会，其实也是稍微地回应一下孙会长刚才提到的那个雀巢公司员工侵犯公民个人信息案。我们究竟应该如何来看待这个案件？孙会长提出来，他觉得这个案子不是刑事合规的案子，与此相对，我们国内的学者提出，该案是中国刑事合规第一案，怎么看这个问题？这个问题其实涉及的核心问题是，什么是刑事合规？

我们回到兰州的这个案子，我其实跟孙会长有一样的看法。刚才孙会长提到，这样的案子如果发生在美国会怎么样？我可以负责任地告诉你，如果发生在美国，这样的案子不能说完全没有出罪的可能，但是它至少缺少了一个很重要的程序，就是对于合规有效性的评估。这个恰恰是我们法院所忽略的一个问题，刚才孙会长也给我们展示了，法院为什么会认为这样的一个行为不是公司的行为，而是个人的行为。法院的判决根据是，公司的员工行为守则等材料证实，公司禁止员工侵害公民个人信息，因此以这些材料排除了单位责任。这其实是对于合规制度的误解，大家可以想一想，哪一个公司的员工行为守则中说公司员工可以去实施侵犯公民个人信息，哪一个公司的行为守则或者公司章程中会说公司可以去实施商业贿赂，这是不可能的。这种看法是对于刑事合规的形式化理解。能够作为排除单位责任事由的合规,应该以合规的有效性为前提。如何去评估?你要从它的纸面材料中去发现问题,比如,我们如何评估雀巢公司的合规机制是否有效,其实很简单,你可以去做全行业调查,去看一下兰州公司有这样的事情,石家庄公司有没有?郑州公司有没有?北京公司有没有?如果发现很多地方的雀巢公司都有这样的行为,他还是不是一个个案,是不是一个个人行为?此外,我们还可以去查用于购买公民个人信息的钱来自哪里?这个贿赂款可能不是员工自己掏腰包的,这个钱可能是公司支付的,那么这些钱能不能在公司账上查到?如果可以从公司的财务系统中查到,公司报销了贿赂款,那么,我们还能说这不是公司行为吗?

所以我同意孙会长的观点,我觉得这样的一个案子不值得我们过分赞扬,可能还需要进一步推敲。以上就是我不成熟的看法。

接下来,有请卢老师对于以上与谈内容给予简要回应。

主讲人·卢勤忠

两位与谈人对我这个文章讲得都比较客气,实际上,这个文章是宏观性的、与刑事法律风险相关的、跟合规结合起来的一个初步研究。两位与谈人讲得都很专业,胡常龙老师专门讲了刑事诉讼中的十六个困境,孙会长也通过案例深入阐释了其对刑事合规的理解。两位的与谈都非常深刻,让我也受益匪浅,谢谢两位与谈人。

主持人·李本灿

感谢卢老师,感谢胡老师,感谢孙会长非常精彩的报告以及与谈。

最后我简单地说两句话。我们一开始做这一期的讲座设计时,其实我已经了解到,卢老师的研究更多的是从企业的视角对刑事合规问题展开的研究,这样的研究和我本人从国家的视角进行的研究其实是一个互补。所以,我做了这样一个设置。很意外的是,今天常龙老师还有孙会长,其实是从另外一个层面,从国家的视角来考虑刑事合规的问题,因此可以说,我们今天的讲座其实是对于刑事合规的一个全面解读。我从中也受到了很多的启发,所以特别感谢三位老师。我们今天的讲座就到此结束。谢谢大家!

刑事合规与当代刑法改革

主讲人：张远煌（北京师范大学刑事法律科学研究院院长、教授）
主持人：李本灿（山东大学法学院教授）
时　　间：2020 年 12 月 13 日

主持人·李本灿

尊敬的张远煌教授，各位老师，各位同学，大家下午好！

欢迎大家来到山东大学刑事合规名家论坛！今天是我们系列讲座的第四讲，我们非常荣幸地邀请到了北京师范大学张远煌教授担任主讲人。关于张远煌老师，想必大家都非常熟悉，这里我就简单介绍一下。张老师现任北京师范大学刑事法律科学研究院院长、北京师范大学中国企业家犯罪预防研究中心主任、北京企业法律风险防控研究会会长等职务，先后出版专著、论文若干，主持国家重点研发计划重点项目、国家社科基金重点项目等项目若干。张老师长期从事犯罪学的教学和研究工作，在我看来，他是研究中国企业、企业家犯罪的先驱。企业合规问题能够得到重视，与张远煌老师长期的坚持、呼吁是分不开的。在此，特向张老师表达敬意！

关于张教授的学术背景，我就介绍这么多，接下来把时间交给张远煌教授。

主讲人·张远煌

谢谢主持人！也谢谢山东大学法学院的邀请！

本来是柳忠卫教授、李本灿教授邀请我做一个线上讲座。后来，我到江苏常州组织了一个刑事合规论坛，接着受邀到青岛市企业家联合会给企业家做了个合规讲座,正好本灿老师也过去了,邀请我过来做一个线下的讲座,也很有幸来到我们山大的新校区,看起来很美丽。青岛在山东、在全国的影响很大,我们山大在这里会有更好的发展前景。

大家看到我有一个"北京企业法律风险防控研究会会长"学术兼职,看到这个研究会,大家可能感到比较诧异。大家都知道,我们的法学研究会主要是按照部门法来设立的,如民法研究会、刑法研究会、经济法研究会,而且它的研究内容主要是研究法律的适用,但这个研究会不是。另外,我们这个研究会的前面也没有冠以"北京市法学会",原因是北京市领导比较开明,他们认为,这是全国的第一家专门研究企业风控的研究会,不仅要在北京活动,还要在全国活动,所以研究会的名称就直接叫北京企业法律风险防控研究会。

我们讲合规,其实就是讲预防问题,合规的本质就是预防。讲合规主要是防控法律风险,那么刑事合规主要是防控刑事风险,或者准确地讲是防控刑事法律责任风险。

今天主要和大家交流如下几个问题:第一,简单介绍一下刑事合规的国际趋势。第二,刑事合规与传统刑事法的关系。在我看来,刑事合规不能仅仅理解为一个刑法问题,更不能理解为主要是刑事诉讼法问题,刑事合规本质上是不同于传统刑法包括诉讼法的一种新的话语体系。所以同学们在理解这个问题的时候,观念上要转换一下,不能用传统刑法的观念来理解刑事合规。刑事合规规范跟一些传统的刑法原则甚至是有冲突的。例如,罪刑法定原则要求立法的明确性,但刑法中的合规规范只能是原则性的规定,为什么?因为合规规范是预防性的指导规范,而预防是一个全方位的开放性概念,在刑法里面没有办法提出明确具体的要求,只能给出一个原则性指导或方向引导,具体的预防措施和预防活动,要企业来做。第三,从政策角度分析,为什么刑事合规会呈现全球性趋势。第四,刑事合规在我们本土的推进情况。

一、刑事合规:当代显著的国际刑事政策趋势

我们首先要明确一下,刑事合规不是立法概念,在国内外的立法中都

找不出"刑事合规"这四个字,但是在美国、意大利、英国、瑞典等国的合规立法中,可以看到犯罪风险识别、犯罪风险防控之类的表述。

既然刑事合规不是立法概念,那是个什么概念?它是对与刑事责任相联系的企业合规的理论概括,有的叫合规计划,有的叫有效的合规计划,还有的叫"合理控制犯罪的计划"等。具体地讲,对刑事合规要从两个层面来进行解读,一个是国家层面;另一个是企业层面。

从国家层面来讲,什么叫刑事合规?我们可以简单地把它界定为"刑法所规定的旨在引导和激励企业主动预防犯罪、发现犯罪和制止犯罪的规范体系"。大家在这里可能就开始有了兴趣了。传统刑法是为了惩罚犯罪,你不触犯刑法我不管你,但刑事合规不一样,它首先是指导企业要预防犯罪,但预防不可能百分之百地成功,它还可能发生,发生之后,你还要主动发现,并且要及时制止。这样的一套规范体系,我们称为国家层面的合规体系。

另外,大家要注意,讲到预防犯罪,这里的犯罪概念主要不是刑法上的犯罪概念了,而是犯罪学上的犯罪概念,它可能是违规或违法,也可能是犯罪。因为大家知道,犯罪学中的犯罪概念,是有它内在的逻辑联系的,就是指严重危害社会的行为,它不以刑法中犯罪的法定概念为依据。为什么要这样考虑?因为你要研究犯罪原因,必须考虑行为的客观社会危害性,而不能再考虑其他因素,否则会发生方向性错误。

与国家层面相对的是企业层面的研究,那么,从企业立场出发,什么叫刑事合规呢?在我看来,企业立场的刑事合规就是企业遵从合规指引,自主建立的避免刑事责任风险的内控机制。所以,刑事合规有两个维度,国家层面,你得先制定合规规范,然后是企业遵从合规的基本指引来开展自主的预防活动。这是正确领悟刑事合规的一个关键。

从理念上讲,刑事合规体现的是治理观念。谈到治理,必定是多元主体的参与。传统刑法主要体现的是管理或管制的理念,国家主导刑罚权,企业只是被处罚的对象。但是在合规概念下,国家治理犯罪的积极性、企业治理犯罪的积极性都要发挥起来,由此,刑事合规可以理解为是"国家规制下的企业自主预防"。这就是刑事合规最简单的含义。

另外,对于这里面刑事责任风险,在理解的时候我们要做广义的理解。从企业层面来讲,防控刑事风险,包括防控定罪的风险,也包括防控犯罪嫌疑风险。比如,一个企业没有犯罪,但是有人告发它犯罪了,司法机关因此启动了调查程序,也意味着发生了刑事风险。即使最后判无罪,但后果也很严重。原因在于,企业一旦被刑事立案,往往伴随着查封、扣押或冻结财产,对企业造成的损失很大。如果是上市公司涉嫌犯罪,股票会一落千丈。我们一些企业或企业家虽然最终被判无罪,但是由于资产被冻结、法人代表被采取强制措施,人出来了,但企业遭受重创甚至破产倒闭。这表明,通过传统的犯罪追究模式应对企业犯罪,会产生很大的负面效应。

这里有一个概念要明确,那就是企业现在对我们经济社会发展的贡献太大了,国有企业不说,民营企业对我们国家的贡献是个什么态势?民营企业对国家的税收贡献超过50%,民营企业的GDP和固定资产投资超过60%,高新技术企业占比超过了70%,解决城镇就业超过80%,对新增就业贡献率达到了90%。这也是为什么中央和习近平总书记一再强调要保护企业家权益、要激发企业家的创业创新的激情的原因。一个国家如果企业不发达,经济社会都可能会出问题。

所以在这么一种情况下,我们企业家的刑事风险高发,就是个严重问题了。我们每年发布一个企业犯罪报告,规模以上企业的企业家被定罪,每年是数以千计。那么多企业家被定罪,企业怎么办呢?员工的就业怎么办?如果失业,负担谁来承担?政府来承担,如果政府承担不好,还可能会引起群体性事件。所以,企业犯罪与自然人犯罪有很大不同,这也在客观上给我们提出了不同的要求,不能简单套用应对自然人犯罪的定罪量刑的那套办法。

正是在这样一个情况下,在刑事法中必须引入作为新的企业犯罪治理方式的合规概念。"合规"这个概念,在早期适用于金融业,银行业做合规最早,而后拓展到其他的行业,日益成为现代企业的一种治理方式。但传统意义上的合规跟刑法是没有关系的,只是涉及行政违规、民事违规所引发行政处罚、民事赔偿的问题,与刑事责任风险没有关系。但后来人们发现这样的合规效果不行,如果没有强有力的刑法中的预防指引,合规往往是虚假的,容易沦为一种形式上的合规。所以,进入20世纪末期,美国在它的《联邦量刑指南》第八章,专门规定了区别于自然人的量刑规则,即组织量刑规则。

组织,实际上是指单位,再直白一点,主要是指企业。我们要明确一个概念,我们刑法中的单位犯罪在司法实践中主要是哪些单位?我们规定的有企业、事业单位,有机关,有团体,但是我告诉大家,根据我们的统计研究,司法实践中的单位犯罪95%以上都是企业犯罪,所以有的国家干脆规定,刑事合规适用于经济组织。党政机关的情况不一样,它还有另外的一套规则,它不是市场主体。英国2010年《反贿赂法案》就规定了一个新的预防性罪名"商业组织预防贿赂失职罪",明确了犯罪主体就是商业组织。

所以我们讲合规,虽然不排除机关事业单位,但是它主要针对的是企业。进入了21世纪,在西方主要发达国家的刑事立法中,包括一些发展中国家的立法里面,都确定了自己的刑事合规规则。联合国层面,包括一些地区性国际组织文件中都有刑事合规规则,所以我们把刑事合规看作一种显著的国际趋势。

大家大致一看,美国1991年《联邦量刑指南》规定了一个"有效的合规计划",实际上就是刑事合规,因为它将企业合规与企业刑事责任问题联系起来了。大家看其规定,成立"有效的合规计划"的第一个要点,就是建立合规政策和标准,以防止犯罪行为。从这里看出,刑事合规是干什么的?预防犯罪。立法明确期待组织要建立合规政策,要建立合规标准,为的是预防犯罪行为,而不是一般的违规违法行为。所以说,刑事合规的制度宗旨就是防控刑事风险。与美国《联邦量刑指南》相配套的《联邦商业组织起诉规则》规定了检察官在决定对涉罪企业是否暂缓起诉或不起诉时,需要考量的九大因素,其中过半数是合规要素。企业是不是有效地实施了合规计划,不只是对定罪量刑有实质性影响,而且也是决定暂缓起诉或不起诉的一个法定要素。

另外,企业是不是主动披露了内部的违法犯罪行为,在合规语境下也很重要。我们现在很多公司发生了犯罪,私下处理,把职工开除了事,然后让其去继续祸害其他人,这个就不合规了。还有,如果公司职员犯罪是司法机关发现的,那么企业不能享受合规计划所带来的处罚优待。企业主动报告犯罪,类似于自然人的自首,通过激励性的制度牵引,调动企业主动预防犯罪的积极性。这里面体现的,正是刑事合规所追求的国家与企业之间的共治,而不是传统意义上的国家单打独斗。

意大利2001年发布的第231号法令实际上颠覆了我们传统的法人犯罪或者单位犯罪的概念。请大家注意它对公司承担刑事责任的原则是这么表述的:"公司应当对为其利益而犯罪的职员的罪行负责。"这里没有我们刑法中单位的集体意志要求,也没有要求是单位负责人代表单位作出的决定,只要是你公司的员工,只要这个员工是在履行他的职务活动,并且他是为了公司的利益而实施犯罪的,都视为单位犯罪。

这样,单位刑事责任范围就显著扩大了,但又不能过分增加单位的负担,于是有但书规定,"公司能够证明其已采取适当方法预防和监控犯罪的,可以避免责任"。这就是说,作为单位,你不做合规,你也不防控刑事风险,是你的自由,但是,一旦公司的员工为了公司利益实施了犯罪行为,公司及其高管就要承担刑事责任。这实际上是一种企业自主预防犯罪的倒逼机制。在现行刑法规制下,为什么企业不重视主动预防犯罪,因为在员工犯罪的情况,企业和高管会有很多理由推脱自己的责任,员工往往成为企业非法牟利的牺牲品。而在合规制度下这就不行了。前面提到的英国2010年《反贿赂法案》确定一个独立的合规罪名,即商业组织预防贿赂失职罪。这个罪成立的构成要件很简单,凡是与商业组织相关的人员为了或者代表商业组织利益而实施行贿,该组织就构成本罪,但能证明建立并实施了防止关联人员实施贿赂的"适当程序"的除外。在这样的规定下,商业组织要想避免刑事责任风险,唯有主动合规,积极履行预防贿赂的社会责任。

大家注意,这里的"适当程序",也就是美国立法规定的"有效合规计划",名称不一样,但实质内容近似,都是指企业要有预防犯罪的标准、措施或程序。同时,这个里面还有一个我们传统刑事法治坚决反对的原则,那就是"自证无罪"。

一般而言,公诉机关要指控某人犯罪,必须拿出证据来,但是在刑事合规中,却要求被指控犯罪的公司,得自己举证说明已经采取预防犯罪的适当措施,某员工的犯罪纯属个人的问题,与公司的结构性缺陷没有关系。如举证不成立,对不起,公司要为员工的贿赂行为承担刑事责任。这也是刑事合规的一个通行原则。各个国家的刑事合规立法的时间尽管不一样,但要领基本相同。这说明,国际社会在这一问题上达成了基本共识:为了将众多法律对企业规定的社会责任落到实处,有必要将企业合规概念引入刑事立法,通过将企业预防犯罪的社会责任具体化,促进企业的普遍守法。

这一理念同样体现在西班牙 2015 年《司法组织法》里面,它使用了"合理控制犯罪"的概念。公司如果没有合理控制犯罪以致犯罪发生的,法人要承担责任。所以,整体来讲,刑事合规已成为一个全球性的趋势。

二、刑事合规与传统刑事法的关系

接下来,我重点讲讲第二个问题:刑事合规是 21 世纪才真正兴起的制度,但它的主要规则是由刑法确立的,那么,应该如何正确看待和理解刑事合规与传统刑法的关系问题?总体上讲,刑事合规是不同于传统刑法的一种新的话语体系,或者说,刑事合规规范与传统的罪刑规范在犯罪治理理念、治理路径选择与基本原则等方面,都有很大的不同。因此,不能习惯于套用传统刑法理论去分析、评价刑事合规问题。

在我看来,刑事合规与传统刑法的区别,主要体现在以下六个方面:

一是刑事合规和传统刑法规制的对象不一样。我们知道,传统刑法以规制自然人犯罪为基准,以规定单位犯罪为例外。大家看看我们《刑法》总则第二章"犯罪",虽然有专门一节规定单位犯罪,但只有两个条文,简单得不能再简单了;分则中的单位犯罪,基本是附属于自然人罪刑规范之后的,处罚基本上也是参照自然人犯罪进行的,不存在独立于自然人刑事责任的单位刑事责任原则。

刑事合规这个概念主要是针对组织(法人)或者企业而设计的一套刑事规制体系。为什么要单独设置体系,除了前面提到的传统罪刑规范难以科学应对企业犯罪外,一个重要的事实依据是,组织的犯罪能量远远大于个人犯罪。犯罪学研究显示,单位犯罪造成的经济损失是自然人犯罪的50~100倍。除了单位犯罪的能量大之外,其治理的难度也很大。因为预防犯罪比惩罚犯罪要求更高,策略性更强,处置稍微不慎会引起一系列的负面效果。因此,单位犯罪在这种形势下逐渐获得了与自然人犯罪相对应的独立规制地位。应该说,这是国家刑事治理能力显著提升的重要体现。

二是两种规范的性质不同。虽然都属于刑事规范范畴,但刑事合规与刑法规范是不同性质的规范。具体讲,刑事合规规范是前瞻性的预防规范,而刑法规范是回顾性的惩罚规范。刑法评价始终只能是犯罪发生之后的回顾性评价,比如说发生了一起危害社会的行为,我们来进行刑法评价,就需要对行为人主体条件进行分析,有没有刑事责任能力,以及行为的危害是否达到刑法规范的要求。刑法为什么这么做呢?实现对犯罪的公正惩罚,这是一种事后反应。所以,在传统上,刑法是被动形态的,它不主动出击,只能等待犯罪发生后再介入。与传统刑法不同,刑事合规是主动的,是前瞻性的,是企业遵循国家的预防性规范引导,基于对犯罪风险的识别判断,主动采取的一系列提前性的防止犯罪措施,以此尽量减少犯罪发生的概率。所以,这两种规范的性质不一样。

举个例子,什么叫前瞻性的预防规范。2015年西班牙《刑法》规定的合规计划,包含了6个基本要素:

第一个要素是要求企业有识别犯罪风险的活动。你要预防犯罪,怎么预防?就要像我们预防疾病一样,首先得把这个疾病的风险隐患找出来,健康体检就是在筛选人的疾病隐患,然后才会有预防性医治措施。企业要预防犯罪,首先也要开展风险排查,查明在哪个领域、哪个经营环节存在发生犯罪的风险。如果风险识别不出来,预防就失去了方向,预防措施就会没有针对性。因此,有无犯罪风险识别活动,成为立法要求的评价企业实施的合规计划是否具有有效性的重要标准。如果企业遭受犯罪指控,缺少风险识别的合规计划,无论在起诉阶段还是审判阶段,是不能作为企业获得从宽处罚依据的。这是防止企业在合规上做表面文章的重要规定。

第二个要素是要求企业制定能表明公司决策过程和执行意志形成过程的协议和程序。比如说,董事会在研究投资或决定竞标时,这个决议是怎么形成的?哪些人参与了?在决定进行商业活动的时候,是否考虑过风险防控问题,是不是有意在规避相关的法律规定?这一要素决定了,在指控企业犯罪时,不用检察机关再证明企业有无犯罪的故意或过失,因为公司在经营决策和执行决议中的表现,已经表明了公司的意志形成过程中就包含了刑事风险,犯罪的发生只是决策过程或执行阶段没有依规合法进行的逻辑结果。这一要素可以有效减轻公诉机关的证明负担,提高追诉企业犯罪的效率。

第三个要素是财务管理模式对已经识别出来的犯罪风险应具有预防功能。看看我们历年发布的企业犯罪报告,民营企业职务侵占、单位行贿、挪用资金等犯罪之所以高发频发,一个重要原因就是财务管理漏洞多,不具有防止上述犯罪的功能。既然犯罪的发生与企业的治理缺陷直接相关,企业就应当为此承担责任,而不能只处罚具体行为人,这也是与传统罪刑规范的不同点。这就要求企业主动查漏缺陷,尽量压缩实施犯罪的条件。

第四个要素是企业内部要有合规监管机构,负责合规计划的实施,以及受理职员的有关违规行为或违法嫌疑行为的报告与调查。

第五个要素是建立违规行为的纪律处分机制。员工出现违规行为,公司是怎么处理的?有没有记载?有没有在内部公示处理结果?从这里面也可以看得出来,合规的要义是要促进法律规范的普遍遵守。原来我们讲企业要依法合规经营,但这只是一种倡导。现在通过刑法的规定把它具体化,你说你守法,那就要落到行动上,并且要考察和评估。如果评估不合格,企业就会面临刑事风险。这样,依法合规经营就不再是口头说说了。

第六个要素是违规行为发生后,或者组织管理、经营活动发生变化时,要对合规方案进行检验和修改。这一要素表明,企业合规计划应该是动态的,不能一劳永逸。唯有如此,才能不断完善合规计划,始终保持合规计划的有效性。

综上所述,为什么说刑事合规规范是一种前瞻性的预防性规范?因为它指向的主要是未然之罪,而不是已然之罪。另外,刑事合规规范的一个特点是比较原则而不具体。比如说,前述的财务管理模式要有预防已识别的犯罪风险的功能,到底要一个什么样的财务管理模式才能预防犯罪呢?刑法不具体规定,也没法具体规定。预防活动是一个开放性的活动,是一个综合性的预防措施与预防行为的组合,为此,刑法中合规规范只能提供一个基本的方向指导,具体怎么来做,这需要企业结合自身的实际情况,充分发挥自己的主观能动性。这充分体现了国家与企业之间的配合与协同。

三是刑事合规规范与传统的罪刑规范在刑事责任原则或根据上不同。传统的刑法主要针对自然人犯罪,自然人承担刑事责任的根据在于,行为人对所实施的危害行为具有主观罪过,为此,行为人具有刑法意义上的可谴责性。对于单位来讲,承担刑事责任的根据又是什么呢?这是一个十分复杂的问题,理论上有不同见解。我倾向于认为就是"组织责任"。

这个组织责任的具体内容又是什么呢?总体来说,就是企业因存在组织缺陷,而未能合理控制犯罪发生的责任。这就是组织或单位应当承担责任的基础。具体而言,组织缺陷的内涵包括三个方面:(1)合规制度缺失;(2)合规监督不力;(3)合规文化淡漠。仔细分析一下,可以说全球所有的刑事合规要素都是围绕这三大块来构建的。企业,作为一个依法设立的社会组织,从诞生之日起,就承担了诸多的社会责任,但你开展经营活动却没有合规制度或者合规制度很不健全,或者有了制度,但监督机制缺失,使制度成为摆设,或者制度、机制都有,但倡导的只是利益最大化,不倡导合规文化,以致相应的制度、机制难以落地生根,当然会风险频发。应该说,企业合规的最终落脚点,只能是以诚信、守法为核心的合规文化。没有合规文化的支撑,再好的合规制度也难以获得管理者和员工的心理认同与有效执行,企业存在的合法性基础也因此成为问题。

企业也是社会公民,即企业公民。它承担的社会义务责任比个人更大,所以在履行社会责任方面理应有更高的要求。这可以说是刑事合规制度重要的道义基础。

四是刑事合规与传统刑法的激励机制不同。做合规,企业是要投入资源和付出成本的。所以,如何才能激励企业主动合规是一个很大的问题。这就需要国家转变治理理念,换位思考。国家在追求有效预防企业犯罪目标的同时,也要立足于企业角度思考问题:"做合规对我有什么好处?"如果企业做合规不能换来任何好处,推行刑事合规制度,就像剃头挑子一样,只是一头热,这个制度就没有生命力。一定要让企业感到做合规有优越感,做合规划算,合规制度才能推行。这里的好处,就是刑事合规框架下的合规激励机制。

从心理学上讲,激励有正向激励和负向激励之分。正向激励就是鼓励你这样做,做到位了就予以奖励;负向激励就是你没有依照社会期待去做,就要让你付出较大的成本和代价,并以此警戒第三者。我们讲,传统刑法规范主要是禁止性规范,基本上是按照有罪必诉、有罪必罚这样一个逻辑在运行的,减免处罚只是例外,所以它的正向激励比较少。而刑事合规的激励机制,以正向激励为主,但也不放弃负向激励。比如说,对注重合规的企业,即使发生了犯罪,也予以轻缓的处理,尽可能给企业自我改善的机会;反之,不仅不能从轻处罚,还可能面临加重处罚的风险。其目的就是激发出企业自我预防的意愿与动力。

顺便提一下,就法律服务业而言,与传统刑法对应的是刑事辩护业务,而与刑事合规相对应的法律业务是什么呢?一个新兴的高端法律服务——刑事合规业务。这种法律服务由于创造的价值大,要求也很高,并且需要团队作战,是21世纪法律服务业中一个新的制高点。

五是刑事合规与传统刑法在治理犯罪的境界或层次上不同。党的十八大提出,要推进国家治理体系和治理能力的现代化。国家治理现代化是个庞大的体系,当然包括犯罪治理现代化。在犯罪治理领域,如果我们总是在犯罪发生之后,在严重社会危害造成之后,再以似乎很认真的办法应对,能现代化吗?那样只能始终处于被动应付和效率低下的状态中。这种满足于事后反应的治理方式,是绝不可能实现治理现代化的。

我们讲治理方式现代化,一个核心的层面就是要从专注于事后的惩治追责,向事前预防转移,以此减少犯罪发生的概率,降低犯罪的现实危害。这是犯罪治理现代化的必由之路。除此之外,我们找不到其他更好的方法。

纵观人类与犯罪作斗争的历史,治理犯罪大致可以分为三个层次:第一个层次是"防为上",即先其未然,在出现犯罪苗头、查明存在犯罪隐患之后,就采取措施,将其在萌芽状态就掐掉。这是治理的最高境界,但预防不能保证不发生犯罪,于是就有了第二个层次的"救次之",即犯罪刚刚发生,立即采取有效措施加以制止,防止危害继续扩大。这要求有较高的发现犯罪与及时处置犯罪的能力。如果犯罪发生后一二年才发现,这是达不到"救"的水平的。第三个层次,也就是最低层次,是什么呢?就是"戒为下",在犯罪发生后一段时间,再来找人追责惩罚。这就是现在我们整个刑事系统在干的事情。我们经常讲刑法不可或缺,但治理犯罪主要依赖刑法,只能会形成恶性循环。事后的惩戒,并不是针对消除、限制诱发犯罪的原因和条件进行的,因而无法减少犯罪的发生。但是,在观念上,人们往往将事后惩罚视为预防犯罪的有效手段,这在治理观念上是值得检讨的。

由上述治理犯罪的三种层次可以看出,合规的使命和任务是什么?

就是在第一层次的"防为上"与第二层次的"救次之"这两个层面发挥作用。由此,尽管各国刑事法律中的合规要素表述不尽相同,但所有的合规制度设计都是围绕"预防犯罪"与"发现犯罪"这两项核心内容展开的。

谈及预防,它一定是针对犯罪原因来用力的,也只有把握犯罪原因,才能对症下药,才能防得住。找大夫看病,都喜欢找名大夫,挂号的时候都抢着挂专家号,名大夫和一般大夫的区别点在什么地方?不是他用药,而是他更会"把脉",在诊断病因的准确性上比别人高,因而开出的处方有针对性,能够药到病除。这种逻辑与预防同出一辙。正是在此种意义上,预防是比打击更高级的治理手段。这也是为什么我们讲制定和实施合规计划,应当首先要求进行犯罪风险的识别活动,这种识别活动实质上也就是查明、界定企业内部犯罪原因的过程。只有在这个基础上,刑事合规才能通过消除诱因和风险隐患在事前实现预防,通过有效预警在事中及时发现犯罪。这样的主动并高效的治理模式,无疑与国家治理现代化的本质要求是相吻合的。或者说,推进我国本土性的刑事合规制度建设,是推进国家治理体系与治理能力现代化的必然要求。

六是刑事合规与传统刑法二者治理犯罪的效果有显著差异。刑事合规很大程度上是在化消极因素为积极因素。企业是犯罪了,但是企业是由众多员工组成的,其不仅是社会财富的创造者,也是社会创新的重要引擎。很多高科技企业,不仅有国企还有民企,况且民营企业面临的经营环境往往不及国有企业,在市场竞争中面临的风险也较国有企业更大。加之民营企业基本上是自生自灭,企业家如果没有点冒险精神,没有较敏锐的商机意识,就成不了企业家。所以,在应对企业和企业家犯罪这个问题上,从国家层面来讲,要有应有的宽容包容心理。企业犯罪要治,法律面前人人平等,不治不行,但是治理方式上我们需要斟酌,如果企业犯罪不是特别的严重,企业本身又有改善的条件,那么在制度设计上就应当给犯罪的企业以自我改善的机会。这样对国家、对企业、对社会都好,而这正是刑事合规的基本导向。通过引导和激励企业建立和实施刑事合规计划,可以提高企业的守法水平与抵御重大法律风险的能力,这实际上是在促进企业的核心竞争力。如果我们单纯为了狭义的司法正义,把涉罪或犯罪企业的资金、账户查封,财产全部没收,涉案企业的高管一抓了之,所谓的正义可能伸张了,但企业垮了,职工失业了,与该企业有业务往来的单位或个人的合法权益受损失了,谁来解决?这样的严格执法、公正司法,是在促进社会和谐还是在为社会添乱?我们经常讲,要注重执法、司法的法律效果、社会效果与政治效果的统一,如何能做到统一?如果没有新的制度供给,在现行刑法和刑事司法框架内,是无法实现三个效果之间统一的。

由于时间关系,前面两个问题先就到此为止。

三、刑事合规全球化发展的深层原因

第三个问题跟大家简单交流一下,刑事合规为什么会出现全球化趋势,它的动力机制到底在什么地方?目前人们对这个问题关注很少,依据我的理解,回答这个问题,需要从事实和刑事政策两个层面来考虑。

从事实层面来讲,企业犯罪治理困境的现实催生了刑事合规的全球化发展。任何一项重大的制度变革,一种新的刑事政策思想的形成,都是基于现实需要的推动和牵引。包括刑法在内,我们的法律也是为了更好地保障社会良性运行和发展而做出的一种制度安排。

可以说,正是传统手段难以有效应对企业犯罪,对刑事合规的产生形成了巨大推动力。对此,可以从两个方面来看,一是企业犯罪的追诉难。不说跨国公司,就是国内经营公司的业务范围往往也是分布于多个省份,一旦发生犯罪,如何及时发现和取证?有人讲,对企业犯罪存在选择性执法,这是个全球性问题,尤其在传统刑法模式下,国家监管机关没有人力和精力去发现这么多犯罪。原因很简单,企业数量太多了,仅仅我国的民营企业就有2800多万家,国家有多少力量去监督这些企业?根本监督不了。所以,只是依靠国家力量来监督企业犯罪,这条路已经行不通了。

那么,怎么办呢?这已经不是技术层面的问题了,而是涉及与企业犯罪作斗争的基本思路、路径选择等问题,因而就需要在刑事政策上加以思考与检讨,要想办法依据市场原则,用治理理念代替管理理念,尽量把企

业的力量调动起来,与国家一道同犯罪作斗争,以此弥补国家治理犯罪力量的不足。这是摆脱企业犯罪治理困境的一个基本思路。

二是企业犯罪的传统追责模式代价十分高昂。比如说法律效果,实践证明,惩罚犯罪企业,不仅容易弄垮企业,也难以对其他企业产生威慑,更做不到促进企业对法律的普遍遵守。

另外,需要明确的是,世界上没有哪个国家的政府愿意因为一起犯罪案件,就整垮自己的一个企业。即使是私营企业,它创造的也是社会性财富,提供的是公共产品,企业垮掉了,实际损失的是社会。此外,企业家是现代社会中的一种稀缺资源,在不违背基本法律原则的前提下,作为一种策略选择,在其触犯刑律时,应当尽可能减少对其人身自由的限制,给其"戴罪立功"、继续为社会创造财富和弥补犯罪损失的机会。法律,毕竟只是实现刑事政策的一种手段和工具,它必须服从于政策的意旨。

对这些现实难题,必须进行政策上的系统反思与建构,才能寻找到理性的治理之道。政策性的反思结果就是刑事合规制度成为了必然选择。

第一,如何扭转单靠国家的力量,在应对企业犯罪方面力不从心的被动局面?就自然人而言,从小就受教育要爱党爱祖国爱人民,要讲文明礼貌,中学阶段、大学阶段直至研究生阶段,都有专门的思想品德教育,这对预防犯罪作用很大,但企业尤其是民营企业却没人去教育它该怎么做才是正道。应该说,国家与社会在这方面的责任担当必须通过制度改革予以强化,使企业意识到与犯罪作斗争不仅是国家的责任,也是自身的社会责任。

第二,如何避免惩罚企业犯罪导致企业遭受重创或者倒闭的负面社会效益?犯罪不能不处罚,但如何减少处罚所带来的负面效益是一个需要在政策上考虑的问题。在传统刑法、刑事诉讼法框架内,这种考虑是缺乏的,因此一般性地修改法律,解决不了问题,必须有在新的政策观念指导下的制度创新。比如说,我们的《刑法修正案(十一)》在保护财产方面有进步。在此之前,涉及民营企业的职务侵占、挪用资金、非国家工作人员受贿与涉及国有企业的贪污罪、挪用公款罪、受贿罪,法定刑差距很大,在产权保护方面明显存在"重公轻私"的立法倾向,而这对我们非公企业权利保护是不力的。在立法修订时,立法者进行了比较谨慎的调整,算是一种保护,但还是局限于禁止性的保护,并没有任何引导和激励企业自主预防犯罪的制度设置。所以,必须对刑法进行结构性改革,这也是刑事合规制度要产生的一个重要原因。

第三,如何对传统刑法进行结构性改革?这可以说是一项系统工程,而不是某一项单一的制度改革。首先,改革的重心在于,变革规制单位犯罪的刑法、刑事诉讼法的立法导向。刑法、刑诉法原来的那些规范设置,都不是针对预防犯罪的,而是针对已然之罪适用的。这就极大地限制了刑法参与社会治理的空间和范围。其次,是前面提到的要确立区别于自然人刑事责任的归责根据、创设旨在企业建立和实施合规计划的正向与负向激励机制,着力于引导和推动企业要"自扫门前雪",要管好自己的人和物,要规范自己的经营活动,以此形成国家和企业合作治理的新格局。

第四,如何避免推行刑事合规制度只是利于国家实现治理企业犯罪的目标而强企业所难?或者说,如何保障在刑事合规制度框架内实现国家与企业的"双赢"?事实上,刑事合规制度不仅能实现企业犯罪的源头治理,而且还能为企业带来众多的好处。企业做合规,不仅能避免刑事风险的打击,保全所积累的财产,而且还能促进"生产经营与风险防控"两手抓的良性治理结构,增强企业可持续发展的核心竞争力。同时,在预防和发现犯罪方面,企业也具有国家外部监督难以比拟的资金、人力与技术优势。可以说,企业是内部犯罪最佳控制者。

从全球来看,真正强大的企业,受社会尊重的企业,都是注重合规建设的企业。就像我们个人一样,个人守信用,讲形象,做事不违规,那么大家都愿意和他打交道。如大名鼎鼎的西门子公司,经过2006年全球贿赂风波,痛下决心重构公司合规体系,赢得司法机关谅解之后,提出了一个响亮的企业发展愿景和发展目标:"西门子只做合规业务"。这个形象有点高大上,正是这种合规愿景与合规努力,为公司的发展造就了康庄大道,使其成为全球同类企业中的合规标杆,并因此为公司的发展带来巨大利益。这方面的例证，不仅国外有，在我们国内也不少。除了给企业带来实际的好处，从国家层面来讲，刑事合规制度的推行，降低了查处企业犯罪的成本，提高了治理企业犯罪效果，还促进了法律普遍的遵守。正是在这种意义上，刑事合规对企业犯罪的治理是一种建设性治理，而传统刑法治理可视为一种破坏性治理。

四、刑事合规制度的本土化问题

最后一个问题，简单谈谈刑事合规的本土化问题。目前，我国的企业合规改革试点工作已经启动，国家层面对企业合规很重视，习近平总书记在几个不同的场合都讲道，企业要注重合规制度建设，要在依法合规中提升核心竞争力。在企业合规不断升级发展的国际国内大形势下，如果我们的企业不增强合规理念，不练就合规经营的内功，不仅难以走出国门，就是走出去，也受欺负，会交很多学费，并且还影响我们的国家形象。

可以预见，下一步我国在检察系统率先开展的企业合规试点改革还会继续深入下去，并最终为修改刑法及刑诉法、确立我国本土的刑事合规制度积累经验。

除了企业合规的司法改革试点外，要推进刑事合规本土化，一个很重要的任务，就是加强刑事合规基础理论研究，目前这方面很薄弱。同时，研究中要转变研究范式，注重开展多学科调查研究。刑事合规的性质和任务决定了，它不属于某一个单一学科范畴，而是一个新的理论与实践领域，参与刑事合规领域研究的，首当其冲的是犯罪学，帮助我们诊断排查刑事风险的原因与类型，并作为刑法学研究者探讨刑事合规要素的规范表达的基本参考，同时指导刑事诉讼法确立与合规目标相适应的追诉规则、证明原则与证据规则。

另外，在刑事合规理论研究与实践操作方面，要围绕有效防控企业刑事风险这一主题，注意打破部门法之间的界限。这里涉及一个概念问题，刑事风险不是单单触犯刑法的风险。就刑事风险的来源来看，企业经营管理过程中的环境违法、经济违法、行政违法等，都可能上升为刑事风险。刑事风险实质上就是违法违规行为的累积或叠加。当然,司法实践中还存在认定不准确的问题,如将民事违法、行政违法认定为涉嫌犯罪,这是企业刑事风险的一个来源。所以,在刑事合规语境下,不能按照传统相互割裂的思维习惯,来对待刑事合规问题。

今天与各位老师和同学们就交流到这儿。有些东西是我自己的一些认识和想法,不到之处请大家批评指正,谢谢大家!

主持人·李本灿

非常感谢张老师精彩的讲座!我简单概括一下,张老师主要讲了四个方面的问题:首先,张老师对企业刑事合规的全球化趋势进行了整体性描述。其次,在整体性制度描述的基础上,张老师对刑事合规与传统刑事法理论的关系进行了深入探究。再次,张老师对刑事合规制度全球化的原因进行了深入分析。最后,张老师对刑事合规的本土化问题作出了描述和展望。

就我个人而言,我觉得张老师的讲座内容丰富、讲授透彻。所谓内容丰富,是指所讲授内容涵盖了不同领域的问题。例如,关于刑事合规全球化的深层原因问题,其实主要是犯罪学的问题,即传统犯罪治理手段的不足及其对合规制度的功能补给需求。又如,关于刑事合规与传统刑事法关系的问题,涉及了很多教义学的问题,单位犯罪归责模式问题就是典型。所谓讲授透彻,是指张老师的讲授非常明白、易懂,能够将很多问题放在国家、国际、时代背景中来讲授,从而使我们能够对该问题有清晰的理解。

就具体的学术观点而言,我整体上非常同意张老师的观点。时间关系无法一一展开,这里我仅仅举一个例子。张老师讲道,对刑事合规的理解应当从国家视角和企业视角两个层面展开,这一点我特别同意。最近几年,我对刑事合规问题的研究也基本上是在视野分化的前提下进行的类型化研究,视角的分化和选择非常重要。今天,大家可以看到的一个现象是,律师有律师对合规的理解,学者有学者对合规的理解,企业家有企业家自己对合规的理解,彼此之间缺乏沟通,缺少理解,甚至出现了互相攻击的现象。在我看来,缺乏理解和沟通的很重要原因就是,没有在不同的视角下来看到合规制度。因此,一方面,我们需要强调对合规问题的整体性研究,毕竟,合规问题不专属于哪一个学科,它甚至已经成为新的问题域;另一方面,我们也需要在整体研究的基础上,注重视角的分离和类型化的研究方法。只有这样,我们才能取得共识,共同推进企业合规经营。

最后,我想说的是,张远煌老师昨天晚上深夜到达青岛,今天上午在市区给企业家讲了一上午的课,下午又不辞辛苦来到学校给同学们授课,因此我们要给张老师最大的体谅和关爱。鉴于此,我就不再设提问环节,从而能让张老师休息片刻。

今天的讲座就到此结束,最后我们再次感谢张老师的精彩讲授,也感谢同学们的参与!谢谢大家!

单位犯罪刑事案件量刑建议与不起诉制度

主讲人：时延安（中国人民大学法学院教授）
与谈人：欧阳本祺（东南大学法学院教授）
　　　　侯艳芳（华东政法大学刑事法学院教授）
主持人：李本灿（山东大学法学院教授）
时　间：2020 年 12 月 16 日

主持人·李本灿

　　各位老师、同学、朋友，大家晚上好。欢迎大家来到山东大学法学学科复办四十周年系列纪念活动之刑事合规名家论坛，今天是第五期。本期论坛我们很荣幸地邀请到了中国人民大学法学院的时延安教授来给我们做讲座，时延安老师今天讲座的题目是《单位犯罪刑事案件的量刑建议与不起诉制度》。

　　开始之前，我简单介绍一下时延安老师。时延安老师是中国人民大学法学院教授、博士生导师，同时还兼任中国人民大学刑事法律科学研究中心主任、中国人民大学国际交流处处长，以及中国犯罪学学会副会长。时延安老师主持过很多重要课题，现在担任国家社科基金重大项目首席专家，曾在《中国社会科学》《法学研究》《中国法学》等期刊上发表论文100 多篇。时延安老师对单位犯罪的量刑及起诉制度有很深入的研究。

　　此外，我们也很荣幸地邀请到了两位与谈人。第一位是东南大学法学院的欧阳本祺教授。欧阳本祺教授是我们"70 后"刑法学者中杰出的代表。欧阳老师研究的领域除涉及传统刑法教义学问题外，还涉及网络犯罪和企业犯罪治理等新兴问题。另外一位与谈人是华东政法大学刑事法学院的侯艳芳教授，侯老师的研究专长是环境刑法，但侯老师这两年也研究单位犯罪并有相关论文发表。对于新兴的企业犯罪、单位犯罪合规问题，侯老师也有广泛涉猎。所以两位老师做与谈人非常合适。

我就不占用太多时间，现在把时间交给时延安老师。

主讲人·时延安

谢谢本灿，非常高兴能和大家交流。单位刑事案件的量刑建议和不起诉制度，实际上是与合规问题结合在一起的。大概两个月之前，本灿和我说的时候，我正好对一些问题感到比较困惑，思考后有了些基本的轮廓，但是尚未行文。后来本灿邀请我就此问题做讲座，那我把我的想法与大家做一个交流。

引 言

这里有两个问题，第一个问题，对于单位犯罪的研究，无论是从教义学还是从司法实务，这些年在理论上没有实质性突破。反倒是随着合规观念的引入，对单位犯罪认识有了新的发展。最近两年一些学者对这个问题进行了研究，黎宏老师、本灿老师、欧阳本祺老师都有这方面的撰义。第二个问题，是诉讼法或者是程序方面上的问题。与自然人犯罪案件相比，单位的刑事案件并不多，按照黎宏老师的统计，所有的刑事案件中只有1‰是单位刑事案件。为什么会出现这种现象？我认为原因有两点：一是实体上对单位犯罪的问题还存在很多模糊认识；二是诉讼程序仍旧是以自然人为中心或者说以自然人的追诉为中心来设计的。这套刑事诉讼模式没有考虑到单位犯罪的特点，也没有结合单位的本质和固有特征来进行设计。所以，整个诉讼程序的制度构建，不能完全适应单位犯罪的特点。

最近有些地方（大概全国有6个试点）在做合规不起诉的实践探索，但是坦白来讲，这6个地方的实践与当初的设想不太一样。虽然可能是由于受到现有法律束缚而不敢放开手脚，但核心问题在于制度设计，即如何将合规在不起诉制度中进行贯彻。

我先简单对现在整个合规问题的走向做个引言。基本上从现在来看,刑事合规有四个走向:

第一,犯罪预防。我把它归纳为三个方面:一是预防"内鬼"。在大企业内部存在舞弊和腐败现象,日常经营中也会出现违法犯罪情况,合规制度的构建可以有效防止"内鬼"。另外,在一些民营企业,包括中型和大型民营企业,由于内部管理不善,经常出现"内鬼"把整个企业掏空的现象,山东有些案件就出现了这种情况。二是预防"外患"。现在的民营经济存在各种各样的问题,不同民营企业之间相互倾轧的现象也比较明显,为了竞争,手段无所不用其极。我接触的山东和东北的案件都有这种情况发生,如果企业合规制度尤其是刑事合规制度能够构建,就能帮助企业有效地发现和预防"外患"。三是避免单位刑事法律风险。在以往的案件里,对单位犯罪采取双罚制的情况下,对自然人和单位如何处罚是很重大的问题。如何避免单位的刑事法律风险,现在来看,刑事合规是重要的手段。如果合规能够建立起来,应该能有效防范单位的刑事法律风险。

第二,单位犯罪的实体问题。合规理论引进之后,研究案子就有新的切入点。在实体上主要是探讨单位犯罪的基本问题,如单位犯罪的刑事责任、单位犯罪的归责等问题。最近有几篇文章已经开始进行探讨,包括孙国祥老师也撰文进行了研究。以往在谈单位犯罪的基本要件时,我们没有充分考虑到单位的特点,只是在形式的角度对它的要件进行了归纳,或者是在直观的角度去安排要件,但对于单位的实质,单位本身承担刑事责任的根据,探讨不是很多。这几年,合规的浪潮对我们研究单位犯罪的实体问题,尤其是刑事责任归责问题有很大的促进。我去年就合规计划实施与单位的刑事归责问题写了一篇文章,大家有时间可以看一看。

第三,单位犯罪的程序问题。单位犯罪的程序问题主要是今年展开的。2019年4月的时候,《检察日报》约我写文章。约稿主题是保护民营经济,然后我就列出了几个重要问题,其中提到可以设定附条件不起诉。那篇文章转发很多,有人给文章点评时,说有些法学教授脑洞大开,我也不知道他这个是褒义词还是贬义词。在当时,该观点比较超前,但到去年年底,最高人民检察院就有动作,今年3月就开始试点,不仅是刚刚提到的6个试点单位,包括像浙江、广东还有其他一些省份,近期也在推行合规不起诉制度。

第四,单位犯罪的量刑。该问题现在有很多的讨论,以往讨论更多集中在单位犯罪本身,犯罪论部分讨论比较多,刑罚论尤其是量刑部分讨论比较少。就单位犯罪而言,究竟如何量刑存在问题。单位犯罪的法定刑是罚金,单位犯罪如何量刑尚没有明确的、比较清晰的一套理论,或者一套规则在背后支撑。今天我谈的话题主要是在第四个方面。刚才本灿说我对这个问题有研究,但实际上更多是一种尝试性的探索。

结合单位犯罪理论尤其是结合合规视角,去谈单位量刑问题意义重大。如果能弄清楚这个问题,则无论是对于单位犯罪的量刑建议还是不起诉制度,都能提供比较好的理论基础。无论是哪种刑事不起诉,其实它的条件主要是实体性的,个别地方正在推行的对单位的刑事案件的附条件不起诉也不例外。

一些试点单位出台的文件值得我们研究。从适用条件来看,文件强调不起诉要求"事实清楚"、自愿认罪认罚、企业能够维持正常经营等,这些都没有问题。有问题的是,对单位的或者是犯罪嫌疑企业的不起诉在现有的法律框架下就是认罪认罚加相对不诉。如此,就会发现在对单位进行不起诉设计时,是把自然人可能判处刑罚作为前提条件的,这实际上是把自然人的量刑与单位捆绑在一起了。所以,这里面会出现一个很大的问题,现有的诉讼法是能够为单位中自然人的量刑提供相应的法律根据的。然而对于单位来讲,目前的设计是把自然人和单位连在一起的。

这里我们需要思考的是,单位的不起诉和对自然人的不起诉能否分开考虑?例如,单位的主管人员也好,直接责任人员也罢,对他们的量刑可能很重,但是单位本身经营可能是良好的,而且能吸纳很多人就业,企业垮了可能会造成很多上下游企业经营困难以及企业员工失业等问题。在这种情况,在追究自然人的同时可以对单位不起诉。我这个话题实际上就是由这一问题而引起,如果沿着问题回溯就会发现,无论是我们现在的实体法还是程序法,单位刑事案件的处理是与自然人的刑事责任紧紧捆绑在一起的。

我认为,单位与自然人的刑事责任应该区分开来。主要根据是,单位与自然人是不同的主体,在承担刑事责任的时候,自然人应该承担他的责任,单位也应承担相对独立于自然人的刑事责任。我们在进行实体法评价、具体制度设计和进行追诉的时候,应该对单位与自然人加以区分,这是讨论的背景。对于单位犯罪的量刑,我分成五个部分来讲。

一、单位刑事责任的根据

在对单位犯罪量刑之时,要明确单位承担刑事责任的根据。在对单位犯罪进行比较法研究时,我们更多借鉴的是英美理论。比较而言,我赞同组织体理论,它是一个比较有说服力的理论,因为该理论能够解决单位承担刑事责任根据的问题,从而使单位能够承担责任。单位承担刑事责任根据的确定,能为追究单位犯罪的正当性提供比较好的理论基础。黎宏教授在《法学研究》上发表了一篇很好的文章,提到组织体刑事责任论。它的基本原理,这里引述该文的一段话进行说明,即"组织体刑事责任论的出发点是,不依托作为单位组成人员的自然人,从单位组织体的结构、制度、文化氛围、精神气质等因素中推导出单位自身构成犯罪并承担刑事责任的根据"。最近其他人在论述中基本采取同样观点,该理论最近和刑事合规结合到了一起。比较而言,就单位承担刑事责任的根据,组织体理论是比较有说服力的理论。当然,"同一视理论"也有它的适用空间,比如对小企业来讲的话有适用空间,这个我们不展开了。我们认为,用组织体理论来理解单位犯罪承担刑事责任是有说服力的。但问题是,如果我们进一步追问,这个组织体本身应当如何界定?组织体如何加以理解?黎老师实际上是从文化、精神气质来界定的,似乎单位也有自己的人格,企业里有自己独特文化趣旨的例子是可以找到的。对于有的企业尤其是大企业,它们的办事风格给人的感觉确实不一样,比如BAT、字节跳动等,这些企业给公众和社会的印象是不一样的。如果你了解企业的话，每个企业的文化也不一样。这些大企业，尤其是存在时间比较长的企业，确实能够看到它的办事风格。但是，对一些小企业尤其是中小企业而言，企业文化和精神气质的区别并不明显，很难去界定一个企业的文化和精神气质的含义以及好坏。

我更倾向于把组织体看成是受规则管理的人的集合。众所周知，当我们加入一个组织而成为单位的成员的时候，实际上是靠规则指引，而不靠文化指引。企业文化会影响人，但更多的要靠规则引导，有时候甚至可能会包括潜规则。组织体更多的是一个规则结构，人和人之间的行为是靠规则来支撑的，人的行为是依靠规则来指引的。就组织体责任的内核来讲，我的理解会和黎老师有所不同。组织体理论是较适当的理论，但是从内部治理结构和运行方式来理解，也就是从规则的制定或者实施方面理解，这是对组织体理论内涵的抽换。之所以这么抽换，当然也是为了与合规建立起联系，也是为了把合规和量刑问题结合，因为刑事责任的问题弄不清楚的话，后边的量刑问题就解释不清楚。这里我引用英国《2007年法人非预谋杀人和法人杀人法》中的一段话：如果组织体的管理或组织方式引起某人的死亡，以及严重违反该组织对逝者的有关照顾义务，就有可能构成犯罪。这里面强调的就是管理和组织方式。我的理论归纳一下就是，单位承担刑事责任从组织体责任论来进行思考论证没有问题。不过组织体责任论的内涵究竟是什么？组织体究竟要靠什么维系？我想强调要按照内部结构和运作方式来理解，具体而言就是规则的制定和实施。这是第一部分，量刑问题首先要解决它的刑事责任基础问题，才能继续往下走。

二、组织体量刑的比较法思考

我想其他老师在讲合规问题时也会提到美国《联邦量刑指南》第八章"组织体量刑指南"的问题。因为该章明确把合规和遵守合规计划作为对组织体从宽量刑的考量因素。但是结合今天我的讨论主题，我把它稍微加以展开。

依据美国《联邦量刑指南》第八章"组织体量刑指南",量刑原则包括如下几个方面:

第一,法庭应尽可能令犯罪组织弥补其造成的损害。支出用于弥补损害的资产不应视为惩罚,而是一种补偿被害人的方式。这是量刑的第一个考虑。

第二,如果组织体的经营主要以犯罪为目的或者主要以犯罪为手段,所处罚金应当足以剥夺其全部财产。

第三,对任何其他组织(第二种情况之外的其他组织)应当以犯罪的严重程度和组织的应受谴责性为基础量定罚金。从这几个方面我们可以看到,对法人量刑的考量和对自然人量刑的考量是有相通之处的。对它进一步归纳可以得到对组织进行最终惩罚的四个要素:一是参与或容忍犯罪活动;二是该组织的前科;三是违反命令;四是妨碍司法。减轻要素有两个:一是存在有效的合规和伦理方案,这就跟我们今天探讨的合规联系到一起;二是自我报告、合作或承担责任。这是两个减轻的要素。从该指南的第三个方面我们能看到,对一个企业和组织适用罚金时,应该进行通盘考虑,对此该指南已经做了比较好的归纳。

第四,量刑原则,也是缓刑的问题。当需要保证另一项制度被完全执行或者保证在组织内部采取措施以减少再犯可能性时,缓刑对组织体被告而言是一种适当的量刑。

关于量刑原则,上边归纳了四个方面。在美国《联邦量刑指南》第八章里,有一句话我觉得要特别引用一下:"通过提供一个结构化的基础,这些准则为组织体减少并最终消除犯罪行为提供激励,使一个组织能够通过有效的合规和伦理计划约束自己的行为。在有效的合规和伦理计划的推动下,预防和发现犯罪行为将有助于促进一个组织体实施合规伦理行为并充分遵守所有适用的法律。"这把组织体量刑和合规伦理计划的制定及有效实施紧紧联系在了一起。整个制度的设计非常具有建设性,反映出组织的基本特点与承担刑事责任的基本根据。后面我还引用了一下对罚金的规定及其适用。我们国家对单位的罚金的基本规则是不清晰的,我也曾经试图归纳我们国家有关单位犯罪罚金的规律,但是这个规律很难去寻找。美国《联邦量刑指南》第八章"组织体量刑指南"对基本罚金作了规定,它是在三种情形中选出最大的数额。第一种是根据不同犯罪等级确定的罚金金额;第二种是组织从犯罪行为中获取的经济收益;第三种是组织的犯罪行为所造成的经济损失,主要是故意或者轻率造成的损失。在这三种选项中选择最大的数额。我觉得这是很清楚的,给法官适用罚金提供的指引很清晰。

三、单位犯罪的量刑

我认为,单位犯罪的量刑主要应当考虑四点:

第一,单位犯罪的量刑应当与单位的刑事责任统一考察。准确来讲,刑事责任确认之后,量刑应当与它保持一致,除了考虑客观危害之外,对其谴责主要建立在对其组织内部治理结构和运行方式的评价上。我理解,比较自然人量刑,单位犯罪的量刑更可以体现单位责任刑的理念,对此要考虑单位造成的客观危害。当然单位的客观危害,还要特别考虑归责的问题。单位的客观危害及单位的谴责实际上也应当考虑是什么因素造成的,是组织内部治理结构与运行方式造成还是其他原因。进行谴责不是对单位的文化及精神气质进行谴责,而是对组织体内部的治理结构及运行方式进行谴责。这是评价的关键点。

第二,量刑要考虑犯罪预防。对单位来讲,量刑应当考虑预防刑。预防刑的根据还是组织内部的治理结构与运行方式的完善。内部治理结构健全的单位,如果只是偶尔实施犯罪,对它的预防还是比较容易,通过内部治理结构可以纠正,这在量刑时应当考虑。如果企业内部治理结构一塌糊涂,那么预防措施可能就和前述有所区别。对单位的量刑,从预防角度来讲,要考虑单位合法经营的可能性程度以及是否存在这种可能性。

第三,量刑要把对单位的量刑与对单位的主管人员和直接责任人员的量刑进行分别考虑。从责任主义的基本原理考虑就是责任自负,反对株连。放到单位犯罪中,单位中的主管人员与直接责任人员的量刑与单位的量刑应当区分。对单位的量刑,承担刑事责任的根据是内部的治理结构和运行方式。从自然人量刑与单位量刑分别考虑的观念出发,我认为,现在试点文件把单位不起诉与自然人不起诉捆绑的做法是有问题的,从应然层面讲,二者应当加以区分。

第四,我们还要考虑政策的影响。从目前的情况来看,处理的单位刑事案件主要涉及的还是民营企业,基于政策考量还是要尽量避免牵连无辜,给予民营企业以生路,尽量避免和减少对没有责任的单位内的自然人(如股东、企业员工等)的牵连。这是政策上的考虑。

在我国刑法中,单位犯罪法定刑的刑种只有罚金。从罚金的适用来看,美国《联邦量刑指南》对我国是很有启发的。对单位犯罪的业务应从两点进行考虑。

第一,单位业务主要是以实施违法行为、犯罪行为为主,那么适用罚金就要考虑剥夺其发展能力,相当于剥夺企业未来生存的可能性,资产全部罚掉。美国这种做法,我觉得是对的,对于业务主要是违法行为的企业,就要把它排斥出市场。有的企业刚开始是正常经营,后来发现正当生意变难,就凭借虚开增值税发票生存,我觉得这样的企业也应当考虑将其排除市场之外,罚金的数额就应当考虑剥夺其发展能力。这种情况下,市场监督管理部门吊销营业执照只是行政处罚,刑事处罚应当达到剥夺其发展能力的程度。另外,如果是为了实施犯罪行为而成立公司,这种情况应以自然人共同犯罪来进行处罚,这与前面提到的情况不同。

第二,单位主要以合法业务为主,实施犯罪的行为具有孤立性、偶然性。这种情况就要考虑发挥刑法教化的功能,促使单位合法经营。剥夺单位发展能力也好,对其进行教化也罢,实际上是刑法预防功能的具体走向。对于不同的自然人,在预防时采取剥夺犯罪能力、隔离、教化、威慑等措施,这是从预防角度考虑的。但是这四个具体功能,实际上是针对不同的人群的,把预防的四个具体功能运用到单位,也要做区分。对于第一种情形的单位,要考虑剥夺其发展能力,对于第二种情形的单位,则主要发挥刑罚教化功能,并促使单位合法经营。

我国对单位是没有缓刑规定的,缓刑是针对自然人设计的,对单位设计缓刑制度,实际上是缓执行,具体来讲就是罚金的缓执行。对单位判处罚金缓刑,除了考虑上述情况,还要考虑实际经营情况以及实际整改情况。对于合规来讲,就是合规计划的实施情况。

第二种情形需要考虑的因素,我认为可以从两个部分展开。第一部分是从轻考量因素,包括赔偿损失情况、单位治理机构的态度、单位的经营情况。如果单位经营还是正常经营和合法经营,对企业追究责任,可能会导致企业经营困难,可以考虑从轻。如果单位领导层认罪认罚态度积极,在被量刑之前就已经整改处理相关责任人,也可考虑从轻。第二部分是从重考量因素,主要有:一是拒绝赔偿,如果单位对所造成的损害,尤其是经济上的损害拒绝赔偿,这也就证明领导层没有悔罪态度,没有改善的想法;二是单位负责人拒绝整改,单位已经实施了犯罪,但是单位负责人还没有考虑改善和合法经营,要从重考量。实务中可能比较麻烦,如果负责人被抓起来了,但是他本人拒绝做股权转让,就想让企业处于瘫痪停滞的状态,我认为可以理解为拒绝整改。

四、单位刑事案件的量刑建议

前面三个部分都是谈单位刑事责任与单位量刑的问题,今天的主题是单位刑事案件的量刑建议问题。这里需要强调的是,单位刑事案件量刑问题的前提还是实体法问题,如果单位刑事责任的根据问题弄不清楚,量刑建议也会走偏。简言之,单位刑事案件的量刑建议是一个实体法适用问题,是检察机关基于对事实判断和对量刑法律的理解而作出的。对单位的量刑建议,仍要从实体法角度思考。目前司法实务中有关量刑权的行使,实际上适用的还是刑法及相关司法解释,适用的还是实体法。量刑建议权与法院案件审判裁量权有何冲突是另外的问题。

从实体法角度展开,对单位的量刑建议还要考虑两个方面的问题:

第一,对单位的量刑建议如何与对个人的量刑建议区分开。对自然人的量刑和对单位量刑的考量因素是不一样的。相比于对自然人量刑,司法实务对单位量刑时要宽缓些,但是对一般自然人量刑与对单位中的自然人量刑有所不同的话,就可能存在问题。我认为,在对单位中的自然人量刑时,要做完全不同的考量,不能对单位追责就对单位中的自然人追责从宽。有的案件反过来保单位,认为自然人处罚可以重一些,但是单位轻一些,这是不对的,应当区分考量。

第二,能否为保护民营企业而从宽处理企业家。这也是在引言中提到的问题,也是实践中经常遇到的问题。很多人认为,保护企业就要保护民营企业家,许多地方检察机关也有这种说法,甚至有为了保企业,只要不触犯重罪就可以不诉民营企业家的观点。这种观点很可怕。无论是否是民营企业家,都要考虑刑法适用人人平等的原则,为保护民营企业而在适用强制措施和缓刑方面适当考虑是可以的,但就量刑而言,尤其是在考量责任刑时不能为了保护企业就对企业家宽纵,否则是很可怕的。之前在调研时,有人明确提出,保护民营企业家是从保护资本家的角度考虑的,如果是为了保护资本家,那么这个政策目标是有问题的。其实,保企业不一定要给企业家优待,帮助企业有很多方法,而不是通过刻意扭曲法律来达到这个效果。这个涉及很多政策的问题,涉及量刑的核心问题,就是将自然人量刑建议与单位量刑建议相区分,这是必须考虑的问题。

五、单位刑事案件不起诉的实体条件

我们知道,对单位犯罪而言,其实所谓的相对不诉依照的是我国《刑事诉讼法》第177条第2款。相对不诉的条件是"依照刑法规定不需要判处刑罚或者免除刑罚的"。"不需要判处刑罚"实际上主要指《刑法》第37条,"免除刑罚"主要是刑法总则和分则规定的个别免除刑罚的条文。对于单位而言,如果适用相对不诉,按照现有规定,在实体条件上还是要遵循"依照刑法规定不需要判处刑罚或者免除刑罚的"。具体可以从四个方面考虑:第一,罪行较轻。也就是前文所提,任何犯罪的责任刑的确定是不能打折扣的,不能在单位犯罪已经很重的情形下还相对不诉,这不妥

当,扭曲法律来达到刑事政策目标是很可怕的。所以,相对不诉必须罪行较轻,比如偶犯、初犯。第二,认罪认罚。这是现有制度的优势,单位管理层代表单位真正认罪认罚。第三,要整改。企业实施的犯罪,无论是偶然还是经常性的,都说明企业内部有问题。一旦出现归责于单位的情况,就征表出企业在规则制定和运行监督过程中出现了问题,因而需要整改。第四,行政处罚不可或缺。作出相对不诉决定后,案件虽然不进入法庭审判环节,但不等于不受处罚,行政处罚还是要实施的。就目前的试点来看,思路也是如此,现在做合规不起诉试点的有6家检察机关,5家是采取认罪认罚加相对不诉的思路。

这里我举无锡的一个案例来加以说明。无锡虽然不在合规不起诉的试点名单里面,但是其合规不起诉做得如火如荼,他们的合规不起诉没有突破现有法律框架,也是采取了认罪认罚加相对不诉的模式。这个案例涉及虚开增值税发票罪,对单位不起诉处理多数都与虚开增值税发票有关,该案最后采取合规不诉的思路。裁判要旨可简要概括为:民营企业违规经营触犯刑法情节较轻,认罪认罚的,对单位和直接责任人员能不捕的不捕,能不诉的不诉。检察机关应当督促认罪认罚的民营企业合法合规规范经营。拟对企业作出不起诉处理的,可以通过公开听证听取意见。对被不起诉人(单位)需要给予行政处罚、处分或者需要没收违法所得的,应当依法提出检察建议,移送有关主管机关处理。结合案例与要旨可以归纳出一个公式,即"情节较轻+认罪认罚+检察建议(合规经营)=相对不起诉"。从做法来看,考虑这些因素,与前面第四部分的量刑思路基本一致。该案处理得很好,关键是这个案件涉案行为情节较轻,认罪认罚态度也很好。但现实情况可能会很复杂。例如,有的案件涉案标的上亿元,适用相对不诉可能就不合适,因为这种案件不符合情节较轻的实体条件。又如,情节不重但也不是较轻,只认罪不认罚,怎么处理?再如,情节较轻,单位认罪而单位老板不认罪,又怎么办?本案比较典型,适用相对不诉还是可以的,但是实践中很多问题如何处理就比较复杂,所以对于之前提过的问题要充分考虑。

"认罪认罚+相对不诉"模式是充分挖掘现行《刑事诉讼法》而得出的解决思路。再一个思路就是附条件不起诉,现在6家基层检察院只有一家这样做,严格来讲,它已经脱离了现有法律的框架。附条件不起诉对于企业来讲意义更重要,尤其是将合规作为附条件不起诉的条件,通过这种外力能推动单位将合规建设做得更好。严格来讲,在相对不诉下,检察机关对企业或单位的合规建设的监督外力作用不是很大,一旦不诉,检察院就只能通过检察建议而无法采取更有力的方式来进行监督,缺乏强制作用的监督很难保证效果。

我认为,附条件不起诉的实体条件有两个:一是犯罪企业的行为构成犯罪,应当受到刑事处罚,已经达到一定犯罪程度,即可能比适用相对不诉更重,不符合相对不诉的条件。例如,虚开增值税发票虚开的数额已经很大,超出不罚的范围,这时只能用附条件不起诉。也就是说,在实体方面,行为情节及其客观危害比相对不诉更重,所以要适用附条件不起诉。二是企业有守法倾向而且已经整改,但是企业的整改能力与真实意愿存在疑问,所以要设定考察期。附条件就是给相应的单位设置考察期,通过外力的方式监督其重建合规。但是从外部来看,企业的能力可能存在问题,所以需要外在限制和约束,使其通过法律、法规完善企业内部治理结构和运行方式。我看其他老师的一些观点,在设计附条件不起诉的实体条件上,基本上大同小异,基本思路都是一致的。当然这是将来时,是一个应然的制度设计,什么时候进入法律,我也不好评价、预估。

六、余论

余论这一块,我就说三句话:

第一句,单位不是天使也不是魔鬼,是能够创造财富也能危害社会的主体,不同的是,对单位的惩罚要考虑的因素更多。我这么说的原因在于,我们现在在谈民营经济、民营企业、民营企业家的保护,总觉得这些群体都是楚楚可怜的,其实并非如此。在市场经济、日常生活中,企业其实是一个让人爱恨交加的角色,缺不了它们,但有些困扰又是它们造成的,既是天使又是魔鬼。所以,不要把对他们的保护等同于过于优待,这是有问题的,可捕可不捕的不捕,可诉可不诉的不诉,会给法律适用带来麻烦,这是一种观念上的扭曲。我从单位犯罪的量刑入手,也是要为单位刑事责任与量刑找到符合法律与法理的基本规则。

第二句话,反对"窃钩者诛"的做法。原因在于,我们现在的刑法确实有"对象刑法"的特点,尤其在打击企业犯罪和单位犯罪中体现得很明显,打击中小企业多,大企业打击得少,跨国企业基本上不碰。例如,去年很多侵害公民个人信息以及商誉的案件,实际上背后企业都很大,但最后追究的都是一些前台的人,幕后者都没动。"窃钩者诛"的观念在刑法适用中体现出来,尤其是单位刑事犯罪,就很可悲了。这句话也提醒我,单位刑事案件的处理,就是要考虑基本原理和基本规则的确立问题,而不能仅仅看基本政策,要时时想到《刑法》的基本原则,如第4条的平等原则。另外,也要看到整个的刑事法治,尤其是单位刑事案件的处理有明显的制度缺失。例如,企业的老板被抓捕,企业没有人管理,这种情况下如何处理?美国的做法是对企业设立托管,法官在裁量刑罚时可以对企业托管,由职业经理人进行管理,这些制度是可行的。其实不需要做太多,就是把现有托管制度移植到现有刑法中就行。在北京设立托管的案件是挺成功的,重庆的案例只是个例外。无论好坏,托管对解决单位刑事案件,促进企业生存是比较好的思路,完全可以考虑。我个人认为,只要把现有制度移植,结合刑事法律和犯罪的特点,做一个必要调整即可。当然这里面涉及整个的托管受托人的部分,包括受托团队构建和腐败等问题,这些可以再考量。

第三句,民营企业家的企业控制权、财产权益(如股权)如何保障的问题。有些企业犯罪后,直接主管人被抓捕,但是其迟迟不放松企业的管理权,企业的其他股东也没有办法,即便想整改管理,也是有困难的。这个问题需要进行制度上设计和配套措施的完善,这可能涉及商法问题,这一点我还没有想明白。但是从整个刑事案件的处理来看,要特别思考这个部分如何进行制度构建。

在做分享之前,本来应该先写一篇文章出来,但确实没有时间写出来,这个很抱歉。我只是把整个要写的文章的思路以及最近对有关合规的一些思考给大家呈现出来,还不是很成熟,希望各位老师和同学批评指正,谢谢各位。

主持人·李本灿

谢谢时老师!时老师用了一个半小时的时间给我们带来了一场非常精彩的讲座,尤其是在想法还没有形成文章的时候,毫无保留地把它拿出来与我们分享,这是我们的荣幸。总结起来,时老师主要讲了几个方面的问题:首先做了一个引言,对合规问题的几个走向作出了概括。第一部分,时老师从实体法层面的理论问题切入,对合规的问题进行了讲解,主要是关于单位刑事责任的问题。第二部分,具体分析了美国《联邦量刑指南》中涉及单位刑事犯罪的条款。第三部分,从单位犯罪的量刑原则与思路进行讲解,还提出了"单位不起诉与自然人不起诉捆绑在一起是不合适的"的观点。第四部分,主要谈了单位刑事案件的量刑建议的问题,核心观点是单位的量刑建议要和个人量刑建议相区分。第五部分,主要谈了单位刑事犯罪不起诉的实体条件的问题。我个人也是受益匪浅。

接下来我们进入与谈环节,首先有请欧阳本祺教授。

与谈人·欧阳本祺

好的,感谢本灿教授的邀请,接下来我就简单谈谈我的一点学习体会。

时老师对单位犯罪有很深的研究,他讲了五个方面。按照我的理解,我国单位犯罪所有问题的根源,在于如何区分单位和自然人的刑事责任的关系。在我国刑法中,不管是定罪量刑还是起诉与否,往往都源于单位与单位责任人的关系没有理清楚。我国的立法对单位犯罪的规定也不是很明确,我国刑法对单位犯罪的处罚是以双罚制为原则,以单罚制为例外,双罚制就是既处罚单位又处罚单位自然人;单罚制只处罚单位的自然人，不处罚单位本身。这种单罚制从立法上进一步模糊了单位责任与自然人的关系。从罪责自负原则来看，单罚制本来应该是罚单位，而不是自然人，国外立法就是如此，我国单罚制立法混淆了单位与单位责任的关系。按照我国的立法，单位只要安排"一个专门坐牢的副总裁"就可以免除单位本身的刑事责任。

正是因为这种问题，许多学者提出单位责任二元制，单位责任归单位，个人责任归个人，这种二元制区分能够很好地厘清单位犯罪的刑事责任与单位犯罪的不起诉。在是否构成单位犯罪的问题上，定罪的依据便是组织体刑事责任，需要考虑的问题是单位是否尽到了自己的合规义务。例如，在一个案件中，被告是销售文物的公司，下面有很多分公司，总公司建立了合规要求，比如销售文物时应该做到"六说六不说"，文物销售过程都要拍照片、留存视频、客户签字认定无欺诈等。但即使这样，有的分店工作人员还是存在虚假宣传等欺诈行为，这种情况，就应当由实施欺诈行为的具体自然人而不是单位来承担诈骗罪的刑事责任。公安机关办理该案的时候，对单位合规不重视，认为单位的合规只是规避责任的"防火墙"，并没有将单位责任与自然人责任相区分。

在单位量刑方面，单位与单位中的个人量刑要区分。单位量刑也要考虑责任刑与预防刑。单位的预防刑、责任刑既要考虑组织体责任、危害性与内部的治理结构，更要考虑政策问题，比如单位犯罪后，员工怎么办，尤其是民营企业的发展怎么办。

不起诉的问题，我国试点主要是相对不起诉，要求情节较轻，认罪认罚。按照我国的立法规定，相对不诉只适用情节较轻的案件。但是，有的虚开增值税发票的案件情节很严重，虚开发票金额达到1000万元，按照我国司法解释，虚开40万元就入罪。那么这种案件就不属于情节较轻，虚开金额过大，但是司法机关认为，企业在当地的影响大、纳税多、提供就业多，政府想要保它，所以最后认定其不构成单位犯罪，认为虚开增值税发票不是集体决定，没有体现单位意志，从而出罪免刑。还有附条件不起诉，欧美国家用得多，比较成熟，在我国，附条件不起诉还没有法律依据，所以我国单位犯罪附条件不起诉制度是未来立法需要考虑的一个重要问题。

以上是我听过时延安教授讲座后的看法,谢谢时教授,谢谢本灿教授。

主持人·李本灿

谢谢欧阳本祺教授。刚才欧阳老师在讨论单位犯罪责任认定问题时提到了二元制刑事责任的概念,实际也是对时延安教授的观点的认同,都认为单位是单位的,个人是个人的。欧阳老师也提出,当前除了相对不起诉的实践外,还有通过出罪的方式以及附条件不起诉的方式处理相关问题的可能。这些我个人也都非常赞同。

接下来,有请侯艳芳教授与谈。

与谈人·侯艳芳

各位老师、同学好。接下来我就谈我的几点体会。

第一,关键词。从时老师的报告题目来看,关键词主要涉及单位犯罪、量刑和不起诉。通过认真聆听报告,关键词还包含刑事合规、认罪认罚以及检察工作,这几个关键词是十分重要的,也是当前刑事程序法与实体法研究的前沿问题。

第二,进路。时老师讲座层次十分清晰,先谈了单位犯罪认定时刑事责任的承担问题,接着谈了量刑的思路,继而又谈了关于量刑的建议,最后谈了不起诉的实质条件。从上述进路分析,涉及的信息量很大,内容中刑事实体法与程序法的很多要素,是紧密交织在一起的。总体而言,这种刑事实体法与程序法的交织是以实体法为主的。

第三,再谈一下几点思考。从单位犯罪的刑事责任,再到量刑、不起诉,单位犯罪涉及的一个重要问题是组织体中自然人与组织体到底是什么关系。这种关系决定了为什么处罚单位犯罪和处罚单位犯罪所追求的目的。这个问题除了要依据刑法原理,还涉及刑事政策的援引。就现阶段而言，强调对民营企业的保护是重要的刑事政策。同时，我国司法实践中单位犯罪尤其是单位涉及经济犯罪，比较突出的特点就是案件呈现出刑民交叉的特征。有些情形下，会出现以刑促民，即在民事案件处理过程中尤其是遇到难题或者不利情形，为了获得更好的民事处理效果，通过启动刑事程序的方法促进民事问题的解决。这种情形下，对单位犯罪的刑事追究就需要格外慎重。如何贯彻现阶段对民营企业保护的刑事政策，应当进行多元化、实质化解读，而不能仅对字面意思进行简单的解读。

单位犯罪与自然人犯罪的关系，主要体现在单位犯罪认定以后，单位与其中的自然人之间的关系。二者之间的互动关系实际上可以有两个阶段：第一个阶段，行为认定为是自然人犯罪还是单位犯罪，可能会受到保护自然人利益还是单位利益等因素的影响。单位的成罪标准一般要高于自然人。这种情况下，犯罪嫌疑人、被告人在供述时，更倾向于陈述自己的行为是单位犯罪而不是自然人犯罪，如行贿罪与单位行贿罪司法实践中就存在这个问题。第二个阶段，一旦成立单位犯罪，后续如何处罚。自然人与单位组织体之间如何影响，这涉及单位犯罪的主体责任问题。主体责任论是基础性的理论，随着侵害公共安全与公共利益犯罪的泛滥，英美法国家在法人犯罪认定中部分采取替代责任。单位犯罪的量刑原则与思路是司法实务中对单位犯罪刑事追责过程中值得探讨的重要问题。

还有一个点，量刑时对单位犯罪中涉及的自然人与单位的刑事责任如何进行有效追究。司法实践中，在确定单位犯罪成立后，对自然人与单位的追责，尤其是涉及判处财产刑时，相关做法还很不清晰。自然人与单位责任总是根据单位的需要而不断被人为转化，这种情况下刑事责任的追究可能会因某种诉求而沦为工具。这种现象要慎重对待，量刑时要慎重区分。

以上就是我不成熟的浅见，不当之处还请各位老师批评指正，我就讲这么多，再次感谢本灿教授的邀请。

主持人·李本灿

好的,谢谢侯老师精彩的与谈。侯老师首先回顾了时老师演讲中的关键词以及进路,然后顺着时延安老师的演讲进路较为深入地发表了自己的观点。

我们的与谈环节就到此结束,接下来有请时老师对以上评议做个简要回应。

主讲人·时延安

以上两位老师的与谈都很精彩,我也很认同,回应就没有了。

这里要再讲一下托管的问题。北京发生的案件是检察机关与当地工商部门联合工作,委任了一个托管人。而重庆的案件是当地委托了一个公司进行管理,怎么选的并不清楚。我的理解是,从公司的制度来看,不需要特别设计,至于怎么建立托管人制度,要根据具体情况来进行,如让工商联组织一些职业经理人去进行管理。归纳来讲,制度本身都有,不用在法律上特别创新,但是要在具体实践中与刑事司法相对接。托管制度与刑事司法的结合,我国目前还是有比较大的空白,而美国的实践还是很成熟的。我在十年前翻译过一本书,叫作《被解缚的哥特城》。那是谈美国黑帮的一本书,相当于一本案例集,当时涉及一些被侵蚀的企业或者工会,他们通常是由法院选择一些律师或退下的官员进行托管。在这本书中,有一些信息也有争议,如托管人拿了很多钱,但是却没法将企业经营好,但是整体来讲,这个制度还是比较合适的。在中国,如何保护民事权利的问题还需要深入分析,建立一套比较可行而深入的制度可能还涉及商法问题。

所谓程序问题,前提是实体问题要弄清楚。即便对目前实践有担忧,这可能是推进速度太快导致的,目前这一试点还不到1年的时间。刑事诉讼问题要更多考虑实体问题,我对很多刑事诉讼问题的看法与很多人不同。我之所以产生上述想法,就是受到实践中出现的偏向的影响。但是我与其他老师也是有共识的,就是制度在草创过程中需要刑法学者更多得参与,以避免制度研究走弯路。

主持人·李本灿

接下来,我利用作为主持人的便利,也谈一下自己的观点。跟时老师一样,我也没有一个怎么去解决中国复杂的现实问题的成熟见解,也没有找到合适的路径。这里我仅仅是谈自己的几点感想。

第一个问题,刚才时老师谈到,将单位的不起诉与自然人的不起诉捆绑在一起是不合适的,认为单位与个人的定罪量刑应该分开去做。这样的观点我本人也非常赞同。我想时老师是想通过对自然人与单位定罪的区分,来达到既保护企业又不放纵犯罪的目的。美国的经验也确实如此,美国实践中提出要放过企业而要重惩自然人,但是这一政策在实际操作中走偏了。美国司法部曾签署《耶茨备忘录》,强调在不起诉企业的同时,重点去起诉个人,但是实践中并没有得到有效遵守,多数情况下,既不起诉单位也不起诉个人。美国出现如此局面,有其自身的原因,例如,暂缓起诉案件办案质量比较低,证明标准不足以起诉个人。美国的单位刑事案件,基本是公司自我举报的结果,司法机关还没有充足的证据来使案件进入司法系统,配合与否都取决于公司领导。公司领导这时去与检察官交易,会将自己摘出去。在我国,单位与自然人分开,没问题。但是我国公司多为能人治理,缺乏完善的公司治理结构。很多小公司靠的就是能人治理,个人与企业高度结合,分开处理是否合适,怎么解决这个问题,是我的一个疑问。

第二个问题,刚才时老师也在第五部分谈到了单位刑事案件不起诉的实体条件的问题,即应当严格按照刑事实体法规定处理单位犯罪案件。可是实践中遇到的问题是,在很多地方司法机关出台政策明确规定特定条件下对犯罪企业要作合规不起诉处理的情况下,企业不愿意。如某个省份就有不成文的规定,对单位判处3年以下的案件都不去处理公司,都作不起诉处理。因为按照原来的规定本来就不被处理,现在不起诉还需要企业建立合规制度,企业当然不愿意。这些问题的出现,是我们对待企业犯罪的政策出现了问题。

第三个问题,合规构建的问题。合规不起诉的初衷是希望通过这种方式推动企业建立合规机制,来预防未来可能的犯罪行为,这个初衷如何实现,是一个很大的问题。暂且抛开合规有效性的讨论,回归到现实问题,看似很细微的问题可能会直接决定制度的成败。比如,合规建设和合规监督这个费用谁来出的问题,看似很小,但某种意义上有关键作用。我了解到,有一些正在实施的或者未来打算做的合规费用是由检察机关出的,检察机关可能从某些地方募集。另外谁来监督?我了解到检察院若是聘请律所律师来监督合规建设,既然是由外部专业人员来监督,那么监督费用标准如何设定也是问题。让律师去打造合规计划或者监督,2万块钱,律师做不做?费用问题解决不了,合规计划又如何落实呢?中兴通讯合规是自己出费用,但是其他企业出得起吗?放在我国,多数案件处理的都是非常小的企业,企业是否有能力支付呢?大企业有能力支付构建合规机制的费用,但是出于各种原因,司法机关可能不会触碰大企业,这可能面临很多问题。

这里,我需要表明个人观点,我对这样的制度是支持的。2014年我发表了一篇文章,主要探讨企业犯罪惩治中两元化刑事政策构建的问题,2016年认罪认罚试点改革,我写文章探讨了从认罪认罚从宽制度推行合规的问题,2020年又对附条件不起诉的制度进行了梳理。对于刑事合规,我持肯定态度,但是对于当前面临的很多问题,我本人是有很多疑惑的,希望日后能和各位老师继续探讨。

由于时间的关系,我们今天的讲座到此结束,感谢时延安教授的精彩讲授,感谢欧阳本祺教授、侯艳芳教授的精彩与谈,感谢线上各位老师、同学、朋友的聆听!

刑事合规检察实践的基本问题

主讲人：石　磊（最高人民检察院检察理论研究所研究员）
与谈人：邓根保（原张家港市人民检察院党组书记、检察长）
　　　　黄　滨（原深圳市南山区人民检察院党组成员、副检察长）
　　　　廖庆南（深圳市南山区人民检察院综合业务部法律政策研究负责人）
　　　　柳忠卫（山东大学法学院教授）
　　　　孙宏健（山东省人民检察院法律政策研究室副主任）
　　　　郭传凯（山东大学法学院副教授）
主持人：李本灿（山东大学法学院教授）
时　间：2021 年 4 月 17 日

主持人·李本灿

大家好，欢迎来到刑事合规名家论坛第六期，本期讲座采用线上线下相结合的方式进行。今天，我们非常荣幸地邀请到最高人民检察院检察理论研究所石磊研究员作为主讲人。与此同时，我们还邀请到张家港市人民检察院党组书记、检察长邓根保，深圳市南山区人民检察院党组成员、副检察长黄滨以及深圳市南山区人民检察院综合业务部法律政策研究负责人廖庆南作为我们本次讲座的与谈人。

接下来我简要介绍下主讲人石磊老师以及刑事合规检察实践的问题。刑事合规检察实践经过 2018、2019 两年的酝酿，到 2020 年正式启动。在这个过程中，石磊老师起到很重要的推动作用。2021 年 3 月，合规不起诉制度的第一期试点正式结束，第二期试点开始全面推开，具体可能要在全国 100—200 家基层检察院做进一步的扩大试点。因此，在特定的时间节点，回顾过去一年的试点工作非常有意义，由石磊老师来做这个工作是非常适合的，因为作为这一过程的亲历者，从始至终石磊老师都有广泛参与。接下来有请石磊老师讲述刑事合规检察实践的基本问题。

主讲人·石　磊

谢谢主持人！尊敬的各位老师、同学大家好，非常高兴再次来到山东大学法学院。今天我主要就刑事合规检察实践的基本问题谈谈自己的认识。

一、刑事合规检察实践概述

刚才李本灿教授讲了刑事合规的缘起，我也简单讲一下刑事合规话题在中国是如何兴起以及如何变为热点的。经过2018、2019两年的酝酿，2019年12月最高人民检察院检察理论研究所向最高人民检察院领导报送了一份专题研究报告，提出应该在中国刑事司法制度中增加一种刑事合规制度。

2019年12月，张军检察长作出批示，对这一思路表示肯定，要求我们积累经验，为提出立法修改的建议做准备。在这种情况下，我们从全国范围内挑选了6家基层检察院，并规定这6家检察院要根据各自的情况进行试点，从2020年3月开始，这项工作就一直进行着。

今天想归纳总结的是从2020年3月以来试点反映出来的问题、经验以及刑事合规制度未来的基本发展走向。在分享之前我想先简单说一说"刑事合规检察实践"这个题目。虽然说这两年"刑事合规""企业合规""合规计划"这些词在法学界以及实务界变成极大的热点，但在我看来，实际上"合规"这个词在不同的语境下有不同的含义，"合规"就像一个圆心，往不同的方向发散，覆盖一个很大的圆。我们至少可以在三种语境下讨论"合规"的问题。

第一，在企业内部，合规是企业进行自我管理的一种活动。换句话说，合规是企业的风险控制和风险管理。这个语境下的合规，与国家立法活动、司法活动关联不大，基本上是企业内部经营自主权的表现形式。现在各个律师事务所推出来的"合规"业务,基本上都属于该范围之内,是企业内部经营管理活动的内容。从这个意义说,"合规"不能分为刑事合规、民事合规,它就是企业合规工作,简单说就是使企业的经营管理活动更符合国家法律和政策的规定。

第二,刑法教义学意义上的"合规"。在刑法教义学上,"合规"是一种作为违法性排除事由或者情节,影响定性和量刑的制度,或者说刑事司法中的"合规"可以作为某种判断根据或者抗辩事由,这和大规模的合规计划、合规实践是不一样的。事实上,企业合规在刑事司法中一直存在,只不过没有显性存在。换句话说,在刑事司法或者刑法教义学中,"是否合规"一直是判断刑事责任、罪与非罪的一个因素。

这两年许多学者都说"雀巢公司员工侵犯公民个人信息案"是中国合规第一案。在该案中,企业为了销售奶粉,非法收集孕妇个人信息,犯罪嫌疑人和辩护律师都提出,该案是单位犯罪,不是个人犯罪。与此相对,企业则提出,其内部员工守则禁止收集个人信息。在这种情况下,兰州市中级人民法院只认定这几个员工构成侵犯公民个人信息罪,对雀巢公司没有定罪。这个案件从去年开始就一直有人在提,认为这是中国合规第一案,就是因为有"合规"的事实和证据,所以雀巢公司被免罪。我对这个说法有一些不同的意见,我认为即使没有"合规"这个概念,如果雀巢公司能拿出这样的证据,按照我们惯常刑事司法办案的标准和要求,雀巢公司也是无罪的。雀巢公司是否构成单位犯罪与合规没有关系,当然和合规的具体内容有关系,但是与合规制度是没关系的。所以从这种意义上讲,说该案是"中国合规第一案"是不合适的,甚至可以说,这是硬拉在一起的。"合规"因素一直存在于刑事司法活动中,只不过不是显性存在而已,李本灿教授一直在做的工作是让合规在刑法教义学中显性存在,我觉得他在这方面的工作卓有成效。

第三,刑事合规检察实践意义上的合规。刑事合规检察实践是指检察机关对于单位刑事案件在依法作出不批准逮捕、不起诉或者适用认罪认罚从宽制度提出轻缓量刑建议的同时,针对企业涉嫌具体犯罪以及相应的合规风险,督促涉案企业作出合规承诺,并积极整改落实,促进企业合规守法经营,减少和预防企业犯罪的一种制度。企业因为经营管理机制缺陷而实施了犯罪行为,检察机关在办理案件时,督促涉案的企业制定并落实合规计划,且承诺认罪认罚、切实遵守合规计划,积极整改落实,从而达到企业合规守法经营的目标。这种合规显然不同于企业内部的合规,也不同于刑事司法活动中隐性的合规,实际上刑事诉讼是把"合规"作为一种从宽处理的制度。今天所讲的就是第三种合规。

这种合规包括 6 方面的内容:一是基于对企业财产解除强制措施的合规激励。比如原来是冻结账户,现在因为企业完成合规,就采取不冻结的措施或者尽快解除查封、扣押的强制措施进行激励。二是基于裁量权的不捕不诉的合规激励,即相对不起诉。三是基于不构成犯罪的不捕不诉,即企业不构成犯罪,不应该进行逮捕,也不应该对它进行起诉,但是企业存在行政违法行为,在不捕不诉的同时,向企业或者企业所在的行业发出检察建议,督促整改,这也是合规措施之一。四是基于附条件不起诉的合规,即企业满足了条件,可以不起诉,但这是附条件不起诉。需要注意的是,现在我国《刑事诉讼法》上规定的附条件不起诉只针对未成年人,不能针对企业适用,针对企业的附条件不起诉是真正的创新,但需要未来立法的回应。五是对企业负责人提出轻缓量刑建议,即该定罪定罪、该量刑量刑、轻缓处理的合规激励。六是实体上从轻、减轻、免除处罚的合规激励。

在我国,刑事合规检察实践大体上包括以上 6 种情况。整体来看,刑事合规检察实践是指在检察院审查起诉的过程中,因为涉案企业制定并实施合规计划,检察院可以对某些涉案企业、企业负责人、企业高管、企业的关键技术人员进行轻缓处理的做法,这是我对"刑事合规检察实践"题目的解释。

二、合规试点的基本情况

从 2020 年 3 月起,最高人民检察院在上海市浦东新区、金山区,江苏省张家港市,山东省郯城县,广东省深圳市南山区、宝安区6家基层检察院开展了企业合规改革第一期试点工作。

第一,试点单位的选择问题。对于选择哪些地方进行试点,我们反复考虑了很久,最后决定在这6家检察院进行。因为这6家基层检察院各代表着一种情况,以深圳市南山区人民检察院为例,南山区所管辖的范围是中国互联网巨头企业腾讯、华为、中兴所在地,而且中兴公司是已被美国司法部要求合规的中国企业。南山区人民检察院如何针对巨头互联网企业开展合规工作具有重要意义,这是选择南山区人民检察院的理由。那为什么要选择宝安区呢?因为宝安区和南山区情况明显不同,宝安区是深圳市创新型企业、小企业特别多的地区。为什么选择上海市浦东新区、金山区两个地区作为试点呢?因为浦东新区面对的全是外企,全是有国际背景的企业,在这种情况下进行试点,显然可以取得某种经验。金山区和宝安区的情况类似,是一个后发但正在蓬勃发展的地区。为什么要选择张家港市呢?一是张家港市一直是全国百强县市,辖区内4000多家民营企业都是中小型的民营企业,这和前面的几个地区是完全不一样的;二是这些民营企业基本上正处于由第一代创业人向第二代转移权利的过程,检察院面对这样的企业怎么进行合规需要探索,这是一直坚持选张家港市人民检察院的原因。为什么选山东省郯城县呢?只有它是县,面对的是农村,是北方地区。郯城县代表农村,代表经济一般地区。现在回头看,发现这6家试点单位的情况果然不一样。我前一阶段收集了南山区等地和郯城县1年来制定的合规计划,发现结果完全不同,我觉得试点的目的达到了,因为试点就应该把不同的情况都试试。2016年刑事诉讼中有个认罪认罚从宽的试点,从2016年开始最高人民检察院选了18个中国最大的城市进行了2年的试点,试点结论是18个城市所形成的经验和情况可以适用于全中国,随后在全国推开,但事实证明这种做法有失考虑。特大城市所形成的认罪认罚从宽的有些经验和做法,对于广大中小城市和农村地区并不适用,而在中小城市和农村地区适用认罪认罚从宽制度所遇到的有些问题,又是大城市试点时没有出现的。这种情况表明,如果一个制度想通过试点向全国推广,就应当设想不同情况,寻找不同地域进行试点,让试点真正能发现问题。选择这6家检察院做试点的初衷是想把各种情况都考虑到。

第二,试点试的是什么呢?事先我们基本上没有提出要求,只是要求各检察机关各自形成各自的方案,按照各自的工作方案依法办案。当时,我们特别强调了两点:一是虽然是试点,但案件办理一定要严格依照法律,不得突破法律规定办案;二是试点案件要形成可复制、可操作的案件办理程式。试点半年以后,由于我国国内疫情相对缓解,2020年9月,我们在深圳召集了有6家试点检察院参加的闭门会议。在这次会上,在6家检察院各自试点方案的基础上,经过大家一起讨论,形成了一个相对统一和完整的工作规程。也是在2020年9月的这个会议上,我们发现各个地方的情况完全不一样。例如,在合规计划还没有法律规定的情况下,应该走哪条路?适用认罪认罚从宽还是相对不起诉制度?南山区和宝安区人民检察院都选择相对不起诉。合规计划制定出来以后,应由谁来执行,也有不一样的做法。南山区人民检察院的方案是检察官去监督合规计划的执行,宝安区采取的办法是和区司法局签订协议,聘请律师作为第三人进行监管。这就出现了一个新问题,那就是到底应该选择哪个模式?这就是我们试点的基本情况。

第三,试点过程中遇到的观念和理念问题。检察机关经常会被问道,在企业进行刑事合规后对其从轻处理的做法是否违反公平原则?这也是刑事合规最需要解决的问题。刑事合规制度的理念首先必须符合公平和公正原则,而不是效率等其他原则,公平和公正是最核心、最需要解决的问题,这也是社会舆论一直强调的问题。前两天在网络发酵的一个案件,引发舆论关注。武汉蔡甸区官方在微信发布了一则通告,该文称犯罪嫌疑人因醉驾被抓,达到醉酒标准,但因为是外企高管,对其从轻处罚,免予起诉,这样做有利于企业的运行。该公众号的另一篇文章发布了一个案例,某某市民醉驾被移送起诉,判处拘役几个月,提醒广大市民严格遵守法律。这不是一案双标吗?凭什么高管就不起诉,不是高管就起诉？我不是质疑合规的公正性，只是主张在谈论为何要合规时，要注重从它的伦理性方面进行论证和宣传，而不能仅仅说功利性的理由。无论有什么样的功利性的理由和动机，公平和公正都应当是司法绝对不能动摇的基石。如果公平公正不存在，整个司法就会崩溃。反过来，目前进行的合规试点是不公平、不公正的吗？我个人认为没有。因为到目前为止，通过各试点检察院所办理的案件都是有各自的理由。例如，如果选择相对不诉，则要求该案必须满足基本条件；在情节轻微可以不判处刑罚的案件中，在满足基本条件之外还必须满足合规的附加条件，只有这样才可以不诉。

对于同样的事实和情节，如果普通刑事案件符合相对不起诉的条件也同样按照不起诉处理。合规针对企业单独设置了某种义务，如果放在认罪认罚从宽制度上说，认罪认罚具体体现在合规计划的制定和实施上，而不是仅仅认罪认罚。在这种意义上，合规是认罪认罚的具体化。合规实际上是对进行合规案件的当事人或者涉案企业附加了不同的、更多的义务，因此并没有损害公平和公正。我们应当在所有的案件中牢记公平和公正原则，绝对不能放松。

第四，现阶段刑事合规的路径选择。在立法对合规不起诉、合规附条件不起诉都没有规定的情况下，试点检察院又必须得依法办案，要用什么理由、什么方法进行合规、从宽处理呢？从目前来看，可以选择的路径有两个：一是相对不起诉制度。我国《刑事诉讼法》第177条第2款规定，"对于犯罪情节轻微，依照刑法规定不需要判处刑罚或者免除刑罚的，人民检察院可以作出不起诉决定"，即构成犯罪，但这种案件可以做相对不起诉的处理。二是认罪认罚从宽制度。该制度是2018年《刑事诉讼法》修改后新增的制度，在所有的刑事案件中，只要被告人或者犯罪嫌疑人认罪认罚都可以获得从宽处理。目前刑事合规的案件，既可以选择相对不起诉，也可以选择认罪认罚从宽，这两种制度相比较是各有利弊。在立法修改以后，刑事合规或者合规从宽可能成为独立的途径，但合规目前只能寄居在相对不起诉或者认罪认罚从宽两种制度中。

在试点中，有 5 家检察院选择相对不起诉，只有 1 家检察院选择认罪认罚从宽制度。从某种意义上说，相对不起诉制度更符合合规从宽、附条件不起诉的本质或者将来的发展方向。如果将来修改立法，从相对不起诉过渡到附条件不起诉或者合规从宽会更容易。但是相对不起诉的缺点是限制条件过于严格。《刑事诉讼法》第 177 条第 2 款的规定只适用于情节轻微，依照《刑法》规定不需要判处刑罚或者免除处罚的。对于情节轻微，我们可以说 3 年有期徒刑以下属于轻微情节，因为 3 年以下还可以判缓刑，但是有期徒刑 5 年、10 年是否属于情节轻微是有争议的。各位是不是觉得如果应当判处 10 年还不起诉，是不是有点不合适？所以相对不起诉的制度适用范围有点小。

认罪认罚从宽的优点正好是相对不起诉的缺点，即它不受案件性质的限制，都可以适用。但是认罪认罚从宽也有弊端，因为认罪认罚从宽要求程序从简、实体从宽，要求"快"，只要认罪认罚，如果适用速裁程序，实质庭审都是不需要的。但是合规附条件不起诉要求"慢"，需要给涉案企业制定计划并实施该计划一定的时间，需要考察企业合规计划的落实，还需要进行最后的验收和评估，这都要求设置一定的时间和期限。所以，认罪认罚从宽制度在时间和期限上对合规案件有所限制。

对未成年人的附条件不起诉，要求考验期在 6 个月以上 1 年以下，同样地，如果对企业附条件不诉，当然更应该设置一定的考察时间。现在的问题是，如果适用认罪认罚从宽制度，期限如何确定，相对合理的方案是什么？第一批试点时，5 家检察院选择相对不起诉制度，1 家检察院选择认罪认罚从宽制度；第二批试点时，最高人民检察院文件明确规定，综合适用认罪认罚从宽和相对不诉的条件，哪个合适就用哪个，但是要符合现有的立法规定，符合现有的法律条件。

第五，刑事合规案件适用范围的限定。首先，在具体案件上进行限定。适用刑事合规的案件必须是企业在经营管理过程中实施的犯罪，还是说只要是企业犯罪就行？其次，在主体上进行限定。何种主体犯罪可以适用该制度，企业犯罪可以，那么企业主犯罪行不行？高管犯罪、关键技术人员犯罪,能否适用合规制度对他进行从宽呢?再次,在罪名上进行限定。要不要限定刑事合规适用的案件?去年,各个试点检察院所办理的案件,一般案件涉及的罪名都是《刑法》分则第3章,个别案件涉及第6章的罪名。虽然常见的案件是经济犯罪或者在企业经营管理过程中的犯罪,但是如果制定规划甚至立法,就需要考虑范围应该多大。有的地方在做方案时,规定涉及《刑法》分则第2章罪名的案件可以进行合规,那么危害公共法益类犯罪行不行?事故类犯罪要不要合规,尤其是重大责任事故罪要不要合规?还有第4章,强迫职工劳动罪等罪包括在这一章内,这些犯罪是否可以适用合规制度?甚至还有第5章,侵犯财产罪、拒不支付劳动报酬罪、破坏生产经营罪等罪是否可以适用合规制度?还有第8章,贪污贿赂罪可否适用合规制度?对于企业来说,贪污贿赂罪其实最常见的是行贿罪,在实践中,行贿方往往被从宽处理,那么以后要不要对行贿人或者行贿企业进行合规管理呢?最后,在刑期上进行限定。从刑期上看,如果采取相对不起诉,犯罪行为必须情节轻微,那就必须得规定刑罚限度,但是究竟是3年以下还是5年以下、10年以下,现在都没有答案,需要我们去探讨。

  第六,合规计划的制定工作。对于合规计划的制定,目前有两种思路:第一种思路是,以《刑法》分则所列的罪名,或者说以《刑法》分则所列的企业常犯的罪名为基本线索确定合规计划,比如说非法吸收公众存款罪,有哪些企业经常犯这个罪?经常会触犯哪些情形?不管是从构成要件,还是从证据角度把它列出来,就叫关于防范非法吸收公众存款罪的合规计划,相关的企业对照该计划来判断是否合规,如果不合规就需要按要求整改,这就叫合规计划。第二种思路是,针对企业犯某个罪反映出来的企业规章制度和企业文化,针对企业不同的特点,企业自己制定合规计划并切实实施。可以看出,第一种思路是尝试制定放置不同企业而皆准的合规计划,不管是哪个企业,都对照合规计划进行整改。第二种思路是根据不同企业的经营性质、内容、规章制度和企业文化制定不同的合规计划和整改方案。我认为第一种思路过于理想,难以实现,即便制定出来,其作用也很有限。第二种针对不同企业的具体情况而制定的方案,才具有切实可行性。制定一个统一的标准,既费力又费时,我认为做不出来,即使做出来,也会产生新的问题。我曾经和一个持这种观点的律所交流过,我说如果标准的计划被制定出来,意思就是说企业只要按照该标准和计划进行经营就不会犯某个罪,最后该标准就变成某个罪在全国范围内的司法标准。但是,谁敢做这样的标准?谁敢说按照这个标准实施就一定不构成某罪?从这个意义上说,我认为要坚决抛弃第一种思路,要针对不同的企业、不同的犯罪、不同的内容做不同的合规,这是我对合规计划制定的理解。但是根据不同情况制定合规计划就会出现"谁来制定"的问题。检察官能制定吗?他愿意吗?这样是不是对检察官的能力要求过高了?涉嫌犯罪的企业自己能制定吗?企业自己制定合规计划,就得考虑企业会不会欺骗、会不会敷衍。对于合规计划的制定,我个人认为应当由检察院主导,由有专门知识的人和监管机构的人一起参与制定,当然包括企业自己的代表。但合规计划制定出来以后,由谁审核也是同样的问题。

第七,合规计划制定后的监督管理。对于合规计划的监督,有两种思路:一种是检察机关自己派检察官去监督,比如一共设置6个月考察期,1个月去1次,检查合规计划的执行情况。有的地方还设置了专门负责该项职责的检察岗位。另一种思路是和社会组织合作。有的地方是委托工商联组织考察小组对合规计划执行情况进行考察,还有的地方是由企业聘请律师来监督考察,但是到底哪种方式合适还没有结论。这里涉及几个问题,检察院自己制定合规计划或者在检察院主导下制定了合规计划,由检察院自己监督考察是否合适?这里存在三个问题:一是检察院有没有能力、精力、时间?二是检察院、检察官是否愿意监督?三是如果检察机关不能进行监督,那需要由外面哪些人作为第三方进行监督?这里的第三方首先必须得客观公正,不能出现欺骗、利益关联等情况,比如请律师做第三方监管,他有利益关联怎么办?

现在各种各样的监督方案很多。有的地方检察机关在试点中,主要是想和市场监管部门、行政管理机构、行政监督机构合作。比如涉及市场监管局的案件,交给市监局监督管理;涉及环境污染案件,交给环保局。还有的地方是交给当地街道办事处等来进行监督管理,总之有各种方案。我认为企业刑事案件所涉刑事合规,和行政监督管理机关合作更为合理,在目前的情况下,当然也可以吸收律师、会计师、税务师参加。

第八、办案期限、考察期限的问题。合规计划的执行需要有一定的期限,但是刑事案件办案期限是有限的,刑事案件在审查起诉阶段最长不能超过6个半月,这还是在所有理由都用尽的情况下才能达到的。但是合规计划要有一定的考察期和执行期,先确定是否要进行合规,再制定合规计划,选择监督考察机构和对合规计划执行情况进行验收和评估,最后再作出处理决定,如果时间不够,怎么办?所以我认为,现在的合规制度其实就是在借壳试点。现在各地能想到的办法是尽量适用取保候审,因为取保候审期限12个月不受办案期限的限制。也就是说,目前的形势是,案件在审查起诉阶段,可以用的是12个月。对考察期的设置,有的地方是1个月,有的地方是3个月,还有的地方是6个月。当然这与案件大小、企业大小、合规计划制定的难易程度有关系。也就是说,合规其实是分成正规合规、简式合规等不同情况,根据不同情况,当然要设置不同的期限。但是不管怎么设置期限,我个人认为不能把它变成儿戏,不能把它变成1周、2周,必须规定最短的期限,不管何种案件、何种企业,考验期不得少于法定最低标准。

第九,刑事合规的处理结果。目前,检察语境下的刑事合规问题,可以有六种结果:对于财物的强制措施解除、不捕不诉、相对不起诉、对企业负责人的从宽、行政处罚的合并、检察建议等。

第十,对企业进行不起诉后的跟踪回访。当然更严重的问题是,企业若干年后或者若干年内又犯了同样的罪,责任在谁?对企业不起诉是企业欺骗检察机关还是检察官玩忽职守、受贿枉法?总而言之,这些问题都是需要从根上一点一点解决,只有把这些制度全部建立好,把它建立得合情合理,合规或者附条件不起诉或者中国式的合规才能真正落地生根。

合规制度试点一年来,我个人有两点感触。

首先,在企业没有发生犯罪的情况下,检察机关对企业进行风险分析、犯罪识别、判断和预防是否合适?我认为,合规不宜大规模展开,当然有的地方检察机关重点先做预防,在没有案件的情况下对辖区的企业进行风险判断和制定合规计划,我认为背后涉及非常复杂的法律问题,要慎重。

其次,我感觉整个社会包括学界、企业界、宏观经济管理者等,都对合规的观念、概念和做法赞赏有加,这是一件大好事,但是对工作如何开展和制度框架如何搭建等具体问题,目前还缺乏具体的共识。而这一具体的共识,是影响合规检察实践的关键因素。由这一问题可以引申出一个更为宏观的问题,即在中国当下进行的类似试点或者改革的具体路径应当怎么走?这是我们今后可能会经常遇到的问题。这个问题留给大家思考。我的讲座到此结束,谢谢各位。

主持人·李本灿

谢谢石老师的精彩演讲!石老师用一个半小时的时间给我们讲了10个问题,从合规讨论视角的界定,到刑事合规路径的选择、案件范围的确定、监督考察主体的确定、期限的确定等问题,给我们提供了很多有益思考。实际上,对于石老师提到的很多问题,我也有相同的感受,之后我也会谈谈我的观点。按照议程,我们接下来进入与谈环节。现在,我们请张家港市人民检察院的邓根保检察长进行与谈,由邓检来分享一下张家港市的经验,请大家鼓掌欢迎!

与谈人·邓根保

各位同人,大家好,非常荣幸能够参加这次论坛。石磊老师给我们讲的课非常精彩,我们在实践探索过程中遇到的一些具体问题,在石磊老师的讲解下得到了答案,接下来我介绍下张家港市人民检察院参与合规建设的相关情况。去年3月,在最高人民检察院授权下,我院参与到企业合规的试点中。总体来说,做了一些探索,办了一些案件,形成了一些机制,也取得了一些成效,可以用"七个一"来概括。

第一个"一"是坚持一个原则。大胆探索但依法审慎,检察主导但不主办。大胆探索但依法审慎,是指严格在法律规定的框架内推进试点,用开放、发展的视野来加强机制创新探索。检察主导是因为检察机关有职能优势,也是公共利益的代表,推进企业合规建设是我们义不容辞的责任,但检察机关毕竟力量有限,单打独斗恐怕不行,也没有这么多人力、物力、能力和精力,需要推动整合政府、社会等各方面的力量。

第二个"一"是成立一个专门的部门。我们专门成立了第四检察部,由3名员额检察官和2名检察官助理组成,专门办理涉企犯罪案件,推进企业合规建设。

第三个"一"是建设一个专门基地。高标准建设合规法治护航中心,对企业家全天候开放,加强涉企典型案例、风险隐患、合规理念宣传,提升企业法治意识,促进依法合规经营。

第四个"一"是深化一些理念转变。石磊老师也讲了很多理念的转变,我们主要在四个方面转变了理念。一是融办案与社会治丁一体的理念。我们不光要办一个案件,办案结束了要反馈,每个检察官都要审查企业是否有合规方面的问题需要提醒,哪怕起诉或者不起诉都会给涉案企业发一份检察建议,建议在哪方面进行合规建设。我们办理过一个安全生产重大责任事故案件,这个公司比较大,案件涉及的是该公司的一个安全生产方面的主管,是公司的"宝贝"。我们在审查过程中,发现这个企业还是比较适合进行合规提醒的,在相对不起诉作出后,发了检察建议。公司非常重视,请求我们检察院为其开展刑事犯罪风险排查,我们排查出了19项风险,涉及57个需要具体改进的地方,效果很好。二是二元化处理理念。按照我们以前的惯例,对单位怎么样对个人也怎么样,现在在合规理念的指引下,可以对单位和个人进行区别化处罚。比如有一个技术培训公司,一个总经理和一个主办会计为了搞业绩,虚开增值税专用发票,但是这个公司有比较完善的财务管理制度,公司的"一把手"董事长对合规还是比较重视的。最后我们对单位不起诉,对两个直接责任人员主管提起公诉,效果也很好。三是有事后合规优于无事后合规,这是一种重要制度导向,事情出来了,要积极去做合规,经过考察评估,发现合规制度是有效并且长效的,在起诉不起诉考量的时候,会给它更大的从宽幅度。四是正面评价事前合规理念。事前合规和事后合规是我提出的,不一定正确。事后合规是我们试点开始就一直在做的,我们目前在做事前合规,事前合规是企业没有犯事之前,就开始进行合规建设。我们检察院是法律监督机关,我们办案的目的是不办案,监督的目的是不监督。如果经过有效的事前合规建设,我们的企业实现了犯罪率大幅下降,甚至是零犯罪率的话,那是对我们工作的"最大肯定",这就是"治未病"。

第五个"一"是健全一项工作机制。我院制定了《企业犯罪相对不起诉适用办法》,明确调查评估、合规承诺、监督考察、处理决定四个流程,完善企业犯罪相对不起诉机制。在调查评估环节,检察机关通过走访、发函等形式,开展办案影响评估。在合规承诺环节,企业自愿作出合规承诺,并确定6个月至2年的考验期。在监督考察环节,成立由相关行政机关业务骨干以及相关专家组成的监督考察组,对承诺完成情况进行评估;邀请人民监督员参加评估过程和拟不起诉公开听证会。在处理决定环节,评估合格的,对企业作出相对不起诉决定,对直接负责的主管人员和其他直接责任人视情依法予以相对不起诉或者从宽处理。

第六个"一"就是办理了一批案件。自试点以来,我院共办理企业犯罪案件67件,其中紧扣职能推进企业合规建设14件,全流程办理企业犯罪相对不起诉案件2件,这些案件的办理效果还是可以的。

第七个"一"是加强一次深化推进。为什么这样说?我们在办理一起污染环境合规不起诉案后,企业非常感动,并表示以后既要注重经营和产品质量,也要注重合规,事后该企业家还向其他的企业家宣传合规的重要性,出现了很好的效果。当地的很多企业找到党委、政府,党委、政府专门找我们制定了一个框架体系。目前我们有3家大型企业主动在做合规,我们会给一些政策的指导。因为这件事情又引发了我们的一些想法，于是我们就向市委、市政府打个专门报告，期待能整合全市力量开展这项工作。市委、市政府对我们的报告非常重视，上个月底，专门研究并以两办的名义出台了一个红头文件《关于推进企业合规建设的意见》，成立由市检察院牵头，成员单位包括法院、公安、司法、市场监管、工商联、各区镇等32家的合规监管委员会，形成企业合规建设工作合力。组建合规监管人队伍，遴选律师事务所、会计师事务所以及应急管理局、市场监管局、生态环境局、税务局等单位的专业骨干，纳入合规监管人队伍库，并根据专业特长，细分为财务税收、安全生产、环境保护、知识产权、依法经营、廉洁履职六个专业化合规监管小组。研究制定分类型合规工作指引、合规监管人遴选管理办法、合规分级评定办法、合规有效性审查办法等配套制度，提升全市事前合规建设的可操作性和实效性。2021年4月7日，在张家港市合规监管委员会第一次大会上，包括17家上市公司的50家企业和1家行业商会主动申请作为第一批事前合规建设试点企业，着手启动事前合规建设。

以上就是我们张家港市人民检察院的一些基本做法，不一定成熟，很多制度都在探索中，希望我们石老师、在座的各位专家提一些建议，谢谢大家。

主持人·李本灿

谢谢邓检。因为时间的关系，没有办法完全展开，我也观察到了张家港市人民检察院的经验和做法，我本人对张家港市人民检察院非常有兴趣，希望有机会能到张家港人民检察院学习。

刚才邓检提到的一些问题，同样也给了我们一些启示。首先，我今天也提到一个问题，也就是石老师提到的案件范围选择的问题。我个人觉得，如果仅仅把它限缩在《刑法》第3章可能是不合适的。公共安全类的犯罪里面确实有很多犯罪是企业经常会发生的，比如说安全事故的问题。

我一直认为,今天我们在谈的刑事合规制度如何引入刑事中的问题,实际上不是一个需要研究的问题,而是如何去解释的问题。也就是说,可以把很多《刑法》中的条款当成刑事合规制度的特殊类型,比如重大安全事故类,涉及到很多法律条文。这些法条的规范目的实际上就是在促进一些相关责任人履行自己的职责,避免危害结果发生,它是通过惩罚的方式来倒逼企业去实施内部控制,也就是合规计划。今天可以看到,《刑法修正案(十一)》进一步把相关措施提前,不是说非要发生严重结果的时候才去处理,而是只要是存在风险就要进行处理,它通过这样的方式来促进企业建立一种有效的机制。

刚才邓检重点提到张家港市的多部门联合机制,我认为这确实是一个非常有益的经验。现在进行的合规不起诉改革,检察机关是主导。但是,检察官不是合规专家,检察官没有精力、没有能力做所有的事情,势必要引入社会力量,那么社会力量一定要包括一些专业人士,比如说律师、会计师、审计师、环保等相关的专业人员,也包括行政机构,这是一个大兵团作战的事业。但是现在的问题在于,社会力量引入过程中的费用问题,费用问题看似很小但很重要。很多地方要律师参与合规建设,给律师1~2万块钱,由于收益少,律师做的工作也很表面化。这很容易理解,因为你给他的费用的激励作用很小,他也没有动力去做这样的事情,也不会投入很多的时间去做这个事情。在这样一个背景下,可能需要借用行政机构、工商联等社会机构的力量,现在来讲,这是一个非常务实的选择。这是我从邓检的介绍中学习到的两点经验,此外还有一个关于合规的评级的问题,下一次去张家港市的时候,可以继续交流。

接下来有请深圳市南山区人民检察院党组成员、副检察长黄滨以及深圳市南山区人民检察院综合业务部法律政策研究负责人廖庆南就深圳经验给大家分享,大家欢迎。

与谈人·黄　滨

感谢山东大学法学院的邀请,非常荣幸能够参加这次论坛。刚才石磊老师讲道,2020年3月我院被列入试点单位,主要考虑南山区的经济总量和科技企业数量等因素。我查了一下,深圳市南山区辖区面积是187平方公里,2020年的GDP达到了6502亿元,目前有上市公司189家。相当于在不到1平方公里的范围内就有1家上市公司,所以在南山区人民检察院进行企业合规改革试点,确实有它的代表性。自试点以来,我院的试点工作也取得了一定的效果。

接下来,我简要介绍一下我院的主要做法。一是加强统筹抓落实。在开展试点工作的第一时间,我们按照要求成立了试点工作领导小组及其办公室,由综合业务部承担试点的日常工作,其他各个部门协同配合。二是建章立制提质效。我院制定了《南山区人民检察院企业犯罪相对不起诉适用机制试行办法》,明确了适用原则、适用条件、不适用情形、程序启动、合规承诺、考察期限、考察宣告、作出决定以及不符合条件的如何提起公诉等具体内容,并附有程序启动审批表等各环节文书模板。同时,出台《南山区人民检察院刑事合规独立监管人工作办法(试行)》,"独立监管人"也就是最高人民检察院现在表述的第三方监管人。上述文件的出台,使试点工作有章可循。

在此,我还要重点介绍我院的特色做法。一是创新设立刑事合规专员。由两名检委会专职委员担任刑事合规专员,全流程参与企业合规监督考察工作,对内协助检察官办案并进行流程把控,对外加强对第三方监管人的监督制约,防止出现风险隐患。二是建立第三方监管人库。企业可以自己做合规整改,也可以聘请其他机构协助完成合规整改。但谁来对企业的合规整改进行监管以及评估企业的整改工作是否符合要求?我院的做法是聘请第三方监管人,并建立第三方监管人库。目前是从律师事务所、税务事务所、会计师事务所、深圳大学合规研究院等择优选聘机构第三方监管人,另外我院还从市场监管局、审计局、税务局等辖区行政执法部门以及工商联的业务骨干中聘请个人第三方监管人,组合成我院目前的第三方监管人库。

在第三方监管人上还涉及费用负担的问题。考虑到我院对第三方监管人的定位是作为检察官的辅助方对企业的合规整改进行监督考察,主要职责是对企业的合规整改过程进行监管并出具评定意见供检察官参考,由于企业自行负责其合规整改,工作难度和工作量相对有限,费用支出也不是很大。所以,我院目前的做法是每年从财政预算经费中专门列支第三方监管人经费。

从我院进行试点的效果来看,目前有4件试点案例,其中2件是在作出相对不起诉后对企业进行合规考察,另外2件严格按照刑事合规监督考察程序进行,现在还在推进之中,涉及罪名主要包括对非国家工作人员行贿罪、非法经营罪和虚开增值税专用发票罪等。最近我们又选了4件企业犯罪案件作为合规试点案例,目前按照最高人民检察院和省高级人民法院的要求呈报审批。

南山区委区政府非常支持我院的企业合规改革试点工作,南山区委书记专门对我院关于企业合规改革试点工作的报告作出批示,予以充分肯定。我院召开了由人大代表、政协委员参加的合规座谈会和公开听证会等会议,在会议上他们对检察机关进行企业合规改革试点工作十分支持。总之,我院将严格按照上级检察机关的要求,稳步稳妥做好企业合规改革试点工作,积累试点经验,不辜负最高人民检察院对我院开展试点工作的期望。谢谢大家。

主持人·李本灿

谢谢黄检精彩的分享。给黄检提一个建议,以后专家库的建设也可以考虑山东大学法学院刑事合规研究中心的一些专家,山大法学院也一直在做这方面的研究工作,希望以后能有更多的机会和深圳市南山区人民检察院交流和沟通,谢谢!

黄检刚才提到一个很重要的问题,就是第三方费用支付的问题。现在确实有很多地方检察机关从财政预算专门开支来做这样的工作。但是,我在走访调研的过程中,他们也提到一个问题,就是他们比较担心这里面存在审计风险的问题。因为这实际上是在拿国家的钱去替企业做事情。还有一个费用支付的问题,如果是由国家来支付第三方费用,可能会和制度改革的初衷相悖,因为检察机关的办案经费实际上是有限的,还要把它分摊到无数的案件中。因此,每个合规案件分到的经费非常少,这样就很难有效地激励第三方工作人员去认真工作。这是我的一点的思考,等会请石老师帮我们解惑。

按照程序,接下来有请山东大学柳忠卫教授跟大家分享,欢迎柳老师。

与谈人·柳忠卫

大家好!从李本灿老师2015年来到山大法学院以后,我就一直非常关注合规这件事情,我们的合规从理论研究阶段到实务展开阶段,经历了有5年多的时间。我开始知道检察院要做这个合规不起诉是去年参加刑法年会,山东省郯城县人民检察院的一位副检察长是我们学院在职研究生,他告诉我最高人民检察院要搞一批合规不起诉试点。后来我到其他地方去,有人问我山东试点检察院为什么是郯城县,我说是保密的。后来回来以后,我就和院长做了汇报,合规这个问题现在已经有实践了,我们要跟进。

今天石老师讲了10个问题,我比较关注的是这几个问题:

第一个问题就是刚才石老师提到,实践中存在"凭什么企业犯罪以后就可以不起诉,而自然人犯罪就不能"的疑问。在同等条件下,石磊老师作了解释,包括从中立、公平和公正这些角度。那么我理解的合规,是指企业如果在事前制定了合规计划或者存在合规行为,那么检察机关就可以对其不起诉或者建议法院从轻量刑。我认为这是最高检察机关设置的底线,因为大约是在2000年,好像南京市玄武区人民检察院试行过暂缓起诉,但是后来暂停了,最高人民检察院认为暂缓起诉缺乏法律依据。我记得上次讲座的时候,当时好像是从刑事政策、刑法机能这几个角度具体考虑的,我觉得我们受大陆法系刑法规范性的影响,把公正或者说公平放在首位,把公益放在第二位。在刑事合规建设中,可不可以考虑把公益放在前面,把公正放在后面,我觉得石磊老师可能不同意我的观点。在刑事合规问题上,我认为可以不考虑公正问题,主要考虑社会效果和公益问题。对于合规不起诉特别是刚才讲到的事后合规,我非常同意石磊老师的观点。事后合规不同于事前合规,事后合规是出事以后,企业制定和落实合规计划,然后检察机关对其不起诉。事后合规行为不起诉的正当性问题、事后合规与信用型法律系统之间的关系问题,都是需要我们去进行研究的问题,这可能也是检察机关所需要做的。

第二个问题就是案件范围和刑罚的展望。合规案件的边界在什么地方?刚才石老师和本灿老师都详细讨论了,具体到第几章的哪些犯罪,他们的观点我基本同意,当然刑罚的程度也是个问题。

第三个问题是关于合规计划本身的地位或者功能。企业被起诉的时候,没有做好合规,也没有这个意识,甚至没有人知道合规这个事。但起诉以后它知道有合规这个事,然后制定了合规计划,那么合规计划是否可以作为一个新的证据,从而要求检察院撤回起诉?合规计划的地位和功能到底是什么?还需要讨论。

最后,我想说一下合规的前景。从 2015 年我开始关注合规研究直到现在,合规司法实践一直都在蓬勃发展。刚才邓检和黄检都谈了他们的做法,他们的思路还是非常清晰的。但是我担心,国家做一些事情一拥而上、一哄而起,然后运动式地搞合规,那就非常麻烦。从刚才石老师介绍选试点检察院的情况来看,最高人民检察院是高手,顶层设计做得很好,他们对这个问题非常谨慎。我希望合规事业能在一条健康的轨道上发展,为我们国家和民族的法治事业创造一个良好的营商环境。

主持人 · 李本灿

非常感谢柳老师风趣幽默的与谈。刚才过来的时候,我还跟石磊老师聊到公共利益的内涵。很多地方检察机关对企业的社会考察表中都会提到企业解决就业的数量、为当地贡献税收数、税收贡献度在整个区域的排名等这样的一些指标,它们可能认为这就是公共利益。如果这样做的话,可能会造成越大的企业越不可能被起诉的现象,因为它解决的就业多、纳税多。在我看来,可能最大的公共利益是按照法律规定去依法处理,这是最基本的问题。

至于合规案件的范围,实际上柳老师刚才在与谈中也谈到了。合规不起诉的适用范围究竟应该是多大,我认为这涉及合规和企业犯罪治理政策之间的关系问题。什么是合规?刚才石老师一直在解释什么是合规。在我看来,合规是一种规则意识。在中国的企业走出去的过程中,出现了很多的合规风险问题,究其根本其实就是规则意识不够。国内很多的企业是一种权力依赖型的企业,它的生存和发展过度地依赖权力。当它走出去,去美国投资、去欧洲投资,人家的做事规则和你不一样,就会出现这样一些问题。

所以说合规如何去做?最根本的是要塑造规则意识。如何去塑造规则意识?今天讨论的刑事诉讼法中的强制措施也好,刑事实体法中的处罚措施也好,其实都是在承担这样的一个功能和职责——塑造企业的规则意识。所有的企业只要有合规承诺,放下屠刀立地成佛,承诺以后合规经营就可以吗?那只会给其他企业带来一种破窗效应。企业三番五次地干坏事,你都对它不起诉,那它以后就不可能真心地去合规经营。其他企业也会堂而皇之地去做坏事情,你做了三次都没有被起诉,我才做了一次,也不能起诉我。我本来被抓到的机会就非常小,即便你抓到了我,还有合规不起诉通道。久而久之,市场秩序就乱了,我一直坚持这个观点。今天的合规基础制度要有一个边界,至于怎么去划分边界,这个是政策考量的问题。

我们的程序都走完了,但是我看到今天周长军院长、郭传凯博士,还有我们省检察院法律政策研究室的孙宏健副主任都在场,那么,我想临时加一个特别的程序,请孙主任和大家分享一下自己的观点。

与谈人·孙宏健

谢谢李本灿教授给我聆听讲座的机会。接下来,我也简单地谈一点自己的学习体会。

上星期按照院里的安排,我也到南方进行了学习,去了上海、深圳、广州这几个地方,尤其是在金山区人民检察院,还有南山区人民检察院收获非常大。当然张家港市人民检察院我们也想去,但是因为时间安排上的问题,也没来得及。

今天听了石主任讲的关于选试点的要义,我才真正领会到最高人民检察院的用心。我也觉得试点试出了它的必要性和多样化,去南方学习是一个开拓思路的过程,今天是一个收获和总结的过程。石老师讲的10个问题厘清了我和试点院的同事交流中还没有解决的问题,包括企业类型、案件范围、考察组织以及合规计划制定的问题。

我想谈的是以下两点:

第一,依法依规。现在法律上没有附条件不起诉这样的规定,我们只能通过相对不起诉、认罪认罚从宽制度,以及检察建议等方式来推进合规。同时,我觉得最高人民检察院给第二期的试点空间非常大,包括可以适用于所有类型的企业、适用于所有类型的罪名,这对我们考验也是非常大的。第二期试点有需要解决的问题。首先就是合规计划的制定问题。对于合规整改,我的观点与石老师不谋而合,我认为就要像打补丁一样,哪里有漏洞就在哪里打补丁,适当地扩大范围,但是如果企业没有涉及其他犯罪,就没有必要让企业做一个泛化的合规。如果这次打上这一个补丁,再有其他问题,检察机关或者其他的司法机关就可以逐渐对其进行规范。我觉得企业合规可能更多的是从实务往制度上走的过程,也有可能从理论界往实务界推。

第二,考察组织的组建问题。我发现大家有几个概念还没有统一,有的叫第三方监管人,有的叫独立监管人。有的是借助律师;有的觉得第三方就得聘请外部第三人,应该市场化,由企业来聘请、企业来解决,企业也可以不聘请,用自己内部的合规机构来解决;通过第三方监管机构来验收;也有人把行政机关和合规研究中心、律所都混在一起。现在还有监督管理委员会,这就形成了两个层次:一个是第三方监管组织,另一个是监督管理委员会。我觉得在第二期实践中这个问题可能需要进一步明确。我觉得第三方还是要着重社会层面的独立第三方,当然也需要监管;监督管理委员会可能更多的是司法机关和行政机关需要解决的问题。

总之,今天真是不虚此行,这个周末过得特别值当。谢谢石老师以及与谈的检察院同人、各位同学,谢谢山大法学院组织的这个活动。希望以后有更多的机会跟大家学习交流,我也在此代表我们省院邀请石老师下一步给我们检察机关好好地指导、好好地培训,谢谢大家!

主持人·李本灿

感谢孙主任。希望孙主任以后能继续支持我们山东大学法学院的工作。接下来我看还有一位老师,他是年轻的郭传凯博士,郭传凯博士是研究经济法的年轻学者,他对平台企业的反垄断合规等问题也有研究,请郭传凯老师和大家分享一下自己的观点。

与谈人·郭传凯

首先,非常感谢石磊老师、感谢周院长、感谢李本灿老师,给了我一个学习的机会。关于合规这个话题,我觉得大家首先要思考,合规离我们远吗?其实不远。企业合规为什么和刑法联系起来了?这是因为刑法相较其他法律部门而言,能够提供足够多的压力,它具有严肃性、严厉性。所以,我们让企业做合规的时候,我们说你要是不合规,我不是拍你一下,也不是打你一下,我是要给你判刑的。这样一来,合规就跟刑法联系在一起了。合规研究已经经历了一个很长的阶段,从德国、美国到我们国家,大家都在做合规。但其实,我觉得刑事合规的上位概念——企业合规实际上需要各个部门法学者一起参与。具体来说,我最近在写文章,我的一个观点就是,但凡能够提供外部激励的法律部门都可以合规。大家怎么去理解合规?

第一个层面是国家治理层面。国家治理的层面包括哪些内容?我认为可以是两点也可以是三点,第一点是要有相应的行为规则,要告诉企业怎么干是合法的。第二个是要提供充足的外部压力,也就是责任要足够重。就是我们讲的"胡萝卜加大棒","大棒"要硬,让企业知道你违法了有棒子揍,这样它才会作出合规的选择。第三个非常重要,要告诉企业,做出合规以后,我们有办法给你减轻处罚;如果不合规,我们有办法在基础罚款数额之上加重处罚。按照美国的《联邦量刑指南》,它的做法就是打分,根据分数来给你算最后责任的变动倍数。

第二个层面是企业内控层面。这就涉及合规承诺,合规承诺并不是虚空的,合规承诺从承诺开始就应该是个具体的。什么叫合规承诺?你知道国家有行为规范吗?你知道你违法有什么责任吗?你知道你合规能导致责任的变动吗?企业说知道,就达成合规承诺了。通过这样的承诺,从国家治理的视角移步到企业内控的视角,企业开始识别风险。比如说在经营的过程中,发现有违规风险,然后就去预防,这就叫企业内控。国家治理的视角和企业内控两个视角合二为一,构成了企业合规的主体,这两个视角是相辅相成的,任何一个合规都要做这两个视角的内容。

我觉得刑事合规很重要,但其实刑事合规服务的是一个更上面的概念,我们的目标是企业合规。包括这两天有同学们可能关注新闻,阿里被处罚以后,国内主要的平台企业也开始有所动作。还有一个事情其实更有意思,国内的主要品牌企业分了两个批次,搞了一个合规承诺。但是在我看来,这距离真正的合规还远得很。大家千万不要认为企业作出了这样的承诺,它就合规了。因为在国家治理层面上没有做到位,三个要素现在一个都没有。刚刚我听其他老师说,能不能把合规提前,能不能别等着企业犯罪了之后再补个合规,事后合规有什么意义?所以我们能不能把合规提前,这样企业就没法违规操作。这里我要提醒大家,在企业作出一种合规承诺之后,我们还是要去观望其后续行为,因为对于互联网企业来说,它一个违法行为能挣几百亿元,如果没有国家治理层面和企业内控层面的完善机制,我们无法相信他签字以后会合规。我们整个合规是一体的,先通过经济法的合规进行,经济法的合规不顶用,然后再用刑法的合规以保障刑法的最后手段性、谦抑性。这样的一种双层结构,能有助于形成完善的企业合规制度,我大胆地预想这应该是合规制度的未来。这是我的一点点粗浅的看法,再次感谢石磊老师,感谢周院长,感谢李老师,谢谢大家。

主持人·李本灿

谢谢传凯博士的精彩分享。由于时间关系,我们就不再设置提问环节。最后有请石磊老师针对以上与谈做一个简要回应。

主讲人·石　磊

好的,那我就简单回应一下:

第一,我非常赞同李本灿老师说的合规是需要有边界的,而且合规的基础可能不仅仅是狭义的公共利益。换句话说,公正、公平是不是公共利益,我觉得是,而且是最基础、最大的公益。公平实际上是平等、公正,我觉得这是特别玄妙的概念,甚至基本上可以说它是一个主观概念,大家觉得是公正就是公正,大家觉得不公正就不公正,所以让人民群众在每一个案件中感到公平正义是非常难的一件事。因为他"感到"公正才行。刚才柳老师说能不能把功利放前头,把公正放后头,我认为社会公众觉得行就行,社会公众觉得不行就不行。因为公正说到底是涉及每个人的,所以在这个地方恐怕轻易地别动它。

第二,关于刑事合规案件的边界问题。目前存在着两种意义上的合规,其中一种意义上的合规是和企业利益相对立的合规,这恐怕是企业不能接受的。举个例子,刚才李本灿教授说了,有的企业是权力依赖型企业,所谓权力依赖型企业,按照我的理解,可能就是以行贿作为基础存在的企业。对于这种企业来说,你说要合规,你以后别行贿,那这个企业生存都有问题,它怎么可能来配合你。我们绝对不可能让这种合规变成我们所说的合规,这种合规如果大行其道的话,就会出现本灿老师说的"破窗效应"。

第三,费用的问题。严格地说,费用应该由企业负担,不应该由检察机关负担,不应该从办案经费里出,也不应该由社会组织如工商联负担。实际上,美国、法国也都是企业出钱。检察院的公共预算,包括检察院的办案经费不该用来给企业买单,但现在是在试点,没有理由让企业出钱。所以现在这个阶段,能想到的办法,就是大家把这事先办了,包括律师,作为先驱,先做点牺牲。

我就说这么多,再次感谢大家!

主持人·李本灿

不知不觉,我们的讲座已经持续了将近3个小时,这也就意味着,本期的讲座也到了要结束的时刻了。最后,再次感谢石磊老师以及在线上的张家港市人民检察院的邓检、深圳市南山区人民检察院的黄检,以及所有的朋友,今天的讲座到此结束,谢谢大家。

金融合规与我国反洗钱刑事规制

主讲人：王　新（北京大学法学院教授）
与谈人：何　萍（华东政法大学刑事法学院教授）
　　　　林　静（中国政法大学证据科学教育部重点实验室副教授）
主持人：李本灿（山东大学法学院教授）
时　间：2021年5月9日

主持人·李本灿

尊敬的王新老师，尊敬的线上的何萍教授、林静教授，我们院刑法学科的柳忠卫教授，各位同学，大家晚上好。欢迎大家来到山东大学法学院刑事合规名家论坛第七讲，今天我们非常荣幸地邀请到了北京大学法学院教授、博士生导师王新。

首先我对王新老师做一个简单的介绍。王新老师是我们国家经济刑法，尤其是金融刑法研究领域的权威学者。王新老师长期以来一直坚持金融刑法的研究，尤其是针对反洗钱问题进行了非常深入的研究。除此之外，王新老师还从事国际刑法的一些研究。王新老师今年开始在最高人民法院第三刑事法庭挂职副庭长，主要负责金融犯罪的审理工作。可以说，王新老师在金融刑法这个问题上是我国学界中的权威。我们的论坛是"刑事合规"论坛，我所研究的合规是一个大的合规，是一个框架性的，它中间还涉及很多具体的问题。王新老师所研究的金融合规就是一个很具体的问题。以上是王新老师的基本情况。同时，我们还邀请到两位线上与谈人，一位是华东政法大学的何萍教授，何老师是我一直比较尊敬的一位老师，之前没有与何老师见过面，我是以文取人的，因为此次合规论坛涉及反洗钱的问题，我就看哪些老师在这方面有研究，发现何萍老师在反洗钱问题上有非常多的相关著作，据我了解，何老师在反洗钱的问题上,中文和英文的专著有至少4本,还有若干的项目,若干的论文,所以由何萍老师担任我们的第一位与谈人是非常合适的,在这里欢迎何老师,也感谢何老师对我们的支持。

第二位与谈人是来自中国政法大学的林静教授。我和林静老师认识也将近10年了,林静老师之前在德国马普所攻读博士学位,之后做博士后的研究工作。林静老师的研究主题也主要是关于合规的一些问题,她的博士论文写的就是关于反洗钱犯罪的问题,所以由林静老师担任第二位与谈人也是非常合适的。多的时间我就不占用了,现在大家以最热烈的掌声欢迎王新老师给我们授课。

主讲人·王　新

好的,谢谢本灿老师热情洋溢地介绍。尊敬的柳老师,尊敬的何萍老师和林老师、线上的朋友们,各位亲爱的山东大学的优秀青年学子,非常开心,也非常荣幸,今天来到美丽的山东大学,跟大家做一个交流。

这次来青岛,按照我跟本灿老师的说法,是完成一个迟到的作业。因为今年是山东大学建校120周年,李老师很早就向我发出邀约,本来去年就应该把各种准备工作都做好,但是正好赶上青岛的疫情,就把它延迟了。4月本来想过来,因为有很多公务,没有来。但是这个作业老不完成也不合适,不能3次违约。受中国人民银行济南分行的邀请,昨天在济南给4家分行联合主办的培训介绍一些反洗钱的情况。所以我想顺路赶快来把迟到的作业完成,当然也特别迫切地想见到李老师,近距离地跟老师们做一个交流。大家知道,合规不管从理论层面还是从实务层面来看,不管是从表象上还是从深层次的角度来看,都应该是当下最热门的一个话题。

值此之际,山东大学成立了刑事合规研究中心,柳老师挂帅,本灿老师具体负责并在其中做了大量的工作,山东大学刑事合规研究中心取得的成就是有目共睹的。本灿老师年轻有为,围绕刑事合规进行了深入研究,发表了很多高质量的论文,在学界产生了很重大的影响。从各种角度来看,这个平台为刑事合规的交流提供了非常好的机会。

这里我想跟大家交流的内容,是我的专业研究中的一个具体问题。合规的内容很庞大,涉及多种学科,在这种情况下,特别是在我国这种状况下,除了在理论层面要进行一种启蒙,我们还需要围绕某个重点领域来进行一个深挖掘。换句话来说,要能够把这种理论或者这种启蒙落地。具体来讲,就是要选择一个领域,进行比较深入的研究。我选择的这个领域,毫无疑问就是刚才本灿老师所介绍的我几十年所研究的反洗钱问题。在当下金融犯罪的国内外背景下,这样的研究实际上就显得特别重要。今天由于时间关系,我在讲完之后,想留出时间,与何萍老师和林静老师进行交流。他们会在虚拟空间给大家讲述,然后由本灿老师做精彩的点评。最后,我也希望讲授完,各位同学听了以后,可以把问题提出来,我们做一个互动。接下来这段时间,我想给大家做两个方面的汇报。

首先,从问题意识来看,合规理论方面的内容很多,但是我们可以先关注几个比较重要的内容。从紧迫性的角度来看,第一个问题是,大家知道我国几家国有商业银行在海外都受过处罚,后面我会给大家介绍这些案例。那么这些企业受罚的切入点是在什么地方呢?毫无疑问就是反洗钱。按照美国的做法,你不合规,我就要"打你板子"。所以,所谓的金融制裁,或者换句话来说,金融"大棒"的挥舞,是因为有"软肋"被它抓住了。第二个问题,各位同学实际上也应该有所关注,在防范化解重大金融风险背景下,央行开始强监管。特别是从 2017 年开始,全国刮起了强监管的风暴,处罚的力度越来越厉害了。这种处罚力度的增强体现在前后监管力度的对比上,最为明显的例子就是上海浦东发展银行(以下简称浦发银行)成都分行 775 亿元的造假案,该银行被银监会全方位处分。大家可以看到"打板子"的力度、罚款的力度都很大。可以说,国内实际上就是强监管,金融安全这种底线是不能被触碰的,因为它跟国家安全紧密联系在一起。

其次,在融入全球框架的过程中,要体现出我们的大国形象,这个问题很重要。现在,我们的企业在外面出现了很多挨罚的情况,对大国形象的塑造是不利的。中国农业银行(以下简称农行)纽约分行在2016年被罚,被罚的主要原因是,纽约州金融服务部认为农行纽约分行在跟几个美国高度关注的国家进行跨国转账的时候,存在监控异常的巨额转账。换句话说,在反洗钱的要求上出现了不合规的情况。在这种案件的处置情况中,它的一种结果就是达成和解。我后面会给大家介绍一些其他国家的情况,像汇丰银行等不合规的情况,它们最终的处理都是和解。和解实际上就是两条线,第一个叫罚款,第二个就是要进行合规体系的完善。农行事件最后的处理是2.15亿美元的罚款,然后就是配套的"组合拳"。具体就是要采取步骤来完善银行内部的合规管理体系。在中兴事件中,我们也可以看到交钱与合规体系的完善这样的处置模式,也就是硬件与软件一块,要同时进行。如果我们从网上检索一下,实际可以看到工商银行、中国银行等在海外不同的国家基本上都触碰到一些问题,这些问题有一个更大的背景。何萍老师跟林静老师在海外都拿过学位,对此肯定都清楚。反洗钱是国际通力合作的一个类型,由于时间关系我就不展开了,大家可以通过这种主题进行筛选。像汇丰银行、渣打银行等国际银行,对它们进行的罚款都是天价的,罚款的一个理由都是反洗钱问题。美国的罚款基本上就是4条主线,即反洗钱、反腐败、出口管制和反垄断。换句话说,就是归我管,我就要对其进行处理。我给大家一个数据,美国2017年到2020年全球金融业反洗钱监管处罚总额是140亿美元,平均每年35亿美元。有人开玩笑说,美国靠这些在某种程度上就可以创收。银行业或者金融业的运行肯定是有一定的风险的,我们应当如何避开雷区,需要进一步给予高度关注。

由于时间关系,我就把这几个问题提出来:

第一个是为什么会出现这种天价的罚款。用内行的话来说,就是遭受灾难。这种灾难都可以放在一个项下,就是金融机构正面临着一个巨大的金融合规的挑战,这是不容置疑的,是大家所公认的。金融机构的合规管理绝大多数是跟反洗钱联系在一起的。我再三给大家强调,除了罚款,不要忘记它还有一套"组合拳",那就是合规治理体系的完善。中兴通讯事件大家可能关注的是几亿美元的罚款,但是影响更厉害的是实行了有史以来最为严格的合规管理制度,而且美国要求派执行组进入中兴通讯。在合规体系的完善过程中,美国要派人进来,它要什么材料就要给什么材料,要按照它的一种框架把合规体系建立起来。照着这种模式来进行,长期来看,这种措施的影响力可能比罚款的影响力实际上还要更大。合规里面的一些问题如何防止?特别是现在国企走向海外,众多的雷区如何来认识?如何来防止踩中雷区?这些问题实际上比罚单问题更值得关注,特别是出现了爆雷的情况,如何把这种体系加以完善,需要我们思考。农行纽约分行出事之后,农行整个系统将反洗钱抬到一个很高的高度,专门成立反洗钱中心,对这个问题进行了系统的调整,通过罚单将这种合规的硬件建立起来。合规的内容本来是一个道德的评价,现在它渗入企业的核心管理体制里面,合规中的刑事合规毫无疑问是最重的,它实际上关乎企业的生死存亡,这也是2017年银监会强监管划出的几个最重要的内容之一。中国企业的合规管理文件最早是银监会在2006年出台的一个指引,这个指引是一个框架性的文件,是商业银行合规管理的指引,国企在当时已经开始尝试合规管理。这个指引发展到后来,产生了一定的影响,国资委也随之开始出台了很多文件。从金融合规的风险防控来看,最为重要的一个文件是2018年银监会的4号文件,这基本上是治理监管的红线。这个监管文件涉及的问题有8大类,包括22个方面,共计128条。监管红线是高压线,不能触碰。浦发银行成都分行就是全方位触碰监管红线,对这个案件处罚之后,银保监会将监管思路确定为求稳和求进的关系问题。求进是对于重大和高风险的事件绝不手软。在改革推进的过程中,系统性的金融风险防控秩序必须非常稳固。求稳和求进之间怎么联系在一起?系统性的金融风险是一个底线,是绝对不能触碰的。对于违规的行为,也绝不允许。企业合规的面很大,但是金融企业或者金融风险具有自己独特的比较典型的内容。它有很多方面的界定,就像法学有很多部门法一样。根据中国反洗钱报告,明显可以感觉到反洗钱力度在提高，2018年中国人民银行进行反洗钱专项执法检查罚款额是1.66亿元，但是到了2019年增长到2.15亿元，同比增长接近14%。2020年更多，前一个季度"打板子"的情况与过去相比较，数10倍地往上提。反洗钱监管的力度明显增强，毫无疑问涉及反洗钱监管存在另外一种可能性，特别是通过刑事法律进行规制的可能。国际组织和我们后续整改的压力很大，反洗钱监管最重要的底线很多，但焦点是客户身份识别。银行跟客户打交道，过去是可以不知道这笔钱是谁的，它是什么来源，我不管，但是后来为了履行反洗钱义务，就要去了解客户。发展到今天，就是需要对客户进行尽职调查。银行在进行资金往来的时候，对于客户的身份要进行识别。了解你的客户或者对客户尽职调查，这是最根本的一个义务，也是排在首位的义务。

第二个是关于可疑交易报告和大额交易报告的问题。有的商业银行在这块做得不合格。反洗钱合规的规，最基本的是《反洗钱法》，此外还包括中国人民银行出台的很多文件。违反合规所带来的后果是什么？银行没有尽到反洗钱义务，就会纵容洗钱行为的发展。甚至从国家安全的角度来看，如果不对某笔交易进行跟踪，对客户进行身份识别，那么，相关资金就可能被恐怖分子利用，就会导致国际政治的不稳定。所以说，在几十年金融合规或者说在反洗钱合规的发展过程中，它已经形成一个整体的法律规制，或者可以超出法律来看待合规的问题。毫无疑问，对于合规，不能简单地把它停留在法律层面来看，它涉及很多方面，是不可分割的，必须要把合规动态地放在企业或者金融机构的运行过程中来看待。如果你把它作为一个静态的调查，一种打钩式的形式上的合规，应付检查，那么，实际上你并没有把合规的重要性理念渗入业务中去。合规建设的目标是养成合规的文化，合规可以产生生产力，虽然合规不能生产出真金白银，但是以逆向思维来看，它能够生产出生产力，这个问题实际上更为庞大。各位同学非常幸福，可以利用山东大学刑事合规研究中心这么一个很好的平台，在柳老师和本灿老师的努力下，能有更多开阔视野的机会。

最后一个内容是合规的监管或者运营。我把合规比喻成一个双剑合璧的机制。首先要确定一个规则,然后照着履行,防范于未然。你违规,我就要惩罚你。它实际上是两种机制,预防和惩治,这是一个非常典型的国际反洗钱的制度架构,实际上我国目前也是照着这条线来进行的。合规的中心点毫无疑问应该是将金融机构作为合规履行的主体来看待。如果从上帝的眼光来看的话,它处于另外一个地位,它处于监管者和洗钱行为人中间的一个拔河状态。犯罪分子要把黑钱漂白,主要是通过金融机构来进行,出于利益本性的驱动,金融机构才不管这个钱是黑的还是白的,钱到了我的账户里面,我再放回去。然而,这笔钱如果通过金融机构漂白,对国家安全会产生影响。国家公权力要把金融机构绑在反洗钱的战车上,对其施加义务,这是博弈的关系。也可以这么说,一笔黑钱在这儿,金融机构从它的本性来看,不关心这是黑钱还是白钱,但是从监管者的角度来看,必须要对它进行监控。金融机构通过公权力对你施加义务,你做不到,我就要打你,就形成了利益驱动和监管的一个博弈关系。国际银行最著名的一句话是,银行不属于反洗钱的一方,就属于洗钱的一方。说得难听点就是"墙头草"。监管稍微一松,它就会成为洗钱分子所利用一个平台,所以说监管毫无疑问地不能动不能松懈。在理解合规的主体的时候,要换一种眼光来看待。目前来看,金融机构反洗钱已经形成一种制度机制。在这种机制中,公权力在监管中不能松劲,金融机构实际上是处于一个非常尴尬的局面。对客户强监管,进行尽职调查了解客户,把客户都吓跑了,这笔钱本来会到你银行去,结果跑到其他商业银行机构去了,这对银行的业务有直接的影响。公权力为了把你绑上战车,要求你专人专岗。商业银行内部都有一个合规管理部或者风控部门,每年要投入大量的资金进行反洗钱合规的完善。2006年10月31日,《反洗钱法》通过,它要求金融机构建立内控机制,专人专岗,所以大量的法科毕业学生去了这种机构。

《反洗钱法》从监管层面为金融机构确定的义务在内容上更为庞大。法科学生包括我本人和本灿老师在内,在研究过程中,大家都有共识,研究到一定深度之后,就会发现有的内容研究跨度很大。实际上,有的内容就是要放在其他的领域或者运行的过程中去考察。再跳到更大的领域中,合规实际上有更大的一种价值。从中国的语境来看,特别是这几年,到目前为止,刑事合规依然在刑辩律师界呼声最高。最高人民检察院的改革试点也已经全面铺开。这个问题在法律机制上,特别是在刑事立法和刑事司法中,涉及的是罪名体系的确立、完善以及它的适用的问题。从刑事法律关系来看,洗钱毫无疑问不是一个多发的犯罪类型。洗钱罪,特别是我国《刑法》第 191 条规定的洗钱,基本上处于冷冻和睡眠的状态。根据中国反洗钱报告提供的官方数据可以发现,在 2017 年强监管之前,中国的定罪人数一直是在 20 人以下徘徊。到了 2017 年,特别是到了 2018 年定罪人数过半百,到了 2019 年定罪人数是 83 人。1997 年《刑法》就设立了第 191 条,但是在 2008 年之前,10 年中只有 3—4 个人被定洗钱罪。中国是个高风险的洗钱大国,但是司法的交付却是这样的答案。因其重大的危害性,洗钱已经被视为冷战之后全球通力合作打击的重点内容之一。"金融行动特别工作组"是一个政府间的国际组织,是专门从事反洗钱和反恐融资的国际组织。国际货币基金组织、世界银行有一项重要的活动,就是为反洗钱进行政策和技术的支持。巴塞尔银监会在 1988 年出台了反洗钱声明,要防止金融机构被洗钱分子所利用,加强对金融机构的监管。国际金融界有很大的一部分力量都是用在反洗钱监管政策的制定上。发达国家最为重大的影响力,就是在全球反洗钱评估报告当中出台了 40 项建议,这 40 项建议要在全球进行评估,评估完了打分,不合格的内容要做整改。对于金融合规和金融制裁,美国是一直这么做的,它认为反洗钱是与国家安全联系在一起的,因而把反洗钱上升到了国家安全的高度。"9·11"事件之后,反恐跟反洗钱紧紧联系在一起了。美国为什么对反洗钱这么重视,实际上它有这么一个大的背景。我国《刑法修正案(十一)》对《刑法》第 191 条做了重大的调整,《反洗钱法》也正在进行修改,明年要提交审议。实际上,《反洗钱法》在立法过程中存在极大的争议,然而在顶层设计的要求下,《反洗钱法》必须制定出来,在这一政策要求面前,所有的争议必须暂时搁置,这种做法实际上很能得到理解。从国外的情况看,在通过反洗钱法案的时候,金融界的议员一定会设法阻止通过。比如克林顿当总统执政美国时期,很多反洗钱的议案就通过不了,原因是来自金融界的国会议员阻止它,不让它通过,但是"9·11"事件发生之后,《爱国者法案》很快同步出台,里面有很多内容都是跟反洗钱联系在一起的,说明它已经跟国家安全挂钩了。关于顶层设计,习近平总书记早在2014年就提出总体国家安全观。危害国家安全的行为,狭义上,我们将其理解为刑法分则第一章危害国家安全罪的十几个罪名所涉行为。所谓的国家安全就是政体安全、国体安全、领土安全,这是传统的安全观。现在的非传统的国家安全,也就是说除领土的完整,政权、政体、国体安全这种传统安全之外,还包括网络安全、核安全、文化安全、经济安全等11个部分安全的概念,新的《国家安全法》又在某种程度上拓宽了国家安全的内涵。

在总体国家安全的概念下,中央深改组在2017年专门确定了一个主题,即"三反"的监管体制。深改组以前叫深化改革领导小组,现在改成委员会,由习近平总书记亲自担任组长,对于改革的深水区和重大的问题,深改组要确定一个方向和主题,能够进入这个领域中的都是非常重大的改革难题。"三反"机制就被列入其中,反洗钱、反恐融资和反逃税的监管机制必须完善。可以说,这个定位的高度已经很高,那么这个高度是怎么确定的呢?在早期,我们对反洗钱的认识,是认为洗钱是对金融机构形象的损害和玷污。金融机构被洗钱分子所利用,这是一个声誉的影响,我把它叫作1.0版的危害性的认识。2.0版危害性的认识是什么呢?洗钱被腐败分子所利用,转移赃款,它跟反腐是联系在一起的。到了3.0的版本,对它的认识已经拔高到跟国家安全相联系的高度。在长期的研究过程中,实务界对它的理解和认知还不是很深。最近几个部委邀请我写一篇文章把这个内容详细地作一个描述,所以我就写了一篇文章,就是《总体国家安全观视野下我国反洗钱的刑事法律规制》,文章在《法学家》2021年第3期发表了。我主要是从大的细节出发把反洗钱的危害性作了一个"三级跳"的梳理,分别是1.0、2.0和3.0版本的三级跳的认识,现在的认识高度已经是跟国家安全挂钩了。美国将两者挂钩，我们实际上也同样把它抬到了一个很高的地位。如果各位同学感兴趣，你们在网上也可以搜索，中国很早就出台了国家反洗钱的战略。

从司法角度来看，2009年最高人民法院出台了一个反洗钱的司法解释，但是该解释对反洗钱司法实践并没有起到根本性的推动作用。真正发生转变是从2019年3月份最高人民检察院召开反洗钱电视电话部署会开始的，自此反洗钱被作为一个非常重要的司法工作内容来对待。正是在这次电话会议上，全国检察机关把反洗钱作为金融检察考核的一项重要指标。到了年底总结的时候，排在最后的是非常难看的，所以说各个省反洗钱的司法能动性就完全被调动了起来。张军检察长在今年两会工作报告中给大家提供了一个数据，2020年全国检察机关依照我国《刑法》第191条对707人提起了公诉，要知道，2019年只有83人被认定洗钱罪。数量急剧增加实际上就是给大家传递了一个信号。我国《刑法》第191条过去是个"睡美人"，一直在沉睡，为什么会沉睡？今天为什么要把它惊醒？通过我们的整体部署，该条款很快就得到了激活，这传递出顶层重视反洗钱的信号。当前立法对第191条作了第三次修改，最大的一个亮点是自洗钱入罪。自洗钱是什么含义呢？我自己贪污，我自己再去洗钱。在《刑法修正案（十一）》之前，自洗钱是不能单独定洗钱罪的，也就是过去洗钱只能由第三方来实施。现在《刑法修正案（十一）》就把这个"紧箍咒"给去掉了，这是这次刑法修正最大的一个亮点。为什么要把这个套给它解开？在中间遇见了什么样的困难？如何在顶层设计和国际压力下，把最大的难点给解开？实际上，在《刑法修正案（十一）》修订过程中，自洗钱入罪在某种程度上遭遇了传统刑法理论的激烈抵抗，包括德国也是如此。自洗钱入罪，对传统赃物犯罪在理论方面会产生很大的冲击，或者提供全新的视野。我正在主持反洗钱司法解释的制定，在这个过程中遇见了几个问题：一是自洗钱入罪之后是并罚还是单罚？二是从罪名体系的角度，如何看待我国《刑法》第312条。具体来说，既然自洗钱可以入罪，那么本犯能否构成第312条犯罪？三是共犯理论。过去我与走私犯共谋，然后进行洗钱,大家知道是按照走私犯上游犯罪的共犯来进行定罪。但是,今天自洗钱入罪之后,是不是绝对就按照上游犯罪的共犯来处理?这三个问题在自洗钱入罪之后,被鲜明地提了出来,这就对传统理论提出了挑战。这种挑战也是我跟本灿老师在这段时间交流的问题,他对传统刑法理论中的罪数理论、共犯理论,还有传统赃物罪理论,都提出了一种新的反思。我今天跟大家交流的一个主要任务,就是把问题抛出来让大家进行一个思考,这也是本灿老师给我布置的作业。我不是给大家做一个填鸭式的灌输,不是要求大家去接受什么,我就是把这种问题提出来,在某种程度上就是刺激大家对传统理论进行一下反思。

这两年,我们之所以高度重视反洗钱工作,很大程度上也来自金融行动特别工作组(FATF)的外部压力。FATF每过几年都要依据40项建议进行重新互评估,然后发布互评估报告。互评估报告出来之后,贴到网站上,会产生巨大的影响力。它有黑名单机制,对于核心项目不合格的,在3年整改期内必须提升,提升不了,就被纳入黑名单。这是什么概念?进入黑名单就证明金融体系存在着一定的风险。其他国家在和进入黑名单的国家进行金融往来的时候,要高度谨慎,为了避免惹麻烦,其他国家基本上会减少甚至断绝和进入黑名单的国家的往来。伊朗跟朝鲜就在黑名单,这种机制阻断了这些国家的金融往来,所以说这种金融制裁的杀伤力实际上是很大的。互评估报告不是你们所理解的像NGO非政府组织出具的一个文件。中国在2007年6月份成功加入了FATF,我们一直树立的形象都是负责任的政治大国。你所提出来的标准,你自己不合格,你也不进行整改,不对标把它调上来,你的这种形象就会非常难看。所以说,在这种状况下,我们为什么特别重视互评估报告的评价,这是因为有一个外在的看不见的压力在压迫着大家。2019年互评估报告出来,按照40项建议,针对40个项目给你打分,有6项不合规就是不及格。犯罪分子通过金融机构来洗钱,发现通过金融机构洗钱门槛条件很高,洗不了怎么办呢?他们就跑到非金融机构去洗钱,可能通过珠宝买卖、贵重金属的买卖,房产的买卖、拍卖,甚至律师事务所、会计师事务所也可以加入进来洗钱。这些洗钱方式并非通过金融机构,如果对此不予管理的话,则说明反洗钱机制有漏洞,所以要把这些行业也绑定为反洗钱主体。反洗钱主体我们现在叫义务主体,现在的义务主体包括特定的金融行业和非特定的金融行业。大家可以看到,洗钱防治的义务主体是扩大的,中国在特定非金融行业的洗钱问题上有3项不及格。央行前段时间刚出台监管办法,把大家经常所理解的第三方支付这种非金融机构也纳入进来,就是为了解决这个问题。此外,我们还有12项是部分合规。部分合规是什么概念呢?就是在及格线左右摇摆,但必须要把部分合规项目提升。这种情况跟第三轮互评估相比较是有进步的,对于核心项目还有不合规项目,我们必须要在3年内把它整改合格。去年我们第一次提交了后续整改报告,3项不合格的内容,通过整改合格了;今年我们刚提供了第二轮后续整改报告,也把我们的完善措施提供给FATF了;最可怕的是,明年是最后一次机会,如果核心项目有的地方的评估指标提不上去,我国就有可能就被纳入黑名单里。在这3年中,央行面临的很大压力实际上就是这个问题。与前面不同的是,在第四轮互评估中又加入了一个反洗钱有效性的考察,在洗钱的调查和起诉方面,我们基本上算是不及格。我们的监管和刑事司法的效果太差,必须在这3年中加以改进。国际压力促使我们要把反洗钱立法和司法包括实务水平都要提上来。央行有一句话,互相评估是对大国形象的评价,也是国际性的、全面性的体检。

我们的一系列的"组合拳"放在这个背景下,就可以自然地得到合理解释。为什么央行现在板子打得更重?因为之前的调查起诉数太少。为什么我们司法机关从去年开始就紧锣密鼓?因为过去对洗钱行为的处理太少。需要说的是,即便再紧锣密鼓,707人还是不够。在中国的洗钱犯罪化核心项目中,我们有两处硬伤,必须改进。一是自洗钱要入罪;二是2021年4月对我国《刑法》第312条的司法解释作了一个修改。大家知道司法解释修改了什么内容吗?就是把第312条的入罪门槛调整到3000元。即便如此,也还是不够,互评估报告要求把它废掉,就是不能设金融门槛条件。为什么新修正的司法解释要自4月15日起施行?因为4月20

日就要把第二轮互评估报告提交上去,金融门槛条件在这时是刺眼的东西,必须要把它拿掉。央行相关负责人带队到最高人民法院找我们座谈,说如果不拿掉门槛条件,明年万一被"挑刺"还是很麻烦的,所以今年最好把它拿掉。我们说司法解释正在进行修订,他们说他们等不了,最后就只能采取部级联席会议给最高人民法院的领导直接发函的方式,提出这种国际的压力和要求。于是才有了相关司法解释的出台。对于该司法解释,要综合地对它进行判断,对于这样一个法律规范的理解,大家应该用动态的眼光来看待。洗钱是公权力者和洗钱犯罪分子之间的博弈。那么这里面就产生了一个问题,为什么会有洗钱?今天我想把这条线索给大家作一个描述,让大家真正理解洗钱为什么会成为一个博弈的焦点。洗钱毫无疑问是下游犯罪,比如说我实施了贪污行为,之后把赃款转移到美国去,犯罪所得和犯罪收益由此被漂白,从而就会形成自洗钱。现在很多法官和检察官有一个错误认识,就是认为洗钱是洗犯罪所得、犯罪收益。这就意味着上游行为必须被定罪,只有这样它的所得和财产收益才能够符合洗钱罪的行为对象。也就是说,上游犯罪必须审完以后才能启动洗钱罪的审理。还有一个重要的问题是不可罚的事后行为。洗钱是下游犯罪,是一个事后行为。传统赃物罪认为它是上游犯罪的自然延伸,是不可罚的,罚了就是双重处罚。那么现在的这种路线我们应该怎么来看待呢?这就涉及一个很重要的问题,就是洗钱罪作为下游犯罪,它和上游犯罪到底是什么关系?洗钱为什么会产生?毒品犯罪分子一定会去洗钱,早期的毒品交易都是街头交易,我给你一箱"白粉",你给我一箱美元,这种接头交易是什么概念呢?就是卖出去的"白粉"越多,你得到的纸币也就越多。以色列一个学者做过一个统计,卖出去1克"白粉",按照黑市的价格得到纸币的重量是1∶10。也就是说,卖出去1克"白粉"得到的纸币是10克。《人民的名义》中,检察机关在赵德汉家里面搜出满墙满床的现金,吃瓜群众的第一个感觉就是土豪真有钱,刺激眼球的效应是一个空间的效应,重量是空间上的效果。赵德汉的原型是魏鹏远,他一直狡辩说自己是个清官,但是在他家里搜出2亿元现金之后,马上就瘫痪了。同样,在赖小民家里面也搜出2亿元现金。由此可见,如果上游犯罪的黑钱以一种物理形态出现是非常危险的。为什么危险?第一个是黑吃黑,早期在打击毒品犯罪过程中怎么打都打不下去。从20世纪60年代开始,西方国家就开始打击毒品交易了,但通过政治、军事、外交等手段还是打不下去。他们最终调整了策略,开始跟踪毒品交易以后黑钱的流向,发现黑钱全部到了银行,这就是银行登上反洗钱舞台一个最重要的原因。20世纪70年代主要是通过金融机构去洗钱,所以美国在1970年出台了《银行保密法》,1986年出台了《洗钱控制法》。在进行大额现金交易的时候要填单子,双方博弈的焦点全部聚集在银行。毒品犯罪分子必然要去洗钱,而国家为了反毒品,就要让你冒着巨大风险拿不到卖"白粉"的钱,让你通过犯罪的黑钱得不到、享受不到,从而遏制毒品犯罪,这是一个理性的推论。在打击上游犯罪过程中,必须去反洗钱。到了发展阶段,洗钱是有组织犯罪和腐败犯罪的必然选择。这两种犯罪会危害到国家的安全。第二种是黑生黑,如果说早期的毒品犯罪分子都是享受挥霍,不把钱当钱,但是现在,理性的上游犯罪人在得到一笔钱之后,他有野心,要用黑钱再去生黑钱,生出来的黑钱叫犯罪收益,第一桶黑金叫犯罪所得,第二桶黑金乃至N桶黑金就叫犯罪收益。只是在这个意义上,我国《刑法》第312条规定了掩饰、隐瞒犯罪所得、犯罪所得收益罪。随着有组织犯罪的发展,有组织犯罪开始用钱来生钱,用获得的黑钱进行投资建工厂,到政府里面拉拢代言人来控制政府,这种危险是很大的,所以国家必须予以打击。同样的道理也可以适用到反恐问题。反恐怎么反?

"9·11"事件之后,小布什执政时期从政治、军事、外交方面制定了各种对策。而最基本的问题是,恐怖分子的钱到底从哪里来?我给大家举一个最形象的例子:本·拉登策划并实施了"9·11"事件,为了调查该事件,美国成立了独立调查委员会,经调查发现该恐怖组织直接花费的经费是5150万美元,其有一个训练基地,每年的运作经费必须要达到数十亿美元。换句话来说,没有这么多钱,想把这场恐怖袭击搞成功是不可能的。前几年时任国家主席胡锦涛做出了一个结论,即反洗钱是反恐战争不可缺少的组成部分,国际社会需要对洗钱行为进行控制。反恐要成功,必须消除和遏制恐怖融资。习近平总书记在G20杭州峰会中得出一个结论,就是必须阻断恐怖融资。由此反洗钱和反恐融资绑在一起,各个主权国家的反洗钱法里面都有一块内容是反恐融资,这完全是对洗钱的危害性一步一步加深认识才得出的结论。从它的产生来看,洗钱离不开上游犯罪。但是从它的2.0、3.0版本来看,它的危害性和杀伤力在某种程度上超过了上游犯罪,这是一个最基本的判断,实际上也是法益判断。反洗钱领域有两句话特别经典:钱要不然是目的,要不然就是工具。抓住了资金的流向,就抓住了这种金融乱象的根本。用央行内部的话来说,我让你辛辛苦苦得到的钱花不出去,那么你还冒这么大风险干什么?赖小民家里面放着的现金如果让恐怖分子利用,就是巨大的一个定时炸弹,是非常危险的,这就是为什么现在我们要对大额的现金交易进行管控的原因。为什么要在第三方、第四方的支付过程中附加反洗钱的义务?因为任何人在日常生活中都离不开钱,但是由此又会带来另外一个问题,即其与公民的金融隐私关系之间产生的冲突如何进行平衡?反洗钱要把个人的金融隐私在某种程度上曝光,让公权力知道。那么金融隐私应该如何来看待?大家在理解一个现象的时候,绝对不能孤立地来理解。

  为了治理洗钱,我国也已经形成了相关的罪名体系。大家都知道,我国《刑法》第191条的洗钱罪是1997年《刑法》规定的,但是现代意义的洗钱罪是在20世纪90年代的单行刑法中规定的。对洗钱行为加以规制有两个背景,第一个背景是联合国1988年《维也纳公约》,第二个背景是中国的毒品犯罪开始猖獗,所以1990年进一步决定增加罪名,增加死刑,这个罪名也是隐瞒犯罪所得罪的来源。洗钱的真正法律含义是什么?中国现在的刑事法律称为"掩饰隐瞒",这是动词。钱指的是黑钱,它的上游犯罪只能是毒品犯罪,所以叫掩饰隐瞒毒品性质来源罪。1997年《刑法》将第191条的上游犯罪进行了扩张,将黑社会性质组织犯罪和走私犯罪纳入了进来。也就是说,上游犯罪的外延扩大了,洗钱的行为对象不局限于原来的毒品犯罪,黑社会性质组织犯罪和走私犯罪也被作为上游犯罪纳入其中。如此一来,单独成罪的上游犯罪就有了三个,我们可以把它理解为颜色犯罪。毒品是白色犯罪,黑社会性质组织犯罪是黑色犯罪,走私犯罪是黄色犯罪。《刑法》第 312 条和第 349 条条文的排序,明显就是一个是放在妨碍司法罪,一个是放在毒品犯罪。换句话说,其不是洗钱的罪名体系的内容。《刑法修正案(三)》是反恐的修正案,上游犯罪加一个恐怖活动犯罪,《刑法修正案(六)》再加 3 个,由此形成第 191 条的 7 类上游犯罪。换句话来说,第 191 条规范意义上的黑钱,必须来自这 7 类法定的罪名。打一个比方,像盗窃罪,不在这 7 类里面,就不能用它。毒品犯罪跟恐怖犯罪这两个犯罪到底包含多少个罪名,在《刑法》里面有狭义说与广义说区分。有的学者将黑色恐怖犯罪理解为第 120 条之一到之六的犯罪,将黑社会性质组织犯罪理解为是第 294 条的犯罪,这是狭义的理解。我们现在对它的理解是在广义层面上。

我给大家说一个例子,从静态的角度来看,绑架罪肯定不在这 7 类犯罪之中,但是绑架罪如果具备了恐怖活动的特征,可以把它叫作恐怖活动犯罪。它所产生的收益,可以把它放在第 191 条。黑社会犯罪应该抓住黑社会的 4 个特征,恐怖活动犯罪应该抓住反恐法中的特征来看待。它们的外延应当从实质的角度来确定。比如,国家税务总局认为,妨害税收征管罪必须要加强的理由在于"三反机制"是反洗钱、反恐融资、反逃税三位一体。"三反机制"里面有逃税,这是并列关系,必须要把它加进来。另外,税收犯罪是黑钱的一个主要来源,所以主张把它加进去。现在跨境赌博是产生黑钱的一个主要原因,有的部门主张要把它加进去,这是出于部门的一种利益考虑,是打击的一种需要。目前刑事立法的完善有两条路线,一个是上游犯罪在扩充,另一个是自洗钱入罪。但是《刑法修正案(十一)》把自洗钱入罪作为重中之重来看待,《刑法修正案(十一)》的三稿向全社会征求意见,但是第 191 条不在其列,这是因为认识不统一,所以先暂时搁置了。当时,第二稿向全社会征求意见的时间很紧张,几个部委意见不统一,但是这个文本又必须要在这时候形成。所以自洗钱上游犯罪是否扩充,需要先放一放。自洗钱入罪应该是《刑法修正案(十一)》

中对第191条最大的一个挑战,而且是最难解决的一个问题。

关于立法方面,我想花点时间谈一下我国《刑法》第312条。大家看第312条,1997年《刑法》是把窝赃、销赃罪放在妨碍司法罪中,刑法修正案对上游犯罪加了3个。洗钱犯罪化,上游犯罪有一个门槛条件的限制,其鼓励把所有的上游犯罪都作为洗钱的上游犯罪,但是又确定你可以灵活把握。2006年之前,第191条只有4类。差距太大怎么办?最简单的方法是全部拿过来完全对标。这种对标的方法引起了理论界和立法的争议。那么最后采取的方法是什么?既然对立法技术没作限制,就把第312条作一定的修改,将其纳入洗钱罪的框架内。互评估报告最后认可了中国这种做法。第312条被认为是洗钱罪的一个组成部分,并且犯罪收益也被作为本罪的犯罪对象加了进来。过去是单一的妨碍司法的犯罪,传统的赃物犯罪,但是现在却被定位为洗钱犯罪。我给检察官、法官他们讲课的时候用了一句话,叫"身在曹营心在汉",它身在妨碍司法罪,但是却高举着反洗钱这杆大旗。换句话来说,它的立法功能是在反洗钱,所以不能将第312条理解为单一的妨碍司法罪。在学习第312条时,大家一定要注意它在变化过程中的另外一个身份,记住我今天讲的"身在曹营心在汉"这句话。与此类似的是第349条窝藏、转移、隐瞒毒品、毒赃罪。我们按照国际反洗钱的框架全部把它纳入进来,由此就形成洗钱罪的罪名体系,这应该是最标配的反洗钱。各位同学以后在理解反洗钱的时候,不能再把它理解为是第191条,虽然在检索的时候只有第191条,但是第312、349和120条之一全部都算。这种做法在两个方面可以证明:一是发达国家的互评估,两次互评估都是把4个罪名放进来一起评估的;二是2009年司法解释和2021年9月份要通过新的司法解释都把它写进来。也就是说,洗钱是一个罪名体系,最为标准的洗钱罪是第191条,而洗钱犯罪则包括上述4个罪名。这种辩证逻辑关系,要放在一个动态的眼光中看待。

关于司法适用的难点问题,现在都是在"摸着石头过河",但是这里有几个数据我觉得可以提高大家的问题意识。第一,2010年FATF第三轮互评估报告出来之前,我们给他们一个数据,三案四被告。10年前是这个数字,在这个数字出来之后,我们进行了整改。第一次整改是2009年最高人民法院单独出台的司法解释,2015年最高人民法院就相关问题再次发布司法解释。两个司法解释是瞄着反洗钱司法效果作出的。中国人民银行行长周小川代表中国政府签了政治承诺书,承诺要把反洗钱的司法效果提上去。3年整改中,第191条像挤牙膏一样,挤出来了14人,这个差距太大了,但是我们有第312条的兜底。涉及我国《刑法》第312条的罪名有上万起,这一叠加总数就很大,第312条的功能这时候就发挥出来了。这样就能知道,第312条具有双重属性,这不是学者硬加上的,而是对司法活动的准确描述。单就第191条而言,司法效果为什么这么差?央行专门成立了课题组,得出一个结论,即缺少侦查经验。第二,就是执法观念的问题,这也是最麻烦的事。推动《刑法》与司法解释的修改都是按照这条路线图走的,但是我希望大家不要忘记另外一句话,即加大金融情报的支持力度。央行在行刑衔接方面特别热情,原因在于司法效果要靠司法机关来做。洗钱规制的重要性不言而喻,在整体氛围的压力下,如何能把它做得更好是重要的问题。在这个问题上,还有一个内容是最高人民检察院的态度,这是更直接的态度。2020年最高人民检察院召开了全国电视电话会,之后效果立竿见影,一年就起诉了707人,这个数字很大。另外,最高人民检察院《关于充分发挥检察职能服务保障"六稳""六保"的意见》中提出两句话:第一句是切实转变重上游轻下游;第二句话是同步审查。同步审查是一个工作机制,在审查上游犯罪的时候,要将洗钱犯罪列入工作机制。这种观念很难突破,但是只要把政治嵌入工作机制里面去,可以感觉到它被抬高了起来,但是自洗钱不入罪,怎么按照洗钱罪处理?这是一个"瓶颈"。在FATF的互评估报告中,中国司法机关、各地法院和上海的数据有几个数字令我印象很深。FATF第一个互评估报告中,中国大量的洗钱犯罪是上游犯罪本犯去实施的,但是中国把它排除在外,仅作为上游犯罪定罪的一个量刑因素。也就是说,大量的洗钱都是上游犯罪本犯自己干,结果我们把这种犯罪排除在外,所以他认为你要改。上游犯罪与洗钱罪的差距是4‰。也就是说,在1万起上游犯罪的案件中,真正以洗钱罪定的只有4个案件，但是有大量的本犯，判决书里面记载他们都有洗钱的行为。在这种状况下，我们必须要把立法的"瓶颈"给解决掉。自洗钱入罪之后，洗钱和上游犯罪是数罪并罚，还是主张要根据罪责刑相适应原则不并罚，这个工作要交给"两高"来做。这会带来第二个问题：如果数罪并罚符合立法原意，那么第191条会发生一个井喷式的增长；上游犯罪只要是理性的人，一定会去洗钱，有上游犯罪就会有洗钱。这个体量有多大？张军检察长在最高人民检察院的工作报告中提到，中国一年起诉刑事案件被告人是150多万人。如果数罪并罚，洗钱的数量一下子就会上来。现在各地都在等"两高"对自洗钱入罪之后是并罚还是择一重处罚作出司法解释。有的司法机关认为，将"明知"给废掉，是不是说明犯罪分子在洗钱的时候就不用再证明"明知"？毫无疑问，这是一个错误的认识，我很早就写文章反驳这种观点，洗钱的认定要分成自洗钱和他洗钱，自洗钱不需要证明明知，他洗钱必须要证明，否则会陷入客观归罪的泥潭。比如说本灿老师帮我洗钱，他看我是老师就帮我洗了，帮我把钱转移了，他不知道这是黑钱，定他洗钱罪，这明显是客观归罪，但是他自己洗，这毫无疑问可以定罪。所以说，"明知"这个主观要件的证明要分自洗钱和他洗钱，在他洗钱的情况下，必须要证明，高压线是不能松动的。

以上就是我要讲的全部内容，我的讲授只是开胃小菜，后边还有何萍和林静教授的大餐。我就说这么多，谢谢大家！

主持人·李本灿

非常感谢王老师精彩的报告。王老师太谦虚了，觉得自己讲的是开胃小菜，但在我看来，是学术大餐，真的没有夸张的成分。坦率地讲，刚才王老师讲的洗钱罪，掩饰、隐瞒犯罪所得、犯罪所得收益罪都是我们在平时的授课和学习时忽略的罪名，我们可能花几分钟的时间就会讲完了，但是王老师却花了整整两个小时的时间，深入浅出，而且非常生动地给我们讲了关于反洗钱的问题。我自己一开始也尝试去记录，但后来我就放弃了,因为我觉得在记录的过程中可能会遗漏很多的东西,确实是非常的受益。王老师不仅长期关注反洗钱的理论问题,还长期在检察院挂职,现在在最高人民法院挂职,很多的实务工作往往也都参与其中,因此我们可以看到,很多在课本上学不到的东西在王老师这里都是信手拈来。我觉得这一场报告真的让人受益匪浅。请大家再次感谢王老师。

现在我们进入与谈环节,首先有请华东政法大学的何萍教授。

与谈人·何 萍

好的,尊敬的王新老师、本灿老师、山东大学的各位师生,大家晚上好!非常荣幸聆听了王新教授的精彩讲座,我谈一下我的感受。因为事先并不清楚王新老师讲授的具体内容,而且王老师对于洗钱罪的研究非常深入,讲解非常详尽,我好像很难有什么补充的,所以我先谈一下我聆听报告以后的感受。

首先,我认为王新教授的讲座内容十分高瞻远瞩,站位非常高。这是因为王新教授是目前中国研究洗钱犯罪的第一人,他对于国际国内反洗钱的相关内容如数家珍,娓娓道来。当然,王新老师的讲座内容很高端,还有一个原因是,王老师目前在最高人民法院挂职庭长,他参与了相关司法解释的制定,所以他了解很多我们接触不到的比较深层次的内容。王老师提醒大家,反洗钱不仅仅是为了打击洗钱或者打击上游犯罪,反洗钱的意义还在于维护国家的金融安全乃至国家安全,所以反洗钱的政治站位也很高。

其次,我觉得王老师的讲座内容非常丰富。王老师从金融合规讲起,引申到刑事合规,从国际反洗钱讲到了国内反洗钱。在反洗钱方面既讲解了刑事立法的发展演变,也讲述了刑事司法的现状。除了洗钱犯罪的刑事惩治外,还讲授了很多洗钱犯罪的行政预防的内容,例如金融机构的反洗钱的义务,主要是客户身份的识别、记录保存以及可疑交易、大额交易的汇报制度等,这些都是金融机构防范洗钱的内容。因此,讲座的内容从国际到国内,从立法到司法,从刑事司法到行政防范,讲座中有很多翔实的数据。

最后,王老师的讲座内容将理论和实践结合得很好。他不仅对刑法条文进行了梳理,对刑法理论进行了深入的剖析,还对反洗钱的司法实践进行了详尽的介绍和分析。讲座中提到,尽管1997年《刑法》规定了洗钱罪,但我国的第一起洗钱案例是在2004年,在相当长的时间内,我们的洗钱案例数量很少,受到了国际反洗钱机构即"金融行动特别工作组"的批评。但是,在最高人民检察院召开反洗钱电视电话会议后,去年一年司法机关追诉的洗钱者就有707人。

总之,王新教授的讲座站位高,专业性强,内容丰富翔实,而且语言表达非常生动形象,让人印象深刻。

我对洗钱犯罪研究比较早,我是2001年到2004年在荷兰写博士学位论文时就关注了这个问题。刚才王新教授的讲解中对于洗钱的一些方法和手段没有涉及,我想在这方面与大家分享一下,也可以供大家思考。洗钱(Money Laundering)这一英文术语最早是在20世纪70年代美国联邦调查局官员查处"水门丑闻"案时创设的。1972年,在"水门丑闻"案发前两个月,一部有关监控美国国内选举政治捐款的新法律生效。这部法律要求参加选举的政治组织公布其竞选期间所获得的所有政治捐款的来源和用途。尼克松及其幕僚将各种秘密政治捐款全部越境转移到墨西哥的一家银行,使美国无法对这家银行进行监控。开设这个银行账户的人是无党派倾向的人士,各种资金从这家银行里源源不绝地流出,进入"争取总统连任委员会"的财务主管施坦斯的保险柜。美国联邦调查局官员将这种规避政治捐款监控的行径创设了一个新词,那就是洗钱。现在我们对洗钱术语的理解,主要是指对犯罪所得及其收益进行掩饰和隐瞒。但是在美国,对政治捐献款的来源和用途进行掩饰的话,也是一种洗钱的行为。2005年我在美国的时候也看到过一个案例,讲的是多数党领袖汤姆迪莱违法使用政治捐款,帮助得克萨斯州的共和党候选人竞选,后来被检察官指控其构成洗钱罪。有关洗钱的方法和手段,大家如果感兴趣的话,再去回顾一下《肖申克的救赎》这部电影。这部电影中讲到银行家安迪帮监狱长洗钱。因为这部电影非常有名,我相信很多同学也看过,如果大家再去回顾一下这部电影,这里面有一个洗钱的情节,银行家安迪向狱友介绍他是如何帮助监狱长洗钱的,安迪虚设了一个稻草人(假人)"兰度斯蒂芬",把监狱长受贿所得放在"兰度斯蒂芬"名下,切断了监狱长与赃款之间的联系,即设置稻草人是洗钱的方法之一。随着电子货币、网络银行、网上赌场等的兴起,洗钱的方法层出不穷。目前利用互联网金融洗钱引起了大家的关注,因为利用互联网金融洗钱效率高、成本低、隐秘性强,而且针对互联网金融监管相对薄弱。另外,利用虚拟货币洗钱、利用暗网平台洗钱也逐渐浮出水面。

刚才王新教授提到了一个特定非金融机构洗钱的问题,我想给大家分享几个小故事。先说说有关利用咖啡馆洗钱的故事。我当初在荷兰留学的时候,我的一位朋友告诉我,他到安第列斯岛上去度假,遇到了一个涉嫌洗钱的案件。安第列斯岛当初还在使用荷兰盾,但是荷兰已经使用欧元了,1欧元相当于2个荷兰盾。这位荷兰朋友在享用咖啡以后,假定一杯咖啡是5个荷兰盾,因为1欧元相当于2个荷兰盾,他只支付了2.5欧元,但是后来他发现账单上显示的金额是5欧元,而不是5荷兰盾。我这位朋友是反洗钱专家,他就怀疑咖啡店的老板涉嫌洗钱,因为比如说今天晚上的营业额是5000荷兰盾,但咖啡店做账时做成了5000欧元,那么就意味着一半的钱可能是来源不法。通过开咖啡馆的这种形式,把肮脏的钱和干净的钱混杂在一起,向政府申报纳税,通过申报纳税的环节,把肮脏的犯罪所得予以清洗。

还有一个案件跟大家分享一下,上海有一个知名的律师事务所,其中有位女律师,为集资诈骗案的当事人辩护,律师代理费300万元。江西警方在追查赃物的时候,查到上海的这家律师事务所,认为女律师收取律师费有可能涉嫌洗钱行为,因为当事人犯的是集资诈骗罪,那么集资诈骗的犯罪所得转移到律师事务所的账号上,这个律师也明知当事人犯了集资诈骗罪,收了高额的律师费300万元。按照有关国际公约的规定,洗钱的行为方式除了掩饰和隐瞒外,还包括获得、占有、使用等。王新老师刚才讲到我国《刑法》第312条规定的掩饰、隐瞒犯罪所得、犯罪所得收益罪,在有关这个罪名的司法解释中,2015年最高人民法院《关于审理掩饰、隐瞒犯罪所得、犯罪所得收益刑事案件适用法律若干问题的解释》提到,该罪的行为方式包括收受、持有、使用等。如果说《刑法》第191条的洗钱罪和第312条掩饰、隐瞒犯罪所得、犯罪所得收益的主要区别在于上游犯罪范围不同的话,那么洗钱的行为方式也可能包含收受、持有和使用等。当初上海的这位女律师虽然没有被认定为构成洗钱,但是江西警方将300万元作为赃款追回去了。在2004年之前,我在荷兰写博士学位论文的时候,当初的欧盟《反洗钱指令》已经要求各成员国除了要求银行以及金融类机构承担反洗钱义务之外,还要求特定的非金融机构也应当承担反洗钱义务,比如提到了律师事务所、会计师事务所、公证处等。律师、会计师、公证员等专业人员,也有可能实施洗钱的阴谋,进行洗钱犯罪。刚才王新教授提到特定的非金融机构从事洗钱活动,这里面就有可能涉及律师、会计师、公证员。特定的非金融机构范围很宽泛,还包括房地产、拍卖行、珠宝商等。洗钱的方法还包括利用国际贸易,利用空壳公司,利用"地下钱庄",利用离岸公司和离岸金融中心等来进行洗钱活动,所以洗钱的方法和技巧繁多。当然,这些其实是犯罪学方面的内容。我提到的洗钱的方法和技巧,有传授犯罪方法的嫌疑,哈哈,所以不能再具体展开了。接下来还有林静老师跟我们分享她的专业知识。那么我就讲到这里吧。最后再重申一下,王新教授的讲座非常精彩!也非常感谢本灿教授给我这个学习的机会,谢谢!

主持人·李本灿

谢谢何老师。何老师一方面总结了王老师刚才讲的主要内容,另一方面也给我们分享了很多关于反洗钱的具体的行为方式,用非常生动的讲故事的方式,让大家了解了什么样的行为可能构成洗钱,让我们也长了见识,非常感谢何老师。接下来有请林静教授。

与谈人·林 静

尊敬的王老师、柳老师、何老师、本灿老师,各位同学,大家晚上好。非常感谢山东大学法学院,感谢本灿教授邀请。今天我们的主讲老师是王新教授,我记得大概10年前王教授去德国马普刑法所访学,那时候我刚刚写完博士学位论文,然后入职了马普所,我曾经向王新教授请教过反洗钱的很多问题。在我的博士学位论文中也大量引用、参考了王老师和何老师珍贵的文献。今天又深入地聆听和学习了两位老师关于金融合规和反洗钱的最前沿观点,受益颇深。

我特别赞同王新教授的说法,对于合规的深入讨论应该结合具体的领域展开。如果从国际视角来观察,反洗钱与金融合规是一个特别重要的领域,我这里没有加之一。因为不管是从学界的文献数量,还是从实践的难点热点来看,它真的是最为重要的,大量的文献其实都是从反洗钱这个角度入手,然后再谈合规问题。刚刚王教授也讨论了咱们的银行,特别是海外机构在境外遇到了一系列反洗钱监管的挑战,包括高额的罚金。如何破局呢?我个人的理解是,我们首先应该充分研究需要对标的国际标准,然后在这个基础上积极参与到国际标准的制定中去,逐渐去影响标准的制定,也就是我们现在常常提及的国际话语权。

刚才王教授也提到,反洗钱一般会区分为两个支柱:一个支柱是预防(prevention),也就是金融机构等行业对反洗钱行为的监控和预防,当然何教授也提到了非金融机构重要领域的防控义务;另一个支柱是刑事惩治(enforcement),也就是对洗钱行为的刑事入罪。

我们先来看下第一个支柱,也就是预防层面对标的国际标准"FATF建议"。它迄今用的框架还是2012年的版本,也就是我们熟悉的"40项建议"。鉴于洗钱的风险是动态性的,所以"FATF建议"其实每一年都在动态调整。2020年10月份,对第一项和第二项建议进行了一个比较小的修正,主要是提出了在国际合作信息交换上的一个要求。为了督促建议的遵守,FATF还会通过互评的方式,周期性审核成员单位的立法和实践。评估逐项进行,成绩分为四等,逐次递减为"遵守"(compliance,C)、"大部分遵守"(largely compliance,LC)、"部分遵守"(partical compliance,PC)和"未遵守"(non-compliance,NC)。我们国家在2005年成为观察国,2007年正式加入。2006年我们颁布《反洗钱法》,一个重要的目的就是想顺利从观察员身份转变为正式会员。成为会员之后,我们面临的一个重要问题就是要接受履约评估。到今天为止我们已经进行了4轮,2007年和2019年是正式互评(mutual evaluation),2012年和2020年是对互评提出的问题进行整改、跟进(follow-up report)。

鉴于第一次正式互评和整改、跟进的修改比较多。我们可以比较一下两次的评估结果,可以对FATF对国内立法修改的促进有一个比较直观的感受。以银行对客户身份识别(CDD)为例,根据2007年6月的评估,我们在第5、6、7、8建议项下的评估结果为1个LC,2个PC,1个NC。紧接着,我们制定的《金融机构客户身份识别和客户身份资料及交易记录保存管理办法》在2007年8月开始生效,2008年、2010年央行又发布了一系列的法律文件对此进行回应。经过努力,到了2012年的后续评估,我们在CDD这一项的评价基本上是LC,基本达到良好的程度了。

此外,FATF的评估还会引导我们的反洗钱实践。我这边也针对可疑交易报告整理了一组数据。我们知道,从2003年开始,根据"一个规定、两个办法",我们的金融机构有了提交"可疑交易报告"的义务,根据数据统计,2004年我们金融机构全年共提交了4960份可疑交易报告,到2007年这个数据增长到1097万份,到2008年又激增到6892万份。这里面只有极少部分的交易涉嫌洗钱,相当大部分是金融机构为了规避责任,而采取的预防性措施(defensive compliance),反向导致了"狼来了"的效果。我们央行反洗钱金融机构监测中心的工作量激增,对真正可疑交易的甄别效率降低。以2009年的数据为例,该年我们三大金融机构一共提交了4293万份可疑交易报告,最后只有1082份被央行反洗钱监测中心认定为应当展开调查的真正可疑交易,其中仅有654份最后移交司法机关,最后被提起诉讼的也仅有119份。可以看出,这个效率是非常低的。也就是说,我们从4293万份报告池里仅仅抓到了119个交易是真正有问题的。针对这一情况,2012年FTAF对我们的整改、跟进中强调,金融机构旨在规避责任而采取的预防性合规是被负面评价的,它稀释了真正的风险。所以2012年之后我们的可疑交易报告数量又大幅回落,到2016年回落到了544万份,是2008年提交数量的1/10都不到。

另外,作一个横向比较,可以发现我们国家现在的第一个支柱,也就是预防支柱里面义务主体的范围是比较狭窄的。我们现在主要是金融机构在做,但是其他国家,比如德国,反洗钱预防主体除了金融机构外,还包括律师(由律师协会来监管)、公证员(由当地各个州的法院的院长来监管)、审计人员、税务人员(由他们的行业协会来进行反洗钱的监管)。我们今天讨论的是金融合规,但可以预见到,从更长远来看,上述领域也属于洗钱高风险领域。刚刚何老师也分享了她朋友关于荷兰咖啡馆经历,其实也是印证这个论断,就是说其他重要领域在未来也应当纳入第一支柱,并承担一定的反洗钱预防职能,比如涉嫌洗钱可疑行为的报告义务。

第二个支柱是洗钱罪行的刑事惩治。相关的国际标准比较多,我这里对标《联合国打击跨国犯罪公约》。该公约第六条规定,洗钱的刑事定罪,上游犯罪至少应该包括公约第二条所界定的所有严重罪行,也就是最高刑至少为4年的自由刑。我国《刑法》第191条,规定了7类罪名,相对来说较窄。王教授也提到了,FATF在互评估报告中多次提到我们国家这么多刑事案件,为什么洗钱的案件只有几百个,这个是不成比例的。对这个问题我个人认为可以有两个应对方案:第一个方案是,对洗钱犯罪作拓宽解释,把第191条、第312条、第349条作一个统一的打包,作为对外合作语境下广义的洗钱入罪法律依据。我们的互评估报告中也体现了这个思路。

《刑法修正案(十一)》的自洗钱入罪,是第二种方案,也是回应FATF

在2012年以及之后的互评估报告意见。但这个本质上没有扩大上游犯罪，只是将过去被7类罪行吸收的自洗钱行为，分离出来，单独进行洗钱犯罪的评价。之前我们国家只对洗别人黑钱进行入罪处理，但是洗自己的黑钱就没有明确入罪。这个其实在跨国打击犯罪情形下是吃亏的。因为各国对洗钱行为一般是具有较高的认同感的，就是一个简单的经济犯罪。但是对贪腐入罪，在复杂的国际环境下，可能还涉及一个政治认同问题，也可能促发犯罪嫌疑人的政治庇护。所以，咱们用洗钱罪名去追逃追赃的难度要小于贪污贿赂。所以从这一角度，我个人认为自洗钱入罪不仅仅是为了回应国际评估的压力，对我们国家在人员引渡等国际合作中，都是有价值的。

另外，从文本表述上，刚才王教授也提到了，我国现行《刑法》第191条对自洗钱入罪规定得好像还不是那么清晰，比如"提供"资金账户这样的表述，有明显的他洗钱特征。相比而言，其他国家的文本表述更加明确直接。比如德国《刑法》第261条，明确提到，上游犯罪的黑钱不仅包括他人的，也包括自己的犯罪所得。德国在2014年的互评报告中没有将自洗钱入罪，也被FATF作负面评价，所以在2015年修改了《刑法》第261条。不管是德国还是我国，在自洗钱入罪后都面临一个共同的难题，这个难题刚刚王教授也提到了，就是根据我们传统的刑法理论，自洗钱其实是一个犯罪行为的后续行为，通常不会在定罪上进行单独评价，仅在量刑层面进行考虑，否则有重复处罚的嫌疑。对此，该问题目前在德国学界也是受到广泛争议。同时，还存在一个行为认定的难题，就是说如果洗钱与上游犯罪有比较大的区分度的话，这个问题还不太大，比如说把自己的贪赃款通过自己亲人的海外账户洗白，在定罪上会有贪污罪和洗钱罪两个阶段性的区分。但是如果这两个行为具有高度融合性的话，那就存在着一个认定难题。荷兰前段时间有这样一个案件，被告人涉嫌金融诈骗，被告人诱导被害人把钱从被害人账户转到了第三人账户，然后从第三人那里获得了赃款。第三人涉嫌洗钱没有问题。但是被告人怎么定罪？2017年荷兰将自洗钱入罪，所以被告人的同一行为侵犯了两个法益，分别对应金融诈骗罪和自洗钱罪。但是如何去定罪,是一罪还是数罪?怎么去量刑,是从一重罪还是数罪并罚?这个问题在荷兰也是很有争议的。

在司法实践中,我觉得可能还会遇到一个自洗钱入罪的证明难题。鉴于自洗钱的证成高度依赖上游犯罪的证成,实践中可能出现一个现象,要么同一被告人构成两个以上罪行(包括上游犯罪和自洗钱),要么被告人无法定罪。从这一视角来看,自洗钱入罪对被告人的威慑力一定程度上就被消解了。由于时间关系,我就不再具体展开。

上述是我向各位老师和同学们汇报的学习心得,谢谢。

主持人·李本灿

谢谢林静教授,林教授刚才介绍了评估的标准问题,还介绍了德国关于反洗钱,尤其是立法以及学界的争议问题。这个问题实际上刚才王老师也提出来了,昨天晚上去接王老师的过程中,我们一路也讨论了很多这方面的问题,这些问题可能是未来我们中国刑法学传统理论需要解决的。我看到今天有很多硕士生还有博士生,这是一个很好的论文选题方向,大家可以去查阅相关的资料写一些东西。现在,我们的评议环节就到此结束,柳老师您要不要点评一下?

与谈人·柳忠卫

我不说了,刚才来的时候有点困,但是听完各位老师的报告后,收获很多,现在不困啦!谢谢各位老师。

主持人·李本灿

好的。我们下一个阶段看看同学们有没有问题,跟王老师交流的机会非常难得,有什么问题都可以提出来。

Q:老师好,刚刚您的讲座提到了关于金融机构反洗钱的问题,作为反洗钱的义务主体,银行机构现在在我们国家数量是很多的,但是部分银行不是之前的义务主体,但银行的业务规模却是非常庞大的,所以您觉得我们是否有办法可以对银行进行一个专门的规制?另外,银行会规避风险,规避监管,这也会影响我们很多的实体企业。那么,对我们的实体企业在这个过程中的监管应该从哪个方面来入手?我的问题就是这样,谢谢老师。

主讲人·王 新

好的。我首先对何萍老师和林静老师表示衷心的感谢。按道理说,应该是这两朵"红花"讲,我作为"绿叶"来进行衬托。实际上,我跟何老师接触的次数是很多的,我在华政跟学生交流的时候,何老师也发表了高见。我在写很多文章的时候都引用了何老师的文献。我跟林静老师的渊源也很长,在研究过程中,我和林静老师也有过很多沟通,包括案例、数据的交换等。我记得2014年德国刚拿了世界杯冠军之后,我去了马普所,在那里,我和林静老师交流了很多。之后从2014年到现在,很长时间我都没有见过林静老师,当我见到中国政法大学官网出现了林静老师的名字之后,我的第一反应是,是不是林老师回国了,没想到真是。因此,我对李老师安排的这次网络在线交流机会表示非常感谢,这是一个特别有趣的互动。

关于刚才这位同学的提问,我作一个简单的回应。

影子银行这个问题很大,但是我想给大家做一个结论,P2P爆雷之后,现在就要开始整顿,要把它归零。大家知道,在非法集资的整顿过程中实际上有一个非常重要的问题,包括一些金融法学教授在研究的时候,都得出一个结论,P2P本应该是信息中介,把出借人和借款人拉在一起,但是P2P最终形成了一个资金的沉淀,变成了信用成本。所以金融法学的老师也给它加了一个引号叫"影子银行"。大家可以看到对"影子银行"的一些整顿,是放在金融风险防范中的,特别是P2P归零以后,银保监会将它理解为是防范化解重大金融风险的一个标志性的事件。P2P能形成资金池,它实际承担了银行的业务,但是又不具有"牌照"。你本来持有的是科技公司的"牌照",但是你干的却是银行的业务。在这种情况下,要对它进行"牌照"的确定。刚结束的防范化解重大金融风险的非法集资研究会议明确提出,要禁止无照经营,经营必须得有"牌照",没有"牌照",就是非法的,非法的就要坚决取缔掉。在这种情况下,所谓的"影子银行",它不具有合法性,是要被取缔的,当然也就谈不上承担反洗钱的义务。如果赋予这个义务,在某种程度上就是给这些企业做背书,认为"影子银行"具有正当性,所以说"影子银行"不存在谈论反洗钱的前提。刚才林静教授介绍的,包括何萍老师提到的欧盟,大家知道前述2个公约5个指令的一种发展,它的义务主体虽然在扩大,但都是在合法主体的范围内确定。所以说,"影子银行"这里面存在着一个最基本的本性问题,就是"影子银行"不具有反洗钱义务主体的资格。刚才两位老师做了精彩的点评,对我启发比较大的就是何萍老师通过生动的案例把一种抽象的问题用"传授犯罪方法"的有趣的方式给大家作了一个描述,但是由于时间关系没有展开。另外,这次司法解释中也有一个重大的难点,即关于洗钱的手段我们怎么来细化。我国《刑法》第191条洗钱的手段是列举了5项,第5项是兜底条款,由此可以看出,我们主要是通过金融机构来实现反洗钱,那么对绕开金融机构来洗钱的规制,我们只能把兜底的第5项进行细化,但是如何把它细化,这是一个动态的发展。

  在这个动态发展的过程中,存在着多种形态的洗钱,比如我们看到的用比特币洗钱。对此,我们必须要把它嵌入洗钱的手段中去。虽然没有成熟的手段,包括最高人民检察院和央行也出台了相关典型案例,但是这里边仅仅是一种比较突出的洗钱手段,肯定还会有更多的手段。所以说,大家可以作出一个最基本的判断,那就是只要出现一个金融产品,嗅觉敏锐的洗钱分子就一定会利用。所以说反洗钱义务的履行应该是如影相随的,不应该出现调差。像微信、支付宝等第三方支付刚出现的时候,它享受的是一个红利,而反洗钱的义务的履行在这几年中都是脱钩的。我很早就提出过这个问题,也就是它是合法的主体,但却处在我们的监管盲区。针对第三方支付的监管,是后来进行填补的,包括最近刚出台的监管办法等。通过《金融控股公司监督管理试行办法》第2条中的义务主体的范围设定,可以看出在某种程度上,特定的非金融行业也已经被纳入范围。此外,还有一个内容是我在研究过程中印象很深的,那就是我们所谈到利用互联网洗钱,比如比特币洗钱就是利用比特币去中心化的特点,快速实现资金的转移。还有就是说对客户的尽职调查带来了一定的挑战。这个内容我记得是在1990年发的第一个版本,到了1996年是作了第一次修改,这次修改中就提出要高度关注高科技对洗钱防范所带来的挑战。大家看,1996年我们已经提出这个问题,后来出台了很多文件。在这方面,美国是走在了更前列。我印象中是在2006年的时候,美国的几个部门就专门出台了美国反洗钱评估,把当时美国洗钱的手段概括为13块13个领域,其中就包括利用互联网进行洗钱。美国对互联网洗钱的监管实际上很早就开始了,这些内容可以给我们带来很多的启示。关于同学的提问,我就说这么多。

主持人·李本灿

好的,谢谢王教授。由于时间关系,我们就不再给提问机会了。一开始王老师想让我也分享下自己的观点,我确实也很想讲,但是今天我确实没有资格讲,因为反洗钱的问题确实太专业了,我自己本身也没有太多的研究。昨天王老师一直在鼓励我以后要做反洗钱合规问题的研究,我这里给王老师表个态,我确实对《刑法修正案(十一)》的修订很感兴趣,以后可能会围绕这方面去进行深入的研究。

主讲人·王 新

我再插一句,我在这里也向何老师、林老师,包括本灿老师、柳老师发出要约,这两年应该是反洗钱的春天,反洗钱领域会有各种立法、司法的一些问题,我们可能也会经常搞一些交流。到时候请大家过去,把我们学术共同体的想法汇集在一起,做一个比较好的交流平台。

主持人·李本灿

好的,谢谢王教授。虽然我对于反洗钱领域存在的很多问题没有做过深入的研究,但是我个人认为在一个大的框架内,它跟我们今天讲的合规或公司合规实际上具有理念的一致性。在王老师讲反洗钱的大背景之前,我确实不是特别理解反洗钱的工作有必要成为全社会、全世界都要去推动的工作吗。刚才王老师也给我们讲了很多的背景,我觉得这里边金融机构的合规问题,实际上跟我们谈论的企业合规问题具有理念上的一致性。王老师讲道,反洗钱工作实际上在某种意义上讲已经涉及了国家安全的问题,再往前推一步,它可能是一个全人类各个国家的安全的问题。我们今天为什么讲合规?合规为什么可以形成一个世界的潮流?实际上也是我们全世界都在推行的价值,比如说反腐败的问题,比如说反垄断的问题,比如说个人信息保护问题,实际上都是在通过这样的一个方式来推动世界各国在一个规则的范围内去做事情。在这一点上我觉得是共通的,这是第一点。

刚才王老师讲到反洗钱的司法实践可能会越来越多,我们的监管力度会越来越大,这样的一个问题实际上也恰恰契合了我们今天讲的刑事合规的问题,刑事合规不仅仅是要厚爱,还要严管。这对反思我们的合规制度的改革,实际上也有很大的意义。我们不仅仅是要对企业厚爱,很多的公司犯罪案件,该起诉的实际上是要进行起诉。我就简单谈这两点,因为时间关系没办法深入展开。

最后要感谢王老师对我们学术的支援,感谢何萍老师,感谢林静老师。王老师不仅仅是为我们山东大学法学学术事业提供了支持,实际上对我本人来讲,王老师也特别的关爱。在我研究学术的过程中,遇到很多问题,每次求助王老师,王老师都会非常愿意帮助我,尤其是在去年的教授资格评审中,王老师写了一封非常有分量的推荐信,对我的帮助是非常大的,这里也利用这样的一个机会向王老师表达我个人的谢意,谢谢王老师。

今天讲座到此结束,谢谢大家。

企业合规不起诉:误解及纠正

主讲人:黎 宏(清华大学法学院教授)
与谈人:李冠煜(华中科技大学法学院副教授)
　　　 耿佳宁(中国政法大学刑事司法学院副教授)
　　　 李本灿(山东大学法学院教授)
主持人:周啸天(山东大学法学院教授)
时　间:2020年5月28日

主持人·周啸天

由山东大学刑事合规研究中心执行主任李本灿教授发起的刑事合规名家论坛第八期如期举行。本次论坛的主讲老师是我的恩师——清华大学法学院的黎宏教授,与谈人是优秀的青年刑法学者——华中科技大学的李冠煜副教授、中国政法大学刑事司法学院的耿佳宁副教授以及山东大学法学院的李本灿教授。再次向各位老师对山东大学法学学科交流建设的支持表示感谢。相信大家对黎宏教授的思想并不陌生,因为我在上课时所讲授的刑法思想、分析方法及思路,其中最核心的全都学自我的老师。这些东西都经过了时间的积淀和检验,难能可贵,我把这些又讲给学生,可喜的是今天由黎宏教授直接来传道授业,这对我和大家都是一次宝贵的学习机会。

为了让大家更好地学习这次讲座,在黎宏教授开讲前,我再给大家做一个简要介绍。黎宏教授是我国第一个在日本同志社大学取得博士学位的人,据我所知也是刑法学界第一个获得双博士学位的人。黎宏教授有三个特征:一是说理清晰明白、语言简明易懂,从他的文章和课程中大家可以感受到,说理的人要求自己要思考得特别透彻;二是理论结合实践,黎宏教授在北京市西城区人民检察院挂职过三年,也在最高人民检察院挂职过,任司法改革办公室副主任,对实践有相当的了解,所以其理论显得通透、直击人心;三是理论融合,他的理论横跨了传统教义学领域和新领域,两份博士学位论文,一份是《不作为犯研究》(武汉大学出版社1999年出版),另一份是《单位刑事责任论》(清华大学出版社2001年出版),均已出版。要做到这三点的综合,需要十分的专注、大量的付出和坚定的意志。黎宏教授做到了,这是他已经超越的地方,也是他感召学生的内在。

回到今天的主题,从黎宏教授最近在《法学研究》2020年第2期发表的文章《组织体刑事责任论及其应用》来看,老师对单位犯罪问题又有了新的思考。今天的参与人黎宏教授和李本灿教授,一位是放眼域外,对单位犯罪展开系统研究的先行者和开创者;一位是在年轻人中对刑事合规研究最专深、最好的后继者。他们两个的对话,一定会给我们带来收获。此外,还有李冠煜和耿佳宁两位点评老师,一位在量刑理论和客观归责等方面有很好的研究;一位在单位犯罪领域已经发表了许多优秀的论文。接下来把时间交给黎宏教授和各位点评老师,有请他们为我们带来精彩的讲座和点评。

主讲人·黎 宏

谢谢山东大学法学院,特别是李本灿教授,还有今晚参与讲座的耿佳宁博士和李冠煜博士,当然还要感谢周啸天教授以及参与今晚活动的同学们。本来是想到山东大学现场参加这个活动,但是因为这个学期特别忙,而且现在正处于毕业季,不能亲临现场,但是通过这种视频的方式来参加这次活动也感到特别亲切。李本灿老师多次和我说要举办这样的活动,而且希望我来做一个关于企业合规方面的报告。我自己本身对企业合规研究并不多,在我的日本博士学位论文《单位刑事责任论》中曾讲过一个观点,就是企业合规的基础,即组织体刑事责任论。该理论的主要内容就是刑事合规,我当时翻译成"企业守法计划"(Corporate compliance)。

这个概念来自美国,在当时是比较新潮的观点。论文在1999年通过,同名专著是2001年出版,当时几乎没什么反响。没想到20年后企业合规兴起,大家才想起来企业合规的理论基础是什么,实际上就是刚才讲到的组织体刑事责任论。我把组织体刑事责任论与企业合规联系起来,重新在该方面做了一点研究,今天主要想讲企业合规不起诉的误解以及如何纠正。

众所周知,企业合规已经成为一个热词,大家都在讨论。但是企业合规里面的内容该如何理解,该如何做,我自己有一些想法,今天和大家一起分享。当然,需要说明的是,这并不表明我对我们国家检察机关目前正在大力推广的企业合规表示反对,反而是非常支持、赞同。在赞同的过程之中有些观念要说清楚,不说清楚的话可能会引起误解,所以我主要是从这个角度来做今天晚上的这个讲座。企业合规的来历、概念、本身怎么做以及最新的做法,山东大学的李本灿教授有非常精深的研究,就这方面我不再赘述。我讲的主题是目前我国的企业合规不起诉制度中,有一些逻辑上的问题,就这方面谈一谈我自己的看法,所以报告的题目叫作"企业合规不起诉:误解及纠正"。如果在座有检察官的话,可能认为我讲的有些内容跟当前的情况不太一样,但是我没有反对的意思,而是从企业合规如何做会更好这一方面提提我的建议,这是先跟大家做一个开场白,接下来就开始我的介绍。

企业合规是近年来刑法学界非常热门的一个话题,也是检察机关很关注的一个重要领域。为了落实党的十九届四中全会通过的中共中央《关于坚持和完善中国特色社会主义制度推进国家的治理体系和治理能力现代化若干重大问题的决定》中提出的"健全支持民营经济发展的法治环境"这一指示,最高人民检察院要求对于涉罪的民营企业和民营企业家"可捕可不捕的不捕,可诉可不诉的不诉"。基于上述指示和要求,对企业经营过程中引发的单位犯罪,各地检察机关积极地探索企业合规不起诉,并初见成效。在这一背景之下,最高人民检察院检察理论研究所的负责人在今年3月14日的一个讨论会上透露,企业合规不起诉制度的改革试点将扩大范围,拟扩至10个省份的大约上百家检察院。这表明,在我国理论界方兴未艾的企业合规正在从企业内部的治理措施逐渐转化为影响司法实践的外部因素。但是在将企业合规作为影响企业犯罪惩治要素的过程中,我们必须清楚地认识到我国的检察机关目前正在进行探索的企业合规不起诉制度,与作为舶来品的西方企业合规不起诉制度,在本意上还是存在比较大的差别。在西方国家,企业合规是判断企业业务活动中的违法犯罪到底是企业自身的行为,还是企业组成人员的个人行为的重要标准。司法机关在对涉罪企业适用刑事合规的过滤机制,得出企业业务活动中的应受处罚行为不是企业自身的行为,而是其组成人员的自然人的行为这一结论之后,往往会放过企业,而只是惩责企业中的相关责任人员,也就是企业家,绝不可能既放过企业,又放过企业家。相反,在我国,从目前检察机关所展开的企业合规不起诉改革试点的情况来看,其最终的目的似乎是既放过企业,又放过企业家。在涉罪企业具有法定情节并承诺之后,建立妥当的合规计划时,检察机关便对企业和企业家都不起诉了。但是众所周知,自然人犯罪的场合,即便其事后有再好的悔罪态度和革新计划,也难以获得检察机关的不起诉待遇。为何在企业犯罪的场合却可以因为其事后的改革计划,即合规计划,而享受不起诉的待遇呢?特别是从理论上讲,即便说企业出事以后,准备制定新的、有效的合规计划,但这种合规计划的效果也只能及于企业自身,而不能及于其中的自然人。但是我国的司法实践中,为什么也将这种企业在犯罪之后所制定的企业合规计划,作为企业家出罪的理由呢?这些都让人难以释怀。以下我就想从这种问题意识出发,对企业合规制度的理念、法律效果以及妥当有效的刑事合规制度的判断基准,结合我国实际展开探讨,并就我国检察机关如何建立企业合规不起诉制度,谈谈自己的看法。

一、企业合规的理论基础

企业合规不起诉是企业自身责任的必然结果。合规制度是最近几年才从国外传进来的概念,到目前为止,我们所熟知的概念是企业犯罪,我们国家刑法中正式的名称是单位犯罪。实际上,企业犯罪和企业合规是一体两面的关系,两者都是有关企业犯罪和企业处罚的概念,只不过企业合规关注的是事前防范,而企业犯罪关注的是事后制裁。在此意义上讲,企业合规是企业犯罪理念的延伸或者深化,是从事后制裁企业犯罪向事前预防企业犯罪的理念转化。二者的连接点是企业行为的界定,也就是在企业业务活动中,出现从业人员的违法犯罪行为时,若企业有充分的证据,比如建立有妥当有效的合规制度,这些能够表明企业活动中的违法犯罪行为不是企业自身的行为,而是企业从业人员个人自身的行为,这时尽管该违法犯罪行为出现在企业业务活动过程中,但是企业可以不对这个行为承担刑事责任。这一理念已经在我们国家的有关行政法规中有所体现。比如说2019年修正的《反不正当竞争法》第7条第3款规定:"经营者的工作人员进行贿赂的,应当认定为经营者的行为;但是经营者有证据证明该工作人员的行为与为经营者谋取交易机会或者是竞争优势无关的除外。"那么按照这种理念,企业工作人员的贿赂行为,不是在任何时候都无条件地归属于企业,在企业能够证明该行为与经营者牟取交易机会或者竞争优势无关的时候,贿赂行为就不得归属于企业。之所以这么理解,和企业承担刑事责任的根据有关。

关于企业承担刑事责任的根据,现在大致上有两种理解:一种是所谓代位责任,其从严格责任的立场出发,基于英美法中"仆人过错,主人担责"的传统观念,认为在企业与其从业人员的关系中,企业就是主人,而从业人员就是仆人。仆人在业务活动中出现违法犯罪行为的时候,作为主人的企业,必须无条件地为其承担责任,从而将企业中的从业人员也即自然人的违法行为归咎于企业自身。但是现在看起来这种见解存在这样几个问题:一是难以对一定规模的企业适用,因为在现代社会一定规模的企业,比如说在500人以上的企业中,往往具有从业人员众多、管理职责分散、决策过程漫长的特征。当这种企业中的每一个自然人都按照其业务活动履行职责,但在最终的业务活动中出现违法犯罪后果的时候,就会因为无法确定谁实施的犯罪行为,从而无法对企业追责,上述代位责任论就无法适用。二是有违近代以来刑法所坚持的责任原则。按照近代刑法所坚持的责任原则,每个人只能对自己的行为担责,而不能因为他人的行为承担连带或者转嫁责任。每个人只能就自己所认识,或者应当认识的行为承担主观责任,而不能对自己无法认识的后果承担绝对的结果责任。在企业犯罪的场合,企业和其员工是两个不同的主体,企业员工的犯罪行为完全有可能是基于企业员工自己的意思而实施的。但是将这种行为基于代位责任论来考虑的话,想让员工责任一律转嫁给企业,让企业承担转嫁责任或结果责任,显然有违近代刑法的责任原则。

基于上述问题的存在,便有了企业自身责任的登场。企业自身责任可以细分为不同的立场,但是主流学说认为企业犯罪的场合,企业之所以受罚,不是代人受过,也就不是替别人承担责任,而是因为自己负有责任。企业犯罪就是企业自身的犯罪,而不是其员工的个人犯罪。因为现代社会中的企业已经不是传统意义上的人或者物的集合,而是有内在运营机制的组织。这种组织足以让作为其组成要素的自然人丧失个性,而仅仅成为企业运转过程中的一个微不足道的组成部分。企业为了实现自己既定的目标,会通过一定的方法,依照相关的法律政策制定正式规则,还会用增加报酬、晋升职称、增设岗位等巧妙的潜规则,也就是激励机制,诱使其组成人员的自然人为实现企业自身的目标而努力。那么企业成员和企业之间呈现出一种互动的关系,一方面企业成员可以把企业作为工具来加以操纵、支配或者影响其业务活动,以实现自己的个人目的,包括犯罪目的。另一方面身处企业之中的成员,在行动和思想的时候,不得不受企业整体的目标和政策等支配。因此,企业犯罪在本质上讲是企业的组织制度、目标宗旨以及组成机构成员的业务素质等综合导致的结果。相较于以往的企业犯罪学说,这种见解不仅因为其在内容和研究方法上独树一格,而且还能较好地克服传统的企业犯罪代位责任的不足,从而引人注目,这就是企业自身责任论的内容。

企业自身责任论对于合规来讲是非常关键,也是非常重要的一个内容。这个事情我刚才讲得很复杂,但实际上从我们中国人的观念来讲,非常好理解。中国人常说一句话:一方水土养一方人。一方水土,我们用一个企业来讲的话,实际上就是企业环境和企业文化。根据企业文化对人的影响,从而判断这个企业本身的氛围和环境。我经常在课堂上给学生讲这样一个例子:一个高中里同年级毕业的几个学生到北京上学,本科读完了,4年后再一起见面的时候,比如他们分别上的是北大、清华和人民大学,旁观者即第三人就能看得出来,经过4年的大学学习,这3个人无论在外在的形象,还是精神气质上,可能就会有很大的不同。我们过去讲清华大学是工科的背景教育,特别认真,特别认死理;北京大学主要是文理科,而文理科的教育一定是强调个人的个性,强调自己的创造性的想法,所以北京大学的学生一般来讲以天下为己任,总是抱着理想主义的想法;而人民大学过去主要是培养干部和社会活动家,所以人民大学的学生在各方面就表现得游刃有余,在人际关系处理上特别娴熟。过去我们上学时也一直讲一个笑话,"玩在武大,爱在华师,学在华科"。"玩在武大"是指武大这个地方好玩,老武大的文科理科多,而且风景也比较好;"爱在华师"是说华中师范大学的氛围和性别比例,在那边谈恋爱的学生多;"学在华科"是指学习在华科,因为华科主要是工科大学,今天不上课,明天就跟不上课程进度,所以每天大家都疲于奔命地学习。这是过去我们20世纪80年代在武汉上学的时候,大家流行的一句话。这三个特点实际上就是这三个学校的相对的概括,3个学生分别在3个学校毕业之后,可能各个方面会有一些体现。在青岛,山东大学、中国海洋大学和青岛大学的学生,对自己学校氛围的概括,可能也会有类似的情形存在。学校的氛围实际上类似于我们所说的企业文化,从这个氛围中能够找到,企业对其员工的违法行为要承担何种责任的根据。这就是企业自身责任的一个最基本的观念,只是我们在讲学说的时候把它弄得很复杂,这是我对刚才观点的简单概括。如果说企业犯罪是企业自身的犯罪的话,那么企业的主观意图就可以通过其业务范围、政策规定、防范措施和利润目标等特征体现出来。改革企业的经营管理模式、政策规定、防范措施和利润目标等特征,或者消除导致身处企业之中的企业员工实施违法犯罪行为的诱惑等外在因素,使企业的经营管理和企业工作人员的执业行为符合法律规定、其他规范性文件以及行业公认并普遍遵守的职业道德和行为准则,这就是一个比较明智的选择。而这种消除导致企业违法犯罪外在因素的做法,实际上就是建立当今流行的企业合规制度。从此意义上讲,就预防企业犯罪而言,建立和强化企业合规是企业自身刑事责任论的必然归结。

二、有效合规的刑法效果及其判断

企业合规的刑法效果及其判断,也就是什么样的情况下,我们说合规是有效的。从根本上讲,企业合规是一种企业内部治理的表现方式。从它和刑法的关系上看,其功能有两个方面:一是在企业经营活动中出现违法犯罪时,将守法企业和违法员工的行为切割,从而达到保全企业、惩罚个人的目的,将企业特别是大型企业,因犯罪受罚而产生的社会负面效果降到最低程度;二是通过合规企业出现违法犯罪时可以从宽处理的特殊规定,使公权力的影响提前介入企业内部的经营管理,促使企业在经营活动中自觉地遵纪守法,从而达到事前预防企业犯罪的效果。但是对企业来讲,合规并不是一件"好事",除了让企业给自己戴上一个紧箍咒、自缚手脚之外,还会让竞争对手发现企业的弱点,而随时对它发起攻击。因此,政府想要让企业自觉自愿地建立合规制度,那么就必须让它能够在合规制度中尝到甜头、得到好处。对企业来讲,合规到底有什么好处?关于这一点,理论和实务有不同的看法:

一种见解认为企业有合规制度的话,在企业的经营活动中,出现了违法犯罪行为时,不仅在量刑上可以从宽,而且在特定的情形下还可以出罪。这种见解是将企业自身责任论贯彻到底的必然结论,因为既然企业合规是企业具有独立于其组成人员的人格价值和属性的体现,在企业经营活动出现犯罪行为时,在企业刑事责任的有无和大小的认定上,当然要考虑企业自身的合规计划。也就是说,企业合规不仅影响量刑,还有可能影响定罪。在我们国家的司法实践中,这种见解已经在一定程度上被认可。比如在雀巢公司非法获取公民个人信息案中,尽管被告人辩称自己的行为属于公司行为,应当构成单位犯罪,但是法官认为,单位犯罪是本单位集体决定或者由负责人决定的行为,而从单位的相关规定来看,收集消费者个人信息,侵犯公民个人信息的违法犯罪行为,并不是本单位集体决定或者由负责人决定的行为,因而不能将这种行为归责于单位自身。

另一种见解认为企业合规的影响,仅仅只是涉及犯罪企业的量刑。比如有的学者认为我国经济社会进入转型期以后,合规文化环境缺失,致使合规并未在企业的经营活动中被贯彻落实。为了让合规理念深入我国的企业内部,使之成为企业的首要责任,必须通过量刑激励推动合规计划深入企业。也就是通过刑事责任的加重、减轻或者免除给予企业合规压力和动力,通过制度合规逐步形成合规文化。目前全国各地检察机关所推行的视犯罪企业的合规建设和犯罪情节等情况决定,是否对企业起诉的尝试中,实际上也包含了这种意思在内。从理论上看,如果说企业与其组成人员的自然人是两个不同的主体,企业的意思活动不完全来自其组成人员,企业的合规制度也是其企业自身意志的体现。妥当有效的合规制度表明,企业自身在企业的业务活动中,并没有教唆、纵容其组成人员的自然人的犯罪意思的话,那么企业活动中出现的违法犯罪行为,完全可以看作是企业中自然人的犯罪,只能由其承担具体业务的自然人负责,而不能追究企业自身的刑事责任。在企业犯罪的认定上,只要是不采用无过错责任原则的代位责任原则,就可以说企业合规制度不仅影响涉罪企业的量刑,而且也必然会影响其定罪。这是毋庸置疑的,否则就有违我国刑法中所坚持的责任原则。只是,企业合规的效果是仅限于企业量刑,还是也影响企业定罪,这不纯粹是一个理论问题,更多的还是一个实践问题。如果说只要有完善的合规制度,企业就可以对其业务活动中的违法犯罪行为免责的话,那么人们难免会担心合规成为犯罪企业为自己开脱的挡箭牌。更为重要的是,既然企业有良好的合规制度,可以防止其工作人员在业务活动中实施违法犯罪行为,为什么还会出现企业业务活动中的工作人员的违法犯罪行为?这是互相矛盾的。所以大家不免提出这个疑问来,也就是企业有这么好的合规,为何还是制止不了企业工作人员的违规行为？若按其所说,合规计划不是形同虚设吗？大家便有这种担心,而且这种担心是有道理的。

推行企业合规制度的先驱——美国,其联邦法院早期的做法是将企业合规制度的效果仅仅及于企业量刑,而不及于企业定罪,就是基于这种担心。从我国的实务来看,我认为对这种情况,做比说重要。企业合规不仅仅是建章立制,更重要的是要实际落实执行,制度只有通过有效的执行和有力的监督才能取得实效。完整的制度建设,应该包括制定制度、执行制度和监督落实,而且后者比前者更为重要,否则规章再多、制度再健全,也是废纸一张。而这一点恰恰是我国企业经营活动中最为缺失的。这里提一下前几年特别有名的"快播案"。2012年8月,深圳市公安局对快播公司进行检查,作出行政警告处罚,并责令整改。随后深圳的网监部门将违法关键词和违法视频网站链接发给了快播公司,要求其采取过滤和屏蔽措施。快播公司成立了信息安全组并进行了相关的工作。但在深圳网监验收合格之后,信息安全组的原来4名成员或离职或调到其他的部门。110平台工作基本搁置,检查屏蔽工作没有有效进行。2013年,深圳市南山区广播电视局执法人员对快播公司展开检查,找到了可播放的淫秽视频,并对快播公司给予行政处罚,但是快播公司随后仅仅提交了一份整改报告,其110平台工作依然搁置,检查屏蔽工作依然没有有效落实。基于上述事实,法院认为快播公司明知网络服务系统被用于传播淫秽视频,但出于扩大经营和非法牟利的目的,拒不履行监管和阻止义务,放任其网络平台大量传播淫秽视频,具有明显的社会危害性和刑事违法性,应当依法追究刑事责任。这段描述中虽然没有提到合规问题,但实际上是说快播公司的内部治理或内部管控是无效的,是阳奉阴违的,因此判定快播公司有罪。可见企业合规能否成为企业自我救赎的妥当手段,关键不在于企业是否建立了规章制度,更重要的是企业是否在以实际行动表示其愿意在业务活动中守法,并约束其员工的经营活动。这就是有效妥当的合规的判断标准——做比说重要。

三、企业合规不起诉的难题及其改进

如果说基于企业自身不想犯罪的意思体现而对合规企业出罪或者是从宽处罚是企业自身刑事责任的必然归结的话,那么对有妥当有效的合规计划的犯罪企业不起诉就是理所当然的。这一点从近年来在世界范围内全面推广企业合规不起诉的美国的实践中就能看出来。比如,2012年,跨国金融公司摩根斯坦利的一名高级管理人员被发现违反美国《反海外腐败法》,美国司法部审查后认为,摩根斯坦利不应该承担公司责任。理由是该公司已经建立有效防止该行为的合规机制,所以没有处罚摩根斯坦利,而只是追究了该名高管的个人责任。2016年,美国证交所对美国哈里斯通信公司调查之后,认为其中国子公司的总裁张俊平有规避公司制度从事不当行为的嫌疑,并对其提起了指控。但是没有对哈里斯通信公司进行执法,理由主要是因为哈里斯通信公司有完善的企业合规制度。

但是要注意的是,享有有效合规计划定罪、量刑优惠的是企业自身而不是企业中的自然人。换句话说,企业合规不起诉制度中的不起诉的对象,是企业而不是其中的自然人,这一点在上述美国案例中有清楚的体现。有一个美国学者说,合规计划减刑机制可以减免刑罚,这个机制的宗旨在于鼓励企业的自我监管,鼓励企业培养守法文化,制止其员工的犯罪行为,而不是为涉嫌犯罪企业的自然人提供开脱罪责的根据和理由。企业合规本质上是抑制企业自身犯罪的药方,而不是为企业家开脱的手段。通俗地说,其宗旨就是放过企业,惩办责任人。从这个意义上讲,我国检察机关目前正在试行的企业合规不起诉制度和国外的类似做法之间存在比较大的不同,这种不同很大程度上来自中外企业管理模式上的差别。在我国,企业合规不起诉主要针对的是民营企业,这一点可以从目前检察机关的实践探索中看出。在很多民营企业中,所有权和经营权高度集中,具有浓厚的个人或者是家族色彩,一旦作为企业核心的企业家或者掌门人个人倒下,整个企业也会不保或者受到巨大的影响。这种结局显然不符合当前党中央提出的"六稳""六保"的经济工作方针,也不利于社会的安定团结。因此我国合规不起诉制度的目的与其说是保护企业,不如说是保护企业的经营者或者责任人。在我国,一个企业家倒下了,整个企业也将不保,这是现状。而国外企业的经营权和所有权分离,企业管理或者经营主要由职业经理人进行。这些职业经理人运用其所掌握的企业经营管理知识及实践经验,游走于各个企业之间,为企业提供经营管理服务,并承担企业资产保值增值的责任,对企业不具有所有权,而仅仅只是具有经营权。企业的人事变动,虽说会对企业的发展造成一定影响,但一般不会危及企业的生存。前不久日本的一个企业尼桑公司(日产汽车公司),其老总是一个黎巴嫩裔的法国人,中间通过非常特殊的手段出逃了。他的出逃并没有让尼桑公司遭受特别大的打击,照常经营。因此在国外,企业业务活动中出现的违法犯罪行为,必须有人对此负责的时候,在完善妥当的企业合规制度之下,接受刑罚处罚的是可以随时替换的职业经理人或者企业家,而不是企业自身。这种做法,不仅能将企业因为受到刑罚处罚而引起的震荡降到最低,而且合乎近代刑法所秉持的罪刑法定原则以及个人责任原则。

在企业合规制度之下,不可能推导出企业合规就可以对企业及其员工都不起诉的结论来。企业合规本质上是企业自身具有独立意思的体现,是在企业经营的活动中出现犯罪行为时,让企业全身而退免受处罚的理由,而不是让其中的自然人免责的理由。相反,在企业有妥当有效的合规计划的时候,正好就可以据此将企业经营活动中违法犯罪行为推定为企业中的自然人的贡献,它是对自然人进行客观归责的最好理由。从此意义上讲,我国的检察机关目前所推行的企业合规不起诉制度,恰好在这一点上存在难以说清楚的地方。其不仅有违反我国《刑法》第3条、第4条规定的罪刑法定原则、刑法适用平等原则之嫌,而且也和国家有关机关在央企和海外投资企业中所推行的企业合规制度的本意背道而驰。我们国家对央企以及到海外投资的企业,要求的合规制度是另一种方式的合规制度,是按照国际通行规则而实施的合规制度。在国际通行的合规规则中,企业合规只是表明企业自身没有犯罪意思的体现,它的效果也仅仅是及于企业自身的定罪或者量刑,不及于其中的自然人。但我们国内也有企业合规,国内企业合规的效果不仅仅是及于企业自身,还对其中的自然人有效。我们的企业合规针对的是到海外投资公司和央企,和对民营企业实施的合规效果是完全不一样的,这个就比较麻烦,即有两套合规制度,或者是说合规的效果有两种方式。对央企和对海外投资企业而言是一种,对国内民营企业而言又是另一种。从这种意义上来讲的话,是不合适的。

另外,我们开玩笑说,企业合规制度实际上目前是特定形式之下,保护民营企业家的一种特殊的措施。在目前的情况下,保护民营企业家也能理解,目前我国经济形势不太好的情况下对企业家保护可以,但是保护的时候一定要在法律上有依据,或者是保护的措施不和法律相冲突。如果因为说是企业家所以犯罪不受处罚的话,我们可不可以换一种说法,如果科学家犯罪,我们也可以不惩罚,因为科学家和企业家一样重要。如果这样,刑法规定的罪刑法定原则、刑法适用平等原则有什么意义呢?所以在这一点上,我感觉,目前对企业合规不起诉这个制度可能还是要做一些调整,或者用另外一种方式来说明。

之所以出现这种问题,我觉得还是和我国有关单位犯罪的通说理解有关。尽管我国《刑法》第30条规定,公司等单位实施危害社会的行为,法律规定为单位犯罪的是单位犯罪,但是没有血肉、没有手脚的抽象人格体,也就是单位如何实施危害社会的行为,刑法中对此没有任何提示。通说认为,单位的决策机构或者单位负责人以单位名义实施犯罪,违法所得归单位所有的是单位犯罪。这意味着单位犯罪是单位中特定的自然人也就是决策人员或者责任人员所实施的犯罪。因此,在认定这种单位犯罪时,只要关注单位中特定人的思想和行为集合,这就是传统的单位犯罪认定方法。这种方法和将企业合规作为单位自身意思的企业自身责任认定观念之间有着天壤之别。如前所述,作为抽象人格的企业自身不能实施犯罪,所谓企业犯罪,不过是企业中的自然人的犯罪。

企业中的自然人之所以实施犯罪,和企业内部的环境有关,也就是企业自身的文化氛围、规章制度等鼓励、纵容、默许其中的自然人实施犯罪。而企业合规就是通过建章立制来消除这种鼓励、纵容、默许企业中自然人犯罪的氛围或者说是土壤,企业合规的思想就是来自这种观念。与"企业犯罪就是企业中的自然人犯罪"这种就事论事的观念相比,两者的理念显著不同。因此可以说,只要在企业犯罪的基础上引进企业合规理念,就必须放弃依据特定的单位中的自然人的思想和行为来决定是不是构成单位犯罪的关键。从这个意义上讲,通过企业合规就不可能得出放过企业家也放过自然人的结论来。针对上述的矛盾和困境,我认为在当前强调"六稳""六保"的特殊背景之下,要实现通过保护企业家进而保护企业的目的,与其以企业合规不起诉的方式,倒不如以企业家合规不起诉的方式更具有现实的合理性。

企业家合规不起诉的意思是,将实务中所认定的企业犯罪还原为企业家的个人犯罪,然后对其适用认罪认罚从宽处理的制度,促使企业家以建立企业合规制度加强内部管理的方式,保证以后不再犯罪。同时考虑到过往的犯罪是在企业经营活动中所发生的,行为人的主观目的是企业的发展,犯罪所得没有中饱私囊等情形,最终对企业家个人适用相对不诉,对企业本身进行行政处罚,从而达到既保护企业家,又保全企业的效果。之所以这样考虑,主要是基于三个理由:

一是回归企业合规制度的本义。如前所述,企业合规是企业自身不想犯罪的意识的客观体现,而不是企业中的企业家等自然人不想犯罪的意识的客观体现。企业合规的效果只能说是有助于企业在业务活动中出现违法犯罪行为时,进行无罪或者罪轻的辩护,而不可能帮助企业中的自然人进行无罪或者罪轻的辩护。如此说来,在企业犯罪之后,即便企业承诺将来建立防止再犯的合规制度,但也不能据此而对企业家已然之罪的处理上网开一面。毕竟企业合规是企业自身意思的体现,而不是其中自然人的意识体现。

二是从我国企业特别是民营企业的犯罪现状出发。尽管我国《刑法》中规定的单位犯罪罪名多达160多个,占刑法分则所规定的全部罪名的1/

3,但实际上迄今为止,我国法院所判处的单位犯罪不到同期刑事判决的1‰。尽管说企业犯罪发案率低,但不可能低到这么一种程度。其中不排除这种情形,也就是大量的单位犯罪被处理成了个人犯罪。因为在我国现有的通过特定自然人的行为来认定企业犯罪的主流见解之下,企业犯罪和其组成人员的个人犯罪没有本质上的差别,实务中也没有办法分清楚,实际上,实务中大量的所谓企业犯罪如果仔细追查的话,总能找到为单位犯罪行为背书的自然人,从而最终将其认定为个人犯罪。这一点从最高人民检察院所公布的典型案例——F警用器材公司虚开增值税专用发票案中就能清楚地看出来。这个案子表面上看是一个单位犯罪,实际上是两个公司的4位主要领导合谋实施的犯罪。虽然其犯罪出发点是为了公司的利益,为了单位逃税,并且利益去向最终也是归属于公司。但是众所周知,个人犯盗窃罪的场合,即便行为人主观上是为了第三人的利益,而且所盗物品最终也给了第三人,但其行为绝对不可能因为行为人的盗窃意图和赃物去向而被认定为第三人盗窃,还是行为人本身的盗窃。在我国《刑法》有关单位犯罪的认定上,并没有另行规定与自然人不同的认定标准的情况下,怎么能够在单位犯罪的认定上改弦更张,采用一套与自然人犯罪完全不同的犯罪标准呢?我们国家的单位犯罪还是放在以自然人犯罪为主的现行刑法规定之下来进行的,单位犯罪的认定和自然人犯罪的认定标准是一样的。就上述案子来看,如果说单位犯罪的话,单位犯罪首先也要有自己的行为,也要有自己的责任意思。因此就上述F警用器材公司虚开增值税发票案而言,把它认定为F警用器材公司董事长吴某某等4人虚开增值税发票罪是没有任何问题的。尽管他们的目的是单位的利益,归属最后也归了单位。这种情况之下,是为了谁,利益归了谁,在自然人犯罪的场合之下,这对自然人犯罪中的个人犯罪的认定没有任何的影响。那么单位犯罪的情况也是一样的,不能说是为了单位的利益,最终的利益也归属于单位,就把个人的犯罪就转归单位,没有这个道理。不这么理解的话,反而可能会出现这样的问题:原本是个人犯罪,但是一旦沾上了单位犯罪的名义,有关责任人就可以受到特殊对待,享受不被起诉的优惠了。

实务中很多企业家的犯罪,或者很多公司人员的犯罪,在审理过程中,他们都会说我这是单位犯罪。这是因为,一旦认定为单位犯罪,个人的处理就比较轻,而且道义谴责上也比较轻,不太受到谴责。因为我不是为了我自己,而是为了我们单位的人。为了自己的话,大家可能会从一般道德观念上来谴责行为人太自私,但是为了别人,大家可能会想这个人是为公而实施犯罪,牺牲了自己,成全了别人,从而在道义上受到的谴责较轻。从这个角度来讲,很多经营企业的人或者企业中的工作人员在犯罪的时候不以为耻,反以为荣,因为他总是觉得我这是单位犯罪。实际上,即便说单位犯罪和个人犯罪在特定犯罪的处罚、入罪标准一样的情况下,个人犯罪也愿意把它考虑为单位犯罪,因为我们国家实务中还是遵循着一个基本的原则,就是"打了不罚,罚了不打",或者是打罚都存在的情况下,要考虑如果处罚的是企业,对企业中个人的处罚,相对而言比较轻。所以实务中大量出现这种企业工作人员犯罪的时候,即便是个人犯罪都说我是单位犯罪,都愿意往单位犯罪上靠。也就是说,只要原本是个人犯罪,但是一旦沾上了单位犯罪的名义的话,相关责任人就可以受到特殊对待,享受不起诉的待遇,这在合法性上是有问题的。

如果说基于特殊的政策考量,一定要保护民营企业家,那么完全可以从其他方面找理由,没有必要让与放过企业家的理念背道而驰的企业合规为其背书,或者作为证据。况且司法实践中需要不起诉的企业,大多是民营企业或者中小企业,本来就规模偏小,实力偏弱,在与大中型企业同台竞争的时候往往处于劣势,其主要依靠灵活机动,面对市场迅速反应而生存下来。这是灵活机动的体现之一,就是制定决策的机制相对简单、高效、快捷。对于它们而言,企业合规不仅是一种自我约束、自缚手脚的行为,而且也是很不现实的要求。相反地,对企业中的相关责任人员进行法律约束,比对企业自身进行高大上的合规约束,反而更加有效。我们国家好不容易才把企业合规研究到这个程度,司法实务中也开始使用,但是如果一开始就把路走歪了,把企业合规理解错误了,这对我们国家将来大规模地对大中型企业适用合规制度,特别是对进出海外的企业适用合规制度的话,是非常不利的。一开始就把企业合规理解错了的话,对于我们国家建立企业合规的文化也是不利的。

三是建立企业家合规不起诉的制度,可以避开法律上令其建立合规管理体系之后,作出相对不起诉的决定。这种方式主要为上海以及江苏省的相关试点单位所采用。还有就是附条件不起诉,也就是检察院在对涉及企业审查起诉的过程中,设立一定的考验期,对其暂时不予起诉,并对企业建立形式合规的情况下,进行监督考察,在期满以后,根据企业建立合规管理体系的进展情况,对其作出起诉或者不起诉的决定,这种方式主要为浙江省的试点单位所采用。

上述两种企业不起诉都有问题。但相对而言,附条件不起诉的问题更为明显,因为其于法无据。根据我国《刑事诉讼法》第 282 条,附条件不起诉制度的适用对象只能是未成年人,而不能适用于其他人,更不可能对涉嫌犯罪的企业适用。相对不起诉的问题是,依照《刑事诉讼法》第 177 条第 2 款,只能对犯罪情节轻微,不需要判处刑罚或者免除刑罚的犯罪嫌疑人适用。而现实中需要通过合规不起诉来解决问题的情形,往往都不是情节轻微的类型。

从我的立场来看,如果承认我国企业特别是中小企业在业务活动中的犯罪都能认定为其中的自然人犯罪,也即企业相关责任人的个人犯罪的话,则在《刑事诉讼法》第 177 条第 2 款相对不诉中要求情节轻微的认定上,相对而言比较容易。首先,就已经发生的犯罪而言,企业相关负责人的犯罪动机不是为了个人利益,更多的还是为了企业的利益。即便在企业利益与个人利益一致的场合,客观上也还是具有为当地增加就业、税收等效果。其次,企业相关负责人通过认罪认罚、制定改进经营活动的相关措施、上缴犯罪所得、弥补犯罪损失等方式,表明了其不再犯罪的决心。最后,考虑"六稳""六保"的政策,结合该企业过往的实际业绩、目前所面临的困境、起诉企业相关责任人所可能造成的负面效果以及公司本身要受到行政处罚等各个方面的因素进行起诉的利弊权衡,实际上实务中也是这么操作的。比如说,2020年以来,江苏省张家港市人民检察院处理了多起企业涉嫌虚开增值税专用发票案件。在这些案件中,检察院通过召开案件公开听证会,对案件开展合规风险审查,促使企业加强建设合规体系,并且结合企业犯罪情节、事后补缴税、修复法益等情形,最终决定是否作出不起诉的决定。这种做法也就是稍微跟《刑事诉讼法》的规定有点出入,是出入不是很严重的情况下,所做的一种有益的尝试,值得进一步地推广。

四、结论

从西方国家引进的企业合规的理念是在企业活动涉嫌犯罪时,通过企业合规放过企业,但是不放过企业家。而我国检察机关目前借助企业合规所欲实现的目标是既放过企业又放过企业家。这个目标与企业合规的理念冲突,也违反罪刑法定原则,更为重要的是对国内企业实施这种特别的企业合规,不仅和我国政府鼓励到海外投资的企业以及央企按照国际标准进行合规建设的政策冲突,而且也不利于培养我国企业以平和的心态到海外参与国际竞争。

因此,从企业的长远发展来看,即便是对中小企业而言,也不应当以司法制度的方式对企业合规制度的适用进行变通。当然,如果一定要变通的话,也只能在不改变企业合规基本宗旨的前提之下进行。其实,我国当前实务中所处理的所谓企业犯罪,绝大多数都可以认定为企业中的个人及企业主管人员的犯罪。在这种现实之下,我们完全可以在企业家个人犯罪的前提之下,借助现有的认罪认罚制度,考虑企业犯罪中相关个人的主观恶性比较小、事后弥补损失修复法益,并根据企业行为,包括企业合规在内的整改措施,以表达不重蹈覆辙的决心而显现出来的预防必要性较小等特征,对企业家个人进行酌定不起诉,从而达到防止出现"抓了一个企业家,整垮一个企业,砸了一批人的'饭碗'"的局面。这样不仅不会和企业合规的本意相左,而且还会消除企业合规不起诉制度于法无据的缺陷,和进出海外的企业以及央企中所推行的企业合规的理解一致。

这就是我所理解的企业合规的应然做法,也是对目前我们国家司法机关推行的企业合规不起诉改革试点的一点看法。我就介绍到这为止。谢谢大家。

主持人·周啸天

谢谢黎宏教授。黎宏教授的这场讲座立论扎实,层层推进。既感受到了黎宏教授对社会整个经济形势及中央对现代经济政策的把握和理解,也能感受到"螺壳里做道场"的精细化理论表达,这其实是和黎宏教授的为学风格是一致的,让我们感受到了大师的这种为学功力。

如果简单地总结一下,我听到了这三句话:氛围很重要,企业合规靠制度,个人责任归个人。我对这方面没有很好的研究,专业的点评由专业的人士来做,剩下时间就交给我们与谈人。下面有请第一位与谈人,华中科技大学的李冠煜老师来进行点评。

与谈人·李冠煜

谢谢啸天教授,也非常感谢黎宏老师的精彩演讲。从刚才黎宏老师的演讲中,我也受到了诸多启发,正如刚才黎老师所讲的,企业合规的效果不仅是一个实践问题,也是一个理论问题。所以,我的认识是,企业合规与不起诉的问题最终还是要落脚到企业刑事责任上。因此,我打算从实践和理论两个方面谈一谈个人的浅见。

首先,在实践方面,随着最高人民检察院发布《关于开展企业合规改革试点工作方案》,我国也启动了第二期企业刑事合规不起诉改革试点工作,试点地区也包括我们湖北省在内。我省检察机关一直都非常重视这方面的工作,早在今年3月份开始,湖北省人民检察院就出台了《关于充分发挥检察职能优化营商环境的意见》。这个意见的第19条就规定,依法有序开展企业合规改革试点,落实民营企业平等保护,能不捕的不捕,能不诉的不诉,指导企业建立并执行合规计划。除此之外,在今年4月举行的一场新闻发布会中,也提到了一起典型案例,即潜江市人民检察院办理的"某建筑公司及关某等人涉嫌串通投标罪不起诉案"。检察机关受理该案后了解到,该公司是当地建筑行业的骨干企业,不仅在税收就业方面作出了较大贡献,而且积极承担社会责任,主动承接扶贫产业项目,被告人也有自首、坦白、退还违法所得等情节,于是,该院对其作出了相对不起诉决定。这体现了保护企业合法权益与促进企业守法合规经营并重的理念,避免了该企业被追究单位犯罪的刑事责任。因为这样一来就很有可能使企业陷入经营困境,造成大批员工失业,产生新的社会不稳定因素。可见,本案采取的就是刑事合规机制中的起诉激励方式,而且是一种正向激励,将企业合规作为排除、减轻企业罪责或暂缓不起诉的事由。当然,对于本案自然人刑事责任的处理,如果按照刚才黎宏老师的观点,可能还存在一定的争议,也许不一定要作出这么宽大的处理。所以,我认为,鉴于实践中比较常见的是对涉案企业作出相对不起诉处理,今后在司法实践中,应当注意以下几点:

第一,企业合规不起诉的目的主要在于强化法定犯中刑罚的教育功能、社会复归功能,通过帮助企业制定完备的合规管理规范,构建有效的合规组织体系,健全合规风险防范等方式,来实现预防企业犯罪的目的。

第二,在具体办案过程中,应当横向比较同类案件,充分关注各类因素是否有可能构成情节轻微,因为只有在这种情况下,才有可能适用合规计划对其给予相应的从宽处理。

第三,要展开精细的量刑判断。先根据体现法益侵害性的事实,明确责任刑的区间,再根据体现预防必要性的事实确定预防刑的大小,最终在责任刑和预防刑之间协调二者的关系,来认定宣告刑究竟是免于刑罚处罚,还是进行其他处理,以此来决定是不是能够作出不起诉的决定。

第四,最高司法机关应当适时地进一步完善《关于常见犯罪的量刑指导意见》,或者是出台专门的司法解释,来统一企业合规的司法认定标准。

如果说实践中主要是将合规计划作为某种量刑情节或者量刑事由进

行认定的话,目前在理论上可能比较侧重探讨的是怎样将合规计划作为出罪事由。

其次,在理论方面,需要将企业合规理论与单位犯罪理论、定罪量刑理论、不起诉理论结合起来,区分企业犯罪类型,构建可行的企业犯罪减免罪责模式及其方法。比如,有的学者将企业犯罪分为系统性企业犯罪和非系统性企业犯罪:前一种是自上而下的单位犯罪,也是我国《刑法》第30条规定的以及传统理论一直支持的单位犯罪;后一种是自下而上的单位犯罪。根据论者的观点,他主张对于轻微的系统性企业犯罪案件,只能适用合规考察免责模式;而对非系统性企业犯罪案件,可以适用主观过错免除模式、管理义务履行模式或合规考察免责模式。最后一种模式其实也是我国在企业合规不起诉制度改革试点中,一些地方检察机关已经开始试行的一种制度,即黎宏老师提到的附条件不起诉的模式,如辽宁省人民检察院等制定了《关于建立涉罪企业合规考察制度的意见》、浙江省岱山县人民检察院也出台了《涉企案件刑事合规办理规程(试行)》。对于涉嫌轻微犯罪的企业,在其认罪认罚并且具有合规意愿的前提下,检察机关可以将其作为合规的考察对象,在所设定的考察期内,责令企业聘请外部独立的监管人推行合规管理机制,对于成功建立合规管理体系的企业,检察机关经审核后可以作出不起诉的决定。这时就具有了"合规考察出罪"的性质。但问题是,按照这种模式,其出罪依据究竟是什么?是否可以直接运用"法益可恢复性理论"或"法益修复理论"来解读,即通过修复法益是不是可以直接作出罪处理?

日本学者高桥则夫教授认为,根据"恢复性司法"或"修复性司法"的观点,为了强调刑罚的教育改善目的,应当重视害恶的修复,即刑罚是与"法益"相关联的,而修复是与"害恶"相关联的。他的意思可能是,二者是不同层面的问题,因为法益是具有可侵害性的,而法益具有可侵害性并不意味着法益必定具有可回溯的修复性。退一步讲,即使法益可以被修复,这里的"法益"可能不是真正的法益而是表层的法益,而且被修复的其实是法益侵害的要素而并非"法益"本身。因为倘若某种法益被侵犯之后马上就能被修复,此时也许就不存在实质的法益侵害性。更何况,或许财产法益可以被修复,但诸如事故型犯罪、金融犯罪、网络犯罪、环境犯罪等企业实施的犯罪行为一般侵犯的是集合法益或集体法益,那么,所采取的修复措施就应当与其侵害方式或犯罪结构相适应。在这种情况下,法益究竟能不能完全被修复(或者说彻底被修复),以至于能对之前实施的企业违法行为作出罪处理?对于这个问题,我认为还需要进一步研究。

当然,这种出罪思路其实也体现在《刑法修正案(十一)》对于个别经济犯罪的规定之中。比如,修改后的《刑法》第 176 条第 3 款规定,当被告单位实施非法吸收公众存款行为,在提起公诉前积极退赃退赔、减少损害结果发生的,可以从轻或者减轻处罚。而且,相关司法解释也有免除刑事处罚或不作为犯罪处理的规定。相应地,在环境犯罪案件中,涉案企业可以采取恢复补救等措施;在税务犯罪中,涉案企业也可以采取补缴税款、滞纳金等修复措施。这或许意味着,在传统的罪责理论的基础上,有必要提高预防目的的权重,深入思考责任和预防的关系,对其进行重新解读。此外,基于司法机关对于具体犯罪的"情节较轻""情节轻微""情节显著轻微"之间界限的把握是非常微妙的,那么,何时作相对不起诉?何时作绝对不起诉或存疑不起诉,如何区分企业刑事责任和企业家刑事责任?何时适用"企业犯罪二元论"来掀开企业犯罪的面纱?对于这些问题,可能需要进一步深化刑事责任理论和单位犯罪理论研究。

以上是我从黎老师的讲解中受到的实践和理论方面的启发,供大家批评指正。

主持人·周啸天

感谢冠煜老师从责任角度对企业合规作出的精彩点评。下面有请第二位点评人耿佳宁老师作点评。

与谈人·耿佳宁

谢谢主持人周啸天教授,也谢谢山东大学法学院和本灿老师的邀请。听了黎宏老师的讲解,醍醐灌顶。最近企业合规不起诉非常热,属于刑法和刑事诉讼法的部分交叉内容。作为刑法研究者,基于研究领域的局限可能看到的东西也有局限。今天黎宏老师的报告为我打开了视野。刚刚冠煜老师的报告对于实践层面考虑得非常细致,说明大家的思考都非常深入。下面我简单说一下自己的思考。

第一,从刑事政策的角度引入刑事合规理念并不一定导致企业归责模式的转变。刑事合规和企业刑事归责模式之间存在一个双向推导的箭头。像刚刚黎老师所说,如果在犯罪论层面采用企业自身责任论(企业固有责任论),那么可能直接推导出合规出罪的结论;但是,反向推论却不一定成立:从刑事政策的角度(无论是我国现在的"六稳""六保"政策,还是刑事执法的私人化、国家与企业的共治等一系列更上位的刑事政策取向)赋予企业内控义务,要求企业在自己的生产经营过程中采取内部控制措施来预防某类犯罪,并不意味着企业刑事责任的归责根据和归责条件必然发生改变。美国的制度实践说明,维持代位责任与引入刑事合规理念在经验上并不矛盾。甚至有学者认为,唯有在代位责任的语境下,才有必要引入刑事合规理念。因为代位责任实际上是"仆人过错,主人负责",对企业过于严苛,为了弥补对企业责任的过度追究,才要给予其"自救"空间:如果合规,则可以暂缓起诉或者不起诉;即便起诉,也可以在量刑上给予很大程度的减轻。

事实上,在代位责任语境下和固有责任语境下,企业合规的含义及其法律效果(所对应的不起诉类型)都是不同的。广义的企业合规可以包含事前合规与事后合规两层意思。事前合规,是指违法事实发生之前,企业已制定并落实了有效的合规计划;事后合规,是指违法事实发生之后,企业配合调查并进行合规整改。相应地,广义的企业合规会有两种法律效果:一是出罪或绝对不起诉;二是量刑从宽或相对不起诉。固有责任意味着,违法事实应当因企业自身的原因而被归咎于企业,不再以企业中自然人为中介。如果企业制定并落实了合规计划,则不能把已发生的违法事实归咎于企业,此时的不起诉是哪种类型？我个人认为,属于绝对不起诉。反过来说,如果认为合规可以有出罪或绝对不起诉的效果,那说明在语义上更倾向于事前合规。如果像美国那样,认为合规只管量刑或者只能有相对不起诉的效果,则事后合规在语义上更为匹配。所以,在实然层面,我国目前试点的企业合规不起诉无论属于附条件不起诉还是相对不起诉,其不起诉类型与合规条件的设置（如配合调查、认罪认罚、根据检察建议在考察期内落实和完善合规计划等）大体上是匹配的。

接下来要思考应然层面的问题。众所周知,美国的制度实践以功利主义为主:一方面,有判例提到,之所以采取代位责任,是因为这种归责模式能更好地预防企业犯罪;另一方面,引入刑事合规的主要目的就是希望能够最大限度地动用企业自身力量去帮助调查、配合整改。与美国不同,意大利在对待企业基于犯罪的责任问题时,逻辑起点仍是古典的。意大利2001年的第231号法令、2008年的第81号法令的颁布之后,为什么意大利学界及实务界都会去强调企业责任的刑事性或准刑事性（事实上其法条的用词是行政性）？其思考进路是:刑事领域比行政领域能够给予企业更大程度的保护,因为一旦进入刑事领域,对企业的刑事归责就必须符合刑法责任主义（自己责任+罪过责任）的基本原则。在客观层面,企业只能为由自己的组织管理缺陷所引起的违法事实负责,且该违法事实须在规范的意义上能归属于它;在主观层面,企业至少要符合罪过责任的底线要求——对违法事实的发生具有预见可能性。如果将企业责任定性为行政责任,则归责不受责任主义的约束,可能只需要违法事实与企业有关就够了。在意大利,企业责任之所以刑事化,是为了更大限度地保护企业。可见,如果从教义学的角度出发,从责任主义的两层含义（自己责任+罪过责任）出发,我们会得出一个结论:企业固有责任必然对应合规出罪（当然在审查起诉阶段,即为绝对不起诉）。

我们在思考合规不起诉问题时,在研究路径上会有一个选择:是从刑事政策到刑法教义学,还是从刑法教义学到刑事政策?如果从刑法教义学到刑事政策,那么应当能够合乎逻辑地推导出黎老师的结论:"企业固有责任必然会带来企业不起诉。"但如果从刑事政策出发,刑事合规可以容纳不同的企业归责模式,这也就意味着合规的含义及法律效果存在泛化的可能。

第二,是一个不太成熟的考虑。我国目前的试点有两种:一种是合规相对不起诉,另一种是合规附条件不起诉。从实质的角度来看,附条件不起诉更有利于对企业进行充分考察。因为附条件不起诉需要 6 个月到 1 年的考察期,考察期结束之后,检察机关会根据企业合规的整改、落实情况决定是否起诉;而采取相对不起诉的话,据我了解,实践中是把审查起诉期限作为考察期。由于审查起诉期限较短,所以相对不起诉对于企业的合规考察是比较弱的。这也就是矛盾之所在:采取有法条依据的相对不起诉,对企业合规的考察力度不够;而采取对企业合规考察力度较强的附条件不起诉,又缺乏直接的法条依据。

第三,现在这种企业和企业家一起不起诉的实践做法靠谱吗?我认同黎宏老师的观点,合规不起诉的效果应限于企业,而不能直接及于企业家。无论采取代位责任模式还是固有责任模式,企业与企业成员刑事责任的分离都已经比较明显。即使仅从 2014 年全国人大常委会的立法解释出发也应当认为,单位成员承担责任的根据是组织、策划、实施了法律规定的犯罪行为,亦即要按照自然人犯罪的构成要件,运用共同犯罪的原理去认定。既然对企业家的归责不以企业承担刑事责任为前提,那么,为什么现在只要沾上了企业,就必然会导致组织、策划、实施了犯罪的企业家,可以直接享受不起诉待遇?而且,从域外实践来看,合规不起诉其实有责任分配(或责任分担)的意思,例如,美国在决定是否起诉企业时,会考虑如果不起诉企业只处罚自然人是否适当、是否足够。可见,无论是从企业责任和自然人责任的分离,还是从责任转嫁承担的原理出发,将企业合规不起诉的效果直接及于企业家,似乎并不妥当。

这就是我想跟大家交流的浅显意见，由于没有文稿准备，说得比较混乱，请各位老师见谅。

主持人·周啸天

感谢佳宁老师很好的点评。我注意到佳宁老师在《中外法学》和《政治与法律》上都发了文章，提倡的是单位固有责任论，这说明，她对这方面也有很好的研究。

下一位点评者从2015年开始一直持续发力到今年，是在同辈中研究刑事合规最优秀的学者，也有一系列的企业合规的文章发表，他就是李本灿教授，有请李本灿老师进行压轴式的点评。

与谈人·李本灿

谢谢啸天老师，也辛苦黎宏老师，辛苦冠煜和佳宁老师。压轴点评谈不上，黎宏老师的文章确实给我很大的启发，但是中间有很多困惑，我自己也没有找到答案。我昨天花了一下午的时间来品味黎宏老师的文章，但是仍然很多道理也没有想清楚，所以等一会可能也有几个问题请教黎宏老师。

合规不起诉的问题已经进入了司法实践，确实也产生了很多的问题。关于合规不起诉的制度，我在2016年就率先写了一篇文章。经过两年时间，这篇文章于2018年在《法学评论》发表。因为当时认罪认罚从宽制度刚开始实行，所以我就从这个制度切入，写了企业合规的问题。我当时提出的一个观点跟黎宏老师今天讲的观点基本上是一致的。从国外的经验来看，企业合规制度的初衷很大程度上在于如何很好地处理企业，避免因为对企业的处理可能产生的负外部效应，比如说因为对企业的定罪导致该企业从此一蹶不振，甚至垮台，由此产生就业问题等很多社会问题。所以国外实践中往往会通过企业合规不起诉的制度，一方面对企业实施不起诉,另一方面对相关的责任人员进行严厉的处理。但事实上国外也遭遇了这样的困境,其初衷是不起诉企业,起诉相关的责任个人,但是实践中也走偏了,往往也是不起诉企业,同时不起诉个人。这一点从美国的实践可以看出来,有相关的统计数据表明,起诉个人的案件是非常少的。

我们看到很多非常重大的案件,其相关责任人员的责任其实非常重,比如说某汽车公司的相关责任人员故意隐瞒汽车故障,导致至少一百二三十人死亡。既不起诉公司,也不起诉个人,个人甚至没有受到任何影响,仍然在公司从事相关的工作。原因何在?在美国,这种情况的出现实际上主要是因为证据的问题,对公司的起诉很多时候达不到起诉的证据标准。对于公司来讲,在陷入诉讼后想的是尽快摆脱诉累,所以检察官提出通过协议方式结案时,公司绝大多数时候愿意跟检察官签署协议,无非就是赔点钱、建构完善合规计划而已。但是对于个人而言,其就会充分利用宪法赋予自己的权利来奋起抗争,因为个人被起诉面临的是牢狱之灾。所以很多时候检察官考虑到现有的证据达不到起诉的标准,往往也就选择不起诉个人。由此可见,美国在实践中也走偏了,只是原因不同。

从表象上看,在我国同样是既不起诉公司也不起诉个人,但个中缘由实际上是不同的。我们刚才讲了,在美国刑事合规的制度初衷是不起诉企业,严厉处理个人。美国企业处在市场经济高度发达的制度环境中,而且美国处理的企业都是大型企业(比如去年处理的空客公司、我国的中兴通讯等)。这些大型企业的内部治理机制较为完善,所有权和经营权分离,拿掉任何个人都不会对公司运营造成实质影响。但是放到我们国家可能就不一样了。我们国家对企业犯罪的治理政策跟美国有很大的差异。据最高人民检察院内部人讲,他们当初选择这 6 个试点的时候其实是有自己的考虑的。比如说,为什么选择深圳市南山区?为什么选择山东省郯城县?郯城县代表了广大的相对不那么发达的地区,而南山区方圆 100 公里有 100 多家上市公司,GDP 有六七千亿元,非常发达,其辖区有很多大企业。据说,当初选择这样的试点,其实也是想进行差异化试点,在经济发达地区可以选择出大型企业犯罪案件进行合规试点。经过了近两年的试点,我们可以看到,实践中所处理的基本都是中小企业甚至是小微企业。由于小微企业没有严格的公司治理机制,而且正如刚才黎宏老师所讲的,很多企业都具有浓厚的个人色彩或者家族色彩。在这种情况下,照搬美国"放过企业,严惩个人"的理念可能是不合适的。因为在我们国家的中小微企业中,个人和企业的命运实际上高度关联、高度捆绑在一起,起诉企业和起诉个人其实没有什么差别,它实际上更多的是一种能人经济。因此就出现了我们既不起诉企业也不起诉个人的情况。

回到讲座内容,黎宏老师的讲座给我的一个基本启示是:企业合规不起诉可能是企业合规所引导出的法律效果,这种效果只能给予企业而不能给予个人。刚才黎宏老师提到的"企业合规不起诉是企业自身责任的必然结果",实际上是法定不起诉制度的问题。如果企业有完美的合规计划,当然可以排除企业的责任。这给我们的启示是:司法实践不应该只着眼于今天所实践的相对不起诉,还要大胆适用绝对不起诉。刚才黎宏老师也提到了雀巢公司的案例。实际上,在检察阶段绝对排除公司责任也是一个很好的方式。但是刚才佳宁也讲了,包括黎宏老师所理解的企业合规制度,实际上它是从事前的角度来理解的,是对企业的责任可能产生影响的企业合规制度。但是我们对企业合规本身的理解确实在发生着变化,企业合规的内涵实际上正在发生着变化,它不仅仅指我们原来所讲的可能对企业的责任产生影响的事前内部控制机制,很多时候企业事后(违法行为发生后)承诺建立或者承诺完善合规机制,也被理解成企业合规的一种概念。

在这样的企业合规概念之下,当然不能绝对推导出合规排除企业责任的结论。即便如此,是否一定要起诉企业?实际上也不一定。我们今天所探索的企业合规不起诉制度,其实是有范围的,即只能适用于《刑事诉讼法》规定的情节显著轻微的案件。在这些案件中相对不起诉企业,我个人认为也是有道理的,一是犯罪情节确实轻微;二是保护企业的政策考虑;三是预防刑的考虑。发生了违法犯罪行为以后,企业如果能够建立有效合规计划,就意味着它的预防必要性是显著降低的。如果企业能够持续有效地运行合规计划,未来不会发生类似行为,那么起诉企业又有什么意义？责任性决定刑罚的上限，预防性决定刑法的下限。所以从预防刑的角度，我个人觉得不起诉企业本身没有什么问题。对个人能不能不起诉？我认为对个人也可以不起诉，但这一定不是因为企业建立了有效的合规计划。从理论上讲，不可能是因为企业事后完善了合规计划就不起诉相关的自然人。因为刚才黎宏老师也讲了，公司的是公司的，个人的是个人的。但关键问题是，我国单位犯罪的认定方式实际上是以关键个人或者说以关键自然人作为连接点的认定方式，相关的责任人员只要是以单位的名义实施了相关的违法行为且利益归单位，就是单位犯罪。在这样的认定模式下，当然可以推导出可以不起诉相关的自然人，更何况是能够认罪认罚、积极退赔相关的自然人。我个人认为，在一个合理的范围之内对其不起诉其实也是可以接受的。这是我的一个基本观点。

此外，刚才佳宁提到的关于单位归责模式和刑事合规的关系的问题，我也声援一下佳宁。我们国内现在出现了一种很不好的现象，或者说我个人认为是一个错误的倾向：有的学者对于刑事合规的理解其实是一种片面的解读，可能仅仅看了美国的材料就认为刑事合规应该是这样的，因此作出了一些在我看来是不正确的推断。比如有的学者认为刑事合规应该以替代责任为基础，而我们国家不可能承认替代责任，因此我国刑事实体法不可能引入或者说不可能存在刑事合规制度，只能通过刑事诉讼法，只能通过认罪认罚从宽制度引入刑事合规制度。这其实是一种错误的理解。还有些学者提出，刑事合规应该以严格责任为基础，既然如此，刑法学者还坚持什么责任主义原则？就应该在刑法中把责任主义原则拿掉，引入严格责任。这其实都是非常荒谬的一些观点。

刚才黎宏老师讲了，从企业自身责任的角度来讲，当然不能对合规的企业提起诉讼，但是实际上这种单位归责模式和刑事合规制度不是绝对的关系，可能是不同的单位归责模式，可以推导出不同的刑事合规制度。关于这一点，可以思考的是：既然我们普遍认为，单位自己责任或者说单位固有责任的制度中可以存在刑事合规制度，那么，在以替代责任为主导的美国法中，为什么也存在刑事合规制度？答案显而易见，不同的单位归责模式可能推导出不同的刑事合规制度类型,刑事合规制度不依赖于哪一种单位归责模式。

因为等一会可能没有提问的环节了,我有几个疑问还请黎宏老师能够帮忙解答:

第一个问题是,黎老师刚才提到,把企业犯罪还原为企业家犯罪,还提到了最高人民检察院发布的案例,从本质上讲,这个案子可能确实不是一个单位犯罪,它可能就是自然人的共同犯罪。问题的关键是,如果不是真正的单位犯罪,那么企业犯罪还原为企业家犯罪是没有问题的,但是如果它就是一个单位犯罪呢?如果就是一个单位犯罪,应当怎么还原呢?刚才黎宏老师也提到了,他自己曾经做过统计,我们国家单位犯罪案件的比例可能不及同期案件量的1‰。也就是说,实际上单位犯罪在司法实践中认定是非常少的,这跟我们的单位犯罪实际情况可能并不相符。实际上,很多的犯罪严格讲是单位犯罪,但是可能是基于种种考虑,当时没有认定为单位犯罪,而仅仅认定为个人犯罪。在这些案件中,怎么进行处理?也就是说,应当如何还原?比如说本来是单位行贿罪,如果把这个企业犯罪还原为企业家犯罪,那就是个人犯罪了,就会涉及行贿罪了,这样的认定方式会不会也有违背罪刑法定原则的嫌疑?

第二个问题是,黎宏老师还提到了关于不利于我们国家企业走出去,不利于国资委相关合规标准的推行这样的一个问题,我也不是特别理解,还请黎老师能够给予进一步解释。在我看来,国资委2018年发布的指引(包括商务部六部委发布的指引),其实是从企业管理的角度所提出的合规计划建构方案,而我们所讨论的刑事合规问题,实际上是站在国家的角度讲如何去建构一种外部激励机制,以此来推动企业进行自我管理的问题。我个人认为这是两个不同层面的问题,应当怎样去理解这个问题?

第三个问题是,我们说企业合规的效果不能及于个人,不能因为企业合规就不起诉个人;反过来说,个人犯罪的时候,能否将结果及于企业,要求企业去建立一个合规计划,这样的方式是否合适?

这是我的一点点疑问,还请黎老师能够帮我解疑。

主讲人·黎　宏

很感谢三位老师的精彩评论，也给了我很多启发，我不对每一位老师的评论逐一回复，我先就今天的召集人本灿教授刚才讲的几个问题加以回复，其实他心里有答案的，他只是很谦虚地说是想让我来回答。

第一个问题，我刚才讲到了，企业犯罪都可以被认为是企业家犯罪，这是基于一个前提，这个前提是，我们国家现实生活中所处理的所谓单位犯罪，基本上都可以还原为个人犯罪。正像前面几位老师都说到的，我们国家现在处理的单位犯罪，主要是小微企业，而国外处理的单位犯罪都是大企业。真正从全世界的范围来看的话，真正将大企业作为犯罪处理的非常罕见，原因在于，大企业最后都是拿钱把事情平息了，当然，平息的过程中跟我们的考虑是一样的，税收、就业、经济形势震荡等各方面的考虑都在其中，结果是，最后只拿了很多的钱，就把这事情摆平了。当然，这样的处理之后，还涉及个人的问题，对于大量的管理人员如何处理？一是坐牢；二是人员置换，包括西门子公司，还有美国早期的洛克希德公司，后面还有好多公司都存在这样的问题。再有西方的大企业里面，刚才本灿老师也讲到了一个问题，证据不足没法起诉。确实，大企业的决策机制很复杂，决策的链条很长，每一个人就在一个点上管一部分事情，在他做的范围之内，在他的职权范围内，并没有违法。所以这样一来的话，高层、中层、低层到最后基层这四个环节之中，每一个领导都会说我没违法，我在我的范围内只做了这么一件事情。这么做以后就有什么结局呢？最后这个企业在活动中出现了重大事故，比如说造成人员死亡，有毒产品未召回，那么这种情况之下，追究每一个链条上每一个人的责任是做不到的。每个人都在自己的范围内作了决定，但是整个做下来以后就出现这样的后果。这就像我们所说的"雪山崩塌的时候，每一片雪花都不是无辜的"，但实际上每一片雪花都会说在这个过程中我没起作用。大家会说"压死骆驼的是最后一根稻草"，稻草说我真倒霉，就因为我是最后一根稻草，但前面还有那么多稻草压在骆驼身上。现在大家会想,到底是哪一根稻草把骆驼压死了呢?是最后一根吗?企业犯罪里面也面临同样的问题,这是一个形象的比喻。很多人都在为这个企业做事情,最后导致这个企业犯了一个很大的错误,但是每个人在追究责任的时候,如果是从个人责任角度来考虑,每个人都没有责任,所以这种企业才是真正的企业犯罪。但是在我们国家,最起码到现今为止,真正的企业犯罪没处理过,我们国家真正处理的都是小微企业,而小微企业里面基本上都是领导说了算的,而领导说了算的情况之下,那不就是个人犯罪吗?实际上,在德日不处罚企业犯罪,也是这么理解的,也就是认定企业犯罪越仔细越能发现某一个环节上有问题,而这个环节里面可能不是某一个人,而是一群人。刚才本灿老师讲到行贿罪,行贿罪是典型的企业犯罪,如果认为是个人行贿的话,实务中企业行贿不就没有了吗?实际上要是严格地按照单位自身刑事责任论来看的话,每一个单位都不会制定一个规定,说我们要通过行贿的手段来完成商业目标。每一个单位的规则、制度、文化氛围里都不会明着这么写,都只会是在实际操作过程中可以找到这样一种做法。这个时候,可能大家对我这句话就比较好理解了,我是讲我们现实中处理的所谓企业犯罪,基本上都是这种情况。

第二个问题,改革实践中的情况是,既不处罚企业也不处罚企业中的企业家,这种具有国家特色的企业合规不起诉模式不利于企业走出去。这个做法里面有一个声音,因为我们国家现在在企业合规这个问题上,实际上实行了双轨制。央企和海外经营的大企业(包括民企)是按照企业的所在国、所在地的要求制定合规政策。这样的合规会保证企业本身没问题,但是,如果在有合规制度的前提之下,企业管理人员还是不按照合规的要求来行事,导致企业经营活动中出现违规行为的话,那么企业中的个人要担责任。这样一来的话,每一个人在企业里面都会战战兢兢、如履薄冰。即便有合规制度,如果不妥当,仅仅是制定一个挡箭牌的东西的话,并不管用,个人最后还是可能坐牢。如果是这样,那么这个合规是没有意义的,有合规也让企业中的工作人员每天小心谨慎,保证自己不出问题。如果像我们这种实践,在企业合规之后,既不处罚企业,也不处罚企业家的话,可能会导致什么结果呢？企业会拿一个东西做幌子,反正最后有幌子的话,既不处罚企业家,也不处罚企业。结果导致个人的责任感可能就没有进出海外的企业或者央企中工作人员那么强,或者说守法的态度没那么好。这两套不同的企业合规效果、体制的不一样,对里面工作人员的心理状态或工作状态可能会产生微妙的影响,这是我的一个担心。我更担心的是,企业合规在中国刚开始的时候,就把路走歪了。这就会导致一个现象,一些好的东西引进来,而且国家有关部委大力提倡、强力推广,如果司法实务中作了另一种理解的话,一开始就不协调,可能后面越走越歪。正如习近平总书记所讲,穿衣服扣扣子,第一粒扣子扣错了,后面的就一直错下去了。

第三个问题,我刚才说了,企业合规的效果不及于个人,但是把企业犯罪理解为个人犯罪就没问题了。如果按照我国现行司法实践,大量的企业犯罪实际本质上都可以理解为个人犯罪的话,对个人处罚的效果是不是及于企业？也就是说,企业家犯罪会不会导致必然要企业建立合规计划？我认为,是否起诉企业家要考虑多方面的因素。一是要考虑主观动机。为了企业的事务而实施的违法行为,违法行为的所得也指向企业,从传统的角度来讲,对你是一个好的事情。二是要考虑悔改计划下一步的发展方向。也就是说,你还要把企业继续管好,怎么管好呢？你要把企业合规制度建立起来,实际上也表明你对类似的犯罪行为不再重犯的一个态度,而这种做法实际上是我们国家目前在酌定不起诉中,考虑认罪认罚从宽处理的过程中广泛推行的。所以我觉得,对企业家不起诉并不意味着可以不建立企业合规制度,而是说还要建立。我的总体想法是,在现有刑法规定的基础之下,怎样才能既不违反罪刑法定原则和刑法适用人人平等原则,在这个基础之上又能保证企业合规制度能够建立起来,而且和世界上通行的企业合规制度保持一致。也就是说,在我们国家的国情之下,企业合规制度要引进,要把它的作用最大化,同时要和我国法律规定冲突最小。

最近我看了一个案例,上海发布的检察案例,一个人开车醉驾的过程中,因为不服从警察查酒驾,与警察发生冲突。发生冲突后,这个人就因涉嫌妨害公务罪被起诉,起诉后因为考虑到这个人是个企业家,作了不起诉决定。看了以后,我感觉这个案例不太好,因为从经济方面考虑,企业家有这个符号和身份的话,那么在目前很多方面都可以从宽处理。如果换一个话题来讲,我们国家目前某些领域的科学技术还不是特别发达,如果碰到一个科学家犯罪了,可不可以也这样。比如说,将来我们国家可能在某些特殊方面还需要发展,这个特殊领域的人犯罪了,我们是不是可以又从法律上对他网开一面?我觉得这是不合适的,即便这是政策的需要,但是政策也要通过法律上的规定体现出来,而不能在法律之外讲政策。这正像刚才佳宁讲的一个很好的话题,企业合规不起诉到底是从教义学的角度来理解,还是从政策学的角度来讲?作为法律人,我觉得李斯特的那句话还是可以用的,也就是政策不能突破法律,最好的、最妥当或者是最有效果的政策一定是放在现有的法律制度的框架之下加以推广,这个才是最优的选择,也是最好的选择。这是我简单的想法,谢谢本灿老师。

主持人·周啸天

今天晚上我感觉恩师又给我上了一课,至少就我个人来说是这样的。今天晚上我过得很愉快,相信同学们也一定收获满满,过得也很愉快。再次感谢黎宏教授。

主讲人·黎 宏

我看有个同学提了一个问题:

Q:*想请教一下在当前我国单位责任模式理论之上,有无建立单位自己责任模式的土壤,或者是说,有没有可以衔接的理论基点?*

我想是有的,原因是:

第一,因为我国《刑法》第30条关于什么叫单位犯罪没有规定,尽管有一个规定,但是非常含糊,条文的表述是"公司、企业、事业单位、机关、团体实施的危害社会的行为"。我们国家单位犯罪法律规定就是单位自身的犯罪,没有说单位中的某个人的犯罪。从这一条来看的话,实际上为提倡单位刑事责任提供了一个最好的法律依据。这是我的一个理解。

第二,在实务中,单位犯罪和单位中的个人犯罪逐步分离,而且这跟民法理论上也是一致的,因为单位或法人是一个拟制人格,是独立于自然人之外的拟制人格。当单位业务活动中出现了犯罪行为,实际上一定要把单位自身的犯罪与单位中的个人的行为区分开,区分开之后,单位自身的责任论是绝对必要的。这也被我国现在的司法解释所认可,比如说单位中的个人和单位本身可以成立共犯。

第三,如果说实行企业合规制度不起诉的话,前提必然是单位自身犯罪。不然,为什么企业有合规不起诉呢?在代位责任制之下,很难回答这个问题。在我看来,在我们国家目前的法律规定之下,应该说有承认单位自身责任论的余地。

主持人·周啸天

感谢我的老师,晚上的讲座已经到了结束的时间,道一声老师辛苦了。同时也感谢三位点评人,感谢聆听的同学们以及其他各位朋友。第八期刑事合规名家论坛圆满结束,谢谢大家!

我国《民法典》中的公司合规要求及其对未来立法的影响

主讲人:赵万一(西南政法大学民商法学院教授、《现代法学》主编)
与谈人:周万里(华东师范大学法学院副教授)
　　　　万　方(北京市社科院法学所助理研究员)
主持人:李本灿(山东大学法学院教授)
时　间:2021年6月8日

主持人·李本灿

尊敬的赵万一老师,尊敬的线上与谈人周万里老师和万方老师,以及我们法学院的各位老师、各位同学,大家晚上好。欢迎大家来到山东大学刑事合规名家论坛的第九期,今天我们非常荣幸地邀请到了赵万一老师。

赵万一老师是西南政法大学民商法学科的带头人,同时也是《现代法学》的主编。此外,赵老师还有很多重要的社会兼职,如中国法学会商法学研究会副会长、中国法学会民法学研究会学术委员会副主任等。在学术研究上,赵老师可谓著作等身,他在民法、商法等领域都有非常多的著作。初步统计,赵老师仅专著、编撰教材就有60多部,还在《中国社会科学》《法学研究》《中国法学》等核心刊物上发表160多篇重要论文。因此,可以说赵万一老师是我们法学界的"巨佬"。

我们还邀请了两位与谈人,首先是周万里老师,周万里老师是华东师范大学的"晨辉学者",是长期从事合规研究的学者。周老师本科毕业于德国波恩大学,他的教育背景与赵老师非常相似,在波恩大学本科就读专业是经济学,获得了经济学学士学位。之后周老师在波恩大学又取得了法学博士学位。第二位与谈人是万方老师,万方老师是北京师范大学刑事法律科学研究院毕业的博士,博士阶段对企业合规问题展开了专门的、深入的研究。

接下来回到今天讲座的主题——刑事合规。前面八期讲座主要是由刑法和刑诉法学者来讲，但是了解我学术观点的同学可能知道，我向来主张合规的研究应该类型化，从不同的学科去加以研究。合规不仅仅是刑事实体上的问题，也不仅仅是刑事诉讼法的问题，其实还是公司法的问题。所以我们今天非常荣幸能够邀请到赵万一老师，赵老师将从《民法典》的角度给我们讲解关于合规的基本问题，大家以热烈的掌声来欢迎赵老师。

主讲人·赵万一

尊敬的长军院长、忠夏副院长、本灿教授，以及宏渭教授，各位老师、同学们晚上好！回到母校，我非常高兴，也非常激动，我也是山大的校友，并且我还有一个"业余"身份，就是山大重庆校友会的会长，这是我第一次到咱们法学院来做讲座。本灿教授和我联系了很多次，希望我交流一下合规问题，我也注意到合规这个话题这几年应该说讨论得比较多，包括孙国祥教授、本灿教授都有进行相关研究，但这些研究基本上是从刑法和刑事诉讼法的角度进行的。这两年我也关注了这方面的问题，并写了两篇关于合规的论文。今天晚上我就给大家汇报一下，在《民法典》背景下我们如何来看待公司合规，或者说《民法典》的颁布对公司合规制度会产生哪些影响。我主要汇报四个问题：第一个问题是公司为什么要合规；第二个问题是《民法典》为什么要规范公司合规行为；第三个问题是《民法典》中与公司合规相关联的规则；第四个问题是《民法典》中的公司合规制度对未来立法的影响。

一、公司为什么要合规经营？

公司之所以要合规可能主要是基于四个方面：

第一，公司合规是公司实现盈利目的的基础或者条件之一。一般来说,公司是以营利为目的的组织,追求效益既是公司生存的目标,也是评价公司存在价值的一个重要标准。但是公司能否实现营利目的,其中一个重要的前置标准就是它是否符合合规要求。合规的最大好处之一就是可以增加公司行为的可确定性,也就是满足了公司实现营利的一些基本条件。

第二,公司合规是公司承担社会责任的一种主要形式。公司合规和公司社会责任有密不可分的联系,传统上的公司社会责任,强调的更多的是公司对利益相关者承担的责任。但公司社会责任除了利益相关者之外,可能还要关注公司对社会所承担的责任。换言之,公司可以通过对社会的义务承担来实现其对社会的责任承担。为什么公司要承担社会责任?一方面,公司目前已经成为最重要的社会组织体及社会主体,也是社会财富的最重要创造者。当下社会大部分的财富是由公司所创造,公司组织的触角几乎覆盖了全社会;另一方面,公司行为对整个社会行为,包括对其他社会主体的行为有强烈的示范效应。因此公司的合规经营既是引导社会正常健康发展的一个必要条件,同时也是社会正常运转的一个必要条件。

第三,公司合规是实现公司可持续发展的一个前提和保障。公司是一个虚拟人格,公司和自然人之间的不同之一在于公司可以永续存在,那公司怎么能够永续存在?公司的主体人格怎么能够长盛不衰?其中最重要的一个前提条件,即公司的行为能够为社会所接受,而合规是社会接受的前提条件。比如,我们国家在进行社会诚信体系建设,诚信体系建设的核心是什么?为什么要强调社会要诚信、市场主体要诚信?因为没有诚信做支撑的市场经济是不可能持久发展的。所以在这个意义上说,市场经济既是法治经济,同时还是诚信经济。而诚信建设在合规体系建设中应当说占有核心地位。所以企业的合规制度或者是合规经营,是保障公司能够长期持续稳定发展的前提条件。

第四,合规制度也是保障公司权利实现的一堵防火墙。一方面,合规制度之所以在刑法及刑诉法学界受到广泛关注,一定程度上是因为合规制度是与刑事责任承担或者说责任豁免相关联的一个制度。另一方面,合规制度也是从根本上消除公司违法行为,甚至公司违规行为的一个基础制度设计。所以从这个意义上,一方面,良好的公司合规制度会使公司免除因为经营不规范、不合法及不合规所带来的风险;另一方面,完备的合规制度也是能使公司包括企业经营者免予起诉,免受刑事处罚的一个制度保障。

近来,云南省人民检察院出台了《关于推进企业合规的指导意见》,并在其中引入了第三方评估,从正面来讲,该指导意见实际上也是把它作为保护企业权利,特别是保护企业经营者人身权的一个重要手段。

二、《民法典》为什么要规范公司合规行为

《民法典》是以保障民事权利,或者说保障民事权利实现为核心的一个制度设计。《民法典》关注公司合规可能主要基于三方面的原因:

第一,我们国家对《民法典》独特的法律定位。什么是民法典?民法典能够干什么?传统意义上的民法典,我们一般把它理解为个人权利保障法。但我们国家的《民法典》从一开始实行的就是民商合一的体制,无论是在2020年5月28日通过《民法典》时王晨副委员长关于《民法典(草案)》的说明,还是在2017年十二届全国人大五次会议关于《民法总则草案》(已失效)的说明中,都强调我们国家实行的是民商合一的立法体制,那民商合一的立法体制意味着什么?这意味着《民法典》是作为民法和商法共同的基础法来规范或者来定位。既然《民法典》是民法和商法共同的基础,也就意味着《民法典》不但要保护民事主体的合法权益,还是调整和规范传统商事关系的制度,或者说还要关注和满足市场经济关系的法律需求。《民法典》从一开始就和市场经济高度关联,为什么我们国家《民法典》一定要调整市场经济关系?我们什么时间提出制定《民法典》?是在2014年十八届四中全会通过的《关于全面推进依法治国若干重大问题的决定》提出的。换言之,是在党中央的一个政治文件中最早提出要编制《民法典》的。那在哪一部分呢?是在基本法律制度项下的完善市场经

济法律体系这一部分。也就是说,我们一开始编撰《民法典》的时候,就把《民法典》定位为市场经济的基本法。既然作为市场经济的基本法,《民法典》肯定要调整市场经济关系,市场经济关系包括市场主体和市场行为,市场主体主要就是公司或者说企业。这次通过的《民法典》用了11个条文,第76条至第86条来规定营利法人,这在立法史上可能是绝无仅有的。一方面,我们把法人按照是否营利或者说是否以营利为目的进行区分,就具有相当的特殊性;另一方面,又用了很多条文来规定营利法人制度。很多人说我们不应当这样规定,这样的规定既缺乏学理基础,也会对未来的法律适用带来混乱,理由是是否营利具有相当强的主观色彩,缺乏必要的客观判断。当然,我们为了增强营利法人的客观判断标准,所以提出了两个标准,除了将以营利为目的作为标准外,还有就是把是否向股东或出资人、设立人分配利润这个分配客观行为作为判断标准。但是首先还是要关注是否以营利为目的。

在司法实践中,以营利为目的这个标准确实可能会带来很多混乱,比如说民营医院、民办高校到底是营利法人、非营利法人还是公益法人,因为我们的营利法人对应的是非营利法人。高校、医院就其本质来说不可能是一个营利主体,这种组织本身具有相当的社会性,它应该是个社会组织,或者说是个社会公益组织,它不可能是一个以营利为目的的经济组织。但是,它又不可能是非营利法人,因为根据第87条的规定,非营利法人需要满足两个条件:一是以公益或者其他非营利目的而存在;二是不能向出资人、设立人分配利润。更重要的是,根据第95条的规定,非营利法人解散、注销之后不能向出资人分配剩余财产。剩余财产应当按照法人章程的规定或者权力机构的决议用于公益目的;无法按照法人章程的规定或者权力机构的决议处理的,由主管机关主持转给宗旨相同或者相近的法人,并向社会公告。一个民营资本投资的民办高校、民营医院,不但不能分钱,即使破产了,钱也拿不回来。前几年修订了《民办教育促进法》,民办教育学校可以登记为营利法人,也可以登记为非营利法人。但这两种登记可能都属于登记错误。我曾经问过出资人为什么要登记成非营利法人,如果登记成非营利法人,不如直接做公益,就直接捐献成立一个高校或者医院,不然怎么来保障营利法人的收益?他们告诉我,现在是采取向出资人上缴管理费的方式来保障出资人的收益,因为按照刚才所讲,非营利法人是不能分配利润的,不能分配利润就无法保障收益,所以采取上缴管理费这种迂回方式来保障回报。上缴管理费又是基于什么法律关系?显然不是基于投资关系,所以这个行为可能是个违规行为,但是这种状况又是因为我们对法人制度进行这种分类导致的。但是《民法典》为什么要坚持进行营利法人与非营利法人的划分呢?原因就在于既然《民法典》要调整市场经济关系,最重要的市场主体是公司,公司是什么?公司是营利法人,而根据第76条的规定,营利法人主要包括股份公司、有限责任公司和其他企业法人。

第二,公司本身在社会中的特殊经济地位和法律地位也决定了《民法典》必须对它加以规范和关注。公司就是缩小版的国家,一个公司可以影响一个国家的走向,影响国家的命运,公司行为会改变我们的生产方式,会改变我们的消费习惯,会改变我们的生活习惯。整个社会的运行,包括生活方式的改变,都是由公司的行为来引导。比如阿里巴巴公司把社会的消费习惯完全改变了,原来都到商场购物,现在到商场购物的越来越少,不会网上购物,不能说寸步难行,但至少会带来极大的不便。现场购物和网上购物,这两种不同的消费习惯对人们的思维习惯、道德观念都会产生深远影响。最近国家在花大力气对电商巨头垄断行为进行规制,为什么要规制它的垄断行为?因为这些垄断行为已经对我们的日常生活,对我们的行为模式、行为方式产生了直接影响。如果继续发展,会影响我们的思想观念,会影响我们的思维方式。

第三,《民法典》所秉持的可持续发展的理念。第9条被认为是极具创新的内容,该条一般被人认为是对绿色原则的规定,但它实际上规定的是可持续发展原则,就是强调人与自然的和谐发展,强调社会的可持续发展。基于资源的角度也好,基于人与自然的长期共存角度也罢,都强调社会的可持续发展,而社会的可持续发展与公司合规也有直接的关系,因为社会的发展单纯运用传统的法制或者法律治理,是很难达到预期目的的。因为社会行为的选择具有复杂性,对社会行为的规制也具有复杂性。合规实际上就是除了传统的法律手段之外,或者说强制性的法律规范之外,引入了更多软性法律、道德性规范或倡导性规范,总之引入了更加广泛的社会治理手段。强调社会行为不但要符合法律规定,而且还要符合为保障社会正常发展所需要的其他一些外部环境的要求。《民法典》除了强调这个之外,后面在具体制度设计上还强调习惯,强调诚信,这些都不仅作为原则而出现,还体现在很多具体的制度设计中。因此,《民法典》所秉持的这种可持续发展理念对公司的合规制度产生了直接影响。

三、《民法典》中关联公司的合规规则

《民法典》从立法理念、立法原则到法律责任制度,再到其他具体的民法制度,都和合规制度有直接联系。现有《民法典》是 7 编,共计 1260 条,很多具体的条文所依据的理念都和合规有密切的关系。

第一,从民法基本原则的视角解读公司合规要求。从第 3 条到第 9 条规定的是民法基本原则,传统理论对民法基本原则的解读,更多的是将其作为一种抽象的原则来看待,作为民事立法、司法和守法的依据和准则。但实际上此次《民法典》编撰,民法基本原则既发挥了抽象原则的作用,同时也被具体化为相关的制度设计。民法基本原则中有很多原则是可以从合规角度来进行解读的,如第 7 条的诚信原则和第 8 条的公序良俗原则。

首先是诚信原则。诚信强调什么?诚信强调民事主体必须以良好的心态来从事相关的民事活动。为什么要讲诚信?特别是市场主体为什么要讲诚信?原来强调诚信原则更多的是说普通民事主体应当遵循诚信要求,但实际上诚信原则更多的针对的是市场主体。这可以从几个维度进行理解,如市场交易和传统交易不同。传统交易是以生存为目标的简单交易。这种交易大多发生在熟人之间,目的是满足生存的需要。而市场交易的主要特点是营利性交易、非生存性的交易、陌生人之间的交易。再进一步扩大的话,市场交易是跨时空的交易、远期的交易。

另外,还有一个很重要的特点,即市场交易是模糊性交易。什么是模糊性交易?即交易对象、交易对手都可能不太明确的交易。按照传统的交易理论,所有的交易都是建立在明确的交易对象、明确的交易对手、明确的交易标的和明确的权利义务关系基础上。但是现在的交易不同,现代交易的交易对手、交易标的、交易权利义务关系可能都具有不确定性。比如证券交易,我们国家可能是最早在全世界实现无纸化交易的国家,无纸化交易是通过计算机自动撮合,由计算机根据基本的交易原则,价格优先、时间优先,由它来自动配对。就交易双方来说,一是你不知道和谁交易;二是你也不关心和谁交易。还有一个特点,买卖股票的时候并不是直接一手交钱一手交货,股票交易必须通过中央结算公司,严格来说股票是卖给中央结算公司,买进股票也是通过它,因此会延迟交割。但中央结算公司不是一个买卖主体,就是一个单纯的结算中心,因此到现在都没办法搞清楚到底是和谁交易。还有就是交易标的,这个交易买卖的是什么?比如比特币交易。比特币交易的是什么?买卖的是比特币,进一步追问比特币是什么?比特币是一种算法,或者说是经过某种计算得出的一个结果,这个结果存储在网络里面,基本的定义是个算法。算法包括什么?运算过程、运算结果,当然也可能是运算手段。在传统交易理论中,运算结果可以交易,运算过程、运算手段都不能交易,它不具有可交易性。但是比特币在交易,虽然我们国家现在禁止比特币交易,但是在国外有比特币交易所,有庞大的比特币交易市场,交易标的其实双方并不一定很清楚。这种交易的权利义务关系维系依靠的是什么?依靠诚信,依靠当事人之间的信任,没有良好的诚信,交易是没办法进行下去的。就比如在赌场中进行赌博,这种行为在很多国家被认定是违法行为,赌博交易要进行也必须有赖于当事人之间这种信任,没有诚信,交易是没办法进行的。所以诚信原则本身就是基于市场经济的需要而产生的一个法律原则。在对它进行解读的时候,也可能更多的是把它作为市场主体在市场交易中应当遵守的一个基本原则。在《民法典》中,关于民事法律行为的规范,包括第466条关于合同的解释、第509条关于合同的履行,都是强调诚信,因此诚信既是对交易行为的要求,同时也是对交易主体的要求。所以合规制度的建设可能就是以诚信为核心构筑一个宽泛的制度体系,缺乏诚信支撑,合规制度建设就失去了目标。

其次是公序良俗原则。传统上对公序良俗进行解读的时候,更多的是把它作为一个道德规范。实际上公序良俗关联两个内容,如果说良俗比较偏重道德评价,或者说主要适用于道德性权利义务,那么公序则更强调经济关系中的一些基本要求。它直接关联的是社会公共利益,而无论是社会公共道德,还是社会公共利益,都是合规制度中非常重要的设计。《民法典》对公序良俗空前重视,在1986年《民法通则》(已失效)中,我们对社会公共道德基本上只是一个抽象的要求,而《民法典》中除第8条外的诸多法律条文直接将公序良俗原则作为制度设计的内容,如第143条关于民事法律行为的有效条件。其中规定了三项条件:一是要求行为的合格,即需要满足相应的行为能力要求;二是要求意思表示真实;三是要求不得违反法律、行政法规的强制性规定,同时还规定不得违反公序良俗。又如第153条,既是第143条的对应性规定,也是第143条的延伸性规定,因为它规定了违反第143条规定所产生的法律后果。但是第153条在《民法典》中被认为是最难理解的条文之一,其他难理解的还有第416条和第580条。第153条的规定并不复杂,它规定,违反法律、行政法规的强制性规定的民事法律行为无效,但引起误解的是"但是,该强制性规定不导致该民事法律行为无效的除外"。究其立法本意,强调的是最大限度地承认民事主体的行为自由,尽量限缩无效法律行为的适用范围。因为无效制度是国家对民事主体行为所作出的否定性评价,直接后果是民事主体的预期目的落空,所以国家对民事主体行为的容忍程度反映了国家对市场主体的基本态度。

就我们国家而言,基本的立法演变趋势是国家对民事主体的容忍度越来越高。起初,民事主体行为的不确定性是非常强的,因为不单是法律、法规,还包括政策、行政决定等都会影响民事法律行为的效果。所以1986年的《民法通则》(已失效)第一次对影响民事法律行为的因素作出了规范,包括四种情况:一是违反法律法规;二是违反国家政策;三是违反国家计划;四是违反社会公共利益和社会公共秩序。但这些影响因素仍然非常宽泛,民事主体行为的不确定性依旧很强。因为政策本身就具有抽象性和不确定性,法律也并未有明确的类型外延。因此1999年在制定《合同法》(已失效)时,第52条就对影响民事法律行为的因素进行了限缩,包括五种情况,其中引用比较多的就是第5项,违反法律、行政法规的强制性规定无效。《合同法》(已失效)第52条最大的贡献在于严格限缩了影响合同效力的因素,限定为法律、行政法规中的强制性规定。但在司法实践中,司法机关认为这仍然不足以充分保障市场主体的交易自由。所以2009年最高人民法院出台了《关于适用〈中华人民共和国合同法〉若干问题的解释(二)》(以下简称《合同法司法解释(二)》)(已失效),《合同法司法解释(二)》(已失效)第14条对《合同法》(已失效)第52条作出了限缩解释,规定《合同法》第52条第5项中的强制性规定指的是效力性强制性规定,进而引入了效力性强制性规定的概念。同年,最高人民法院在民商事审判工作会议纪要中,将效力性强制性规定的对应性规范解释为管理性强制性规定,明确规定违反管理性强制性规定不影响合同效力。2017年《民法总则》(已失效)第153条实质上是将《合同法》(已失效)第52条和《合同法司法解释(二)》(已失效)第14条综合起来所作出的规定。从立法规范性角度,应当规定为"违反法律、行政法规的效力性强制性规定的行为无效"。但是从立法技术来说,效力性强制性规定并非通用性概念,更多的是学理概念。如果采取这样的立法技术,就要专门借助一个法律条文来解释效力性强制性规定,而《民法典》并未作出这样的处理,所以就导致《民法典》第153条的出台。

至2017年,我们国家整体的立法和司法活动基本呈现出越来越尊重市场主体行为自由的发展趋势。但在2018年之后情况有所变化,出现了两个标志性事件:一是2018年最高人民法院第三巡回法庭审理的"君康人寿保险公司股权代持纠纷案"。在该案中,双方当事人一个是实业公司,另一个是投资公司。由于保险公司的股权和经营业务既涉及金融安全,也涉及广大投保者的合法权益,所以国家对保险公司采取强监管态度,对哪些主体可以持有保险公司股份、单一持股人所能持有的保险公司最高份额等都作了严格限制。在该案中,不具备该条件的实业公司一方为了规避该规定,便委托投资公司一方来代为持股。由于该保险公司在中国的营利能力较强,投资公司作为代持股的持股人,在约定期限没有将股份移交给委托人,因此导致纠纷产生。在此之前,保险行业还发生过几起重大事件,如宝能系控股的前海人寿入股万科股份,争夺万科股份的控制权,即保险公司争夺实业公司(万科)的控股权。后来宝能系的前海人寿还准备收购格力空调,后被阻止。二是近年来国家对保险公司进行的整顿。在此背景下,基于国家利益考量,法院想要确认该股权代持的合法性是不具有可能性的。但是根据《合同法》(已失效)第 52 条的规定,合同违反法律、行政法规的强制性规定方为无效,而股权代持并没有违反法律、行政法规的强制性规定。规范保险公司行为的法律只有《保险法》,而《保险法》中并无此规定,直接的管理性规范是保监会的部门规章,却未能达到行政法规的效力层次。当时审理该案的审判长是第三巡回法庭的庭长,也是最高人民法院党组副书记、副院长江必新,主审法官是第三巡回法庭的常务副庭长虞政平,该案审判人员的配备是非常强的。为了找到理由,本案的说理部分用了两个关联法:一是说保监会的管理办法是根据《保险法》的授权进行的立法,属于授权立法。因为《保险法》规定,对保险公司的相关管理性规定授权保险机关主管部门制定单行法律,所以《保险法》是属于法律,这个法律属于授权立法。二是保监会部门规章规定的基本制度符合《保险法》的立法指导思想和基本原则。但是最后判决书引用的是违反《合同法》(已失效)第 52 条第 4 项的规定,即违反社会公共利益。为什么没有直接引用第 5 项,而引用第 4 项?有一次我遇到虞政平,就向他进行咨询,主审法官的理由是虽然在前面的说理部分做了描述,但直接引用该条款会与现有的法律规定冲突,因此在判决书中引用第 4 项等规定,同时就把第 5 项也囊括其中。这就释放出了一个信号,就是从 2018 年开始,社会公共利益或者说社会公共利益的违反开始成为评价市场主体行为,包括合同行为效力的一个重要标准。紧接着2019年最高人民法院出台了《全国法院民商事审判工作会议纪要》(以下简称《九民纪要》),在《九民纪要》中进一步强调了违反涉及金融安全、金融管理、国家利益、社会公共利益等方面的部门规章,可以认定该行为无效。换言之,2018年之后,整体发展趋势越来越强调市场行为要符合社会公共利益的规定,而这在《民法典》中关联的即是公序良俗条款。未来对公序良俗的法律适用可能更多强调的是行为是否违反了社会公共利益。

前不久发生的两个案例引起了社会关注,均涉及公序良俗,一件是赠与纠纷。深圳的一当事人向与他同居17年的保姆赠送了一套房产,价值1000万元左右。后来法院认定该行为违反公序良俗,认定遗赠无效。另一件是深圳市中院撤销了深圳市仲裁委以比特币作为支付标的的仲裁裁决,所引用的也是违反社会公共利益,违反公序良俗。该案主要涉及两个问题:比特币能否作为财产;比特币交易是否具有合法性。法院认为比特币交易侵害了金融安全和社会公共利益,而原仲裁裁决认定比特币作为财产具有合法性,比特币可以作为交易的对象。那市场主体行为的信赖,或者市场主体的行为依据的是什么?如何来增强市场主体行为的可预期性?在未来,公序良俗以及与公序良俗相关联的社会公共利益可能会成为很重要的适用标准。而无论是公序良俗还是社会公共利益,都是合规制度中很重要的制度内容,合规首先要求不能违反社会公共利益,不能违反公序良俗。当然,其他很多民法基本原则也都和合规要求有一定的关联性,比如公平原则实际上是强调权利义务分配的合理性。

第二,从法律适用方面解读公司合规要求。《民法典》第10条引入了习惯的适用,习惯成为司法实践中可以准用的具有法律效力的裁判依据。除前所述,《民法典》第10条规定了违反公序良俗的习惯无效,将公序良俗或者社会公共利益作为习惯适用的一个前置判断标准。习惯在《民法典》中多次出现,其在合规制度设计中也占据着极其重要的位置。习惯是在日常生活的市场交易中,为一定范围内的主体所共同遵守的规则。在《民法典》中,对习惯采用了两个表达,一是习惯;二是交易习惯。比如第

140条关于默示行为能否作为意思表示,采用的是"交易习惯";紧接着第142条关于民事法律行为的解释,采用的是"习惯"。但是《民法典》主要使用的表达是"交易习惯",如第466条关于合同的解释,第509条和第510条关于合同的履行,还包括第888条和第891条。第888条规定寄存和保管关系的法律适用可以采用"交易习惯",第891条是个程序性规定,也规定了可以采用交易习惯。那么何谓交易习惯?交易习惯和普通习惯有何不同?《民法典》为何如此强调交易习惯?交易习惯是在交易过程中所创造出来的为社会普遍遵守的要求。它是维系交易关系正常运行的基础,交易习惯的破坏会导致市场交易处于无序状态。恩格斯曾对习惯和法律的关系作出这样的阐述,在社会发展的早期出现这样一种需要,把每天不断重复的交易活动用一定的规则固定下来。这个规则首先表现为习惯,然后上升为法律。我们都说商法是商习惯法,或者商法来源于商习惯法,主要强调的是商法对商习惯的尊重。而合规要求很重要的一项内容就是强调习惯对市场主体行为的约束,市场主体不仅要合法,更要遵守习惯,服从习惯,也就是把习惯作为评价行为效果的非常重要的因素之一。当然,在法律适用中,本次《民法典》没有规定涉外法律的适用问题,也就没有涉及对外国法律的态度,《民法通则》(已失效)中有相关内容,而《民法典》之所以没有相关设计,最重要的原因是我国已经颁布了《涉外民事关系法律适用法》,在该法中已对涉外民事关系的法律适用作出了比较详细的规定。因此,《民法典》虽然没有直接规定对涉外民事关系的法律适用原则,但对国际条约和涉外法律,我们仍然要承认它的法律效力。

第三,从《民法总则》(已失效)的其他制度中解读公司合规要求。首先,是法人制度对公司合规的指引。《民法典》将法人分为营利法人、非营利法人、特别法人,其中核心内容是营利法人。营利法人部分和既有的《公司法》《民法通则》(已失效)、《合同法》(已失效)相比存在不同之处,其中一点就是《民法典》更加强调企业行为的合规意识。例如,第86条是对营利法人义务或者责任的规定,强调营利法人要维护社会公共利益,要维护交易安全,要承担社会责任,特别是首次把维护交易安全引入法人的义务内容中。《民法总则(征求意见稿)》中曾经把保障交易安全规定为民法的基本原则之一,后来取消了。那为什么一定要规定保障交易安全?因为《民法典》的立法受市场经济影响,保障交易安全是市场有效运行的基本条件,既然选择市场经济发展模式,就必须保障交易安全。但从《民法典》角度,保障交易安全不宜作为基本原则,维护交易安全仅仅是在交易领域要遵守的基本要求。即使在交易领域,维护交易安全能否作为一个原则性的存在都是值得怀疑的。因此《民法典》将其移到了营利法人的义务设计中,目的还是强调营利法人行为的合规意识。维护交易安全或者保障交易安全不是单纯守法就能够实现的目标,交易安全的维护有赖于诸多其他的外在条件。其次,是关于法人制度一般性规定的第61条,与此相关联的条文是代理制度中的第170条,这两个条款具有高度相似性。第61条规定的是法定代表人代表权的内容,第170条规定的是法人工作人员代表权的法律效果。两个条文采用同一逻辑,第61条规定的第一句是法定代表人以法人名义从事的民事活动,其后果由法人承担;第二句是法人通过公司章程、权力机关决议对法定代表人职权的限制,不能对抗善意第三人。第170条规定,法人工作人员在职权范围内以法人名义从事活动而产生的后果由法人承受。法人对法人工作人员职权的限制,不能对抗善意第三人。前述规定的直接后果是加大了法人组织的责任承担。换言之,在立法理念上采取的是职权法定,也就是根据职位来享有相对应的职权,职权具有不可剥夺性,不可限制性。这个制度直接脱胎于商法制度中关于经理权、商业辅助人和商业使用人相关的规定,但该制度对法人治理会带来直接影响。公司合规很大一部分内容是关于公司内部的制度建设,它对法人责任带来的直接影响就是职权法定,就是只要授予某一个人某一个岗位或职位,也就意味着对其进行了相应的授权。这对法定代表人、法人工作人员的诚信提出了要求,对相互之间信赖意识的塑造都会产生直接影响。最后,是关于法律行为和代理中的一些制度规定。《民法典》非常强调民法基本原则,特别是诚信原则、公平原则、公序良俗原则等,很多制度设计背后实际上所关联的可能是一些基本原则。比如第154条规定的恶意串通行为无效规则,即当事人恶意串通损害他人利益的行为无效。《民法典》和《民法通则》(已失效)相比,进步之处在于原来恶意串通无效针对的是国家利益、集体利益,而《民法典》则笼统地限定为他人利益,因此恶意串通损害他人利益的行为也是无效行为。与此相类似的条文是第164条,代理人与相对人恶意串通损害被代理人利益,法律后果规定的是代理人与相对人承担连带责任,而第154条没有规定连带责任。这是因为第164条中代理人存在特殊的身份,代理人与委托人存在特殊的委托法律关系,所以对相关主体有更高的诚信要求。当然,在总则内容中,除了法人制度、法律行为和代理等,还有很多其他的规定。

第四,物权编中的公司合规要求解读。《民法典》对物权法之所以比较关注,一方面是因为《物权法》(已失效)规定了社会的基本经济制度,另一方面是因为第206条规定了国家的基本经济体制。此外,还有部分条文值得引起高度关注,比如第257条规定的是国家所有权的行使问题。又如第259条第1款强调的是国有资产管理部门对国有资产的特别义务和责任;第2款规定的适用主体没有明确,而是笼统描述一些事件或事实,在企业改制、合并分立、关联交易过程中,规定了三种禁止性行为,包括低价转让、合谋私分以及擅自担保,该规定针对的是国有企业,目的是防止国有资产流失,保障国有资产的增值。但是这些约束性规定直接对应的可能是企业合规行为,我国的企业合规制度最早是从央企开始,现在所有的央企都要求建立合规制度,下一步也可能会扩大到其他公司和企业。因此该条也可以直接作为央企进行合规制度建设的基本法律依据。再如第268条规定了出资者权利,出资者的三项权利包括与第269条相关联的企业法人财产权。这两条规定既是塑造股东和公司之间的基本权利义务架构的基础,同时也可能会内化为具体的法律要求。第268条之规定和《公司法》有关公司机关的规定,至少从表面看是不太一致的,股东享有的权利更多的是通过股东会来表现,第268条规定了选择经营管理者的权利,在传统的《公司法》中,选择经营者通常被认为可能不是属于股东的职权,更多的可能是属于董事会的职权。但该规定出来后,相关的法律对其如何对待,如何进行调整、配套或修改也会成为下一步立法的重点之一。

第五,合同编中的公司合规要求解读。合同编中的诸多规定涉及合规要求,因为合同编中诸多条文涉及合同主体基本行为的遵守,涉及对行为效力的判断,涉及对当事人意思表示的准确理解等。例如,《民法典》第500条规定的是缔约过失内容,规定了几种情形,包括恶意磋商、隐瞒信息或者提供虚假信息,一方面和前述所言的诚信原则相关联,另一方面和合规制度的直接建设也有一定的关联性。这是因为公司必然要把合同作为一种经营手段,所以必须抱有良好的心态,不能将合同作为牟取不当利益的工具。此外,第534条对合同的利用目的作出了规定,要求不能利用合同来损害社会公共利益和国家利益,它强调的是行政机关要对不当的合同利用进行监督处理。又如第680条规定禁止高利贷,该条文有两层意思,一是禁止高利贷;二是强调借贷合同中借贷行为不能违反法律等规定。以上列举的条文所共同传达的意思是,当事人不能将合同作为获取不正当利益的手段,合同利用本身应当具有合法性。强调这一点的原因在于,市场经济尽管有诸多优点,但其存在一个非常致命的缺陷,即以利益为导向。简言之,就是为实现营利目的而不择手段,这在正常的市场交易过程中被发挥得淋漓尽致,市场主体为了谋取利益无所不用其极。因此,合同编以及侵权责任编,都对这种不当行为进行了约束。现实生活中诸多行为是通过合法合同行为表现出来的,很多行为表面上是合法合同行为,如高利贷、校园贷看似合法行为,但带来了很大的负面效应。再如企业不当经营的案例,典型的是有一个网络公司被曝光其主营业务是代理诉讼,一年有3万多件诉讼,成立两三年已有六七万件诉讼,诉讼的具体内容是侵犯著作权。该公司对学者的公众讲座视频进行拍照并附上水印,便拥有了照片的所有权,若有人偶尔下载使用可能没事,但如果对方被该公司认为下载后是用于营利目的,或是企业下载,那该公司便以侵犯自身著作权为由要求使用人赔偿,不赔偿就诉讼,从而将诉讼作为一种经营模式。这种行为显然不能作为合法的经营行为,此外还存在大量以合法合同掩盖非法目的的行为。而企业合规强调行为本身的可评价性、合法性、合理性以及正当性。除了强调合法性之外,更重要的是强调合理性与正当性。

第六,人格权编中的公司合规要求解读。在《民法典》制定之初,便提出要制定一部能够代表21世纪的、能够引领未来民法发展的《民法典》,其中一个重要标志就是人格权编独立成编。对人格权独立成编还是要持肯定态度,它至少表明民法回归到以人为本、以民为本的道路,将人本主义作为最基本的立法指导思想。《民法典》制定之初,一直是以服务市场经济的思路来指导立法,但在制定过程中发现,如果《民法典》只是单纯为了服务市场经济,会导致《民法典》本身发生异化。所以人格权编部分对公司的合规要求也会带来一些挑战,例如第1009条,以及第109条和第110条等。此外,《民法典》在人格权编增加了身体权的规定,包括第1006条、第1007条、第1008条和第1009条,特别是第1006条和第1007条。它们共同强调的是人只能作为目的而不能作为手段,所以人不能作为买卖的标的,此处的人包括人体器官、人体组织。第1007条明确规定,以人体器官、人体组织,包括遗体作为标的的买卖合同无效,这就是为了强调对人本身的尊重。第1009条强调的是对特殊的、涉及人的一些科学研究而作出的限制,要求人体基因、人类胚胎等科学研究需要满足特殊的法律要求,而且不能违反社会伦理道德,不能侵害社会公共利益。再如第1010条性骚扰条款,很突出的一个特点是强调了单位义务(《民法典》中对主体的使用比较混乱,除了法人,后面还出现了单位,第1254条中又出现机关、企业),即单位对性骚扰行为的合理预防、受理投诉、调查处置义务,最重要的是要制定措施预防性骚扰。这是《民法典》对一个单位内部的规章制度建设提出的要求,也是一个单位的基本义务之一。正因为《民法典》具有这种价值引领的作用,所以它即使不是一个不食人间烟火的仙女,至少也应当是一个高贵的贵妇形象,而绝不能将其贬低为一个世俗女子或风尘女子。因此,《民法典》应该有自己独特的价值追求,故而提倡《民法典》应当远离市场经济,至少应当和市场经济保持适当距离,这是因为市场经济的铜臭味过浓,它应当寻求具有人本主义、人文关怀的高品格价值目标。实际上,近年的立法,包括民事立法,甚至婚姻家庭立法中都存在一种倾向,就是越来越多地与市场经济挂钩,越来越强调服务于市场经济。这些立法为了表现本部门法律的重要性,特别强调其立法目的是服务市场经济,是促进市场经济的发展。婚姻家庭法是《民法典》的重要组成部分,是《民法典》的核心内容,如《法国民法典》三编中的第一编便规定了人法,人法除了强调人的基本法律地位之外,然后涉及的就是婚姻家庭法的内容,并且它作为第一编,还是后两编的基础。由于婚姻家庭制度原本是纯伦理性的制度设计,核心目的之一是保障婚姻家庭本身的完整性与稳定性,之二是为受到市场经济冲击和伤害的主体提供一个免受市场经济冲击的港湾。但是,婚姻家庭法在立法和理论研究趋势上却过分关注市场经济,是否妥当值得商榷。例如,最高人民法院《关于适用〈中华人民共和国婚姻法〉若干问题的解释(二)》(已失效,以下简称《婚姻法司法解释(二)》)的出台曾经受到社会的广泛质疑,以至于最高人民法院不得不对该司法解释进行二次解释,这在司法解释史上应该不多见。该解释最大的问题就是指导思想错误,用市场经济来指导婚姻家庭法的制度建构。市场经济强调等价交换和利益导向,如果按照这样的指导思想,婚姻家庭内部的夫妻关系就会变成赤裸裸的金钱关系。把《婚姻法司法解释(二)》(已失效)拿出来读一下,会让人有谁都靠不住的感觉,因为别人的财产都不会是你的,你只有靠自己。又如婚前财产公证制度。任何制度的引进都要考虑制度引入之后对整个社会所带来的影响,尤其是民法和婚姻家庭法这种基础性的制度。婚前财产公证制度的唯一作用在于离婚的时候作为财产分割的根据,此外别无他法。这种制度所引导的结果是,结婚是以离婚为预期的。婚姻家庭制度的设计本来以稳固婚姻家庭的存续为目的,但这样的制度却是以离婚为预期。民法制度和婚姻家庭制度,特别是后者,作为基本的制度设计和其他法律很重要的不同之处在于它和人们的日常生活密切相关。一个自然人一生可能不和其他法律打交道,但是必须和民法打交道,因此前述制度不单单是一项制度设计,它更是一种文化,甚至是一种生活方式。民法制度会改变人类的生活习惯,会创造新的行为方式,会对社会的道德观念产生潜移默化的影响。

四、《民法典》中的合规制度对未来立法的影响

第一,通过对《民法典》的合规要求进行梳理,可以预知它对未来立法和社会的影响具有广泛性和深远性。《民法典》从制定开始就被定位为一部基本法。2020年5月29日,中央政治局举行第二十次集体学习,习近平总书记对《民法典》的定位总结为固根本、稳预期、立长远的基础性法律。"固根本"说明把《民法典》作为一个根本法来看待,除《宪法》之外的诸多法律很少能够上升到固根本的地位。习近平总书记的讲话内容主要包括四个方面,除了巩固社会主义基本经济制度,促进市场经济发展之外,还有保障人民民主权利,促进依法治国的实现,以及强调执政能力和社会治理能力的现代化。从社会治理能力的角度,《民法典》的作用并不仅仅局限于对民事主体权利保障本身,而是覆盖了整个社会,影响到整个社会的制度建设,制度建设当然也包括公司的合规制度。换言之,未来的公司合规制度建设除了依据一些专门的规定之外,《民法典》会成为未来公司合规制度建设的重要基础。公司的行为应当严格按照《民法典》所倡导的原则、所制定的标准来进行。

第二,《民法典》的颁布实施也会对未来公司合规的相关制度建设带来直接影响。《民法典》在制度设计上已经超出民法本身,《民法典》的基础法地位会辐射到其他相关的法律制度设计。例如《民法典》第1254条关于高空抛物的规定。对于高空抛物,《民法典》要求公安等机关应当查明责任人。在传统的民法中,高空抛物一直被作为民事侵权行为来判断,行政主体是不会介入的,但第1254条直接规定了行政机关的介入查明义务,当然规定的是公安等机关。机关在我们国家是负有管理职权的一个组织,"等"字的范围很可能还包括街道办事处、居民居委会等组织。就该规定的本意,是为了利用行政权力保护民事主体的民事权利,但由于它规定了行政机关的行为,所以必然影响其他相关法律的修改。在《刑法修正案(十一)》中,高空抛物行为已经入罪,接下来还可以静待行政法方面的修改。又如第534条关于利用合同实施危害国家利益、社会公共利益行为的规定。该规定要求国家市场监管等部门负责对相关违规行为进行监督处理,这就为行政机关设定了义务。如果说这些规定还仅仅是为行政机关、其他组织,包括前述的单位设定义务,有些规定还会直接影响到相关立法理念的调整。再如《民法典》第187条,该条对未来法律的影响可能是极其深远的。该规定并不复杂,其规定,如果行为人因同一行为须同时承担民事责任、行政责任、刑事责任时,承担行政责任和刑事责任并不影响民事责任的承担;又规定,民事主体的财产不足以支付时,优先进行民事赔偿。这个条文确立了两项最基本的原则,其中一项就是民事责任独立,也就是民事责任不依附于行政责任和刑事责任,民事责任作为一种独立的责任,不能被行政责任和刑事责任吸收。传统上民事责任依附于行政责任和刑事责任,因为行政责任或刑事责任通常比较重,责任承担过后会直接免除民事责任的承担。该条规定会对传统的司法实践带来直接挑战。既然按照《民法典》规定,三种责任之间是彼此独立、平行、无法互相吸收、替代,那么刑事附带民事的审判制度的合法基础便值得再次反思。在司法实践中,民事责任独立已经被一些司法审判所认可,如最高人民法院2014年第47号参考案例,该案由江苏东海县人民法院审理和判决。该案当事人孙某是面粉厂职工,他内外勾结盗窃公司财产被发现,当事人之间选择私了,公司与孙某达成协议,如果孙某赔偿因盗窃行为给公司造成的43万元损失,公司就不报案。在赔偿款交付过后,盗窃事件东窗事发,因为盗窃是公诉案件,所以孙某最终被刑事追责。法院在判决书中认定盗窃金额为10万元,出狱后孙某向法院起诉,认为超过10万元的部分构成不当得利,从而提起不当得利返还之诉。该案之所以具有一定的代表性,是因为在判决书中法院作出了两点贡献。其一,法院认为"盗窃金额"和"因为盗窃给公司造成的损失"是两个不同的概念,并不具有当然的一致性。其二,民事诉讼和刑事诉讼在证据标准、证明程序等方面都有所不同,不能基于刑事判决书认定的标准来推翻民事赔偿的合法性,故而驳回起诉。同时民事责任独立性在日常生活中认可度并不高,在司法实践中,民事责任被其他形态的责任吸收的现象比较突出。关键是第 187 条中确定了一项原则,即民事赔偿优先或者说私权优先,如果财产不足以同时支付,优先进行民事赔偿,这样受益主体便是普通的民事主体。而行政处罚、刑事处罚的受益主体,由于责任方式主要是没收违法所得、罚款和罚金,所以直接受益的财产会转化成国有财产。财产不足以赔偿,优先进行民事赔偿,也就意味着民事赔偿过后,上交国库的财产要受到减损的,这是以牺牲国有财产来保全民事权利的实现。这也可以解释《民法典》为何是一部民本主义的立法,这是很明显的表现。除此之外,《民法典》第 117 条关于征收、征用的规定,第 243 条征收、第 245 条征用、第 494 条关于疫情防控、抢险救灾期间的合同订立的规定,都强调要保护民事主体权利。另外,第 359 条关于住宅建设用地使用权自动延期的规定,也强调以民为本,这个理念直接影响到民法和其他关系的处理。它的影响之所以是非常深远的,是因为在传统的观念中,国家利益优先于个人利益是天经地义的。但是在《民法典》中,在满足特定条件的情况下,个人利益可以优先于国家利益(原来有国家利益、集体利益和个人利益的表达,但《民法典》中集体利益的表述几乎没有出现,替换的表达是社会公共利益、国家利益)。《民法典》中的民事赔偿优先,虽然还没有完全上升到民事责任优先,更没有上升到私权优先的高度,但至少又跨出了一步。需要指出的是,该规定并不是第一次出现在法律中,2005 年修改的《证券法》中就有类似规定,该法第 232 条首次出现证券民事责任中的投资者利益保护优先。由于《公司法》和《证券法》同步修改,所以《公司法》进行了同步修改,2005 年修订的《公司法》第 215 条,亦即现行《公司法》第 214 条将证券法的规定移植过来。后来,《消费者权益保护法》第 58 条引入这个规则,《侵权责任法》(已失效)制定时通过第 4 条将其上升为一般性的规则。此外,《刑法》第 36 条第 2 款对该规则也有所体现。但是私权优先或者说民事赔偿优先的社会认同度是非常低的,在民商法学界不被普遍认可,在其他领域更是如此。虽然还没有上升为一个普遍性的原则,但是随着《民法典》的全民学习,人们对该规则的认同会得到进一步加强。当然,《民法典》的其他部分对合规法律也存在影响。总体来讲,《民法典》的立法价值取向和所秉持的基本立法态度是值得充分肯定的,它对其他法律的影响也是其他部门法需要高度关注的。据统计,《民法典》中有不少于160处与行政法相关联的制度或者叫制度缺口,这些制度缺口将会给未来的行政立法带来附随的影响。由于时间原因,我就暂时汇报到这,谢谢大家。

主持人·李本灿

非常感谢赵老师的精彩演讲,赵老师刚才主要讲了四个方面的问题,公司为什么要合规,《民法典》为什么要规定合规制度,《民法典》如何规定合规制度,以及《民法典》未来可能对相关立法的影响。听完赵老师的精彩演讲,我有三点体会:第一点是赵老师水平太高了,两个多小时的讲座中没有PPT的辅助,这在我见到的学者中是为数不多的;第二点是赵老师的记忆力确实是太好了,中间涉及这么多《民法典》的条文,赵老师都能随口拈来;第三点是关于我们今天的讲座主题,我个人觉得赵老师对《民法典》和公司合规这两个关键词的理解非常到位。我们今天对合规的研究,主要是刑法和刑诉法学者所关注的合规制度,实际上就是公司合规如何在刑法或者是刑事程序中进行评价的一个问题。赵老师从公司法或者从民商法的角度所理解的公司合规制度跟我们的理解是完全不同的,赵老师刚才用很多鲜活的案例给我们讲解公司未来合规的标准和规则的问题,如关于性骚扰防治的问题。我们在英文文献中经常看到单位和性骚扰这两个关键词联系到一起,但在我们之前的法律制度中很少能看到性骚扰防治的问题。《民法典》为单位设置预防性骚扰的义务的做法对公司合规制度实际上是有影响的,这仅仅是其中的一个例子。此外,赵老师讲到了基本原则,如诚信原则等对公司合规的影响。实际上我们今天研究的合规制度,发源于美国、德国、日本等经济高度发达的一些国家。

合规制度构建的前提条件是非常完善的市场经济制度,如果没有完善的市场经济制度,贸然推行合规制度可能会出现一系列问题。这实际上对我们今天所推行的刑事合规制度的改革是有启示的,即合规制度不是拿到我们的刑事诉讼程序中就能够做到,而是要与我们整个的市场经济的诚信经济塑造相关联。由于时间关系,我们接下来进入与谈环节,首先有请华东师范大学的周万里老师。

与谈人·周万里

非常感谢山东大学法学院邀请我来做一个与谈。赵老师的报告非常精彩,我也在从头到尾地聆听。我和赵老师曾经擦肩而过,当时我去参加南方电网举办的一次培训,看到名单上面有赵老师关于合规方面的培训,我在赵老师的后面,当时没机会见面。但是,我们都给南方电网做过合规方面的培训,这也是我和赵老师的一个缘分。下面我从几个方面谈谈我对赵万一教授今天报告的一些理解。

第一,从报告总体来说,我感觉赵老师是从民法学者的角度来对合规进行的解读。据我了解,赵老师应该是国内第一位从《民法典》角度来研究合规的学者。大部分学者关注的其实还是刑法中的刑事合规问题,这也是最近两三年比较热的一个领域,也有学者从公司治理的角度,从公司法、企业法的角度研究了合规对于企业法的影响。今天赵老师从民法视角对合规进行的分析是非常独特的,我也基本没有看到国外有类似文献资料。从这个角度来讲,赵老师的讲座内容非常新颖。

第二,我觉得赵老师更多的是从"规"的角度来讲解,但是从"合"的角度来说,这个讲座大部分突出的是一个理念。赵老师在报告中提到了诚实信用原则、道德规范、习惯,并对这些规则进行了说明,然而无论是法律规范还是道德规范,都属于"规"的范畴。这种意义上的"规"并不是我们传统意义上说的"规",传统意义上的"规范"仅限于法律规范。从"合"的角度来说,讲座更多突出的是理念。《民法典》在合规方面给了一个方向或者给了一个原则以及一些理念,在具体技术方面离合规还是比较远,并不能给企业提供具体的合规指引和方法。我觉得《民法典》里面是有与合规相关的内容,但它总体来说还是一般性的。如果说《民法典》对合规有价值的话,我认为它可能是一种价值方面的判断,是价值导向问题,是从更高层的、更上位的顶层设计对企业或者组织提出的合规要求。

此外,我觉得赵老师这个报告,完全可以写成一篇学术论文。从学术论文的角度来看,我感觉这是一篇很好的论文,其理论意义是非常突出的。但是这个报告对我们具体的合规实践,或者说对合规管理能否提供相应的指导,我是持怀疑态度的,这是我的一些观点。

主持人·李本灿

好的,谢谢周老师。周老师讲述了自己的观点,也对赵老师的讲座内容提出了自己的一些疑问,稍后请赵老师再作一个解答,接下来有请万方老师。

与谈人·万　方

首先非常感谢赵老师的精彩分享,也感谢李本灿教授和山东大学法学院给我这次参与学习的机会。和周万里老师的感受一样,从我国理论界对于企业合规的研究现状来看,赵老师应该是国内第一位从公司法角度系统研究企业合规理论与实践的学者。外国学者早期对于企业合规的研究也主要集中于刑法与刑事诉讼法这些强监管法律领域。赵老师从公司法的角度展开对合规的研究,可以看出赵老师在学术上的前瞻性。在这次讲座中,赵老师从《民法典》的立法理念、基本原则、具体制度等不同层面,为我们讲述了《民法典》对企业合规制度的构建与实施方面的影响。此外,我在赵老师之前关于企业合规的论文中也看到,赵老师始终认为企业合规本质上是企业内部治理结构与内控机制的重要组成部分,我个人也非常赞同赵老师的观点。

正如赵老师在其发表在《中国法学》上的论文中所提到的,合规制度在我国实际上并未引起足够的重视,为数不多的一些零散规定也主要存在于政府规章和政策之中。不仅刑事立法很少涉及,而且在以《公司法》为代表的市场经济立法中也没有得到体现。少许的规定主要聚焦公司内控建设和企业社会责任,并未形成系统完整的合规法律制度体系。赵老师在讲座中提到了关于诚信、关于道德、关于伦理的问题,事实上,国外谈到合规问题时,都称为伦理合规或者道德合规。而国内从诚信、伦理、道德的角度探讨合规制度的学者是比较少的。值得注意的是,作为一项重要的法律实践活动,美国以及一些国家正尝试构建一项独立的法律领域,它们称为《合规法》。现阶段我们国家进行合规系统性立法的条件还不成熟,时机也不太合适,因为我们关于企业合规的相关立法正处于起步阶段。赵老师从《民法典》的视角切入探讨合规制度,充分挖掘现有的制度资源,为我们国家合规制度的构建与实施提供了一种新的尝试,这一点值得我们年轻研究者学习借鉴。

我的与谈就到此为止,谢谢。

主持人·李本灿

好的,谢谢万方博士的精彩与谈。最后请赵老师作一个集中回应吧!

主讲人·赵万一

非常感谢万里、万方两位老师的点评。就像刚才两位谈到的,今天晚上我主要是从民法角度探讨民法和公司合规之间的关联性。在国内,我们基本上是从刑法和刑诉法角度出发,从企业刑事风险防范,甚至从刑事责任免除方面来研究合规。所以我试图把合规植入到我们的公司法中,想使合规能够表达为公司法的举措。今天这个讲座,我主要是从理念、文化这个层面来讲述怎么实现企业合规，还有就是如何从现在流行的顶层设计推出合规制度。按照我的理解，合规不单单是一个制度，而应该是一个制度系统，可能更多还是一种文化，也就是合规理念。我一直认为，《民法典》对社会的贡献一方面体现为具体的法律制度，另一方面是它能为现代法治提供基本的法律原则和法律理念。按照这个思路，我们的合规理念和合规制度能不能从《民法典》里面找到制度资源和理念资源，我觉得这个问题值得我们共同探索。既然我们都在宣传《民法典》，那么《民法典》的贯彻执行就应当落实到各个层面，自然也包括合规制度建设。当然，合规在中国的发展肯定还是缓慢的。虽然除了刑法与刑诉法之外，合规在知识产权、金融等强监管领域也有所体现，但是合规还不系统，也没有引起社会对合规的普遍关注，整个社会也没有形成合规文化和合规意识。所以我也希望我们大家共同努力，让中国的合规法律制度建设能够更上一个台阶。

主持人·李本灿

由于时间关系，我最后表达三句感谢。一是感谢赵老师，不辞辛苦过来给我们做了精彩的报告；二是感谢我们的两位与谈人，感谢周万里老师、万方老师对我们法学院工作一直以来的支持；三是感谢在场的老师及各位同学，感谢大家辛苦的付出。我们今天的讲座到此结束！谢谢大家！

下篇

合规问题在德国的最新发展：企业主对于员工实施的业务关联性犯罪行为的责任

Dennis Bock* 著　李本灿** 译

一、《社团制裁法》视野下德国刑事合规讨论的现状

刑事合规往往被理解为公司领导因未制定阻止下属员工(对内或者对外)实施犯罪行为的机制而需要承担的个人刑事责任。[①] 在德国《刑法典》第13条意义上的企业主责任被积极承认以及德国《违反秩序法》第30条、第9条和第130条规定的背景下，刑事合规分别关乎企业领导人及企业自身重大的自我利益。然而，在避免刑事责任或者行政罚款责任这些自我利益之外，有效刑事合规措施的实施对于企业整体也具有根本性利益。例如，消除腐败可能产生的抬高市场进入成本以及给企业业绩带来的不良影响，同时还可以避免企业及其领导层在公众心目中，至少在共同道义责任上，留下负面印象。[②] 此外，按照现有法律，刑事合规措施还可能被执法部门或法院作为罚款减轻事由加以考量。[③] 这一点不仅适用于犯罪发生时已经实施了的刑事合规措施，甚至也适用于罚款程序之后完善相关规则以及塑造内部流程的事后合规，这样可以明显减少未来的违规行为。对此，尽管现在尚未有合规可以减轻责任的明确法律规则以及生效判例，[④]然而，在这一点上，备受抱怨的是，基于执法机关以及法院的裁

---

* 德国基尔大学教席教授，主要从事德国/国际刑法、刑事诉讼法、经济刑法的研究工作。
** 山东大学法学院教授、博士生导师、刑事合规研究中心执行主任。
① Bock, Criminal Compliance, 2. Aufl. 2013, S. 22.
② Vgl. hierzu Bock, Criminal Compliance, 2. Aufl. 2013, S. 23ff. m.w.N.
③ Vgl. VerSanG-RefE, S. 55; BT-Drs. 17/11053, S. 21.
④ Vgl. VerSanG-RefE, S. 55; BGH U. v. 09.05.2017-1 StR 265/16, wistra 2017, 390.

量依赖,它们在自由裁量时对合规措施的考量有损法律的确定性以及对合规进行投资的动机。①

正如当下为了引入公司刑法的改革努力所展示的那样,当前,按照《违反秩序法》第 30 条、第 9 条、第 130 条对社团,即法人以及人合团体因领导人或者其他人员的刑事违法行为而进行处罚是不够的。② 对公司犯罪的合理反应需要一个这样的制度:相比于当前适用的最高限额为 1000 万欧元的处罚制度,它可以在处罚时更灵活地考量社团规模,这样才能够灵敏地触及跨国集团企业,同时也不至于伤害中小型企业。③ 同时受非议的是,现行法将对社团的处罚置于行政机构的裁量权范围之内,这必然导致处罚的不统一、不充分。④ 在改革努力中,对社团的制裁应服从于合法性原则,并应设置更强有力的制裁措施。这种措施可以规定,对于平均年营业额超过 1 亿欧元的企业,最高可处年平均营业额 10% 的罚金⑤,甚至将解散社团⑥作为最后手段⑦。在这方面,刑事合规在立法计划中起到至关重要的作用,司法部专家草案(Referentenentwurf)的明确目标就是推动相关的合规措施⑧,并由此尝试针对因是否及如何考量合规措施而备受争议的不确定性设置一个明确的法律基础:根据《社团制裁法》专家草案(VerSanG-RefE)第 10 条 I 款,法院可以做出警告,附带社团罚金保留,这种处理⑨尤其能够考虑合规措施⑩,并且可以激励企业实施合规管理⑪。即便《社团制裁法》专家草案第 10 条的前提条件不存在,仍可以根据第 11

---

① VerSanG-RefE, S. 55.
② Vgl. VerSanG-RefE, S. 1f.
③ Vgl. VerSanG-RefE, S. 1, 54.
④ VerSanG-RefE, S. 1, 54.
⑤ Vgl. § 9 II Nr. 1 VerSanG-RefE.
⑥ Vgl. §§ 8 Nr. 3, 14 VerSanG-RefE.
⑦ VerSanG-RefE, S. 1.
⑧ VerSanG-RefE, S. 50.
⑨ Vgl. § 10 I Nr. 1 VerSanG-RefE.
⑩ VerSanG-RefE, S. 57.
⑪ VerSanG-RefE, S. 86.

条对部分社团罚金刑予以保留。① 在社团罚金制裁保留的情况下,有责任的社团可以在法庭上以专业岗位(如审计师、律师或者企业顾问)的存在为证据,据以说明其执行了刑事合规措施(vgl. §13 II VerSanG-RefE)。② 如果存在《社团制裁法》专家草案第3条第I款第2项意义上的社团责任,根据该草案第16条第I款第2项的规定,社团罚金的裁量应当合理参考社团不履行旨在避免社团犯罪行为的预防措施的严重性和程度——至少在是否要考虑社团的刑事合规措施这一点上,法院以及执法机构不能再自由裁量。在对罚金进行裁量时,社团犯罪行为前③或者行为发生后的④——目的在于消除因犯罪行为而被发现的制度漏洞⑤——旨在避免、揭露社团犯罪行为的预防措施可以成为减轻事由。与《违反秩序法》第130条使用的"监督措施"概念相比,此处的预防措施这一概念的内涵更为广泛,以至于那些对《社团制裁法》专家草案第3条意义上的合规(normgemäßes)行为而言并不是必要的合规(Compliance)要素也可以给社团带来刑罚上的好处(只要是可以使违规行为的发生变得困难即可——译者注)。⑥ 根据合规措施所体现出的预防犯罪的努力程度大小,社团刑罚裁量可能会被显著减轻,在实施虚假的合规措施掩盖违规行为时,刑罚也可能更为严厉。如果企业领导自身参与了社团犯罪行为,由此也可以清晰地看出来,领导人自身并未切身践行自己设定的合规规则,那么,原则上不会考虑对其减轻刑罚。⑦

如同现行法一样,未来的立法中刑事合规在社团责任的确定上同样起到重要作用。对此,《社团制裁法》专家草案第3条I款规定了以下规则⑧:《社团制裁法》专家草案第3条I款第1项基本上仿效了《违反秩序

---

① VerSanG-RefE, S. 87f.
② VerSanG-RefE, S. 88f.
③ Vgl. § 16 II Nr. 6 VerSanG-RefE.
④ Vgl. § 16 II Nr. 7 VerSanG-RefE.
⑤ VerSanG-RefE, S. 95.
⑥ VerSanG-RefE, S. 95.
⑦ VerSanG-RefE, S. 95.
⑧ VerSanG-RefE, S. 77.

法》第 30 条规定了,对于领导人员——主要与《违反秩序法》第 30 条 I 款第 1 项第 5 点的概念相对应,领导人的法律概念在该专家草案第 2 条 I 款第 2 项也有所体现①——实施的与其职务有内在关联,并且符合所有构成要件的违法行为,社团要承担责任。与此同时,该专家草案第 3 条第 I 款第 2 项对于非领导人员实施犯罪行为时的社团责任作出了不同于《违反秩序法》第 130 条的规定。在后一规范中,企业或企业领导人的监督管理义务违反处于中心地位,根据通说,对于业务关联性义务的违反仅仅是处罚的客观条件。② 与此相反,该草案第 3 条第 I 款第 2 项直接与社团犯罪建立联系,不同于《违反秩序法》第 130 条规定的违法行为,该条款中的违法行为必须是充足所有构成要件的犯罪③,该款意义上的领导人对于旨在避免社团犯罪行为的合理预防措施的不作为不必出于故意或过失④,而仅仅因客观上违反义务所造成,这一点不同于《违反秩序法》第 130 条的规定。由客观上义务违反所创造的可能产生犯罪行为的风险必须是客观可识别的⑤,这样才可能将责任归属于社团。与社团犯罪建立直接联系的条件是,行为人履行社团事务,这要求行为人与社团领导形成从属关系。⑥ 由于禁止因领导层对犯罪风险缺乏故意或主观可识别性⑦而免除社团的责任,此时刑事合规措施在阻止社团犯罪或者使社团犯罪变得更加困难这一客观属性就显得意义非凡。这比《违反秩序法》第 130 条仅规定社团对那些会导致违反业务关联性义务的违法行为的监督义务违反具有可制裁性更有效。⑧ 该草案第 2 条第 I 款第 3 项规定,除了违背社团义务的犯罪行为之外,那些使或者可以使社团受益的行为也被认定为社

---

① Vgl. VerSanG-RefE, S. 77.
② Vgl. Bock, Criminal Compliance, 2. Aufl. 2013, S. 369; Rogall, in: KK-OWiG, 5. Aufl. 2018, § 130 Rn. 77.
③ VerSanG-RefE, S. 77.
④ Vgl. Rogall, in: KK-OWiG, 5. Aufl. 2018, § 130 Rn. 119.
⑤ VerSanG-RefE, S. 77.
⑥ VerSanG-RefE, S. 77.
⑦ Vgl. Rengier, in: KK-OWiG, 5. Aufl. 2018, § 10 Rn. 40ff.; Klesczewski, Ordnungswidrigkeitenrecht, 2. Aufl. 2016, Rn. 381.
⑧ 对于这一点的争论,参见 Rogall, in: KK-OWiG, 5. Aufl. 2018, § 130 Rn. 87ff。

团犯罪行为——与《违反秩序法》第130条相对,《社团制裁法》专家草案第3条第Ⅰ款第2项通过与社团犯罪挂钩,将领导人员的义务范围扩大了。

处罚可能性的边界在于不可能阻止社团犯罪或者不可能在根本上使社团犯罪更困难,以及不可能有适当的预防措施。对于组织、人员选择、领导以及监督方面的预防措施是否合适,应当适用后来发展成违反《违反秩序法》第130条的这一原则,即这些措施应当合法、适当、必要、不超过合理的期待边界即可。① 在这个问题上,专家草案规定,这里提及的领导、协调、组织、控制义务,乃至对于犯罪行为的干预、通过制裁进行威慑以及必要时实施制裁的义务,尤其可以通过合规措施来实现。② 因此,刑事合规措施是现今所讨论的未来制度架构的核心要素。与《违反秩序法》第130条一样,《社团制裁法》专家草案持同样观点:合规计划的存在并不直接导致社团不可罚,而是要看每个业务领域中正派的职员所必需的谨慎是否被真正贯彻下去。在这一点上,公司形式、规模、组织、业务性质的危险性、职员的数量以及可能适用的法规范及其被违反的风险都是需要考虑的因素。③

二、刑法上领导人责任的最新判例

(一)联邦法院的最新判例

2011年10月20日,继卡尔斯鲁地区高等法院作出判决④之后,德国

---

① VerSanG-RefE, S. 77.
② VerSanG-RefE, S. 77.
③ VerSanG-RefE, S. 78.
④ BGH U. v. 20.10.2011-4 StR 71/11-BGHSt 57, 42 = NJW 2012, 1237 = NStZ 2012, 142 = StV 2012, 403 (Anm. Bosch JK 2012 StGB § 13 I/45; Jäger JA 2012, 392; Wagner ZJS 2012, 704; LL 2012, 269; Mansdörfer/Trüg StV 2012, 432; Roxin JR 2012, 305; Schramm JZ 2012, 969; Kudlich HRRS 2012, 177; Kuhn wistra 2012, 297; Poguntke CCZ 2012, 158; Bülte NZWiSt 2012, 176; Schlösser NZWiSt 2012, 281; Zimmermann WiJ 2013, 94; Selbmann HRRS 2014, 235).

联邦法院第四刑事法庭终局性地①承认了公司领导人在德国《刑法典》第13条第1款意义上的保证人地位。不过,该裁决至少在一定程度上还应进一步明确,亦即须阻止的犯罪行为的业务关联性。

2018年德国联邦法院第五刑事法庭的一个判决②提供了关于其(即犯罪行为的业务关联性)法律形象的未来认知。这个判决也为本文的写作提供了动因。顺便一提的是,该裁决既没有分析2012年联邦法院民事法庭作出的一个较为严格的判决③,亦未仔细研究2011年联邦法院第四刑事法庭作出的更为宽泛的判决。鉴于现在判例不断得以强化,接下来,本文将会从笔者自己的观点④(不同于长久以来的主流观点⑤)出发,不再对公司领导人(监督者)的保证人地位进行有根据的原则性批判;相反,本文会以内容上令人信服的方式对判决中采纳的基本原则可归入地予以具体

---

① 从先前的判例中时多时少地可以得出对公司领导人责任的要求,可以参见如下判例:RG U. v. 28.03.1924-I 818/23-RGSt 58, 130; OLG Karlsruhe U. v. 25.03.1971-3 Ss 5/71-GA 1971, 281; BGH U. v. 23.03.1973-2 StR 390/72-BGHSt 25, 158 = NJW 1973, 1511 (Anm. Koch NJW 1973, 1849); BGH U. v. 06.07.1990-2 StR 549/89 (Lederspray)-BGHSt 37, 106 = NJW 1990, 2560 = NStZ 1990, 587 = StV 1990, 446 (Anm. Schmidt-Salzer NJW 1990, 2966; Kuhlen NStZ 1990, 566; Brammsen Jura 1991, 533; Hassemer JuS 1991, 253; Samson StV 1991, 182; Beulke/Bachmann JuS 1992, 737; Meier NJW 1992, 3193; Puppe JR 1992, 30; Hirte JZ 1992, 257; Brammsen GA 1993, 97; Hilgendorf NStZ 1994, 561; Jähnke Jura 2010, 582; Rotsch ZIS 2018, 1; Puppe ZIS 2018, 57).

② BGH B. v. 06.02.2018-5 StR 629/17-NStZ 2018, 648 = StV 2019, 16 (Anm. Nassif CCZ 2019, 98; Wagner NZWiSt 2019, 365 (366)).

③ BGH U. v. 10.07.2012-VI ZR 341/10-BGHZ 194, 26 = NJW 2012, 3439 (Anm. Schirmer NJW 2012, 3398; Dannecker NZWiSt 2012, 441; Szesny WiJ 2013, 33).

④ Eingehend Bock, Criminal Compliance, 2. Aufl. 2013, S. 310ff.; zsf. Bock, AT, S. 568f.; s. auch Geneuss ZIS 2019, 259 (260) m.w.N.

⑤ S. nur Hilgendorf/Valerius, AT, 2. Aufl. 2015 § 11 Rn. 59; Rengier, AT, 10. Aufl. 2018, § 50 Rn. 68ff.; Krey/Esser, AT, 6. Aufl. 2016, Rn. 1166; Gaede, in: NK-StGB, 5. Aufl. 2017, § 13 Rn. 53; aus der Aufsatzliteratur vgl. Göhler FS Dreher 1977, 611; Schünemann wistra 1982, 41; Otto Jura 1998, 409; Schünemann FG 50 Jahre BGH IV 2000, 621; Gimbernat Ordeig FS Roxin 2001, 651; Schall FS Rudolphi 2004, 267; Otto FS Schroeder 2006, 339; Nietsch CCZ 2013, 192; Hernández Baualto FS Frisch 2013, 333; Lindemann/Sommer JuS 2015, 1057; Roxin FS Beulke 2015, 239; Timpe StraFo 2016, 237; Geneuss ZIS 2016, 259; monografisch Walter, Die Pflichten des Geschäftsherrn im Strafrecht, 2000; Spring, Die strafrechtliche Geschäftsherrenhaftung, 2009; Noll, Grenzen der Delegation von Strafbarkeitsrisiken durch Compliance: Zugleich ein Beitrag zur Geschäftsherrenhaftung, 2018.

化,特别是因为第五刑事法庭的判决理由难以让人信服。

详细说明:

1. 联邦法院 2011 年 10 月 20 日发布的判决——第四刑事法庭 2011 年第 71 号——联邦法院判例集刑事第 57 卷,第 42 页①

被告人受雇于 H 市道路建设部门。2006 年初夏,在该道路建设部门与城市绿化部门合并后,被告人担任市政建设院内一个工程队的领班,本案的共同被告 S、K 和 B 也属于这个工程队。在 2006 年 2 月至 2008 年 7 月之间,同样受雇于该市政建设院,但在另一个工程队工作的被害人 D,在工作时间内多次遭受共同被告 S、K、B 的侮辱性身体攻击,有时甚至连棍棒、铁链以及其他器具都被用上了。此外,还发生了如下事件:2006 年 2 月 22 日,同案被告将被害人 D 逼到了一块墓地的小教堂里。被告人 K 和 B 抓住 D 的手臂,共同被告 S 则使用木棍猛烈击打被害人 D 的上半身。此后,K 和 S 交换位置,改由 K 采取同样的方式击打被害人 D。随后,同案被告丢下被害人 D 离开了墓地教堂,而被害人 D 因为肋骨折造成的剧烈疼痛,几小时内无法动弹。2008 年年初,同案被告 S 和 K 制定了一项针对被害人 D 的联合行动计划。他们要求被害人 D 去看市政建设院一辆有故障的车,在受害人 D 走近车辆时,S 和 K 从后边抓住了他,并且将他的头猛烈撞在发动机盖子上。2008 年春,因被害人 D 申请了职业培训,在装载车辆时,先是遭到被告人 S 的殴打,然后遭到被告人 K 的殴打。

2011 年,联邦法院第四刑事法庭首次在本案裁决中确定了"业务关联性要件"的隐性要求。

的确,根据个案情况,可能从企业主或上级人员的地位中产生阻止下属犯罪行为的保证人义务。然而,这种义务仅限于预防业务关联性的犯罪,并不包括员工仅仅在实施业务活动时偶然实施的犯罪行为。业务关

---

① BGH U. v. 20.10.2011-4 StR 71/11-BGHSt 57, 42 = NJW 2012, 1237 = NStZ 2012, 142 = StV 2012, 403 (Anm. Wagner ZJS 2012, 704; Mansdörfer/Trüg StV 2012, 432; Roxin JR 2012, 305; Schramm JZ 2012, 969; Kudlich HRRS 2012, 177; Kuhn wistra 2012, 297; Poguntke CCZ 2012, 158; Bülte NZWiSt 2012, 176; Schlösser NZWiSt 2012, 281; Zimmermann WiJ 2013, 94; Selbmann HRRS 2014, 235).

联性是指与犯罪者的业务活动或企业性质有内在联系的行为。公司领导人的保证人责任限定在业务关联性犯罪行为,这一点并不依赖于个案中哪些事实状况决定了保证人地位的存在。无论是建立在雇用关系基础上的对雇员的指示权,还是对作为"危险源"的企业的支配,或者从任何其他角度来看,都不能为企业主负有超出一般性行为义务的特殊义务提供依据,并根据该义务去阻止具有完全答责能力的职员的特定行为,即这些行为并非业务或者员工行为领域所特别附着的风险的自然结果,而是超出业务领域同样会发生的。

依据这个标准来看,联邦法院在这一作出具体裁决的案件中否认了"业务关联性"以及公司领导在此范围内的担保义务,同时从案件归纳中获得了理解"业务关联性"的其他依据。

本案中的虐待行为不具有业务关联性。这些行为与共同被告在劳动关系范围内的活动没有内在关联,也没有实现市政建设院的业务所特别附着的风险。本案共同被告的工作场所的刁难行为既不是"公司政策"的一部分(例如,为了诱使不令人满意的员工离开公司而实施)而由公司领导委托,也不是共同被告人利用其在业务中的地位而形成的职权而实施的。其他的评估也是不需要的,因为这些行为是一系列反复出现并且多年来普遍存在的虐待行为的一部分。尽管这种被称为"欺凌"的系列行为在实现经营业务中普遍附着的风险时,也可能被肯定存在业务关联性,因为对这些行为而言,公司有限的社会空间起到根本性作用,而这种有限空间使害怕失去工作以及经济生存条件的受害人缺少足够的逃避可能性。然而,就我们现在所讨论的案件而言,业务关联性要素可能过于扩张了。在任何一家拥有不止一名员工的公司中,同事之间频繁发生身体伤害的风险都存在,这不是特定公司业务中固有的风险。建设院的业务或者共同被告的任务领域与虐待行为之间缺乏内在关联,即便行为被反复实施也不会改变这一点。尤其是身体伤害行为即便反复实施也不会失去其过剩行为(Exzesstaten)的品格。如果单凭行为被多次实施就能认定其与业务相关联,那么就应当放弃"业务关联性"要素意在达到的以及《基本法》

第103条2款所要求的限制领导人责任这一主旨,这样的话,就会要求公司领导对于雇员工作时间内的整体不受刑事处罚的生活方式负责。

2. 附录:联邦法院2012年7月10日发布的判决——第六民事法庭2010年第341号——联邦法院判例集民事第194卷,第26页(BGH U. v. 10.07.2012-VI ZR 341/10-BGHZ 194, 26)

原告是N股份有限公司资产的破产管理人。他要求被告赔偿因帮助N股份有限公司董事会主席的背信行为而造成的损失。被告是O股份有限公司董事会成员,N股份有限公司与O股份有限公司有着长期的业务往来关系。在此期间,O股份有限公司开具了非基于实际履行的发票,而N股份有限公司董事会主席指示结清该发票。尽管被告人本人既未亲自磋商也未开具票据,但是,下级法院认为,他一定强迫O股份有限公司向N股份有限公司开具了发票,该发票的结算导致N股份有限公司的资产损失,由于被告没有对此进行干预,因此以《刑法典》第27条帮助犯的形式促进了N股份有限公司首席执行官的背信犯罪。

联邦法院否认被告对第三者具有保证人地位(以及根据《民法典》第823条第2款连同《刑法典》第266条、第27条以及第13条提出的索赔请求),并且明显没有与上述刑事法庭提出的领导人责任标准衔接起来。更确切地说,法庭仅仅肯定了内部关系上的公司法义务,而并没有接受一个具有外部效力的旨在促进原告利益的监督者保证人义务。

诚然,在缺乏跨法域评价方面应当被批评[①],尤其因为《民法典》第823条第2款作为联结刑法和民法的典范,是在解释《刑法典》第13条第1款时有利于法律确定性的最佳近似方案。然而,民事和刑事诉讼程序的不同目标设定再次显现出来了。无论如何,从刑法的立场来看,这个判决都是徒劳无益的。联邦法院在2018年的刑事案件中,对于公司职位的内部和外部效力之间的区别也并未予以任何关注。

---

① S. z.B. Dannecker, NZWiSt 2012, 441 (442f.).

3.联邦法院2018年2月6日发布的判决——第五刑事法庭2017年第619号——《新刑法杂志》2018年第648页(BGH B. v. 06.02.2018 - 5 StR 629/17-NStZ 2018, 648)

T是一家24小时便利店的所有者和经营者,该便利店内设有网吧。T雇用了他的哥哥G。G决定利用T的店铺以及基础设施出售毒品。2016年秋季,他购买了500克大麻并试图转售牟利,其中有效成分为80克四氢大麻酚,以及30克优质可卡因。在接下来的一段时间,他大约出售了5克可卡因混合物和约200克大麻。2017年1月起,G让同样在商店工作的非上诉者E也加入了他的出售毒品活动,并将一些毒品库存给了E,让他出售给G带来的顾客。在商店出售毒品附近的柜台上,放着可供G随时使用的一支棒球棍和一支伸缩棍。摆放这两个棍棒的目的是保护24小时便利店,必要时也是为了保护或捍卫毒品交易。T对此是知情的。2017年2月,在对商店和G的公寓的一次搜查中发现了其购买的大量毒品。店主T几乎每天都和G一起在店里,他很快就发现了哥哥的这些行为并默许,没有采取任何干预措施。他清楚地知道,G以这种形式销售毒品是可行的,因为这家商店的窗户被贴上胶带,很难从外边看到在销售柜台后面有单独的储藏空间,加上高频次的流动性顾客和老顾客,以及较少的雇员(只有G和非上诉者E)都为毒品销售提供了最佳条件。T作为店铺的所有者和经营者,他本可以毫不费力地阻止其哥哥的毒品交易。

联邦法院第五刑事法庭在2018年的判决中讨论了"业务关联性"的要素特征问题。联邦法院赞同柏林地方法院的初审观点,即对于被告人实施的武装性的大量毒品贩卖,店主以不作为的帮助形式参与其中。通过被告人因事实而上诉所凸显出来的问题是,店主是否对于店员实施的不法行为具有保证人义务。联邦法院肯定了这一点。

调查结果证实了被地方法院所接受的保证人义务的条件,根据刑法上的领导人责任认定原则,被告人T从其店主身份中可以产生保证人义务。联邦法院认为,在个别情况下,从企业主或上级职位中可以产生阻止员工犯罪行为的保证人义务。然而,这种义务限于对业务关联性犯罪的阻止,不包括在工作过程中偶然实施的犯罪。业务关联性存在于这样的一些犯罪行为中,即行为与行为人的业务活动或者业务展开方式具有内在关联性。

在目前的事实中,情况就是这样的。被告人 G 使用和扩展合法业务同样的店铺和储藏室向商店顾客出售毒品。非上诉人 E 参与的这些交易是 G 作为其兄弟商店的一名推销员开展业务活动的结果,老顾客参与毒品买卖也证实了这一点。店铺的设备(粘胶带的玻璃)以及店铺的经营方式(顾客流动频率高且停留时间短)也促进了这些非法业务的开展。

(二)对上述案例的评价

第五刑事法庭认为存在"公司领导人刑事责任原则"。这个原则具有重要的价值,并且有可能为未来判决提供相对确定的标准。然而,如果与上述第四刑事法庭的措辞进行比较,本案的判决依据则可能引发批判。

1. 必须存在一个"企业主或上级的职位"

有疑问的是,是否真的是任何一个上级职位都足够(达到此标准)?[①] 首先,这很难在数量和质量上与雇主责任概念相吻合,至少考虑到即便在相当小的公司里也有很多领班、团队领导等,他们的管辖范围例如只有几个下属或仅限于非常狭窄的业务。在等级制度扁平化和集体管理的时代,更多地应将企业主、组织以及高级别领导职员认定是上级。尤其从公司流程的基本问题上看,更应将高管或在必要条件下的中层管理人员认定为上级。

2. 参照点是阻止"业务关联性"犯罪,而不是雇员仅仅在业务活动中偶然实施的犯罪

显然,这一对立观点是基于对《民法典》第 278 条[②]和第 831 条[③]的解

---

① 批评的意见可参见: Schlösser NZWiSt 2012, 281 (285f.).; Bülte NZWiSt 2012, 176 (180f.),作者在文章中对于这个问题提出了宪法性的质疑,即是否符合《基本法》第 103 条 II 款的精神。进一步的讨论,请参见 Poguntke CCZ 2012, 158 (158f.)。

② Handeln in Erfüllung oder nur bei Gelegenheit? S. nur Grundmann, in: MK-BGB, 8. Aufl. 2019, § 278 Rn. 47ff.

③ Schädigung in Ausführung der Verrichtung oder nur bei Gelegenheit? S. nur Spindler, in: MK-BGB, 8. Aufl. 2019, § 831 Rn. 28ff.

释,①它们的任务是描述问题,而不是帮助解决问题。"业务关联"这一概念几乎不存在真正的潜在限制,首先是因为"关联"的含义完全不明确。其次,本质性的原因是"业务"概念(主要参见《违反秩序法》第30条1款第5项以及第130条第1款)非常宽泛,即任何空间上形成的组织实体,通过投入人力、物力和无形资源,为追求满足自身需求之外的业务目标而进行的活动。②

企业主能够了解到的犯罪可能与这些方面中的任一方面都不相关,但这仅仅是例外情况,并且仅涉及纯粹的个人事务,这些事务在咖啡时间或其他时间或多或少被偶然谈到。如果认为人力资源方面是充分条件,那么只要雇员是犯罪者,则关联就建立了;如果人们认为物质资源方面是充分条件,则每一个对不动产或者例如办公用品(包括书写用具、椅子、灯或电子产品)的利用行为都可能满足业务关联性要求,但这样的认识也是不正确的。因此,援引人力资源这一标准几乎毫无用处(这恰恰是需要防止的员工犯罪),而援引物质资源这一标准可能也是不够的,但可能是必要的。涉及上述两个方面边界的是利用工作时间的问题——前提是下属有完全固定的工作时间。然而,单纯看行为是否在工作时间内实施也是不够的,因为纯粹的(也可能涉嫌犯罪的)个人事务也可能在工作时间内实施,这种情况并不少见,例如员工工作期间用手机处理事务。此外,过于积极的员工也可能在业余时间实施有利于公司的犯罪行为。鉴于此,也应该认为,在工作时间实施行为并不是必要的。

如果人们试图更准确地界定"业务目的",那么将面临那些提供各种各样产品和服务的经济活动。此外,即使在公司业务范围内可能发生的最显著的犯罪(为了企业主利益、侵害顾客利益、侵害同事利益,或者员工实施第二职业行为)也几乎没有共同点,但犯罪者的从属关系以及动产、

---

① Vgl. Wagner ZJS 2012, 704 (708).《民法典》与《秩序违反法》的其他更多条款也涉及这个问题。根据这些条款的其他规范目的,判例和学说在这一点上结论的可传递性(Übertragbarkeit)是有疑问的。

② Beck, in: BeckOK-OWiG, Stand: 15.06.2019, § 130 Rn. 27.

不动产的使用除外。毕竟可以说,作为员工,使企业主获益的行为是符合业务目的的;但对于那些从企业主角度来看经济中立或消极的情形而言,这却缺乏说服力。

如果联邦法院在2011年和2018年的判决中一致传达的定义是基于犯罪者的行为与业务活动或者业务运行方式的内在关联性的话,①那么不得不说,这仅仅是一种文字转换(代替了对内在关联的实质判断),并没有什么认识上的收益。

3.联邦法院第五刑事法庭的归纳也应该批判

"和扩展合法业务一样使用销售和储藏空间"包含两个方面:

第一,是"使用"的概念,毕竟,按照通行判例的观点,②行为人仅仅在不作为者的有形空间实施行为是难以证立不作为者的保证人义务的。当然,人们总是以某种方式使用一个有形空间(例如,它在雨天提供干燥的环境,在冬天提供温暖,这些都提供了对人的保护)。这还包括法庭指出的"被胶带粘住的窗户"以及"从外面很难看清里边"这两点。至少,后者是一个房间的正常情况,而且,除了使其与其他窗户和门面难以划清界限外,阻挡外人的视线并非与业务相关的特殊用途。

第二,涉及场所对于毒品销售与储存的特有贡献问题。就储存而言,通常并不考虑其专门的空间,只要足够大就行,尤其是本案中毒品存储所需要的空间本来就不过分的大。这种情况下,就应当认为,营业场所并未提供贡献。同样,毒品销售(以及通过所有权转让履行买卖合同——此时不考虑《民法典》第134条)原则上在哪里都可以进行。商店既出售合法商品也出售毒品,这样一种分类的上位概念关系并不足以作为联结点,因为业务性地销售正常商品,同时销售私人商品的情况随处可见。另外,出售同样商品,有时是合法的,有时又是非法的(例如药物)。③ 诚

---

① Vgl. auch schon Otto FS Schroeder, 339 (343).
② Vgl. zuletzt BGH U. v. 25.04.2017-5 StR 106/17-NStZ-RR 2017, 219 = StV 2018, 503; BGH B. v. 28.03.2019-1 StR 598/18-NStZ-RR 2019, 218.
③ Wagner NZWiSt 2019, 365 (366).

然,正常业务客户的访问可能在一定程度上掩盖了某些非法客户的访问。但是人们经常进出并且有时会携带手提包的场所(例如博物馆、邮局)也可能存在这样的情况。这些情况下,并不存在业务所导致的风险的提高。

"扩展合法业务"被证明是对空间的简单共享以及对店主的定罪条件。关于私人所属空间内发生犯罪行为时,该空间所有人是否具有责任的大量判例所显示出的观点与本案的观点是不相符合的。鉴于最近在私人地盘上的某些业余娱乐活动也存在类似伪装行为的可能性,在这个问题上的价值分裂便更加凸显了。此外,因为活动领域的扩大,在语言层面,"扩展"已经远离了那层关联。就更不用说"作为他兄弟商店的销售员的业务活动的结果"了。这一措辞反而使我们有理由担忧,联邦法院会暗中考虑私人的亲近关系,或者将场所支配伪装成为真正的联结点。

目前尚不清楚的是,法庭如何理解"让老顾客卷入毒品交易"。可能的意思是,合法的顾客也可能采购非法的物品。出于便利,顾客出于两个目的而寻找场所的协同效应也适用于所有其他通常也可能有多种用途的场所。

这里以玻璃粘胶带来强调"房间装备",并以此作为"业务关联性"的标准,是模糊不清的;反过来,所有可能的伪装(主要是可视性)以及有用的条件(例如干燥和温暖)都可能成为衡量"业务关联性"的标准,而这些因素也同样适用于私人空间。

商店的"经营方式"(客流频繁、短暂停留)也没有什么业务性的特殊之处,公共空间(例如居民户籍管理处、车辆登记处)甚至私人空间(我们可以想到的比如学生宿舍或疗养院其实也是这样)也涉及各种形式,在其中"实施非法交易"将同样"更为便利"。然而,我们完全可以认为,这种便利至少会通过被守法的正当顾客发现这一显著风险而在相当程度上得到平衡,因为这类顾客也可能成为可疑交易的证人。当联邦法院论及"最佳条件"时,这实际已经是一个充满疑问的主张,尤其是在特殊业务风险方面,再一次欠缺说服力。

总体而言,联邦法院强调在一定程度的商业化背景下领导人应承担更大的责任,但并未进一步修正经济刑法的犯罪构成要素。毋宁说,在支配有形空间(尤其是私人房屋)这一保证人地位问题上,联邦法院其实陷入了价值冲突中。这也使企业相对于其他集体组织而言遭受了不公正的对待,因为在其他集体组织中,领导人并不承担雇主责任。

4. 如果将联邦法院第五刑事法庭2018年的判决与第四刑事法庭2011年的判决进行比较,可以明显发现,界定领导人责任的风险在逐步提高,尽管嘴上说仅限于"业务关联性"行为,然而,作为经济主体这一特征注定使不作为者面临灾难。

在上文所介绍的基本规则(而没有使用"陈腔滥调""套话"之类的词)中,联邦法院第四刑事法庭并没有显示出多少克制的态度,而是在被提醒应当慎重的欺凌事件中显示出了谨慎态度。第五刑事法庭并未关注其他在此处显露出的审查要点,否则,其已经提出了不同的意见[《法院组织法》第132条第2款(§ 132 II GVG)]。①

首先,这涉及第四刑事法庭对"业务领域或职员业务活动中附着的特别风险"的相关性的概述。它清晰地表明,单一的命令指使权,以及对"作为危险源的企业"的支配②,并不能起到证立责任的作用。实际上,基于双方合同而建立起来的劳动法上的命令指使权并不足以使领导人为成年自由人(联邦法院所称的"具有完全自我担责能力的员工")承担全面的监督者保证人责任。同样,鉴于难以对"业务"③概念进行界定,这种无定型的

---

① So schon Wagner NZWiSt 2019, 365 (367).
② Hierzu vgl. schon Schall FS Rudolphi, 267 (282); zutreffend krit. angesichts Vagheit (auch) Selbmann, HRRS 2014, 235 (240).
③ "Betriebsbezogenheit"在全文被翻译成了"业务关联性",总体上来说,也更符合表达习惯以及员工在单位内犯罪所要求的"职务/业务关联性"。然而,"Betrieb"在全文的概念并不统一,极个别的地方,例如此处,其表达的是"企业/公司"的意思,是一个具体的场所,这一点从下一句的"组织形象""人们是在那里自主工作"可以看出,然而,在其他地方,如果把"Betrieb"理解为作为有形空间的公司,可能就是不合适的。例如,下文中的"Betriebsrisiko"、"Betriebsgefahr"是与具体的"活动"(tätigkeit)一起使用的,此时翻译为"业务"更为合适。也就是说,没有一个翻译方法可以周全解决这些问题,本文选择了"业务关联性",也不会产生误解。在此处,如果将业务进行抽象,人们可以"在那里自主工作"也没有什么大的问题。总之,这种翻译不会影响整体理解。——译者注

组织形象并不会笼统地转化成为一个需要监督的危险源,即便人们是在那里自主工作,而不是纯粹被监督的技术或者动物。

现在所有的问题都转向,什么时候风险是特别附着的。联邦法院阐明了"在业务领域外仍然可能发生"的行为不属于特殊附着的风险。因此,员工之间相互实施某种(伤害)行为的情形,无论如何都应当被排除出去。如果采纳了法院的观点,那么,我们在其他情形中自然地必须审查,即犯罪者的同一行为在(业务)外是否就不可能发生了。尤其是考虑到自由市场上商品和服务具有广泛的可替代性这一点,上述情况并不少见[见下文(三)部分]。无论如何,在如下情形下可能认为风险是特别的:行为人的利他行为是为公司利益考虑,尤其是这种行为会同时损害客户利益。这可能就是联邦法院第四刑事法庭对"公司政策"①所作评论的目的所在。②

利己的行为在什么情况下被评价为上述的内在特别风险?这里仍须讨论的主要是非法的第二职业(Nebenerwerbstätigkeit)的问题,如联邦法院第五刑事法庭判决中的毒品贩卖。对于不法行为人来说,决定性的更是某种累积性的巧合,偏偏他的兄弟支配了合适的空间。这就免除了他自己开商店或去寻找同样拥有合适空间的第三人的负担。也就是说,犯罪人并非没有其他选择,特殊之处实际上在于为他节约资源的家庭亲属关系,而第五刑事法庭并没有以此为根据来认定义务来源(可能是因为兄弟姐妹间的监督者保证人义务并没有被一般性地认可)。原则上,只有在市场上没有相同数量或质量的其他设备时,才能认定"特定风险"在经营设备中存在。

当第四刑事法庭仍然考虑行为人是否利用了公司职位所赋予的劳动职权来实施犯罪行为时,这听起来似乎又表明,仅靠雇员的职位是远远不够的。当然,哪些职员具有与工作相关的权力,以及他们何时利用该权力

---

① Hierzu näher Geneuss ZIS 2019, 259 (264f.).
② 参见 auch Wagner NZWiSt 2019, 365 (366),该文正确地指出,在类似这样的案件中已经存在了积极的作为; Jäger JA 2012, 392 (394),Jäger 的出发点是先行行为理论。

实施违法行为,这些问题是不清楚的。毕竟,亲密关系似乎明确影响到了工作技术,以及由此为了生产和销售服务、产品而对工作技能的使用。如果这段话被理解为领导人责任的必要条件,那么就要证实,即在从事第二职业的情况下(例如本案的毒品销售),犯罪人、不作为者以及其他员工之间的关系无论如何也不是常态。确切地说,这些是"过剩行为"。每个拥有几个员工的公司都存在实施这种"过剩行为"的风险。如果将重点从"所赋予的工作职位上的"转移到"职权",那么无论如何,第四刑事法庭的考虑仅适用于那些作为中层管理者拥有自己下属的犯罪者,①但这也许仅对以下问题起作用——即当犯罪者利用下属的时候是否考虑的是未经授权的第二职业。

在第五刑事法庭的判决中,事实上,犯罪者是否是雇员已经不再重要了(所有用作论据的情况都与场所有关,尤其是与犯罪行为的伪装有关,即便行为人以家庭成员、朋友或客人的身份利用了这种情况,伪装仍然是存在的②),更不用说公司在内部和外部关系中等级上的典型责任分配了。

如果第四刑事法庭援引《基本法》第103条第2款对公司领导人责任进行必要限缩的话,那么这个观点就不应当被低估。③ 在实体领域,尽管刑法适用中宪法性控制密度很低,但第四刑事法庭表现出了一定趋势,即不能太快地接受其所规定的领导人责任的成立条件。然而,第五刑事法庭最终以各种遮掩的借口跳过了这一点,④因此,与第四刑事法庭的认定不同,第五刑事法庭的观点是,不作为者对于员工在工作时间内的整体不受刑法处罚的生活方式负责,至少在外表看起来是合法业务的非法第二职业的情况下。这种自然主义的思考方法与特定的业务风险无关,尤其是该业务以类似形式在全国范围内存在数千次(例如便利店、烟草和生

---

① Näher Selbmann HRRS 2014, 235 (244).
② S. Wagner NZWiSt 2019, 365 (366).
③ S. auch Bülte NZWiSt 2012, 176 (177f.):"业务关联性"是公司领导人责任的宪法性边界。
④ 参见 auch Wagner NZWiSt 2019, 365 (366):"外部表象"。

活用品店等)。

当然,犯罪嫌疑也并非遥远,企业主的不作为责任不允许因为在调查积极故意行为(在特定情况下,考虑到店主为了维护正常经营而实施的日常性活动,这种犯罪行为也并不遥远)时存在有待克服的困难(包括可能的支出)而被绝对排除,他可能需要承担正犯或者共犯责任。

(三)在"第二职业"的情况下领导人责任的界限

展望:

如果按照明确的主流观点,我们已经接受了领导人责任,更确切地说是与业务相关的犯罪行为中的上级责任,那么,在区分出明显的私人行为与明显的出于公司利益而实施的行为后,在员工将公司有形资源用于个人犯罪目的情况下,应尽可能地将过剩情形从这些特殊的风险实现中分离出来,尽管在保证人地位的客观要素(并不那么主观,就像在中立帮助行为问题上对这一点的认识)上已经分离出过剩情形。

只有根据被使用的物资是否在非重大情况下在业务领域外也能获取使用(如果能,则因缺乏附着的特殊风险而否认"业务关联性"),来对被使用的物资进行区分时,才能进行这种分离。

就前一点而言(业务领域外不费周折能获取),比较明确的情形是日常性的,哪怕在私人事务中通常也是现存的,或者不用大的投入就可以在大量的商店里买到的(例如,标准化的办公用品);就后一点而言(业务领域外不费周折不能获取),比较明晰的情形是,私人不可能或者只能使用违法手段获得某些东西或者数据。

有疑问的是这些工具,即行为人私人也能合法取得,但比较费力或者要消耗行为人大量资源(特别是花费大量的资金),如承租大于一般住房的空间,或超出日常家用设备的技术装备。通过现有公司资源使犯罪行为"更容易实施",在此,也仅限于为行为人节约了经济资源。企业主的不作为责任不能取决于时而富裕时而贫困、时而具有较强而时而又较弱的投资能力及意愿的犯罪者所作出的准商业性的私人决定。在这里,现有的公司(业务条件)仅仅是可以满足行为人需求的划算场所。应该承认,业务性的不作为责任的适用领域正在显著缩小,因为储存和销售场所、办公基础设施、几乎所有种类的设备和物资都可以在私人市场上合法获取。然而,这只能表明,员工的第二职业活动根本不是特定公司的典型运营风险,即便他利用了公司的财务力量。如果行为人在他人知晓的情况下使用了其空间或设备,但其(物主)却不承担保证人义务,那么,应注意到这种情况所面临的价值分裂危险。

如果涉及的公司拥有定制的专用设备、秘密的或受管制的物品(化学品、药品)、非公开的数据或依照法律不允许私人建造的场所,这种情况下应当肯定特殊附着性风险的存在。此外,还包括这样的情形,即公司利用了接近受托客户及其物品的机会(例如,公寓钥匙、密码)。如果行为人确实需要从这个排他性资产中获取某些东西,他也确实凭借员工职位获得了这些东西,并且出于自己的目的而使用或者消耗了这些东西,这种情况下就可能被认为实现了公司附着的特殊风险,公司领导人承担不作为责任就是合适的(虽然往往有无数类似的犯罪人不能必然进入公司)。模棱两可的案例是客户访问,亦即通过基于其他目的的业务访谈而可能实现。但这也不是特定业务的典型风险,在任何有人定期访问的地方都可能出现这样的情况,无论是出于商业目的还是其他目的。与此相对,它只是一个单纯的缺乏业务关联性"情形"的典型范例,正如卡尔斯鲁地方高等法院①在盗窃案中所准确表达的那样,这也适用于毒品交易的情形。

通过对"经营设备"更为正式地接触或使用,将会排除或者减轻判例(以及学说)使用的且需要解释的大量概念中产生的界定困难。正如联邦法院第四刑事法庭所理解的,当其着眼于犯罪行为是否在"其企业外仍能够发生"时②,通过设定跨公司的标准,上述问题得到了解决。通常的情形是:至少在其他同类型的企业中(当然也是在具体考虑的企业之外),有犯

---

① OLG Karlsruhe U. v. 25.03.1971-3 Ss 5/71-GA 1971, 281.
② Bülte 强调了在这一点上的模糊性, vgl. Bülte NZWiSt 2012, 176 (178):"这里不能说,仅有那些可以精确表征出该企业的风险才具有业务关联性,否则,行业典型性的犯罪将不能成为领导人责任的客体。如果要排除的仅仅是那些所有经济组织都毫无例外地附着着行为风险的话,那么,在示例中就已经形成了区分边界的可操作性的巨大疑问。"

罪意愿的行为人同样能遇到类似可利用的条件。这种跨公司的视角引入了替代因果关系,这并不能改变犯罪者实际上为其行为使用了真正的特定公司资源的事实。简而言之,公司领导责任仅适用于现实的独特业务关系。就上文提及的案例而言,公司领导承担责任的结论无论如何都不能让人信服,因为案例中的经营设备——类似的在其他公司中也可以获得——私人不可以合法获得,而是需要行为人进入相应的业务领域。因此,相关联的是业务领域外的可替代性。

如果判例努力扩张公司结构中的不作为责任,那么必须正大光明地这样做,而不是通过复制表面上看起来严格的标准,然后再最大限度地扩大该标准来实现。尽管很棘手,但是从内容和方法上更坦诚的做法,应该是承认企业主以及受其委托执行管理任务的雇员对其他雇员的所有违法行为负责,而这些行为是在使用私人无法合法替代的物质性公司设备时实施的(如果我们最终不是全然专注于有形空间的支配)。但是目前尚不清楚的是,在并非更加严格的条件下,一般性的(被允许的,具有社会相当性的)公司风险是否可以为如下人员的保证人义务提供正当根据:拥有有效的专属设备或者空间资源的非公司性的集体组织成员(例如,包括公共公寓)。

应然法可以制定一个真正不作为犯(例如,依据《违反秩序法》第130条的规定),由此,当然取消了《刑法典》第13条第1款意义上的保证人地位的成立要求,但是并没有取消对公司上级作为义务予以具体化意义上的明确法律上义务的任务。① 在刑法总则中明确接纳领导人或者上级责任时,要求也一样。

---

① Hierzu näher Bock wistra 2011, 201.

意大利企业组织模式的适当性标准及其证明[①]

耿佳宁[*]

摘 要:意大利2001年第231号法令所确立的企业基于犯罪之责任,本质上是刑事责任。在立法层面,"适当的组织模式"贯穿企业责任认定、处罚裁量、处罚执行等环节,对应不同的法律效果。在司法层面,大多数对企业责任的排除出现在预调查阶段,由检察官裁定不起诉,法官不介入,对此做法学说持保留态度。适当的组织模式应同时满足预防适格性和有效落实的要求,对其审查应采取事中视角,代表协会编制的行动守则只能作为参考。对犯罪后企业采取的组织模式,适当性审查的尺度更为严格,须有效消除之前引发犯罪的管理缺陷。应当统一高层人员犯罪与一般职员犯罪场合的证明责任分配。2001年法令第6条第1款"当犯罪由高层人员实施时,如果证明下列情形,组织体不负责"的表述,只是为了保证被调查企业充分行使抗辩权,提示企业提出有利于己方的主张,而非将组织模式适当性的证明责任完全转给企业。

关键词:预防适格性;有效落实;预调查不起诉;事中视角;证明责任

引 言

2001年6月8日,意大利颁布第231号法令(以下简称2001年法

[①] 本文系中国政法大学科研创新项目(10821426)阶段性成果,同时受中央高校基本科研业务费专项基金资助。

[*] 中国政法大学刑事司法学院副教授、法学博士。

令)正式确立"组织体基于犯罪的行政责任"(responsabilità amministrativa degli enti da reato)。虽然法条将组织体基于犯罪的责任冠以"行政责任"之名,但意大利学界通说认为,这种说法"只是为了回避刑法责任主义的要求而采取的权宜之计",其本质上仍是"刑事性质"(至少是"准刑事性质")。①

对于制裁措施"名不副实"可能带来的法治危机,欧洲人权法院(CEDU)曾有清晰论述:"如果缔约国可以自行决定违法是行政性而非刑事性的,或者在行政层面而非刑事层面进行追诉,则相当于将《保护人权和基本自由公约》第6条、第7条等基本条款的适用完全交由各缔约国的主权意志。此种泛化可能与公约保障目标相冲突。"②据此,欧洲人权法院主张,刑事领域的划定不囿于缔约国法律文本的具体表述,各国立法中行政性的类型归入仅具有形式且相对的意义。在"Sud Fondi c. Italia 案"中,欧洲人权法院援引"Welch c. Regno Unito 案"③形成的标准,根据处罚的严重性(痛苦性)、与犯罪事实的关联、通过刑事诉讼裁判等因素,认定涉案制裁措施虽不关乎人身自由且被冠以"行政处罚"之名,但实质上具有刑罚属性,受《保护人权和基本自由公约》刑事领域各项保障原则的制约。④

意大利学界通说肯定 2001 年法令中组织体责任的刑事属性,与欧洲人权法院判例意见取向一致。首先,该法令第 9 条规定的处罚措施包括财

---

① Cfr. PALIERO C.E., Dieci anni di 'corporate liability' nel sistema italiano: il paradigma imputativo nell'evoluzione della legislazione e della prassi, in Rivista delle società, 2011, 16; DE VERO G., La responsabilità penale delle persone giuridiche, Milano, 2008, 307; FIORELLA A., voce Responsabilità da reato degli enti collettivi, in Dizionario di diritto pubblico, V, Milano, 2006, 5101; ALESSANDRI A., Riflessioni penalistiche sulla nuova disciplina, in AA. VV., La responsabilità amministrativa degli enti, Milano, 2002, 25; DE SIMONE G., I profili sostanziali della responsabilità c.d. amministrativa degli enti: la 'parte generale' e la 'parte speciale' del d.lgs. 8 giugno 2001, n. 231, in Responsabilità degli enti per illeciti amministrativi dipendenti da reato, a cura di GARUTI, Padova, 2002, 80.
② CEDU, Engel c. Paesi Bassi, ric. 5100/71, 8 giugno 1976.
③ CEDU, Welch c. Regno Unito, ric. n. 17440/90, 9 febbraio 1995.
④ CEDU, Sud Fondi c. Italia, ric. n. 75909/01, 20 gennaio 2009.

产罚、剥夺资格罚、没收、判决公开,对组织体而言,其痛苦性不亚于针对自然人的刑罚。其次,法令第 1 条规定,依本法追究组织体责任须以犯罪事实为基础。最后,法令第 34 条规定,组织体责任的认定应遵守刑事诉讼法(而非行政诉讼法)的相关条款。

2001 年法令所确立的组织体责任与我国《刑法》第 30 条中的单位责任,同属刑事领域,具有比较研究的基础。目前,我国企业合规不起诉试点工作正如火如荼地展开,"什么是有效合规""有效合规由谁证明、如何证明"成为亟待解决的难题。国内现有研究多以美国法的刑事合规制度为参照,但实际上,意大利 2001 年法令也曾多次使用"组织模式"(modelli di organizzazione)、"组织管理模式"(modelli di organizzazione e di gestione)等反映企业固有特征的术语。而且,较之于英美法系的"合规计划""合规政策",外延更为丰富,法律效果也更为多元。"适当(adeguato)的组织模式"贯穿企业责任认定、处罚裁量、处罚执行等多个环节,构成了主要基于预防而非事后惩罚的刑事政策体系之支点,于我国的借鉴意义不可谓不大。

一、企业组织模式在立法中的多元角色

以犯罪发生时为节点,2001 年法令所规定的组织模式可分为两大类:一是犯罪前企业的组织模式,位于第 6 条和第 7 条;二是犯罪后企业的组织模式,包括一审庭审开始前的组织模式,位于第 12 条和第 17 条,以及一审判决后的组织模式,位于第 78 条。

(一)犯罪前企业的组织模式

犯罪发生前,适当的组织模式会排除企业责任。当犯罪由企业高层人员实施时,根据 2001 年法令第 6 条第 1 款之规定,如果证明下列情形,则企业不负责:(1)在犯罪事实发生之前,领导机关已经采取并有效落实了相应的组织管理模式,并且,该模式对于预防已发生的这类犯罪是适格(idoneo)的;(2)监督组织管理模式运行和遵守情况的任务,已被委托给具有独立动议和控制权的内部机关;(3)高层人员诈欺性地规避前述组

织管理模式而实施犯罪;(4)不存在监督机关未监督或监督不力的情况。当犯罪由企业一般职员实施时,根据2001年法令第7条第1款、第2款之规定,如果犯罪是由于未履行领导或监督义务而发生,企业负责;但若在犯罪发生之前,企业已经采取并有效落实了相应的组织、管理和控制模式,并且,该模式对于预防已发生的这类犯罪是适格的,则不能认为未履行领导或监督义务,企业不负责。

需要说明的是,在意大利,庭审阶段由法官判决企业不负责的情况极少发生,大多数对企业责任的排除出现在预调查(indagini preliminari)阶段,由检察官裁定,法官不介入。[1]尽管该国立法中没有类似美国合规不起诉或暂缓起诉的规定,但在被调查对象为企业时,司法实践倾向于缓和起诉法定原则的要求,[2]给予检察官适当的裁量权。质言之,在预调查阶段,检察官可通过审查组织模式的适当性,裁定不起诉(archiviazione)企业。根据2001年法令第58条之规定,在预调查过程中,如果检察官不因基于犯罪的行政违法而指控企业,应当提交不起诉令说明理由,并通报驻上诉法院的检察长。最终是否起诉由检察长裁定,为此,检察长可以进行必要的调查。

Finmeccanica公司案是意大利预调查阶段不起诉的典型案例。该案中,Finmeccanica公司因高层人员的跨国贿赂犯罪而受到调查,但检察官认为,"Finmeccanica公司采取并具体落实了足以预防贿赂犯罪的组织、管理和控制模式,而且,公司文件表明这些模式并非一成不变,而是持续更新,可见,公司为了维护适当的正确性标准和伦理规矩,一直关注合规方面的问题"。[3] 对于通过不起诉机制排除企业责任的做法,学说持保留态度:一方面,作为检察官的审查内容,相关法律文书可能不会公开,即使公

---

[1] 1988年意大利《刑事诉讼法典》将普通刑事案件的诉讼程序划分为"预调查""预审""法庭审理"三个阶段。

[2] Cfr. STILE A.M., La natura giuridica della responsabilità dell'ente e i suoi rapporti con la responsabilità individuale, in Corporate Criminal Liability and Compliance Programs. First Colloquium, a cura di FIORELLA, STILE, Napoli, 2012, 48.

[3] Cfr. DE NICOLA A., L'organismo di vigilanza 231 nelle società di capitali, Torino, 2015, 23.

开,相关说理也往往不够充分;另一方面,不起诉带来的"黑数"效应可能削弱合规机制在刑事政策及教义学层面的效能。①

(二)犯罪后企业的组织模式

实践中,对于犯罪前企业的组织模式,意大利司法机关给出的评价通常是"不适当",因此,中小型企业往往更愿意援用犯罪后组织模式的相关条款,以争取较轻处罚。②

1.一审庭审开始前,适当的组织模式会影响对企业的处罚裁量

根据2001年法令第12条第2款之规定,一审庭审开始前,如果企业完全赔偿损失,并消除犯罪的实害或危险后果,或者采取并有效落实能够预防已发生之罪同类犯罪的组织管理模式,则在1/3至1/2的幅度内减轻财产处罚。如果该条第2款所规定的两个条件同时具备,则在1/2至2/3的幅度内减轻财产处罚。

此外,2001年法令第17条规定,一审庭审开始前,如果企业完全赔偿损失,消除犯罪的实害或危险后果,且通过采取并落实能够预防已发生之罪同类犯罪的组织模式,消除了先前引发犯罪的组织缺陷,违法所得也上缴没收,则对该企业不适用剥夺资格的处罚。

2.一审判决后,适当的组织模式可能影响对企业的处罚执行

根据2001年法令第78条第1款、第2款之规定,如果企业在收到判决书摘录通知之日起20日内,实施本法第17条所列行为,则可向执行法官申请将剥夺资格罚转换为财产罚。此处"第17条所列行为",是指"完全赔偿损失,消除犯罪的实害或危险后果,且通过采取并落实能够预防已发生之罪同类犯罪的组织模式,消除了先前引发犯罪的组织缺陷,违法所得也上缴没收"。另据第78条第4款之规定,执行法官接受申请,裁定将

---

① MANACORDA S., L'idoneità preventiva dei modelli di organizzazione nella responsabilità da reato degli enti: analisi critica e linee evolutive, in Rivista trimestrale di diritto penale e economia, 2017, 76.

② MANACORDA S., L'idoneità preventiva dei modelli di organizzazione nella responsabilità da reato degli enti: analisi critica e linee evolutive, cit., 63.

剥夺资格罚转换为财产罚的,应当根据违法事实的严重程度及企业迟延实施本法第17条所列行为的原因具体裁量,在金额上不少于已判处的罚款,但不能超过该罚款的2倍。

二、企业组织模式的适当性标准

意大利主流学说依据过失犯框架构建组织模式的适当性要求,但不同于自然人过失,[①]这里的过失是纯规范概念,指过失的组织方式。[②] 具体而言,组织过失根植于企业采取必要措施预防某些犯罪的注意义务,只不过这种注意义务的不履行与组织管理缺陷有关,[③]所以,其成立不是因为未能预防正在受到追诉的犯罪,而是企业内部存在结构性和系统性缺陷。[④]

对企业组织模式给出积极评价,即认可其适当性,应当满足两个标准:一是预防适格性(idoneità preventiva);二是有效落实(effettiva attuazione)。相应地,对适当性的审查,一方面需要确认组织模式的必要内容,另一方面需要关注该模式的运行。对预防适格性和有效落实的审查,均应采取事中(ex ante)而非事后(ex post)视角,[⑤]否则,可能在逻辑上陷入悖论:发生犯罪本身就表明预防措施不适格或未得到有效执行,如果预防措施适格,则不应出现内部人员为企业利益而犯罪的情况。

(一)组织模式在预防犯罪方面的适格性

1.确定性与模糊性之间:法令和判例

根据2001年法令第6条第2款之规定,在企业高层人员犯罪的场

---

① ALESSANDRI A., I criteri di imputazione della responsabilità all'ente: inquadramento concettuale e funzionalità, in La responsabilità da reato degli enti collettivi: a dieci anni dal d.lgs. 231/2001. Problemi applicativi e prospettive di riforma, a cura di STILE, MONGILLO, Napoli, 2013, 241.

② ALESSANDRI A., Diritto penale e attività economiche, Bologna, 2010, 220.

③ ALESSANDRI A., Diritto penale e attività economiche, cit., 226.

④ Cass., Sez. I, 2 luglio 2015, n. 35818.

⑤ MANES V., TRIPODI A.F., L'idoneità del modello organizzativo, in La responsabilità penale degli enti. Dieci proposte di riforma, a cura di CENTONZE, MANTOVANI, Bologna, 2016, 142; GARUTI G., Profili giuridici del concetto di 'adeguatezza' dei modelli organizzativi, in Responsabilità amministrativa di società ed enti, 2007(3), 13.

合,适格的组织模式应当满足以下五项要求:(1)明确可能发生犯罪的活动范围;(2)制定特别议定书,安排与拟预防犯罪相关的单位决策的形成与执行;(3)明确能够阻止犯罪发生的经济资源的管理方式;(4)明确受委托监督组织模式运行的机关负有报告义务;(5)引入纪律体系,对违反组织模式所列措施的行为,能够予以处罚。至于在一般职员犯罪的场合,预防适格性的标准是否会有所降低,学界尚未形成一致意见。单从2001年法令第7条第3款来看,此时适格的组织模式,似乎只需包含能够保证企业活动依法开展、发现并及时消灭风险情状的措施。

2017年11月30日,意大利颁布《保护在公共或私人工作关系中发现犯罪或违规行为的举报人规定》(即2017年第179号法律)。该法在2001年法令第6条中增设第2款之二,对作为企业组织管理重要环节的内部举报渠道提出明确要求。根据修改后的第6条,除风险识别、决策形成与执行、经济资源管理、监督机关报告义务和内部纪律体系这五个方面以外,适当的组织模式还需要满足以下条件:(1)包含一个或多个允许企业员工(高层人员和一般职员)基于准确和一致的事实要素举报本法所规定的违法行为,或举报其因履职原因而得知的违反企业组织管理模式的行为之渠道(这些渠道应对举报人的身份保密);(2)提供至少一种能够通过信息方式保证举报人身份机密性的可选渠道;(3)禁止出于与举报直接或间接相关的原因,对举报人实施直接或间接的报复或歧视行为。同时,修改后的第6条第2款之二还对企业内部纪律体系提出新要求:对违反举报人保护措施及因故意或重大过失进行无根据举报的行为予以处罚。

关于组织模式适格性的具体要件,意大利各级判例并无明确提示。大多数判决只是简单援引2001年法令第6条第2款,认为适格的组织模式,必须符合该条款的要求。① 少数判决虽然看似解释了法条内容,但实际上只是语句扩写,有同义重复之嫌,并未说清适格性的内容。例如,有判决用"适格手段"解释"适格的组织模式",即认为"适格的组织模式应包含

---

① Trib. Roma, 4 aprile 2003.

用以识别本公司业务活动风险领域的适格手段"①,至于何为"适格手段",再无进一步说明。判例唯一明确提出的适格性标准是"具体性"(concretezza)。首先,组织模式的安排应基于各企业的现实特定需要。② 其次,企业构建组织模式的义务不是静态且"官僚"的,附随此义务,企业还负有一项同样重要的义务,即紧跟企业变化持续更新组织模式。③ 最后,预防适格性也非泛泛而谈,应当针对已发生之罪的同类犯罪。

有学者认为,正是立法的模糊导致司法裁量权(尤其是检察官裁量权)过大,故建议立法明确规定组织模式适格性的具体要件,④或者至少由判例将之细节化。⑤ 对此,多数学者表示反对。在他们看来,尽管立法和判例可以提炼出组织模式的必要内容及设计方法,但充分类型化的组织模式实际上不可能存在。⑥ 一方面,经济活动的组织自由限制了立法规定的细节程度,不同的生产领域可能发生不同的犯罪,各企业在规模、结构、需求、资源等方面的差异也使制定普遍有效的范式变得更为困难;⑦另一方面,从公司治理的角度来看,过度管控企业的组织模式非但不能预防犯罪,反而可能给犯罪的发生创造便利。"将操作分解为子过程和常规序列,采取二元对立的机械化排布(输入/输出、应当/禁止、正确/不正确等),看似有助于排除异常情况,保证运行过程不发生意外,但事实上这种安排可能使员工只对其职权范围内步骤的正确性和合规性负责,而对其

---

① G.I.P. Trib. Verona, 14 marzo 2007; Trib. Milano, 28 ottobre 2004.
② Trib. Milano, 20 settembre 2004.
③ Corte d'assise appello Torino, 27 maggio 2013; Trib. Milano, 20 settembre 2004.
④ MONGILLO V., Il giudizio di idoneità del Modello di Organizzazione ex d.lgs. 231/2011: incertezza dei parametri di riferimento e prospettive di soluzione, in Responsabilità amministrativa di società ed enti, 2011(3), 85.
⑤ FIDELBO G., L'accertamento dell'idoneità del modello organizzativo in sede giudiziale, in La responsabilità da reato degli enti collettivi: a dieci anni dal d.lgs. 231/2001. Problemi applicativi e prospettive di riforma, cit., 117.
⑥ IELO P., Lesioni gravi, omicidi colposi aggravati dalla violazione della normativa antinfortunistica e responsabilità degli enti, in Responsabilità amministrativa di società ed enti, 2008(2), 69.
⑦ BERNASCONI A., sub art. 6, in La responsabilità degli enti. Commento articolo per articolo al d.lgs. 8 giugno 2001, n. 231, a cura di PRESUTTI, BERNASCONI, FIORIO, Padova, 2008, 121.

行为的最终影响却不负责,从而导致责任推诿、决策僵局、官僚化和公司运营效率降低,此即高监管率和过度细节化的运营链可能带来的消极影响。"①意大利各级判例不愿给"适格的组织模式"下定义,原因可能也在于此。组织模式本就应当"面貌各异",企业才是最清楚自身存在和运营方式的主体,应当在充分尊重企业"个性"的基础上发挥其主体性。②

2. 代表协会编制的行动守则(codice di comportamenti)之参照性

2001年法令第6条第3款指出,各代表协会编制行动守则,并向司法部通报,由司法部会同职能部门在30日内对其中组织模式的预防适格性给出意见,企业可基于这些行动守则制定本单位的组织管理模式。由此引发疑问:符合协会行动守则的组织管理模式,是否一定具有刑法意义的预防适格性?

意大利判例逐渐限缩协会行动守则在认定企业组织模式预防适格性方面的作用。2010年1月8日,米兰地方法院认为,"被调查企业的领导机关决定迅速遵守意大利证券委员会和意大利工业家联合会发布的纪律准则和指导方针,是认定其组织管理模式适格的基本事实"。然而,2013年12月18日,意大利最高法院在著名的Impregilo公司案中却否定了上述判决意见,认为:"由代表协会编制的行动守则固然可被视为一种范式,构成企业拟定具体组织模式的基础,但这种范式必须'降落'到公司实际运行的场域中,才有意义。此外,将这些行动守则告知司法部的事实,也不能当然地赋予相应组织模式以不可审查性,否则,可能使法官受制于某种企业或行政机关的武断意见。"③质言之,即使企业组织模式与协会编制的行动守则一致,司法人员也可否认其适格性。

实际上,最高法院的主张并非首创,2001年法令立法报告早有类似表述:"行动守则或行为指南为公司决定采用何种组织模式提供了支持,但

---

① BARTOLOMUCCI S., Il d.lgs. 231/2001 e la realtà delle Aziende Farmaceutiche: prospettive applicative, problematiche e peculiarità di settore, in Responsabilità amministrativa di società ed enti, 2007(2), 28 ss.

② G.I.P. Trib. Milano, 8 marzo 2012.

③ Cass., Sez. V, 18 dicembre 2013, dep. 2014, n. 4677.

其不能替代合规计划,即在没有合规计划或合规计划不适格的情况下,这些行动守则不能起到替代作用,因为其中包含的条款仅以弹性方式规定了控制犯罪风险的方法。"①而且,新近判例立场也更契合学界通说:各企业应采取最符合自身结构特殊性的组织管理模式,②司法人员也应自主审查具体组织模式是否适格。③ 有学者甚至明确表示:"在企业相关文件中直接引述行为指南的内容可能导致司法机关对该企业组织模式的否定性评价,因为代表协会编制的行为指南往往过于概括,这是在适格性判断中不可接受的缺陷。"④

3.犯罪前组织模式与犯罪后组织模式的分级审查

就组织模式的适格性而言,在宏观层面,司法人员不能将个人确信或主观意见作为衡量因素,而应参考法律的一般准则(以宪法性原则为首要,如《意大利宪法》第41条第3款⑤)、逻辑原则和稳定的经验;⑥在微观层面,司法人员应当根据涉案企业是在犯罪前还是犯罪后采用该模式,进行分级评价。

对前者,司法审查应采取事中视角。⑦ 法官(或检察官)根据盖然性评估,确定在具体案件中,就犯罪发生前的某个时间点而言,如果没有特殊

---

① La responsabilità degli enti. Commento articolo per articolo al d.lgs. 8 giugno 2001, n. 231, a cura di PRESUTTI, BERNASCONI, FIORIO, cit., 22.

② BERNASCONI A., sub art. 6, cit., 159; DI GIOVINE O., Lineamenti sostanziali del nuovo illecito punitivo, in Reati e responsabilità degli enti, a cura di LATTANZI, Milano, 2010, 90; BASTIA P., Implicazioni organizzative e gestionali della responsabilità amministrativa delle aziende, in Societas puniri potest. La responsabilità da reato degli enti collettivi, Atti del Convegno di Firenze (15-16 marzo 2002), a cura di PALAZZO, Padova, 2003, 55.

③ Cfr. IANNINI A., ARMONE G.M., Responsabilità amministrativa degli enti e modelli di organizzazione aziendale, Salerno, Roma, 2005, 62; BARTOLOMUCCI S., Corporate governance e responsabilità delle persone giuridiche, Milano, 2004, 234.

④ MONGILLO V., Il giudizio di idoneità del Modello di Organizzazione ex d.lgs. 231/2011: incertezza dei parametri di riferimento e prospettive di soluzione, cit., 79.

⑤ Cass., Sez. II, 27 settembre 2016, n. 52316; Cass., Sez. V, 18 dicembre 2013, dep. 2014, n. 4677.

⑥ 意大利《宪法》第41条第3款规定:"法律确定适当的计划和控制措施,以便引导和协调公共和私人的经济活动朝着社会目标前进。"

⑦ BERNASCONI A., sub art. 6, cit., 118.

和不可预见的情况发生,违法事实是否可以避免。如果答案是肯定的,亦即正是这些特殊和不可预见的原因才导致了犯罪发生,则可以认为,企业在犯罪前所采取的组织模式具有预防适格性。

对后者,2001年法令也要求"预防适格性",但审查尺度更为严格。① 米兰地方法院在2004年9月20日的判决中强调:"犯罪发生后公司制定组织管理模式,必须考虑自身的组织结构和历史(包括司法历史)。"②据此,适格的犯罪后组织模式,不只是重新安排企业组织结构或调整内部程序,还必须反映出预防未来犯罪的底层逻辑。③ 司法审查的重点在于,新模式能否有效消除那些先前便利了违法实现的组织管理缺陷。意大利最高法院曾以涉案企业在犯罪发生后采取的组织模式"并未明确用以削弱旧管理层与新管理层之间……利益联结的合适对策,先前滋生犯罪的组织管理风格可能继续存在……公司希望与旧模式决裂的种种事实表征都只是表面现象"为由,否定其适格性。④ 最高法院在该判决中还强调,"法官应当跳出对组织管理模式的形式审查,关注新模式是否具有真正的独立性"。

(二)组织模式的有效落实

如前所述,预防适格性不是组织模式适当性的唯一标准,还须考察该适格模式是否得到有效落实。

这里的"有效落实",是指组织模式以符合预先设计的方式实际运行。在2001年法令颁布施行的前10年,意大利地方法院否定组织模式适当性的理由往往集中于此,在 Ivri Holding 公司案、Cogefi 公司案等案的早期判决中,之所以无法排除企业责任,核心原因即在于"组织模式仅停留在纸面,并未切实执行"⑤。2010年以后,意大利最高法院也将审查重心逐渐由

---

① G.I.P. Trib. Roma, 4 aprile 2003.
② Trib. Milano, 20 settembre 2004.
③ FIDELBO G., L'accertamento dell'idoneità del modello organizzativo, cit., 184 ss.
④ Cass., Sez. II, 9 febbraio 2016, n. 11209.
⑤ Trib. Firenze, 15 maggio 2012; G.I.P. Trib. Napoli, 26 giugno 2007; G.I.P. Trib. Milano, 9 novembre 2004.

预防适格性转移到有效落实方面,判例中类似的表述包括:(1)"组织模式仅停留在理论文本中"①;(2)"对所谓的组织模式,企业只是'官僚性'地执行,而非认真地运作"②;(3)"涉案公司仅有装饰性的合规政策,预防犯罪的规定只停留在纸面,没有任何措施能够阻止或至少使公司领导更难参与贿赂犯罪"③。

在更微观的层面,意大利各级法院逐渐发现,企业内部监督机制具有沟通"文本"与"执行""应然"与"实然"的效能,因而对其审查成为重点。相应地,因监督机制存在漏洞而否定企业组织模式适当性的判决开始增多。例如,在Thyssenkrupp公司案中,都灵重罪法院以"该公司监督事故预警系统运行的负责人,和生态、环境与安全部门主管是同一人"为由,认为"公司的组织管理模式不具有可行性",至少监督机制因"缺乏独立动议和控制权"而无法切实执行。④ 可见,适格的组织模式可能因未得到有效落实或者根本就没有落实可能性,而不符合2001年法令第6条第1款的要求。

由此引发一个反向追问:对于一家缺乏纸面规定,但实际运行始终受合规惯例影响的企业,是否应当肯定其组织模式的适当性?在Impregilo公司案中,米兰地方法院和米兰上诉法院均给出肯定回答,并据此得出对于公司高层实施的操纵市场犯罪Impregilo公司不负责的结论,但相关判决未获意大利最高法院支持。

该案涉及3起由Impregilo公司高层人员实施的操纵市场犯罪。米兰地方法院首先强调,该公司制定并执行的价格敏感信息披露程序,对于防范操纵市场行为而言是适格的。根据这一程序,Impregilo公司及其子公司的信息披露由董事会主席和首席执行官负责,并遵循以下步骤:(1)由直接了解信息内容的公司职能部门提供对所欲披露事项的描述;(2)稿件

---

① Cass., Sez. II, 27 settembre 2016, n. 52316.
② Cass., SS.UU., 24 aprile 2014, n. 38343.
③ Cass., Sez. VI, 12 febbraio 2016, n. 11442.
④ Corte d'assise Torino, 15 aprile 2011. 类似判例参见 Cass., Sez. II, 26 maggio 2014, n. 21228; Trib. Parma, 22 giugno 2015.

由公司对外关系部起草;(3)定稿由董事会主席和首席执行官批准;(4)根据1998年第58号法令第114条和意大利证券交易所市场信息指南,稿件应当通过网络信息系统转发给意大利证券交易所、国家公司与交易所委员会和至少两家媒体。

随后,预审法官注意到起诉书指控的3起犯罪中,有一起发生于上述组织模式施行之前一个月,亦即这起犯罪发生时,载明适格的信息披露程序的公司文件尚未生效。尽管如此,米兰地方法院仍整体性地肯定了Impregilo公司组织模式的适当性,理由有三:(1)犯罪行为发生当日(2002年12月30日),公司落实相关组织模式的程序已启动;(2)公司早已根据意大利证券交易所的行动指南制定了内部自律守则;(3)根据新组织模式于2003年1月29日被任命为合规官的S先生,就是之前公司内部审计的负责人。以上因素表明,Impregilo公司始终致力于预防操纵市场犯罪。这是意大利首个根据2001年法令第6条因犯罪前适当的组织模式而排除企业责任的判决。

米兰上诉法院肯定了米兰地方法院的判决,但说理重点变为高层人员对组织模式的诈欺性规避,强调"Impregilo公司董事长和首席执行官人为控制了拟披露数据的内容,使之符合目标市场的预期",而"如果遵守公司组织模式所规定的信息披露程序,被告人本应无法发布经其'美化'的公司预算"。

遗憾的是,意大利最高法院最终没有采纳米兰上诉法院的意见,而是认为"Impregilo公司未能有效执行用以预防犯罪的组织模式"。一方面,该公司负责监督组织模式运行的机关缺乏独立性,且组成人员存在问题;另一方面,米兰上诉法院认定董事长和首席执行官有诈欺行为的根据,似乎仅是他们改变了公司内部机构草拟的信息披露文件之内容,但这只能说明存在权力滥用,不一定构成诈欺。[①] 在意大利最高法院看来,高层人员对组织模式的诈欺性规避,应被视为组织模式有效落实的提示因

---

① Cass., Sez. V, 18 dicembre 2013, dep. 2014, n. 4677.

素。这里的"诈欺性规避",虽然不必等同于意大利《刑法典》第 640 条诈骗罪中的"诡计""诈术",但也应存在捏造、制造假象或秘密行为等以迂回方式规避禁止规定的情形,而不能像本案中的董事长和首席执行官那样,只是"正面"违反组织模式的相关规定。意大利最高法院的意见遭到学界强烈批评,因为其中暗含"发生犯罪本身就表明预防措施不适格或未得到有效落实"的先验立场,①相当于因高层人员犯罪株连企业,违反意大利《宪法》第 27 条第 1 款确立的个人责任原则。②

三、企业组织模式的适当性证明

2001 年法令分别规定了犯罪由高层人员实施和犯罪由一般职员实施这两种情形:对前者,第 6 条采用"如果证明下列情形,组织体不负责"的表述;对后者,第 7 条采用"如果犯罪的发生是由于未履行领导或监督义务,组织体负责"的表述。

我国学者在解读此二项规定时认为,意大利在证明责任上采取区分制:高层人员犯罪的,可以推定企业合规计划缺乏内部执行力,故应由企业证明合规计划之有效性,并承担无法证明时的不利后果;一般职员犯罪的,企业只须证明存在合规计划,便可以构成出罪抗辩事由,合规计划无效的证明责任由控方承担。③ 事实上,关于组织模式适当性的证明责任问题,意大利各界分歧较大,矛盾集中在两个方面:(1)高层人员犯罪与一般职员犯罪,证明责任分配是否应当有所区别?(2)2001 年法令第 6 条第 1 款的规定是否只能解释为证明责任倒置?

（一）应然选择:区分制还是统一制

意大利学界通说认为,应当取消高层人员犯罪与一般职员犯罪在企

---

① ALESSANDRI A., Diritto penale e attività economiche, cit., 225.

② PALIERO C.E., Responsabilità dell'ente e cause di esclusione della colpevolezza: decisione 'lassista' o interpretazione costituzionalmente orientata?, in Le Società, 2010, 479.《意大利宪法》第 27 条第 1 款规定:"刑事责任是个人的。"这一宪法原则被称为"个人责任原则"。

③ 参见林静:《刑事合规的模式及合规计划之证明》,载《法学家》2021 年第 3 期,第 54、60 页。

业归责方面的区分,对二者适用统一的证明责任,否则,当犯罪由高层人员实施时,可能会让企业承担过重的证明责任。①

从实体法的角度来看,在高层人员犯罪的场合,证明责任倒置可能违反意大利《宪法》第 27 条第 1 款所确立的个人责任原则。②

证明责任倒置意味着,如果企业不能证明自身组织模式的适当性,则要对高层人员为企业利益所犯之罪负责。基于"若组织模式适当,则不应出现高层人员犯罪"的经验事实,企业实际上几乎不可能排除"组织管理存在漏洞"的合理怀疑,证成组织模式的适当性。所以,将组织模式适当性的证明责任完全交由企业承担,相当于对高层人员与企业的同一性作出绝对推定。2001 年法令第 8 条第 1 款规定,即使实施犯罪行为的自然人无法确定或不具有可归责性,或者犯罪因赦免以外的原因而不受追究,企业责任仍然存在。意大利最高法院判例超越该法条的具体表述,提炼出更为全面的企业责任独立性原则,"虽然企业责任以其成员犯罪为前提,但独立于自然人犯罪"③,"企业仅能因自身的事实而受到处罚"④。上述判例意见可以看作个人责任原则在企业刑事归责中的贯彻。据此,作为证明责任倒置的教义学基础,对高层人员与企业同一性的绝对推定,不符合 2001 年法令第 8 条企业责任的独立性规定及其背后禁止株连的宪法原则。

从程序法的角度来看,在高层人员犯罪的场合,证明责任倒置可能违反意大利《宪法》第 27 条第 2 款所确立的无罪推定原则。⑤

意大利《宪法》第 27 条第 2 款规定:"在最终判决有罪之前,被告人被

---

① Cfr. DE VERO G., Struttura e natura giuridica dell'illecito di ente collettivo dipendente da reato. Luci ed ombre nell'attuazione della delega legislativa, in Rivista italiana di diritto e procedura penale, 2001, 1126 ss.

② Cfr. CERESA-GASTALDO M., La responsabilità degli enti: profili di diritto processuale, in AA.VV., Impresa e giustizia penale: tra passato e futuro, Milano, 2009, 322.

③ Cass., Sez. V, 4 aprile 2013, n. 20060.

④ Cass., Sez. I, 2 luglio 2015, n. 35818.

⑤ AMODIO E., Prevenzione del rischio penale d'impresa e modelli integrati di responsabilità degli enti, in Cassazione penale, 2006, 323.

视为无罪。"由此派生出三个子原则:(1)除非法律有特殊规定,否则,表明犯罪成立条件的构成事实应当由控方证明;(2)被告人可以就自己无罪进行抗辩,但这是权利而非义务;(3)事实存疑时有利于被告人。基于此,学界多数观点认为,无论是将组织缺陷作为企业责任的积极要素(构成要件要素),还是将适当的组织模式作为企业责任的消极要素(违法阻却事由或责任阻却事由),"犯罪发生前没有采取并有效落实适当的组织模式"都是表明结果归属条件的构成事实,应当由控方证明;涉案企业可提出抗辩,在抗辩事由能形成疑点的情况下,仍应由控方负责排除合理怀疑,如果控方不能排除合理怀疑,则须承担指控不成立的后果。①

这种看法符合大陆法系刑事诉讼的证明传统。例如,日本学界通说强调,检察官负实质举证犯罪事实的责任,不仅指犯罪构成要件该当之事实,还包括有无违法阻却事由乃至责任阻却事由等。因此,在正当防卫真伪不明时,由检察官承担不利后果,法院基于"存疑有利于被告"的法理作出无罪判决。②日本司法实务也不乏在正当防卫真伪不明时宣告无罪的判例。③

可能的疑问来自意大利《宪法》第27条第2款中"被告人"一词。按照语义,此处的"被告人"似乎以自然人为限,这是否意味着无罪推定原则仅适用于自然人?对此,学界通说予以否定,强调刑事诉讼中的被调查企业同样受无罪推定原则之保护。在欧盟法层面,尽管与意大利《宪法》第27条第2款一样,《欧盟基本权利宪章》第48条第1款关于无罪推定的表述也以"被告人"为主语,但该宪章第52条第3款规定:"如果本宪章包含与《保护人权和基本自由公约》所保障的相对应的权利,则其含义和范围与上述公约相同。本条款并不排除欧盟法律给予更广泛的保护。"鉴于

---

① FERRUA P., Il processo penale contro gli enti: incoerenze e anomali nelle regole di accertamento, in Responsabilità degli enti per illeciti amministrativi dipendenti da reato, cit., 232.
② 参见[日]酒卷匡:《刑事诉讼法》,有斐阁2015年版,第476页。
③ 参见李春福:《刑事诉讼法论》,新学林出版股份有限公司2017年版,第312页。

《保护人权和基本自由公约》第6条第2款①在规定无罪推定原则时使用了可以统摄自然人(persona fisica)和法人(persona giuridica)的上位概念——人(persona),故应肯定在欧盟法层面无罪推定原则对企业的可适用性。又鉴于意大利《宪法》第117条第1款规定,国家和地区行使立法权,应当符合宪法,同时受共同体法律和国际义务的制约。所以,意大利各级法院有权不适用2001年法令第6条举证责任倒置的部分。②

(二)实然解释:组织缺陷构成要件地位的确认

关于前述应然选择(统一制)的实现路径,部分意大利学者主张,由于目前2001年法令第6条第1款"如果证明下列情形,组织体不负责"的文本表述,明显是将组织模式适当性真伪不明的不利后果完全交由企业承担,③故有必要参照该法令第7条第1款,对第6条第1款进行修改,从立法上直接取消高层人员犯罪与一般职员犯罪在企业归责方面的区分。④

另有学者采取解释论进路,尝试先通过重塑组织模式在企业刑事归责中的体系地位,在教义学上证成由控方证明企业组织缺陷的合理性,⑤再对2001年法令第6条第1款进行实质解释。2001年法令规定企业责任,其根据不在于企业故意或过失地借成员之手作出某种具体犯罪行为,而是企业不适当的组织管理方式或运营结构导致其成员犯罪。可见,企业基于犯罪的责任是一种组织责任,其成立正是因为组织体内部存在结构性和系统性缺陷。如果企业没有制定并有效落实适当的组织模式,则其运营过程就可能滋生犯罪,组织模式划定了可真正归属于企业的

---

① 《保护人权和基本自由公约》第6条第2款:"在依法证明有罪之前,每个受到犯罪指控的人均被推定为无罪。"

② Cass., Sez. VI, 15 novembre 2016, n. 54467; Trib. Bergamo, 16 settembre 2015.

③ Cfr. CERESA-GASTALDO M., Procedura penale delle società, Milano, 2015, 16.

④ Cfr. PALIERO C.E., Responsabilità degli enti e principio di colpevolezza al vaglio della Cassazione: occasione mancata o definitivo de prufundis?, in Le Società, 2014, 478.

⑤ Cfr. PALIERO C.E., La società punita: del come, del perché e del per cosa, in Rivista italiana di diritto e procedura penale, 2008, 1516 ss.

违法内容。未建构组织模式或组织模式不适当,是企业责任的构成事实。① 所以,对企业组织模式不适当的证明,与证明企业未建构组织模式一样,都是企业责任的具体对象,用以揭示企业与已发生犯罪之间的规范性联系。

2001 年法令第 6 条第 1 款"如果证明下列情形,组织体不负责"的表述,只是为了保证被调查企业充分行使抗辩权,提示企业提出有利于己方的主张,以削弱法官对指控事实的确信,而非将组织模式适当性的证明责任转给企业。② 这种解释与意大利最高法院权威判例立场一致。最高法院统一庭(Sezioni Unite)曾明确指出:"2001 年法令(包括第 6 条)没有规定证明责任倒置,犯罪系企业人员实施以及企业内部管理存在漏洞等事实,均应由控方证明,对此,企业有权提出抗辩,并提交相关证据。"③即使涉案企业所提出的证据,未能使法官形成认定事实的确信,也不意味着企业将承担不利裁判的后果。④

实际上,作为工伤领域的特别法,2008 年第 81 号法令(以下简称 2008 年法令)第 30 条第 5 款规定了不同于 2001 年法令第 6 条、第 7 条的适当性推定:在企业所采取的组织模式符合意大利国家标准化机构和工伤事故保险局联合发布的《工作健康与安全管理体系指南》或《职业健康安全管理体系》(18001-2007 版)时,推定该模式符合本条规定,具有适当性。在意大利铁路公司案中,卡达尼亚地方法院即援用该规定,以"2000 年意大利铁路公司便已设计了专门的工作健康与安全管理系统,此后还进行

---

① FIORELLA A., VALENZANO A.S., Colpa dell'ente e accertamento. Sviluppi attuali in una prospettiva di diritto comparato, Roma, 2016, 57; FIORELLA A., La colpa dell'ente per la difettosa organizzazione generale, in Responsabilità individuale e responsabilità degli enti negli infortuni sul lavoro, cura di COMPAGNA F., Napoli, 2012, 270.

② Cfr. FIORELLA A., Le strutture del diritto penale. Questioni fondamentali di parte generale, Torino, 2018, 671.

③ Cass., SS.UU., 24 aprile 2014, n. 38343; Cass., Sez. VI, 18 febbraio 2010, n. 27735.

④ 意大利最高法院对 Canditfrucht 公司案的新近判决(Cass., Sez. III, 24 gennaio 2019, n. 18842)似乎倒向实质的证明责任倒置。该案中,最高法院第三审判庭认为,由于 Canditfrucht 公司没有证明其在犯罪发生之前业已采取并有效落实了适当的组织管理模式,故下级法院对公司责任的认定不存在法律适用错误。

了多次修订,系统符合《职业健康安全管理体系》(18001-2007版)的要求,已取得由第三方机构颁发的合规证书"为由,推定意大利铁路公司制定并落实的组织模式适当,在控方无法举证推翻此推定的情况下,判决意大利铁路公司不为过失杀人罪负责。① 有学者建议,可在工伤领域之外推广2008年法令分担证明责任的方案;由企业自证已经制定并落实相应的组织模式,只要该模式符合形式要件,即推定适当;控方须提交相反证据,证明该模式不适格或没有得到切实执行,才能有效反驳此推定,否则将承担指控不成立的后果。②

---

① Trib. Catania, 14 aprile 2016, n. 2133. 类似判决参见 Trib. Milano, 24 settembre 2014, n. 7017.

② Cfr. GIUNTA F., I modelli di organizzazione e gestione nel settore antinfortunistico, in Modelli organizzativi ai sensi del D.lgs. n. 231/2001 e tutela della salute e della sicurezza nei luoghi di lavoro, a cura di FONDAROLI, ZOLI, Torino, 2014, 1 ss.; GUERRINI R., Le modifiche al d.lgs. 8 giugno 2001, n. 231, in Il nuovo diritto penale della sicurezza nei luoghi di lavoro, a cura di GIUNTA, MICHELETTI, Milano, 2010, 131 ss.; DI GIOVINE O., Sicurezza sul lavoro, malattie professionali e responsabilita deglienti, in Cassazione penale, 2009, 1333 ss.

法国反腐败合规立法创新及其启示①

陈　萍*

摘　要：法国通过《透明度、反腐败和经济生活现代化法》系统地开创了特色鲜明的反腐败合规制度，着力"强化惩治措施、创新预防方式"，推进反腐主体权力的协同运行，再次升级腐败治理机制。此次改革，法国以反腐败合规制度为代表勇于创新预防机制，形成了贯通行政法、刑事诉讼法和刑法的一体化、层次化和体系化的积极治理立法范例。在我国监察和司法体制改革重叠的历史背景下，倡导腐败积极治理主义理念，科学借鉴成功经验，应严密刑事法网、提高刑事司法效率，改善"不敢腐"的惩治机制；应明确组织实体预防责任、探索监察机关合规监督程序，优化"不能腐、不想腐"的预防机制。

关键词：反腐败合规；公共利益司法协议；合规计划刑；反腐败局；启示意义

在"巩固发展反腐败斗争压倒性胜利"成为我国反腐历史新使命的当下，如何实现治理体制与机制的优化协同，促进腐败治理的代际更新，成为亟须解决的重要问题。对于特定国家在应对腐败中的优势治理机制，有必要汲取经验养分，将其本土资源化。2016 年 12 月 9 日，法国第 2016-1691 号《透明度、反腐败和经济生活现代化法》（即"Loi Sapin 2"，以

---

①　本文为国家社会科学基金重大项目《中国特色反腐败国家立法体系重大理论与现实问题研究》（项目编号：17ZDA135）、上海市哲学社会科学规划青年项目《企业犯罪认罪认罚从宽的法理基础及运行机制研究》（项目编号：2020EFX009）和中国博士后科学基金会面上一等资助项目《新型政商关系视域下企业犯罪防治机制研究》（项目编号：2019M650082）的阶段性成果。

*　陈萍，上海立信会计金融学院法学院常任轨讲师，华东政法大学博士后，巴黎一大与南京大学联合培养博士，研究方向经济刑法。

下简称《萨潘二号法》①)颁布,旨在预防腐败、提高透明度、加强企业内部风险管理和监督的义务。《萨潘二号法》是一部具有较高原创性的法律,通过全新的实体性和程序性的法律框架,引入全新的反腐败合规制度,重点强化反腐败斗争中的企业义务,同时促进"合规"理念在法国法律体系中的渗透。② 法国法的最新探索和勇敢尝试为改善我国腐败治理机制提供全新的参考思路。只有兼容并包,方能真正发挥后发优势,续写中国特色腐败治理体系的新篇章。

一、法国反腐败合规的立法背景

2016年3月《萨潘二号法》正式启动立法程序,短短8个月之后,该法便于12月初完成所有审读程序,正式公布于《官方公报》(Journal Officiel,简称"JO")。如此之高的效率和速度在法国立法史上非常罕见。对此,法国国家人权咨询委员会(Commission Nationale Consultative des Droits de l'Homme, CNCDH)在其审读意见报告③中,曾明言道:《萨潘二号法》是通过加速程序完成的,这在某种程度上压缩了立法者对条款内容进行反思和完善的时间,间接地会影响到立法的质量。但是,加速程序本身足以反映出该项立法的现实紧迫性。

(一)国际背景

(1)因落实反腐败国际条约不力,法国不断受到国际组织批评。法国

---

① Sapin是指原法国经济部长米歇尔·萨潘(Michel Sapin)。该法也被译成《萨宾法》,为尊重法语发音和著名人物的固定译法,本文采用萨潘之译法。另因,萨潘曾主持过1993年1月29日第93—122号《预防腐败、经济生活和公共程序透明度法》(又称《萨潘法》)的立法,而2016年12月9日第2016-1691号《透明度、反腐败和经济生活现代化法》与前法在立法宗旨、立法内容等多个方面具有承继性关系,故该法又被简称为《萨潘二号法》。

② 法国总检察长让-克劳德·马兰(Jean-Claude Marin)在2017年7月6日举行的"合规"主体研讨会开幕式上的致辞, https://www.courdecassation.fr/publications_26/prises_parole_2039/discours_2202/marin_procureur_7116/compliance_37302.html, 访问日期:2018年9月27日。

③ CNCDH报告原文地址: https://www.legifrance.gouv.fr/affichTexte.do?cidTexte=JORFTEXT000033560422&categorieLien=id, 访问日期:2018年11月18日。

已经分别于1997年5月26日签署了欧盟《关于欧洲共同体官员或成员国官员的反腐败公约》、1997年12月17日签署了经济合作与发展组织《关于打击国际商业交易中贿赂外国公职人员的公约》、1999年1月27日签署了《欧洲委员会反腐败刑事公约》、1999年11月4日签署了《欧洲委员会反腐败民事公约》、2003年10月31日签署了《联合国反腐败公约》。但是,2000年至2015年,法国仅有4宗起诉贿赂外国公职人员罪案件,其中3宗案件涉案数额都较小,最终都被判处低于10000欧元的罚金刑。① 经济合作与发展组织2014年年度工作报告曾明言,"目前,法国对违反公共廉洁义务和经济领域中的重大违法犯罪行为进行的追诉和处罚非常不足"②。欧洲委员会反腐败国家集团(Group of States against Corruption, GRECO)的历次评估报告反复提及,"法国尽管已有一定程度进步,但其政治竞选筹资的资金防火墙存在缺陷、司法部门缺乏独立性、政府缺乏解决腐败文化的政治意愿,因此,在反腐败层面,法国在整体上是无法令人满意的"③。

(2)因缺乏相应法律框架,在跨国腐败案件处理中,法国常处于被动地位。近年来,不少法国公司因行贿外国公职人员而受美国《反海外腐败法》(Foreign Corruption Practices Act, FCPA)管辖,最终接受认罪协议,并支付高额罚款。比如,2010年,阿尔卡特朗讯(Alcatel-Lucent)股份有限公司被罚1.37亿美元;德西尼布(Technip)股份有限公司被罚3.38亿美元;2013年,道达尔(Total)股份有限公司被罚3.84亿美元;2014年,阿尔斯通(Alstom)股份有限公司被罚7.22亿美元。④ 其中,引起法国媒体特别关注

---

① Metis:'Lutte contre la corruption: La France exemplaire?', 2 February 2015.
② 报告原文:http://www.oecd.org/fr/daf/anti-corruption/France-Rapport-Suivi-Ecrit-Phase-3-FR.pdf,访问日期:2019年12月29日。
③ 反腐败国家集团成立于1999年,负责监督欧洲委员会47个成员国对所签订条约的实施情况。该组织会定期就特定主题对各个成员国的反腐败立法、执法、司法情况进行分析,并公布评估报告。截至2020年1月,反腐败国家集团已完成5次评估。相关内容,参见官网:https://www.coe.int/en/web/greco/home。
④ https://www.sec.gov/spotlight/fcpa/fcpa-cases.shtml,访问日期:2020年5月27日。

的是阿尔斯通案①,其在一定程度上推动了《萨潘二号法》出台。前阿尔斯通集团锅炉部全球负责人皮耶鲁齐以其亲身经历,表明"美国在反腐败的伪装下,成功瓦解了欧洲许多大型跨国公司,特别是法国的跨国公司。美国司法部追诉这些跨国公司的高管,甚至会把他们送进监狱,强迫他们认罪,从而迫使他们的公司向美国支付巨额罚金……美国《反海外腐败法》在道德掩饰下成为一种非同寻常的经济统治工具"②。为有效应对美国在海外反腐败领域中的执法不平衡,扩展法国司法机关腐败案件的国际管辖权限,《萨潘二号法》对刑事诉讼程序法和刑事实体法上都作出较大修改,以"确保法国公司在发生腐败的情况下,主要不受外国法律的约束(例如,接受美国当局可能决定的'监督'),而是应当遵守法国公司的本国法"③。

（3）法国经济发展既须改善廉洁营商环境,又须提高法国企业竞争力。2009—2019 年,法国清廉指数(CPI)排名徘徊于 21—26 位之间,得分则介于 69—72 分之间。④ 从全球范围来看,法国排名长期稳居上游。法国的企业投资环境非常有利,在法投资可能遇到的腐败风险很小。但是,在公共采购等政治经济重叠度较高的领域,尽管已经存在强有力的反腐败法律规定,法国仍然较易发生腐败。⑤ 在公共领域和私有领域中,法国的反腐败立法标准尚须提高,既是为吸引国际投资者,也是为法国公司考虑。这主要是指反腐败合规领域,特别是刑事合规。合规法起源于英美法系,法国此前尚无相应体系性立法。这就使法国公司在世界投资银行、欧洲公共采购市场的项目竞争中,往往落于下风。另外,在英美法中,企业

---

① 2013 年 4 月,皮耶鲁齐在美国机场被美国联邦调查局逮捕,美国司法部指控皮耶鲁齐涉嫌阿尔斯通在印度尼西亚的塔拉罕项目中行贿,皮耶鲁奇最终被判入狱。同时,美国司法部对阿尔斯通处以 7.72 亿美元罚款。2014 年年底,阿尔斯通的电力业务最终被行业内的主要竞争对手美国通用电气公司收购。
② ［法］弗雷德里克·皮耶鲁齐、［法］马修·阿伦:《美国陷阱》,法意译,中信出版社 2019 年版,第 133—134 页。
③ Rapp. Senate No. 712, p. 26.
④ 参见 https://www.transparency.org/en/cpi,访问日期:2020 年 1 月 14 日。
⑤ 参见阳平:《法国腐败问题为什么普遍存在》,载《中国纪检监察》2015 年第 5 期。

合规实践往往是减轻或者降低处罚的重要考量因素。法国公司由于本国无立法顶层设计,往往无法享受减免政策优惠。① 《萨潘二号法》一方面旨在完善法国反腐败法律标准,提高法国廉洁指数排名,吸引更多国际资金注入;另一方面旨在强制法国公司实施反腐败合规措施,规范企业内部风险管理,提高法国公司在国际竞争中的优势。

(二)国内背景

(1)腐败现象的全新特征。正如法国学者所言,"腐败具有变异性。对腐败变异性有害后果的分析表明,应当考虑时空变异以及干预主体的变异,运用动态方法开展反腐败斗争。通过短期内可以实现的新措施,以限制腐败现象扩大,是我们当代社会面临的挑战"②。如果说1993年《萨潘法》针对的是20世纪80年代法国"地方分权(décentralisation)"运动以来快速蔓延的腐败行为,那么2016年《萨潘二号法》也是对近年来法国腐败现象发展所做的立法应对。正如伊夫·梅尼(Yves Mény)③教授指出的,"腐败现象的爆炸式增长是因为我们发现真正有组织的'政治欺诈'时刻已经到来"④。如今,法国的腐败现象不再以警察索要小额贿赂或公司收买官僚的形式出现,而是主要表现为高层政客、大型企业的巨额资金的复杂非法操作。⑤ 而且,腐败案件往往伴随着洗钱、金融诈骗、偷税漏税等集团性犯罪,在一定程度上,已经形成让·卡蒂埃-布雷森(Jean Cartier-

---

① 这在前述阿尔斯通案中体现得也较为明显。法国阿尔斯通集团曾多次被美国司法部要求建立内部反腐败合规机制,但该集团法务部门却并未真正重视和落实,最后须支付高额罚款。

② F. Farouz-Chopin. LA LUTTE CONTRE LA CORRUPTION, Presses Universitaires de Perpignan, 2005, p.302.

③ 伊夫·梅尼,1943年生人,法国政治学领域著名学者,2010年荣获法国荣誉军团骑士勋章,擅长比较政治分析,专注公共机构演变、国家改革和现代化研究。

④ Y. Mény, avant propos in la corruption dans la vie publique, Problèmes politiques et sociaux, n°779, p.7.

⑤ 比如,缠讼已久的法国前总统尼古拉·萨科齐涉嫌欧莱雅政治献金案、法国前总理弗朗索瓦·菲永涉嫌以"助理"名义向其妻子支付报酬的"空饷门"案、法国国民阵线领袖玛丽娜·勒庞涉嫌挪用欧洲议会公款案。腐败已从传统的贪污、贿赂转向为多发的利用影响交易、非法获取利益、利益冲突等"外围"行为。

Bresson)教授所称的"3S(睡眠-沉默-微笑,Sleep-Silence-Smile)"腐败网络——从麻醉被害人(睡眠)策略开始,进而负有保密义务(沉默),并以形成网络中的信任关系而结束(微笑)。① 因此,腐败的预防、发现、调查、侦查、起诉和判决所遇到的障碍和困难也越来越多。

(2)反腐败组织的不断壮大。一是针对政党筹资、政治资金的腐败,1982年3月2日第82-213号法创立大区审计法院(Chambre Régionale des Comptes,CRC),以缓解国家审计法院(Chambre des Comptes)工作压力,负责审核法国地方行政当局的账目并针对账目冲突进行裁决。1990年1月15日第90-55号《政治生活财务透明度法》创建竞选账目和政治资金全国委员会(Commission Nationale des Nomptes de Campagne et des Financements Politiques,CNCCFP),负责制定年度工作报告,监督竞选资金的筹集和使用情况;2013年10月11日第2013-907号法创立公共生活透明度最高委员会(Haute Autorité pour la Transparence de la Vie Publique,HATVP),负责监督特定公职人员的利益和财产申报。二是针对腐败案件的预防、侦查、起诉和判决,1993年《萨潘法》创建预防腐败中央服务处(Service Central de Prévention de la Corruption,SCPC),负责向公共部门提出预防腐败的建议、收集有关腐败的信息、分析腐败发展状况。2013年10月25日第2013-960号法令设立反腐败和金融税收犯罪中央办事处办公室(Office Central de Lutte contre la Corruption et les Infractions Financières et Fiscales,OCLCIFF),12月6日第2013-1117号法创立国家金融检察办公室(Parquet National Financier,PNF),从而专门负责侦查、起诉全国范围内重大复杂的腐败、偷税漏税和洗钱犯罪案件。此外,1990年7月12日第90—614号法设立的非法金融资本流动信息收集和处理机构(Traitement du renseignement et action contre les circuits financiers clandestins,TRACFIN)和2010年7月9日第2010-768号法设立的查封和没收资产追回管

---

① J. Cartier-Bresson, les réseaux de corruption et la stratégie des 3 S: sleep-silence-smile, in La corruption: l'envers des droits de l'homme, in la corruption l'envers des Droits de l'Homme, Ed. universitaire de Fribourg, suisse, 1994, pp. 81–106.

理局(Agence de Gestion et de Recouvrement des Avoirs Saisis et Confisqués, AGRASC)在腐败案件处理中提供支持和协助。三是关于腐败案件的举报、观察和研究,法国具有较高公信力和影响力的民间非营利组织蓬勃发展,发挥举足轻重的影响。比较著名的有 Anticor、Sherpa 和 Transparency International France[①]。可见,经过多年努力,法国反腐败组织机构的设立已经形成较为完整的体系,不过仍缺乏整体性领导和协调机构。

(3)反腐败立法的逐步完善。从《萨潘法》到《萨潘二号法》之间的 20 多年里,法国尽管没有出现以"反腐败"为名的专门立法,但是,与之紧密相关联的立法却从未停止。一方面,完善腐败犯罪的刑事实体法规定。主要体现为国际条约的国内法化,法国分别通过 1999 年 5 月 27 日第 99-423 号法、第 99-424 号法,2000 年 6 月 30 日第 2000-595 号法,2005 年 7 月 4 日第 2005-743 号法,2007 年 8 月 1 日第 2007-1154 号法,履行国际条约的缔约国义务,将条约转化为直接适用的国内法律。这些立法中包含诸多腐败犯罪刑事实体法的修订内容,包括《刑法典》第 435-1 条、第 435-3 条关于外国或国际组织公职人员贿赂犯罪的规定,以及第 435-7 和 435-9 条关于外国或国际司法人员贿赂犯罪的规定。另一方面,改进腐败犯罪刑事程序法规定。2007 年 11 月 13 日通过第 2007-1598 号法,扩大刑事起诉范围,使国内贿赂和外国贿赂的法条规定趋同;2010 年 7 月 9 日通过第 2010-768 号法将涉嫌腐败案中的扣押和没收资产程序简便化;2013 年 12 月 6 日通过第 2013-1117 号法将特殊侦查措施的适用范围(例如监视、卧底、窃听、记录谈话等等)扩展至腐败犯罪案件。

在国际社会外在压力和国内社会内在需求的双重时代背景下,《萨潘二号法》以超高效率华丽登上历史舞台。《萨潘二号法》[②]是法国反腐败治

---

① 值得注意的是,根据法国《刑事诉讼法典》第 2—23 条规定,在涉及违反廉洁义务犯罪的案件中,这三个组织已获得授权作为刑事诉讼附带民事诉讼的原告参与案件审理过程。

② 本文中所有关于《萨潘二号法》的翻译、介绍内容均来自原版法语法条,法条原文地址如下:https://www.legifrance.gouv.fr/eli/loi/2016/12/9/ECFM1605542L/jo/texte,访问日期:2019 年 12 月 15 日。

理机制调整的综合性法律,共196条,计18000余字,分为9编①,对《刑法典》《刑事诉讼法典》《劳动法典》《公共卫生法典》《商法典》《税收总法典》《货币和金融法典》《消费法典》等多项法典都进行了修订。《萨潘二号法》以反腐败条款规定开篇,其他各编内容也都围绕易生腐败领域中经济主体的经营规则现代化及其与公权力交往时的透明度而展开,本文着重分析该法第1编内容。该编共24条,重点强化反腐败斗争中的企业义务,通过全新的实体性和程序性的法律框架,引入全新的反腐败合规制度②。

二、法国反腐败合规的机制创新

法国反腐败立法改革的历史表现出"强化透明度义务、建立专门机构"的主要趋势。从历史上反腐败立法的对象来看,立法者关注的重点一直是公共领域中公职人员的腐败现象,而且多以道德伦理规范和事后制裁为主。对经济领域中企业主动地开展反腐败的义务关注不足。结合国际反腐的潮流趋势,法国是时候在对本国立法继承的基础上,更进一步,将反腐败当作全社会的共同责任,更加注重私营经济中的反腐败事务,促进国家和企业的共同治理,并通过立法完成顶层设计。《萨潘二号法》第2章"打击贿赂和各种违反廉洁义务行为的其他措施"中第17条至第24条③集中规定反腐败合规制度。根据适用范围、义务主体、法律后果等不同,法国反腐败合规制度主要分为以下三种不同类型,见下表。

---

① 该法的9编名称分别为打击违反廉洁义务行为、增加利益代表和公共权力关系的透明度、公有领域和公共采购领域的现代化规则、加强金融监管、保护金融领域消费者权利、改善农业企业财务状况和企业融资状况、促进中小企业发展、经济和金融生活现代化、海外领土管辖条款。

② 法国总检察长让-克劳德·马兰(Jean-Claude Marin)在2017年7月6日举行的"合规"会议开幕式致辞,https://www.courdecassation.fr/publications_26/prises_parole_2039/discours_2202/marin_procureur_7116/compliance_37302.html,访问日期:2019年12月27日。

③ 本部分内容由《Loi Sapin 2》法条翻译、梳理、总结而成,法条原文地址:https://www.legifrance.gouv.fr/eli/loi/2016/12/9/ECFM1605542L/jo/texte,访问日期:2018年8月15日。

法国反腐败合规机制表							
法律	名称	适用法人	罪名范围	期限	内容	生效程序	执行主体
行政法		大型私营企业		≤3年	8项	反腐败局决定	反腐败局
刑事诉讼法	公共利益司法协议	涉嫌腐败被司法调查的法人	12项腐败罪名+2项洗钱罪名	≤3年	7项	法院裁定	反腐败局→检察官
刑法	合规计划附加刑	被宣告构成犯罪的法人	12项腐败罪名	≤5年	7项	法院判决	反腐败局→检察官→刑罚执行法官

(一)行政法中的反腐败合规

与美国法将合规作为企业承担刑事责任时的量刑考量因素不同,《萨潘二号法》往前更进一步,该法中的反腐败合规首先是特定企业必须依法遵守的法定义务。该义务是否得到有效履行也无须等到是否真正出现腐败犯罪才能盖棺定论。《萨潘二号法》在借鉴美国《联邦量刑指南》合规计划①的基础之上,明确规定标准化的程序和措施要求,并确定怠于履行反腐败义务时,行政机关能够以阶梯的方式施加处罚。

《萨潘二号法》第17条规定,满足以下雇员人数标准和营业收入标准

---

① 美国《联邦量刑指南》列明模范合规计划的关键要素:(1)确立预防和发现不法行为的规范和程序。(2) A.组织管理机构应该熟知合规及伦理计划的内容和运行状况,并对计划的有效运行进行监督;B.组织高层人员应该按照量刑指南的标准建立有效的合规及伦理计划,并由高层专职人员对此负责;C.负责合规的人员应该逐日对合规情况进行监管并定期向组织高层报告合规情况,于适当机会,向主管部门或者其隶属机构报告合规及伦理计划的执行情况及有效性;为了有效执行该任务,特定员工应该被提供充足的资源和权威,直接向相关部门报告合规情况。(3)组织应尽其所能确保其所知道或者通过特定程序应当知道的曾经实施过不法行为或者其他不符合合规行为的员工不被雇用到合规部门。(4)组织应当采取必要措施,包括组织培训以及其他适当的传媒措施,定期就合规及伦理计划的标准、程序及其他方面与监督机构职员、高层职员、普通员工以及组织代理人进行沟通。(5)组织应当采取适当措施保证合规及伦理计划得到遵守,对犯罪行为进行监督核查,对计划的有效性进行评估,建立匿名举报机制以消除员工对报复的担忧。(6)组织的合规及伦理计划应当通过适当的奖励机制及惩罚机制对合规行为进行奖励,对犯罪及其他不合规行为进行惩戒,从而使计划得到加强。(7)犯罪行为被发现之后,组织应当迅速采取措施对此进行反应,并通过对合规及伦理计划的适当修正预防类似行为的再次发生。

的企业应当建立反腐败合规制度,以预防和发现发生在法国国内或国外的贿赂或利用影响力交易行为:(1)雇员人数达到500人,或隶属于总部设在法国且雇员人数达到500人的公司集团;(2)单独报表或合并报表中的营业收入达到1亿欧元。反腐败合规制度应包括如下8个方面的措施和程序:(1)行为准则,界定并说明可能被视为贿赂或利用影响力贿赂的不同类型的行为;(2)内部举报系统,旨在收集雇员关于存在违反法人行为准则的行为或情况的举报;(3)定期更新的风险绘图资料,旨在识别、分析和排列以诱惑法人贿赂为目的的外部风险,尤其是根据活动部门和法人经营业务的地理区域;(4)评估程序,对客户、一级供应商和中介机构就风险绘图方面的情况而进行;(5)内部或外部的会计监督程序,旨在确保账簿、记录和账户不被用于隐瞒贿赂或影响力交易;(6)培训机制,针对最容易受到贿赂和影响力交易风险的高管和职员;(7)纪律制度,允许违反法人行为准则时对法人的雇员予以制裁;(8)执行措施的内部监督和评估机制。

建立和实施企业反腐败合规制度的义务主体是作为企业相关负责人的自然人(董事会成员、总裁、总经理或经理)①。但无论上述人员的责任如何,只要违反上述合规义务,企业都应承担责任。对此,法国反腐败局(Agence Française Anticorruption,AFA)承担企业反腐败合规措施和程序实施情况的监管职责。如果发现企业存在未遵守上述合规义务的情况,在给予有关人员提交说明的机会之后,该局可向企业的代表发出警告,可以命令企业及其代表在最长3年的期限内,根据其建议调整预防和发现腐败或影响力交易的内部合规程序。当然,如果此时企业还未能有效改正,反腐败局有权通过其下设的制裁委员会对企业处以100万欧元罚款并对相关自然人处以20万欧元罚款。对于反腐败局的处罚决定,相关企业若有

---

① 根据企业性质不同,合规义务的责任人也会有所不同。一般而言,股份有限公司(SA)的责任人是总裁、董事或董事会成员,简易股份有限公司(SAS)/一人简易股份公司(SASU)的责任人是总裁或董事,有限责任公司(SARL)、一人有限责任公司(EURL)、股份两合公司(SCA)和共同名义公司(SNC)的责任人则是经理。

异议,可在接到有争议决定后 2 个月内,向行政法院提起完全裁判之诉(le recours de pleine contentieux)①。

(二)刑法中的反腐败合规

正如有学者指出,真正意义上的"合规计划"应当有刑法担当,没有刑法担当的"合规计划"不是真正意义上的"合规计划"。②《萨潘二号法》勇于创新性地将合规计划(programme de mise en conformité)引入法国刑罚体系。该法中法国立法者创立合规计划之附加刑,适用于被认定犯有贿赂及其他违反廉洁义务行为的法人,以防止上述行为之再犯或不适当的企业政策之实施。

《萨潘二号法》第 18 条对《刑法典》作出重要修订,在第 1 卷(总则)第 3 编(刑罚)第 1 章(刑罚之性质)第 2 节(法人适用之刑罚)第 1 小节(重罪及轻罪刑罚)第 131-37 条至第 131-39-1 条之后,新增第 131-39-2 条。根据《刑法典》第 121-1 条之规定,若法人应对特定轻罪承担刑事责任,则可判处合规计划之刑罚:在法国反腐败局监管下,在最长 5 年的期限内,提交一份合规计划,旨在确保特定的措施和程序在法人内部得以建立并实行。2004 年 3 月 9 日生效的第 2004-204 号《关于促使司法适应犯罪发展的法律》废除法国法人刑事责任的"特例原则"(le principe de spécialité),将其全面普遍化,可适用于所有犯罪类型,并均可对法人判处罚金刑。③ 然而,若要对法人判处罚金刑之外的其他刑罚,则必须由法律明文规定。此处,根据《萨潘二号法》的明确规定,可对法人判处合规计划刑罚的轻罪仅仅包括以下 12 个罪名:《刑法典》第 433-1 条个人行贿罪、第 433-2 条利用影响力交易罪、第 434-9 条倒数第 2 款司法人员受贿罪、第 434-9-1 条第 2 款

---

① 法国行政法中,共有四种类型的行政诉讼,分别是对越权行政行为提起的撤销之诉(le contentieux de l'excès de pouvoir);可对涉案行政行为撤销、确认、变更甚至是替代的完全裁判之诉(le recours de pleine contentieux);行政行为合法性的解释和评定之诉(le contentieux de l'interprétation et de l'appréciation de légalité);处罚之诉(le contentieux de la répression)。

② 参见李勇:《"合规计划"中须有刑法担当》,载《检察日报》2018 年 5 月 24 日,第 3 版。

③ 参见陈萍、孙国祥:《中法法人犯罪刑事规制体系对比与借鉴》,载《学海》2017 年第 6 期。

向司法人员行贿罪、第435-3条向国外公职人员行贿罪、第435-4条向对国外公职人员有影响力的人行贿罪、第435-9条向国外司法人员行贿罪、第435-10条向对国外司法人员有影响力的人行贿罪、第445-1条非公职人员行贿罪、第445-1-1条向体育比赛运动员行贿罪、第445-2条非公职人员受贿罪、第445-2-1条体育比赛运动员受贿罪。

上述"特定的措施和程序"则具体是指(1)行为准则,界定并说明可能被视为贿赂或利用影响力贿赂的不同类型的行为;(2)内部举报系统,旨在收集雇员关于存在违反法人行为准则的行为或情况的举报;(3)定期更新的风险绘图资料,旨在识别、分析和排列以诱惑法人贿赂为目的的外部风险,尤其是根据活动部门和法人经营业务的地理区域;(4)评估程序,对客户、一级供应商和中介机构就风险绘图方面的情况而进行;(5)内部或外部的会计监督程序,旨在确保账簿、记录和账户不被用于隐瞒贿赂或影响力交易;(6)培训机制,针对最容易受到贿赂和影响力交易风险的高管和职员;(7)纪律制度,允许违反法人行为准则时对法人的雇员予以制裁;与前文作为法定义务的反腐败合规制度相比,作为附加刑罚的合规计划中并不包括《萨潘二号法》第17条中的"内部监督和评估机制"。对已经触犯腐败罪名的企业而言,可以逻辑地推导出其内部监督机制已经完全失效,否则不会出现腐败犯罪的严重后果。因此,无法再依靠企业本身的内部监督机制来确保合规计划的建立,而只能通过法国反腐败局的监督来代以实现。故此,受刑的企业应当承担法国反腐败局因求助专家或适格的个人或机构协助其实施法律、财务、税务和会计分析的费用,但这些费用的数额不得超过该刑罚所判之轻罪的罚金数额。

关于合规计划刑的执行程序,《萨潘二号法》第18条同时对《刑事诉讼法典》第764-44条作出修订。合规计划刑在共和国检察官的监管下执行。反腐败局至少每年向共和国检察官报告判决的执行情况。反腐败局和被判刑的法人都可以告知共和国检察官其在合规计划的制定或实施方面存在的任何困难。反腐败局还应在执行措施的期限届满时向共和国检察官递交报告。当执行合规计划刑罚已经超过1年,并由反腐败局向共和国检察官提交报告说明，被定罪的法人已采取适当的措施和程序来预防和发现腐败行为并表明后续行动已非必要，共和国检察官可向刑罚执行法官提出申请，通过充分说理，判决提前终止刑罚。

从司法实践来看，至目前为止，法国刑事法院仍未作出相应判决。值得称赞的是，法国立法者已对企业不执行合规计划刑的情况予以规定。《萨潘二号法》进一步对《刑法典》进行了修订，在"第4卷（危害民族、国家及公共秩序之重罪和轻罪）第3编（危害国家权威罪）第4章（妨害司法罪）第3节第3小节（其他妨害刑事司法权威罪）"中，新增第434-43-1条规定："被判处第131-39-2条规定刑罚的法人机关或代表未能采取必要措施或妨碍有效履行该刑罚义务的，将被处以2年监禁和5万欧元罚金。对于因本条第1款规定的罪行而被追究刑事责任的法人所处的罚金数额，可增至该法人被定罪并被判以第131-39-2条刑罚的罪行所判决的罚金数额。被判承担刑事责任的法人也得因其被定罪并被处以该刑罚的罪行而受到所有其他的刑罚。"

（三）刑事诉讼法中的反腐败合规

当然，前文所述的合规计划刑至今尚未运用到司法实践中，可能还受到《萨潘二号法》中另一项创新制度——公共利益司法协议（Convention Judiciaire d'Intérêt Public，CJIP）的影响。以该协议为核心，法国法初步建立起与美国法类似的延迟起诉（Deferred Prosecution Agreement，DPA）制度。在经济犯罪领域，延迟起诉已被证明是有威慑并有效果的。法国引入该协议主要也是为了更高效、更快速地处理经济领域中的重大违法犯罪。这种协商性的刑事司法机制为涉案法人的主动合作提供激励，并通过监管机构的积极介入，有助于涉案法人的自我修正。这得益于合规性的双重维度，通过非刑事性的金钱刑罚来进行惩治，同时通过合规计划来管理受刑的企业，以达到预防再犯之目的，成为法国司法体系中衡量企业反腐败合规性的重要载体。

《萨潘二号法》第22条对《刑事诉讼法典》进行了重要修订。在"第1卷（刑事政策、公诉和预审之实施）第1编（刑事政策、公诉和预审实施之机构)第2章检察官第3节检察官职责"第41-1-1条之后,新增第41-1-2条规定,对因特定腐败罪名(《刑法典》第433-1条个人行贿罪、第433-2条利用影响力交易罪、第435-3条向外国公职人员行贿罪、第435-4条对国外公职人员有影响力的人行贿罪、第435-9条向国外司法人员行贿罪、第435-10条向对国外司法人员有影响力的人行贿罪、第445-1条非公职人员行贿罪、第445-1-1条向体育比赛运动员行贿罪、第445-2条非公职人员受贿罪和第445-2-1条体育比赛运动员受贿罪、第434-9条司法人员受贿罪、第434-9-1条向司法人员行贿罪、《税收总法典》第1741条和1743条规定的洗钱罪及共同犯罪)而受到调查的法人,共和国检察官在起诉之前,可向其建议达成公共利益司法协议,要求其完成以下一项或多项义务内容:(1)向国库缴纳公共利益罚金。该笔罚金数额应与被确认的未履行反腐败义务行为所获利益成比例,最高不得超过未履行反腐败义务行为确认之日前3年累计营业额的年平均营业额的30%。根据检察官确定时间表,可分期付款,该期限由协议规定但不得超过1年。(2)在法国反腐败局监管下,在最长3年的期限内,提交一份合规计划,旨在确保《刑法典》第131-39-2条第2款规定的措施和程序在法人内部存在并得以实行。法国反腐败局因求助专家或适格的个人或机构协助其执行法律、财务、税务和会计分析的费用由被定罪的法人承担,数额范围由协议确定。

若被调查法人同意共和国检察官提出的公共利益司法协议的建议,则共和国检察官通过申请书将协议提交大审法院院长以确定协议的有效性。协议建议应附在申请书后,申请书中应包括具体案件事实及其可适用的法律条件。大审法院院长对被调查法人和受害人(必要时,包括律师)举行公开听证会。听证会结束后,大审法院院长审核诉诸该程序是否于法有据、其进展是否具有规律、罚金数额是否符合法律规定及协议计划措施是否与腐败犯罪行为所获利益成比例,来决定协议建议是否生效。大审法院院长的裁定应告知被调查法人以及(必要时告知)受害人,裁定不得上诉。若大审法院院长裁定生效,从生效之日起10日内,被调查法人拥有撤回权。撤回通过带回执信件通知共和国检察官。若被调查法人不行使撤回权,则应当切实履行协议中规定的义务。否则,提议失效。生效裁定并不作有罪宣告,也不具有定罪判决的性质和效果。生效裁定、公共利益罚金数额和公共利益协议在法国反腐败局网站公布。执行协议期间诉讼时效中止。若法人履行协议规定义务,则检察官不得提起公诉。若大审法院院长认为协议建议无效,或被调查法人决定行使其撤回权,或在协议规定期限内,被调查法人未充分履行规定义务,则共和国检察官得提起公诉①。在起诉和定罪时,法人部分履行协议规定义务的情况应予以酌情考虑。一旦确认协议无效或当该法人没有充分履行规定义务时,共和国检察官通知受调查法人中止履行协议。若有必要,该决定赋予法人要求退还向国库缴纳的公共利益罚金的权利。但是,对于法国反腐败局因监管职责需要而求助专家或适格的个人或机构协助其执行法律、财务、税务和会计分析的由法人承担的费用,协议法人无权要求退还。

值得注意的是公共利益司法协议不记录于犯罪司法档案中,检察官可以公开,并在 AFA 网站公布。这对于法国公司参与欧盟市场竞争具有非常重要的作用,能防止法国公司被自动剥夺进入某些国家市场权利的经济优势。不过,虽然公共利益司法协议相当于取消被调查法人的刑事诉讼并且不会被定罪,但法人的机关或代表仍然作为自然人承担刑事责任。另外,检察官决定向被调查的法人提出公共利益司法协议之时,应当告知受害人。一旦确定受害人,除非被调查的法人证明其已支付损害赔偿金,公共利益司法协议中必须同时规定因犯罪行为造成损害的赔偿数额和方式,且赔偿期限不得超过1年。受害人应向共和国检察官呈交任何可确定其损害事实和程度的证据。而且,即使公共利益司法协议生效且被调查法人履行合规义务,亦不影响因法人此前未履行反腐败义务的行为而遭受损害之人在民事法庭上要求损害赔偿的权利。一旦裁定生效,受害人可根据《民事诉讼法》中强制还款命令程序之规定,要求法人向

---

① 公诉之时,共和国检察官不得在预审法院或裁判法院中引用法人在签订公共利益司法协议程序中作出的陈述或提交的文件。

其支付损害赔偿金。

从司法实践来看,截至目前,法国已成功适用5起公共利益司法协议案件。缔约法人分别是汇丰私人银行(瑞士)股份有限公司、兴业银行股份有限公司(Société Générale SA)、SET ENVIRONNEMENT简易股份有限公司、KAEFER WANNER简易股份有限公司、POUJAUD简易股份有限公司。根据各自协议规定,汇丰私人银行(瑞士)股份有限公司因洗钱罪和加重情节洗钱罪而受到调查,应支付公共利益罚金157975422欧元、受害人赔偿金142024578欧元;兴业银行股份有限公司因向国外公职人员行贿而受到调查,应支付公共利益罚金250150775欧元,并应在2年内建立并实施有效的反腐败合规制度,同时支付300万欧元作为AFA的专家费用等支出。其余3家公司均因在南特向法国电力公司行贿而受到调查,应分别支付公共利益罚金80万欧元、271万欧元和42万欧元,分别支付受害人赔偿金3万欧元,并在一定期间(2年、18个月、2年)内建立并实施有效的反腐败合规制度,同时支付一定费用(20万欧元、29万欧元、27.6万欧元)作为AFA的专家费用等支出。①

三、法国反腐败合规的体制完善

与反腐败合规机制的具体规定相比,《萨潘二号法》对法国反腐败局的着墨更加浓重,足见该局在法国新一轮反腐败体系改革中具有重要地位。《萨潘二号法》第1章专章(第1条至第5条)规定了该局的职责权限、调查手段、机构设置等。根据《萨潘二号法》授权,2017年3月14日第0063号经济和财政部与司法部法令(arrêté)②具体规定该局的机构组成和运作机制。从此,法国反腐败合规制度才得以开始正式运行。

---

① 这5起案例的公共利益司法协议均公布于AFA官网:https://www.economie.gouv.fr/afa/publications-legales,访问日期:2018年12月27日。
② 该法令原文地址:https://www.legifrance.gouv.fr/eli/arrete/2017/3/14/JUSD1707051A/jo/texte,访问日期:2018年8月25日。

(一)法国反腐败局的职能更新

法国反腐败局是《萨潘二号法》新设立的全国性专门机构,受司法部部长和预算部长共同领导,任务是协助主管机构和服务对象,预防和发现腐败行为。法国反腐败局是在继承原中央预防腐败处的基础上得以发展,与其前身相比,法国反腐败局的人员及预算都得到了提升,由原先法国中央预防腐败处的16人增加到约70人,年度预算也由1000万欧元增至1500万欧元。与之相适应,反腐败局在吸收前身的意见、建议、培训等"软"措施的基础上,新增行政处罚权、附加刑罚执行监管权、公共利益司法协议履行监督权等"硬"措施。当然,法国反腐败局并非检察机关,如果在履行职能过程中发现腐败行为,法国反腐败局应通知检察机关。

目前,在职责权限方面,反腐败局主要负责:(1)参与行政协调,集中和传播信息,以帮助预防和发现贿赂、利用影响力交易、贪污、非法获取利益、挪用公款和偏袒行为。就此而言,该局的职能范围包括国家行政部门、地方行政单位和任何自然人或法人;(2)制定建议,帮助公法法人和私法法人预防和发现前述腐败行为,这些建议适用于达到特定规模的实体,旨在识别风险性。这些建议会定期更新,以考虑到不断变化的实践,并且在政府公报上以通知名义发布;(3)主动监管国家行政部门、地方行政单位及其公共机构、混合经济公司以及具有公共职能的协会和基金会实施的预防和发现腐败行为的程序的质量和有效性;(4)行使本法第17条、《刑法典》第131-39-2条以及《刑事诉讼法典》第41-1-2条和第764-44条规定的权力;(5)应总理要求,在执行外国当局对总部位于法国领土范围内的公司处以在其内部执行合规程序以预防和发现腐败行为的决定之时,确保遵守1968年7月26日第68-678号《向外国自然人或法人传递经济、商业、工业、金融或技术的文件和信息法》;(6)根据《刑事诉讼法典》第43条的规定,向共和国检察官通知该局在履行职责时发现的可能构成轻罪或重罪的行为。若触及《刑事诉讼法典》第705条第1点至第8点或第705-1条,上述罪行可能属于公共金融检察官的职权范围,法国反腐败局则应同时通知共和国金融检察官;(7)制定并公布年度活动报告。

(二)法国反腐败局的机构人员

在机构组成方面,法国反腐败局主要包括制裁委员会、咨询及战略分析和国际事务分局、监管分局以及总秘书处。制裁委员会由6名成员组成:2名国务委员(由国务委员会副主席任命)、2名最高司法法院法官(由最高司法法院首席院长任命)、2名审计法院法官(由审计法院首席院长任命);咨询及战略分析和国际事务分局负责收集、传播信息和最佳实践,制定并更新旨在帮助前述监管对象、预防和发现腐败行为的建议,参与法国主管机构在国际组织内的立场确定,推荐并实施与外国机构的协作、支援、技术支持行动;监管分局通过文件监察和现场监察,具体负责该局的监管工作,评估相关主体反腐败合规措施和程序的质量及效率,同时负责确保制裁委员会决议之执行、监管合规计划刑罚(《刑法典》第131-39-2条)和公共利益司法协议(《刑事诉讼法典》第41-1-2条)中的合规计划之执行;总秘书处负责该局的行政和财务管理,与财政部以及司法部的总秘书处联络,同时提出并实施该局的组织沟通和公共关系政策。

在工作人员方面,法国反腐败局局长应当由司法体系之外的法官担任。局长由共和国总统法令任命,任期6年,不得连任。局长只能在自动请辞、意外事件或严重违反义务时才能终止职务。在履行职务时,反腐败局局长不得受到任何指示,亦不得要求任何行政部门或政府当局。局长不得成为制裁委员会成员,不得参与制裁会议。局长和制裁委员会成员应受职业保密义务约束。反腐败局的工作人员、求助的专家和其他适格的人员以及任何有助于履行监管义务的人员,对其执行任务了解的事实、行为或信息均应受专业保密义务约束,但撰写监管报告所必需的除外。任何人不得对其拥有或曾经拥有直接或间接利益的经济或公共实体进行监管。

(三)法国反腐败局的职权行使

除前文已具体介绍运行机制的监管职能之外,还值得注意的是法国反腐败局行使的检查权。在履行职务的权限范围内,法国反腐败局工作人员在法令授权下,得向被监管实体的法定代表人要求提交任何专业文件(无论何种载体)或任何有用的信息。若有必要,工作人员可以进行复印。工作人员可以在现场验证所提供信息的准确性。在确保交流保密前提下,工作人员可以与任何其认为有交流必要的人员进行讨论。任何阻碍反腐败局工作人员履行职责的行为,均得处以3万欧元罚款。一般而言,这些阻碍行为可能包括拒绝出示文件、拒绝接受工作人员面谈、采用延迟策略来阻碍检查等。

2017年,尚无任何政府部门向AFA提出监管申请。2017年10月17日,AFA主动出击执行监管任务,已正式开始向法国6家公司发出检查通知,要求这些公司应提供相关文件。① 2018年2月,AFA在其官网公布初步标准调查问卷,具体列明相关实体需要提供相关信息。然而,《萨潘二号法》对于AFA在检查阶段提出的要求,比如,通过挂号邮件向被检查公司的董事寄送的要求公司接受文件检查和/或现场检查的通知,是否可以提出异议并未明确规定,目前也尚未遇到这种情况。从理论上说,受检查的公司可以针对AFA检查过程中的决定在行政法院提起诉讼。因为行政法院的管辖权可适用于任何影响公司现有法律情况的行政行为。若AFA的检查涉嫌滥用权力、滥用程序或违反保密义务,则受检查的公司可提起越权(撤销)之诉。

四、法国反腐败合规的协同优化创新

以腐败治理机构、规范的协同性为核心,加强不同反腐主体权力运行协同、预防法与惩治法协同、实体法与程序法协同,是积极治理模式的重要特征②。英国著名学者约翰·贝尔曾断言,"法国法的整个语境现在正

---

① 参见2017年AFA年度报告,报告原文地址:https://www.economie.gouv.fr/afa/rapports-annuels,访问日期:2018年9月13日。
② 参见魏昌东:《腐败治理模式与中国反腐立法选择》,载《社会科学战线》2016年第6期。

在变得能够包含一个更大的法律规范渊源的多样性"①。此次《萨潘二号法》正是法国充分吸收经验主义法律实践并系统地契入理性主义法律体系的立法创新,成为全球范围内积极治理模式改革的典型范例,充分体现出"惩治与预防兼顾、预防为主"的治理理念。在腐败惩治机制得以巩固和强化的基础上,《萨潘二号法》创新反腐败合规机制,针对现代公共权力架构,积极扩展预防措施的作用场域,深化预防措施的作用效果。

(1)规范与机构协同。《萨潘二号法》中腐败治理规范的创新与腐败治理机构的改革同步进行。一方面,反腐败合规机制的施行以法国反腐败局的成立为前提。现有的反腐败功能主体无法有效确保相关法人认真履行反腐败合规义务。原服务处只是不具有执法权的咨询机构,而司法警察、检察官、法官又不具有深入法人日常运营的职业能力、专业团队和资源配置,因此最优选项无疑是对原服务处进行整合。《萨潘二号法》施行以来,法国已连续出台多项法令(arrêté)②,具体规定法国反腐败局的职责权限、调查手段和机构设置。2017年3月23日,法国反腐败局开始履责。另一方面,法国反腐败局的功能更新则以反腐败合规为核心。为保障跨越三大部门法的反腐败合规能够有效施行,反腐败局才得以享有其前身所无法企及的检查权、处罚权、监督权,才能以公共利益司法协议和合规计划附加刑为载体,集"教育-处罚-预防"职能于一身,软硬兼施,标本兼治,发挥法国新一轮打击腐败"领导机构"的历史性作用。

(2)实体与程序协同。尽管刑事合规只是合规计划的一个子项,但却是整个合规体系中最低程度,也是最重要的部分,是合规计划的核心内容。③《萨潘二号法》中的反腐败合规,具有丰富的刑事合规内涵和价值。

---

① [英]约翰·贝尔:《法国法律文化》,康家昕、周青阳、李鹿野译,清华大学出版社2012年版,第98页。
② 主要包括:(1)2017年3月14日第2017-329号法令,规定反腐败局的运行条件、程序、任命其成员,其任务和制裁委员会的运作条件;(2)2017年4月19日第2017-564号法令,规定公法法人或私法法人或国家行政机关管辖的法人内部收集举报人发出的举报程序;(3)2017年4月27日第2017-660号法令规定公共利益司法协议的执行程序。
③ 参见孙国祥:《刑事合规的理念、机能和中国的构建》,载《中国刑事法杂志》2019年第2期。

公共利益司法协议和合规计划附加刑的配合更是实现出反腐败刑事合规的程序与实体交相呼应的协同创新。这是基于法国著名刑法学家马克·安塞尔(Marc Ancel)"新社会保卫论"的刑事政策理念,保证刑罚的适当和处理案件的效率之间的平衡。[①] 法国法越来越重视庭审替代措施作为刑事案件解决方法,并不代表其目标是放弃刑罚,而只是突出达成以成本较低的解决方法来换取对案件的快速清理的政策意愿。根据《萨潘二号法》的规定,公共利益司法协议与合规计划刑的内容是相同的(即建立7项合规机制),但是,前者适用的罪名范围更广(包括洗钱犯罪),期限更短(3年而非5年),且缔约法人不会留下犯罪记录。因此,公共利益司法协议已成功适用10余件案件,但是,目前尚无一件合规计划刑的司法判决,甚至可以预见其司法适用不会很多。当然,这并不代表合规计划附加刑立法创新的失败,反而恰恰说明合规计划刑在刑事合规中的重要地位。因为,正是刑事实体法中更为严苛的刑罚威慑,才使涉案法人更倾向于接受速度快、期限短、成本低的公共利益司法协议。

(3)权力/权利运行协同。法国法是一个完整而内部一贯的体系,当它被适用时,需要更多精细的推理,法国法律人通过其体系的执行一贯以及雅致的操作,毫无疑问地建立起了比它的英国同行更大量的大尺度概念。《萨潘二号法》的实施,充分体现出法国执法机构和人员的体系思维和细节追求。通过对行政机关、司法机关、涉案法人以及被害人等相关主体的权力/权利的内容设置和程序运行的整体构建,法国腐败预防机制改革实现多元主体之间的密切配合,从整体性和协同性的角度,实现反腐败权责在各关联主体之间的协作运行。一是处罚权力与救济权利的对合。对反腐败局的处罚决定,法人有权提起诉讼。若被处罚企业有异议,则可在收到处罚决定后2个月内,向法国行政法院提起完全裁判之诉(le recours de pleine contentieux)。二是建议权、缔约权、裁定权和撤回权的平

[①] ANCEL M. La Défense Sociale Nouvelle(3e éd.), Paris: Cujas, 1981:336.

衡。公共利益司法协议中,检察官享有建议权①,法人享有缔约权,但协议是否生效并不取决于缔约双方,而是必须经由法院最终公开裁定②。法院裁定的协议生效之日起 10 日内,法人享有撤回权,而且只须通过附回执的挂号信通知检察官即可。三是刑罚执行权、监督权和裁判权的配合。对于合规计划附加刑,与其他刑罚由刑罚执行法官来执行不同,该刑罚是在共和国检察官的监管下,由反腐败局具体负责执行。③ 若是被判刑罚人已建立适当的反腐败合规机制,反腐败局则可向检察官提交报告说明具体情况,检察官向刑罚执行法官提出申请,由刑罚执行法官判决提前终止刑罚。

五、法国反腐败合规立法的启示意义

近年来,合规计划在企业犯罪治理中的作用越来越受到国内学界的重视。有学者提出,可通过量刑激励推动企业合规,借鉴合规计划中蕴含的企业犯罪惩治的刑罚理念,进一步严密刑事法网,严厉个别犯罪的刑罚,以推动企业自觉实施自我管理。④ 此次,《萨潘二号法》敢于实现理论和实践的双重突破,将合规计划专门运用于反腐败领域,创立专门监管机构——法国反腐败局,取道刑法和刑事诉讼法,通过附加刑罚和公共利益司法协议的法律工具等具体方式,勾勒出特色鲜明的法国反腐败合规的初步轮廓。发轫伊始,恰可为我国的反腐败立法和企业合规建设提供些许借鉴。

---

① 目前根据《萨潘二号法》的规定,签订公共利益司法协议的主动权完全由检察官掌握,尽管实践中很少会出现,但理论上确实存在被调查法人想签订协议,而检察官怠于或拒不启动该程序的情况,此时被调查法人是否应当享有法律救济,目前法国学界争论较多,尚未有定论。

② 若被调查法人同意检察官的建议,则由检察官向大审法院院长提出申请,以确定协议有效性。申请书应包括具体案件事实及其可适用的法律条件,并附上协议文本。大审法院院长应通知被调查法人和被害人(及其律师),公开举行听证会。大审法院院长审核该公共利益司法协议程序是否于法有据、其进展是否符合规律、罚款数额是否符合法律规定及协议计划措施是否与腐败犯罪行为所获利益成比例,以裁定协议是否生效。

③ 反腐败局至少每年向检察官报告判决的执行情况,还应在执行措施的期限届满时向共和国检察官递交报告。

④ 参见李本灿:《企业犯罪预防中合规计划制度的借鉴》,载《中国法学》2015 年第 5 期。

(一)积极反腐理念之更新

法国思想家孟德斯鸠曾精辟地指出:"一个良好的立法者关心预防犯罪多于惩罚犯罪,注意激励良好的风俗多于施行刑罚"。① 这为《萨潘二号法》的反腐败合规立法提供了最好的注解。正如 AFA 首任局长夏尔·杜歇(Charles Duchaine)②接受法国《观点报》(Le Point)采访时介绍的那样,AFA 采取的是"预防性"路径,旨在针对腐败风险制定"集体纪律"。社会上总有人试图收受贿赂,没有任何立法可以彻底阻止这种现象。但通过结构性的共同监管并要求公司实施"防火墙"措施,会让腐败变得更加困难。当你知道自己受到监管,这就会产生威慑力,更容易地发现异常行为。这对公司来说也是一个形象问题,在打击腐败方面的努力将成为一种"标签"奖励。③ 这与本文所倡议的积极治理主义理念不谋而合。积极治理主义是国家腐败治理的应然观念选择而首倡的一种理论主张,核心主旨在于,立基于权力的生成与运行过程,围绕权力限制,透明与滥用惩治,建构全面、系统的腐败治理体系。积极治理主义提高国家腐败治理能力,是"新国家主义"的必然要求,是解决国家治理危机的必由之路。④ 加强反腐败立法的预防能力建设,是突破腐败犯罪立法功能瓶颈的关键,也是当下我国反腐败立法创新的重点。确立基于权力的生成与运行过程,围绕权力限制、透明与滥用惩治,积极建构全面、系统的腐败治理体系,重点在于构建有效的腐败预防机制,实现由"惩治法"向"预惩协同型"的积极治理模式转型。

(二)积极反腐机制之创新

在积极治理主义理念指导之下,《萨潘二号法》对反腐败合规的规定

---

① [法]孟德斯鸠:《论法的精神(上)》,张雁深译,商务印书馆1982年版,第82页。
② 夏尔·杜歇在20世纪90年代曾任欧里亚克地区预审法官,2014年起任法国查封和没收资产追回管理局(AGRASC)局长,2017年3月起任法国反腐败局局长。
③ https://www.lepoint.fr/politique/l-agence-francaise-anticorruption-mise-sur-la-prevention-07-11-2017-2170581_20.php,访问时间:2018年10月5日。
④ 参见魏昌东:《积极治理主义提升立法规制腐败的能力》,载《中国社会科学报》2014年10月31日,第6版。

初步勾勒出以预防为导向的刑事规范体系,深化腐败的根源性治理,优化刑法预防功能。这种预防功能也较好地体现在国家与企业的二元合作模式之上。既在刑法中将企业自主预防腐败的"合规计划"作为刑事处罚,又在刑事诉讼中引入公共利益司法协议模式,这种法国式的政府主导下的合作模式愿景宏大。鉴于法律实施时日尚短,我们还无法客观评价其真实效果。但是,这种立法模式选择的现实背景,同样可以无缝切换到我国反腐败立法的客观需求。对此,我国学者也曾建言,合作模式有利于促进企业内部守法文化的形成,其合理性在于其实践价值与实现企业社会责任。中国立法机关可以考虑通过统一单位贿赂犯罪罪名、区分个人与单位刑事责任,将合规计划规定为单位刑事责任的基础,以及增设单位缓刑制度等改革措施,将惩治企业贿赂犯罪的合作模式引入立法之中。① 从企业角度来说,合作模式能够有效避免现行刑罚体系(企业和负责人的双罚制、高额罚金)对企业的毁灭性打击,更长远的考虑是自身发展的内在需求,随着全球反商业腐败力度加强,"走出去"的中国企业亟须重视内部守法文化的构建。《2017—2018 中国合规及反商业贿赂调研报告暨中国年度合规蓝皮书》指出,反洗钱、反垄断、反腐败是 2017 年中国企业受境外执法最主要的三大原因,占比分别为 39.1%、39.1% 和 26.1%。② 对此,反腐败合规不失为一劳永逸的有效路径。随着时间的推移,反腐败合规的自我约束力只会越来越强大。法国市场开放程度高,法律体系健全,投资者合法权益有保障,近几年成为中国投资者的首选国家之一。中国在法国累计投资额从 2005 年的 25 亿欧元增加到 2016 年的 115 亿欧元。中国的很多企业(比如,圣元、海尔、中兴、联想、华为等)在法国的直接投资形式主要就是建立分支机构或办事处。最新的例子是 2017 年 3 月,比亚迪宣布在法国博韦市投资 1000 万欧元建设电动大巴工厂。目

---

① 参见周振杰:《惩治企业贿赂犯罪合作模式之提倡》,载《云南社会科学》2016 年第 4 期。

② 参见 http://www.legalweekly.cn/article_show.jsp?f_article_id=16107,访问日期:2018 年 12 月 1 日。

前,中国在法创造了4—5万人的就业机会。① 在后《萨潘二号法》时代,在法国开拓市场的中国企业更应及时跟进应对之策,适应跨国合规经营,提升企业外部竞争力。因此,中国反腐败的将来立法亦应当采取积极立场,特别是刑事立法,笔者认为,可以包括如下内容:

在刑事实体法上,推进刑事政策从"厉而不严"向"严而不厉"模式转型,将惩治腐败犯罪的重心聚焦于"严密法网堵截犯罪",降低刑罚幅度的治理作用,主要包括扩大犯罪圈和调整刑罚结构。一是增加利益冲突型腐败的罪名设置。对于该犯罪,国内已有学者从美国法的比较角度,阐明其对腐败治理模式转型的重大意义及借鉴价值。利益冲突罪的最大特点在于预防腐败,该罪被吸纳到美国贿赂犯罪体系后,促使治理体系发生了由"结果本位"向"诱因本位"的转型,治理模式由"外部打击"向"内部控制"的转向②。这在《法国刑法典》的规定中也得到充分印证。二是优化单位腐败犯罪的刑罚配置。法国刑法基于个人责任和刑罚个人化的基本原则,建立起丰富多元的法人刑罚体系。《萨潘二号法》更是创设腐败犯罪专属的法人刑罚——合规计划刑。就刑法总则而言,有必要构建以单位为主体的单独刑罚体系。在保留现有罚金刑的基础上,增设针对单位本身的刑罚种类(停业整顿、禁止某类营业活动、解散等),并对罚金数额设定额度和梯度,适用倍比罚金和限额罚金,兼顾单位犯罪的情节和单位的承受能力来确定罚金数额③。这对于惩治单位腐败犯罪具有突出效用。目前,我国《刑法》中单位受贿罪、对单位行贿罪、单位行贿罪、私分国有资产罪、私分罚没财物罪和对有影响力的人行贿罪等单位腐败罪名,仅配之以罚金刑,与其严重危害后果不成比例,无法达到刑罚的威慑效果,更不利于单位腐败犯罪的预防。

---

① 参见潘诺、汪信君、郭亮:《马克龙的经济政策及对中法合作的影响》,载《国际金融》2017年第9期。
② 参见尤广宇、魏昌东:《从交易禁止到利益冲突:美国贿赂犯罪立法体系的建设路径》,载《国家检察官学院学报》2019年第1期。
③ 参见陈萍:《中、法法人犯罪刑罚机制的比较性反思》,载《南京大学法律评论》2016年第2期。

在刑事程序法上,基于腐败案件主体特殊、手段隐秘、形式多样等特征,结合司法体制改革和监察体制改革并行的现实语境,提高打击腐败犯罪效率,节约司法资源,发挥司法机关和监察机关的反腐败职能。一是推动腐败犯罪处置程序中认罪认罚从宽的适用。构建职务犯罪认罪协商机制是效率与公正的客观需要,是监察体制改革语境下实现审前分流与分化的必然要求。① 尽管《监察法》与《刑事诉讼法》中认罪认罚从宽的相关规定,在价值定位、适用前提和适用程序等方面仍存在一定差异,但从程序启动、权利义务、风险防范等事项切入,仍能够实现两部法律的有效对接。详细而言,在调查阶段,保障嫌疑人的知悉权、落实值班律师制度、规范法律文书使用、完善口供补强规则、落实疑罪从无原则、尝试污点证人作证制度等。特别是,认罪认罚从宽制度的证明标准应采取定罪证明标准与量刑标准相互区分的双阶标准,以充分体现认罪认罚从宽案件的特殊性。② 总体而言,职务犯罪案件中认罪认罚从宽制度的未来发展应当坚持"司法主导、保障权利"的原则,分步骤地在统一认定与适用标准、保障被调查人合法权利、规范认罪认罚文本的记载及使用,以及建立被调查人认罪认罚的审查机制等方面,进行规范和机制完善。③ 二是探索企业合规不起诉制度。如今,在腐败等经济犯罪领域,刑法通过公开谴责想要达到的处罚和预防功能已经不再有效,而是转向企业主导的对风险的经济考虑——成本/收益比。④ 对于因腐败犯罪而进入司法程序的企业,可考虑借鉴法国公共利益司法协议的程序规定,建立由检察机关主导的附条件不起诉机制,激励企业建立并施行反腐败合规体系,通过专门机构或人员

---

① 参见李辰:《认罪认罚从宽语境下职务犯罪案件协商机制的构建》,载《法学杂志》2017年第9期。

② 参见李本森:《认罪认罚从宽制度中的证据规则:检讨与重构》,载《浙江工商大学学报》2020年第1期。

③ 参见詹建红:《认罪认罚从宽制度在职务犯罪案件中的适用困境及其化解》,载《四川大学学报(哲学社会科学版)》2019年第2期。

④ BOURSIER Marie‑Emma. La Mondialisation Du Droit Pénal Économique‑Le Droit Pénal au Défi de la Compliance, Revue de Science Criminelle et de Droit Pénal Comparé, 2017(3):465-480.

的全程参与式监督,达到惩治与预防相统一的效果。2020年3月,最高人民检察院已启动企业合规不起诉制度①试点工作,相关地区已出台相关规范文件,亮点频出②,特别是"企业刑事合规独立监控人"制度,这与法国法的经验不谋而合。公共利益司法协议的订立主体是检察机关和涉案法人,而反腐败合规计划的监督主体同样是独立的"第三人"——法国反腐败局。不过,企业合规不起诉制度如何细化适用细则(罪名范围、前提条件、期限要求、合规内容、法律后果等),如何契入行政法、刑法和刑事诉讼法等部门法,仍需国家层面的理念整合和顶层设计。具体到腐败领域而言,仍需在前置法中明确企业预防腐败的主体责任和合规要求,在刑事法中明确合规不起诉的罪名范围、企业类型、监督模式以及救济措施。

(三)积极反腐体制之革新

《萨潘二号法》基于对反腐败合规的顶层设计,果断地攻克了行政法、刑法、刑事诉讼法之间的森严壁垒,使反腐败合规的机制设计呈现出一致性、连贯性和层次性。在此基础上,法国反腐败局通过集中权限,增加执法手段等方式,加强不同反腐主体权利/权力运行协同,有效地实现"预防与惩治兼顾、预防为主"的反腐败机构功能整合。尤其是在合规计划刑和公共利益司法协议的执行方面,尽管共和国检察官负责监管,但是最后的执行是由法国反腐败局监督涉案企业的落实情况,只有前两者积极配合,才能防止反腐败合规沦为规范性的象征性措施。然而,在立法者对反腐败局赋予重担也寄予厚望的同时,我们也不得不承认,反腐败局体制的革新

---

① 对于具有建立合规体系的涉罪企业,检察机关可以责令其针对违法犯罪事实,提出专门合规计划,并督促其合规体系建设,进而作出相对不起诉决定。
② 比如,2020年4月2日深圳市龙华区人民检察院(深龙华检发20208号)《〈关于对涉民营经济刑事案件实行法益修复考察期的意见(试行)〉的通知》首创"企业刑事合规独立监控人"制度,独立监控人是指受犯罪嫌疑企业委托,对企业刑事合规情况进行调查、规划、监督的律师事务所。与之类似,2020年12月16日辽宁省人民检察院、辽宁省市场监督管理局、辽宁省地方金融监管局、辽宁省生态环境厅、辽宁省自然资源厅、国家税务总局辽宁省税务局、中华人民共和国沈阳海关、中华人民共和国大连海关、中国银行保险监督管理委员会辽宁监管局、中国银行保险监督管理委员会大连监管局(辽检会字202015号)《关于建立涉罪企业合规考察制度的意见》规定,合规考察期内,涉罪企业聘请律师、会计师、税务师等专业人员参与合规计划的执行与评估,并独立发表意见。

还是有些令人抱憾之处。一方面,反腐败局的独立性不足。《联合国反腐败公约》第 6 条第 2 款规定,各缔约国均应当根据本国法律制度的基本原则,赋予本条第 1 款所述机构(即预防性反腐败机构)必要的独立性,使其能够有效地履行职能和免受任何不正当的影响。对此,立法者只规定反腐败局局长的个人独立性,反腐败局本身则受到司法部和经济部的联合监督,亦即不独立于行政部门。这就不得不让人怀疑反腐败局在对公共部门的腐败执行监管任务时能否保持独立和公正。另一方面,反腐败局的设立和运行并未充分考虑多元化,市民社会的参与不足,特别是在反腐败领域精耕细作多年的非政府组织和协会,他们既无权推举该局制裁委员会成员,也无权向反腐败局提出监管申请。

对比来说,监察体制改革使中国腐败治理主要矛盾发生了重大变化,全面升级"不能腐"制度体系,日益成为推动腐败治理发展的关键所在。我国腐败治理机构内部、规范内部仍然缺乏协同运行机制,腐败治理仍停留在侧重惩治的层面,预防机制尚未能发挥实际效用。我国监察委员会的设置更加符合上述条约的客观标准,可以探索将反腐败合规的机制设计巧妙地契合进监察委员会职能。

其一,规定组织体预防腐败法律责任。现代社会中集团性、系统性和塌方性腐败的频发与衍生,与组织内部的权力运行、监督不均衡密切相关,组织对内部腐败行为的默许、放任甚至是鼓励,是腐败泛滥的重要原因。《萨潘二号法》要求组织实体本身及其管理者承担对成员腐败行为的监督预防责任。根据组织实体是否已经涉嫌腐败犯罪,确立事先和事后预防责任机制,各自归入行政法和刑事法,奖励与制裁并举,大幅提升预防腐败的机制效能。法国学者评价《萨潘二号法》道,该法中反腐败的刑事立法内容稍显激进仍不稳定,但非刑事立法内容则非常成功,法国关于预防腐败的共同管理和共同责任立法值得其他国家学习。[①] 而"一带一

---

① D'AMBROSIO Luca. L'implication des Acteurs Privés dans la Lutte Contre la Corruption: Un Bilan en Demi-teinte de la Loi Sapin 2. Revue de Science Criminelle et de Droit Pénal Comparé, 2019(1):1-24.

路"东道国制度环境在一定程度上会对中国企业 OFDI 绩效的提升产生负面影响,境外经贸合作区、母国特定优势和企业年龄对上述负面效应具有弱化作用。① 因此,在完善腐败犯罪的单位责任和刑罚机制基础上,加强反腐败立法的预防能力建设。对企业而言,反腐败所带来的威慑效应、说服效应和规范效应会影响企业高管的价值观念,促使其形成"责任、奉献、担当、无私"的责任基调,优化企业管理行为和决策偏好,从而提升企业价值。② 更重要的是,合规是一种监管私有化的形式,但这种私有化没有完全实现,只有立法机关和监督机关采取充分的保障措施,才能真正有效。③ 就组织实体而论,宜基于组织内部权利的生成与运行过程,设立与反腐败合规类似的预防措施和手段。综合英美等国的相关立法来看,反腐败合规的核心内容主要包括:(1)反腐败行为规范守则。组织实体中的腐败不必局限于重复国际或国内立法规定,可根据组织结构和活动的特殊性来确定,以在组织内部传播共同的廉洁文化和必要认知。(2)实施内部监管程序。组织应以内部规则和程序以确保规范的适用和监督,以及发现可能的腐败犯罪行为。(3)明确处分机制。企业应建立内部举报系统,明确举报程序的要求和举报人的保护制度。只要员工举报符合规定,企业纪律程序则应介入。

其二,探索监察机关合规监督程序。法律并不是只有在规则得到遵守时行为才会发生的一种"程序"场域。法律被筹划出来是要达到那些由政治和社会制度所设定的目的。④ 法国反腐败合规机制运行中规范与机构、程序与实体、权力运行协同制度更新,为我们提供了预防腐败功能优化的新思路——合规监督。与法国反腐败局因规范而生的制度背景不

---

① 参见张宁宁、张宏:《"一带一路"东道国制度环境与中国企业对外直接绩效研究》,载《商业经济与管理》2020 年第 12 期。

② 参见刘建秋、盛开:《反腐败、高管责任基调与企业价值》,载《商业研究》2019 年第 7 期。

③ BREEN Emmanuel. La《compliance》, Une Privatisation De La Régulation?. Revue de Science Criminelle et de Droit Pénal Comparé, 2019(2) :327-331.

④ 参见[英]约翰·贝尔:《法国法律文化》,康家昕、周青阳、李鹿野译,清华大学出版社 2012 年版,第 28 页。

同,我国监察体制改革创立了具有国家"第四权"性质的独立监察机关,无疑为合规监督机制运行提供更独立、更顶层的体制优势。详言之,《监察法》授予监察委员会的监督职能是第一职能,是实现中国腐败治理根本转型的第一生产力,应以监察监督为中心,构建中国新型监督体系,确立国家监察委"监督的再监督"定位。① 监察监督是国家监督体系中最重要的一环,监察监督体系的构建,须依循两条主线:一是对权力本体的宏观监督;二是对具体行权个人的微观监督。② 在宏观和微观之间,构建以行权机构为监督对象的中观监督机制,方能确保监察监督的全覆盖。换言之,合规计划是公共权力正当运行的基本标准,对被监督对象履行合规计划的情况进行监督,是监察委员会积极行使职权的途径。③ 在充分发挥中国特色监察体制优势的基础上,根据我国监察机关的政治定位、职责权限和执法手段,落实监督职能实现的具体机制,应当配之以理论与规范体系的同步构建与推进。可参考法国反腐败局在合规监督机制中采取的"预防性"路径,引入"公权合规计划"机制,再造与优化监督职能,优化权力合规透明措施,推进规范体系的同步构建。

结　语

2018年11月,国资委重磅发布《中央企业合规管理指引(试行)》,标志着我国企业合规建设已经出发,但尚处于起步阶段,亟待借鉴其他国家的企业合规经验,推进我国企业合规的法治体系建设。法国的最新立法聚焦反腐败合规,通过整合行政法、刑法和刑事诉讼法,将企业社会责任规则的道德性"软法"深度整合为具有强制执行力的"硬法"。法国的

---

① 参见魏昌东:《监督职能是国家监察委员会的第一职能:理论逻辑与实现路径——兼论中国特色监察监督系统的规范性创建》,载《法学论坛》2019年第1期。
② 参见程衍:《论监察权监督属性与行权逻辑》,载《南京大学学报(哲学·人文科学·社会科学)》2020年第3期。
③ 参见魏昌东:《国家监察委员会改革方案之辨正:属性、职能与职责定位》,载《法学》2017年第3期。

最新尝试既为我国企业合规提供了新的样板,又为我国反腐败立法提供了新的参考。当然,即便最为科学的立法也无法保障自身的实际社会效果,仍须严格执法、公正司法的持续跟进,方能实现。这正需要我们继续关注,方能真正发挥后发优势,续写中国特色腐败治理国家立法体系新篇章。

企业刑事合规引介的正当性及路径选择

孙瑞玺* 潘 鹏**

摘 要:美国企业刑事合规制度有其特有的成因,如何借鉴美国式的企业刑事合规制度就成为必须正视的问题。美国式的企业刑事合规制度思维上的单边主义固然不可取,但方法上的现实主义和内容上的效率优先主义可以予以辩证地吸收。基于正义和效率兼顾、扩大对外开放、提升我国司法能动性的要求以及发挥能动性原则的桥梁作用,我国引入美国式的企业刑事合规制度具有正当性。根据既有经验和规范化的要求,法教义学、立法和司法是企业刑事合规进入中国法的三条路径。

关键词:刑事合规;教义学路径;司法路径;立法路径

引 言

随着经济全球化程度日益紧密,当今世界已经变成一个地球村,传统意义上的国家转换成地球村的家庭,国民则成为家庭的成员。与此相伴,原依附于国家的法律的"民族性"逐渐为"国际性"所取代。美国的企业刑事合规制度在取得相当成效后,迅速为英国、德国、意大利、日本等国继受,成为本国或地区法律的有机组成部分。与此同时,我国不仅在理论上引介企业刑事合规,而且正在制度实践中尝试引入企业刑事合规,成为我国刑事理论和制度实践的构成部分。可见,美国的企业刑事合规,俨然

---

* 孙瑞玺,法学博士,中国石油大学(华东)文法学院兼职教授、硕士生导师,山东达洋律师事务所律师。

** 潘鹏,山东达洋律师事务所律师。

成为万国法,具有国际性效力。美国创制的企业刑事合规制度的魅力何在？我国又是基于何种考虑引入企业刑事合规,其正当性理由何在？企业刑事合规进入中国法的路径在哪里？如何在不同的路径之间进行选择？本文正是基于以上问题而展开,这也恰恰是本文的问题意识和价值所在。

一、美国企业刑事合规：构成、应用及成因

(一)合规、企业合规与企业刑事合规的含义及类型

关于合规、企业合规和企业刑事合规的含义和类型,在理论和实践上都充满争议。本文经研究和选择,对合规、企业合规和企业刑事合规的含义和类型界定如下,从而为本文的研究奠定基础。合规(compliance),意指"遵循""遵守""遵从"。原在医学领域使用,意指"遵循医嘱"。[①] 借用到法学领域,合规意指"法规遵循"。[②] 此处的遵循,并非道德意义上的呼吁和倡导,而是具体化的遵守和执行,是由合规的主体、内容和标准构成的体系。[③] 可见,合规之法学含义已经脱离其原本意义而成为具有特定含义的法学话语的组成部分,从而成为企业合规和企业刑事合规概念的前提和基础。

企业合规(Corporate Compliance)属于合规的子类型,发轫于美国。[④] 企业刑事合规是企业合规的子类型,是合规的亚子类型。企业刑事合规是指在刑事实体法和程序法的整体框架下,企业在可罚性的前置领

[①] 据考证,Weber等德国学者1977年即以"Patienten-Compliance"(患者合规)为题以专著形式系统讨论了医疗领域的合规问题。参见李本灿:《我国企业合规研究的阶段性梳理与反思》,载《华东政法大学学报》2021年第4期。
[②] 参见李本灿:《企业视角下的合规计划建构方法》,载《法学杂志》2020年第7期。
[③] 参见卢勤忠:《民营企业的刑事合规及刑事法风险防范探析》,载《法学论坛》2020年第4期。
[④] 关于企业合规的概念充满争议。对此,参见[德]弗兰克·萨力格尔:《刑事合规的基本问题》,马寅翔译,载李本灿等编译:《合规与刑法:全球视野的考察》,中国政法大学出版社2018年版,第51—53页;陈瑞华:《企业合规的基本理论》(第二版),法律出版社2021年版,第3页。

域内,前瞻性地避免刑事责任的风险。① 换句话说,即为避免因企业或企业员工相关行为给企业带来的刑事责任,国家通过刑事政策上的正向激励和责任归咎,推动企业以刑事法律的标准来识别、评估和预防公司的刑事风险,制定并实施遵守刑事法律的计划和措施。

合规包括医疗单位合规、企业合规、公权力机构合规和行业自治组织合规等类型。企业合规包括公司治理方式的合规、行政监管激励机制的合规、刑事激励机制的合规和国际组织制裁根据的合规。②

企业刑事合规从动力来源上包括市场驱动型合规与风险规避型合规。③ 从主动与被动的角度来看,市场驱动型合规属于企业主动型合规,风险规避型合规属于企业被动型合规。企业被动型合规是由企业的刑事法律风险引起的,是企业规避刑事法律风险的合规。从企业视角与国家视角观察,企业刑事合规区分为企业视角的合规和国家视角的合规。企业视角的合规是指企业为了保证所有职员行为合法的整体性的组织措施。国家视角的合规是指保证企业守法的、促进法益保护的法制度工具。④ 在本文中,企业刑事合规主要指企业被动型合规,同时也包括企业视角和国家视角的合规。本文关于企业刑事合规的概念就是企业被动型合规与企业视角和国家视角合规的统一体。

(二)美国企业刑事合规制度的构成和应用

美国企业刑事合规制度发展到今天经历了形成、发展、成熟的过

---

① 参见[德]弗兰克·萨力格尔:《刑事合规的基本问题》,马寅翔译,载李本灿等编译:《合规与刑法:全球视野的考察》,中国政法大学出版社2018年版,第60、62页。
② 参见陈瑞华:《企业合规的基本理论》(第二版),法律出版社2021年版,第35—60页。
③ 尹云霞和李晓霞将企业刑事合规区分为市场驱动下的合规和监管驱动下的合规。其中,监管驱动型合规指称的是行政合规。本文基于主题,将行政合规替代为刑事合规。两者的构成不同,但意旨相同,都属于被动型合规。参见尹云霞、李晓霞:《中国企业合规的动力及实现路径》,载《中国法律评论》2020年第3期。
④ 参见李本灿:《我国企业合规研究的阶段性梳理与反思》,载《华东政法大学学报》2021年第4期。

程。① 其中,《反海外腐败法》(Foreign Corrupt Practice Act)和美国《联邦量刑指南》(U.S.Sentencing Guidelines)具有重要地位和作用。本部分将以这两个规范为分析对象,从规范构成、应用效果两个方面对美国企业刑事合规进行介绍。

1. 美国企业刑事合规的构成

《反海外腐败法》出台的背景有三:其一,企业不正当支出包括企业不正当的政治捐助盛行而备受社会诟病;其二,欠缺保障企业董事会和职工行业合法性与妥当性的指导原则;其三,企业内部信息沟通不畅。② 因此,《反海外腐败法》规制的对象是企业资产的不当支出。规范的主体是美国企业以及在美国上市的企业。规制的行为是禁止美国企业以及在美国上市的企业对外国的公务员、政党和政治家进行政治捐助和行贿。③ 认定不正当支出的方法是会计条款(Accounting Provision),即企业应当制作本企业的资产详细清单并负保存义务。④ 如果企业存在账簿与记录不符,或者未真实反映发行人与其合并报表的子公司的资产处置情况,或者发行人与其子公司未能实施有效的内控会计机制等行为,都会受到处罚。⑤

《反海外腐败法》规制的主体和行为主要在美国领土之外,这就给本法关联案件的侦查、起诉和审判带来诸多困难,使本法成为"没有长牙齿的老虎"。为了改变这种被动局面,美国采取了"胡萝卜加大棒"的策略,"制定了企业自主纠偏的行动原则,使企业能自行防止违法活动的出现"。⑥

---

① 详细的介绍参见[日]川崎友巳:《合规管理制度的产生与发展》,李世阳译,载李本灿等编译:《合规与刑法:全球视野的考察》,中国政法大学出版社2018年版,第5—20页。
② 同上书,第9页。
③ 参见《反海外腐败法》第3条。
④ 参见《反海外腐败法》第102条。
⑤ 参见[日]川崎友巳:《合规管理制度的产生与发展》,李世阳译,载李本灿等编译:《合规与刑法:全球视野的考察》,中国政法大学出版社2018年版,第9页;尹云霞、李晓霞:《中国企业合规的动力及实现路径》,载《中国法律评论》2020年第3期。
⑥ [日]川崎友巳:《合规管理制度的产生与发展》,李世阳译,李本灿等编译:《合规与刑法:全球视野的考察》,中国政法大学出版社2018年版,第9页。

"胡萝卜"策略就是激励机制,通过给予涉案企业奖励,换取企业建立企业合规计划,从而产生个别预防和一般预防的效果。① 对涉案企业的奖励措施包括定罪和量刑两个方面。在定罪方面的奖励措施包括企业合规是出罪的理由、不起诉、撤销起诉或暂缓起诉等,如 2003 年的《汤普森备忘录》(Thompson Memo)扩展了联邦检察官在起诉商业组织时所应当考虑的因素包括:其一,公司是否主动并及时报告;其二,公司是否愿意提供相关信息和证据,必要时是否选择放弃律师客户保密特权及相关工作成果;其三,公司是否找出内部涉案高管、员工或外部相关涉案人员;其四,公司是否采取了及时有效的补救措施。②

在引介量刑方面的奖励措施之前,先行介绍一下美国《联邦量刑指南》。美国《联邦量刑指南》第八章关于"组织量刑规则"的规定被认为是企业刑事合规制度化的首次表述。本章导言部分宣称:"本章旨在维持预防、发现和举报犯罪的内在机制,使对组织及其代理人的制裁总体上能够提供公正的惩罚、足够的威慑和对组织的激励。"③寥寥数语,将企业刑事合规的宗旨与激励和惩罚之间的关系描述得清晰而明确。因此,在美国《联邦量刑指南》的语境下,涉案企业合规与否,结果天壤之别。"实施了合规管理的企业较未实施合规的企业须缴纳的罚金可能降低 30%~83%"。④ 美国《联邦量刑指南》尽管不具有正式的法律效力,却是美国联邦司法部在确定罚金时的重要参考。⑤ 因此,量刑方面的奖励措施包括罚金数额以及监禁刑等优待措施,如在计算违反反贿赂条款的罚金数额大小时,根据被告在调查中的合作程度和对责任的接受或认可度,减去一定的犯罪级别。又如,如果被告明确表示并认可自己在犯罪中的责任,或在

---

① 参见陈瑞华:《企业合规的基本理论》(第二版),法律出版社 2021 年版,第 122 页。
② 参见尹云霞、庄燕君、李晓霞:《企业能动性与反腐败"辐射型执法效应"——美国 FCPA 合作机制的启示》,《交大法学》2016 年第 2 期。
③ U.S. Sentencing Guideline, §8, Introductory.
④ [日]川崎友巳:《合规管理制度的产生与发展》,李世阳译,载李本灿等编译:《合规与刑法:全球视野的考察》,中国政法大学出版社 2018 年版,第 16 页。
⑤ 参见尹云霞、庄燕君、李晓霞:《企业能动性与反腐败"辐射型执法效应"——美国 FCPA 合作机制的启示》,载《交大法学》2016 年第 2 期。

调查中主动积极配合,主动并及时告知愿意达成认罪协议的意愿,避免了美国联邦司法部为准备庭审而投入资源,则可能降低至少2个犯罪级别。在对违反会计条款的行为计算罚金时,也会参照上述奖励措施。再如,美国联邦司法部还会依据犯罪级别同时结合其他因素对是否判处被告监禁、监禁期限给出建议。①

所谓"大棒"策略就是严厉的惩罚。严厉的惩罚措施包括定罪、罚金等方面。首先看定罪方面的惩罚措施。其一,确定基准犯罪级别(Base Offense Level)。根据美国《联邦量刑指南》的规定,提供、给予贿赂或索贿、收受贿赂的基准犯罪级别为12(级别越高,表示犯罪情形越严重,处罚结果也越严重)。② 其二,依据具体的犯罪情节增加额外的犯罪级别,这些犯罪情节包括行贿次数、贿赂的价值、行贿人给予的利益以及被行贿外国官员的级别等。例如,如果贿赂次数多于1次,则犯罪级别会增加2个等级。如果行贿价值、因行贿所获或即将获得的利益,以及政府官员(或其代理)获得或即将获得的利益(以其中金额最高的为准)超过6500美元,则犯罪级别依据金额的增长而按一定比例增长。美国《联邦量刑指南》详细列出了具体金额所对应的应增加的犯罪等级数。例如,如果行贿金额大于6500美元但小于15000美元,则犯罪级别增加2个等级(最低增加2个等级);如果行贿金额超过950万美元,则犯罪级别会增加20个等级(最高增加20个等级)。③ 其三,依据被告在犯罪活动中所起的作用调整犯罪级别。例如,如果行为人被法院认定在团伙犯罪活动中承担组织者角色或起领导作用,那么犯罪级别可能会增加4个等级。④ 其四,根据被告的犯罪历史调整犯罪级别。例如,如果发现被告曾经有其他犯罪行为的话,其犯罪级别可能会增加2级;如果被告是职业犯(Career

---

① 参见尹云霞、庄燕君、李晓霞:《企业能动性与反腐败"辐射型执法效应"——美国FCPA合作机制的启示》,载《交大法学》2016年第2期。
② See U.S. Sentencing Guidelines, §2C1.1(2015).
③ See U.S. Sentencing Guidelines, §2B1.1(2015).
④ 参见尹云霞、庄燕君、李晓霞:《企业能动性与反腐败"辐射型执法效应"——美国FCPA合作机制的启示》,载《交大法学》2016年第2期。

Offender),或者当前犯罪行为是惯犯模式中的部分行为且被告的收入基本来源于该犯罪模式,那么被告的犯罪级别也有可能增加。其次再看罚金方面的惩罚措施。如果涉案企业怠于合规,最高可处 4 倍罚金,①如法国阿尔斯通公司当初并未真心打算配合美国司法机关进行调查,而是采取拖延战术,意图逃避追究。美国联邦司法部发现阿尔斯通公司的真实意图后,对其重罚 7.72 亿美元。与此同时,追加起诉阿尔斯通公司的多名高官,截至 2020 年 5 月,美国联邦司法部对阿尔斯通公司的 8 名高管提起刑事指控。②

2.美国企业刑事合规的应用效果

美国企业刑事合规制度的应用效果当初并不理想,甚至可以说是相当差。在 2000 年之前,美国联邦司法部每年的案件数仅为个位数。这是由于《反海外腐败法》规范的主体和行为在美国领土之外,给这些案件的侦查、起诉和审判带来了巨大的困难。因此,美国及时进行了调整,自 2000 年之后,美国联邦司法部受理的案件数量每年都在 20-30起。与此同时,美国联邦司法部每年的和解和罚没金额高达数十亿美元,其中,2019 年涉案企业罚没金额达 26.5 亿美元,且有不断刷新历史记录的趋势。③

(三)美国企业刑事合规制度的成因

作为一种法律现象,美国企业刑事合规制度深受美国法律文化的影响。归纳起来有三:思维上的单边主义、方法上的现实主义和内容上的效率优先主义。

1.思维上的单边主义

美国的单边主义有悠久的历史,经历了从州到联邦再到域外的过

---

① See U.S. Sentencing Guideline, §8C 2.6.
② 参见尹云霞、李晓霞:《中国企业合规的动力及实现路径》,载《中国法律评论》2020 年第 3 期。
③ 同上注。

程。① 美国在国际经贸和法律领域奉行单边主义是众所周知的事实。在法律领域,单边主义的表现是"长臂管辖"(Long-arm Jurisdiction)。"长臂管辖"是"长臂司法管辖原则"的简称,是指对超出本国领土范围或法院管辖范围的案件或事件进行管辖。②《反海外腐败法》调整的范围包括主体和行为两个方面。首先看主体,《反海外腐败法》管辖的主体不仅包括美国主体(包括但不限于注册在美国的商业组织、美国公民、美国国民、具有美国永居身份的人)、在美国的上市公司(包括在美国上市的外国公司),而且还包括在美国领土范围内实施促进贿赂的任何其他主体。除此之外,任何外国主体,都有可能因代理、帮助、教唆理论,以及因子公司的违法行为而受到《反海外腐败法》的指控。从趋势上看,美国执法机关一直在扩大《反海外腐败法》管辖主体的范围。③ 其次看行为,对外国公务员、政党和政治家政治捐助和行贿行为发生在美国领土之外。具体表现在:捐助和行贿的对象在美国领土之外、捐助和行贿的行为发生在美国领土之外。捐助和行贿的行为包括涉案资金流向、违法交易等行为的证据都在美国领土之外。尽管如此,这些行为都属于《反海外腐败法》规制的行为。

2. 方法上的现实主义

美国的法律现实主义是指一种对观念和制度的工具主义的或解决问题的进路,观念、原则、实践和制度都只是在始终伴随着不确定的社会和政治世界中航行的工具。④ 法律现实主义的典型表达如霍姆斯大法官的名言:"法律的生命从来不是逻辑,一直都是经验。"《反海外腐败法》的出台、应用转型都是现实主义作用的结果。首先看现实主义在《反海外腐败

---

① 参见蔡宁伟:《美国反洗钱"长臂管辖"的渊源与演变》,载《金融监管研究》2019年第11期。
② 同上注。
③ 参见尹云霞、李晓霞:《中国企业合规的动力及实现路径》,载《中国法律评论》2020年第3期。
④ 参见[美]理查德·波斯纳:《法官如何思考》,苏力译,北京大学出版社2009年版,第211页。

法》出台方面的作用。如上所述,《反海外腐败法》出台就是为了应对企业不当支出用于行贿外国官员的现实问题的措施。这个措施有明确的问题导向,《反海外腐败法》是被作为解决问题的工具而出台。再看现实主义在《反海外腐败法》应用转型方面的作用。在《反海外腐败法》应用初期遭遇困难的情形下,美国及时采取矫正措施,采用了"胡萝卜加大棒"的方法,"通过给企业奖励的方式,在企业内部创造并维持预防犯罪、发现犯罪和报告犯罪的良好机制"①。

3. 内容上的效率优先主义

在正义与效率的关系中,有五种不同的配置,即正义排斥效率、效率取代正义、正义优先于效率、效率优先于正义和正义与效率兼顾。就美国企业刑事合规制度的内容而言,显然是效率优先于正义,即在正义与效率的关系上,效率是前提和基础。效率的提高,社会正义才有坚实的物质基础,正义才能实现。如果没有效率,正义就缺乏物质基础而沦为空谈,社会正义无法真正实现;相反,社会的公平正义,又会促进效率的提高。② 美国的企业刑事合规制度的初衷是通过让涉案企业建立合规计划来避免违法行为的发生。即使偶然发生了违法行为,这种规划机制也有能力尽早将违法行为扼杀在摇篮中。③ 其本质是高额罚金与刑事责任的交易,就是正义与效率的交换。德国学者弗兰克·萨力格尔精辟地指出:"刑事合规的发迹史最佳地解释了为何将其解读为自治的表现形式和犯罪预防的私权化。"④也就是说,企业合规是刑事诉讼私有化的表现,国家将自身的任务分配给了企业,企业是在帮助国家行使国家职能。具体而言:第一,通过《汤普森备忘录》和美国《联邦量刑指南》的出台和实施,"美国政府成功地

---

① [日]川崎友巳:《合规管理制度的产生与发展》,李世阳译,载李本灿等编译:《合规与刑法:全球视野的考察》,中国政法大学出版社2018年版,第16页。

② 参见厉以宁:《经济学的伦理问题》,生活·读书·新知三联书店1995年版,第20页。

③ 参见[日]川崎友巳:《合规管理制度的产生与发展》,李世阳译,载李本灿等编译:《合规与刑法:全球视野的考察》,中国政法大学出版社2018年版,第6—7页。

④ [德]弗兰克·萨力格尔:《刑事合规的基本问题》,马寅翔译,载李本灿等编译:《合规与刑法:全球视野的考察》,中国政法大学出版社2018年版,第77页。

将本该由司法机构承担的调查取证成本,转而由涉案企业自己承担,大大减少了执法机关的资源投入,使美国政府可以将有限的公共资源投入到其他更严重的犯罪,如恐怖主义、贩毒、贩卖人口等"①。第二,涉案企业通过合规计划的实施获得了收益。因为根据量刑规则,企业可以计算出合规与否的后果。基于理性和利益考量,企业自然会得出制定合规计划、配合调查的好处。因此,"合规不是负担,合规是企业生产力"②。

二、企业刑事合规引入中国法的正当性

对于美国式的企业刑事合规制度能否引入中国,有两种对立的主张。肯定说认为,企业刑事合规引入中国没有理论和制度障碍。该说以陈瑞华教授和李本灿教授为代表。否定说认为,我国学界对西方的企业刑事合规制度的引介存在误解,引入企业刑事合规制度欠缺适宜的理论和制度背景,不宜过早引入企业刑事合规制度。该说以田宏杰教授为代表。③ 肯定说对否定说进行了反驳,认为否定说所称的"理论界的误解"实际上是论者自身的误解。④ 本文持肯定说,理由如下。

(一)是正义与效率的呼唤

在正义与效率的五种配置中,本文持正义与效率兼顾的主张,即正义是效率的动力来源,效率是正义的实现。两者是正相关关系。⑤ 如此判断也有我国党和政府的政策和实践的支持。新中国成立初期,党和国家在提升经济效率的同时,高度重视社会的公平正义,强调社会主义制度较资本主义制度在防止和化解两极分化和贫富对立方面具有比较优势,在实

---

① 尹云霞、李晓霞:《中国企业合规的动力及实现路径》,载《中国法律评论》2020年第3期。
② 同上注。
③ 参见田宏杰:《刑事合规的反思》,载《北京大学学报(哲学社会科学版)》2020年第2期。
④ 参见李本灿:《我国企业合规研究的阶段性梳理与反思》,载《华东政法大学学报》2021年第4期。
⑤ 参见王海明:《公正平等人道社会治理的道德原则体系》,北京大学出版社2000年版,第112页。

际运行中是偏重倡导平均主义。改革开放以来,为克服平均主义的弊端,党和政府明确提出"效率优先,兼顾公平"的发展和分配政策。正如中国共产党十八大报告重申的那样:"初次分配和再分配都要兼顾效率与公平,再分配更加注重公平。"因此,以效率优先主义为内容正当性的企业刑事合规制度在效率的语境下就契合了中国的需求,为我国引入该制度奠定了政策基础。从借鉴的视角来观察,中国在借鉴美国的企业刑事合规制度时,除了关注其效率性的面向外,对其忽视正义的缺陷应进行矫正,即同时关注其效率与正义。

(二)是我国扩大对外开放的必然要求

利用外资是我国对外开放的基本国策和开放型经济体制的重要组成部分,在经济发展和深化改革进程中发挥了积极作用。当前,全球跨国投资和产业转移呈现新趋势,我国经济深度融入世界经济,经济发展进入新常态,利用外资面临新形势新任务。扩大对外开放,就意味着在引进外资的同时,也要引进外国行之有效的法律制度。在法律制度中,与经济相关的法律制度,如企业刑事合规制度就属于经济刑法的范畴。[①] 以经济性为底色的企业刑事合规制度对于我国扩大对外开放有重大助益。同时,对外开放不仅包括引进外资,而且还包括我国企业走出去,在外国的法律制度下开展经营活动。如果我国企业对于外国的企业刑事合规有相当的了解(因为它也是我国法律制度的有机组成部分),对于我国企业走出去亦有重大助益。如果将对外开放引进先进法律制度与美国企业刑事合规方法上的现实主义作比较,可以发现两者有相同之处,即在面临社会问题时,首先采用法律作为解决工具。由此,在面对企业不正当支出、企业行贿现象猖獗且呈现规则之势等类似问题,能够为我国借鉴美国的企业刑事合规制度治理相同问题提供比较法上的理由。中国古代儒家对理性的克制、对经验的推崇的现实主义态度与美国的现实主义有异曲同工之妙。

---

① 参见[德]弗兰克·萨力格尔:《刑事合规的基本问题》,马寅翔译,载李本灿等编译:《合规与刑法:全球视野的考察》,中国政法大学出版社2018年版,第51页。

只不过中国的现实主义更为含蓄,而美国的现实主义更为张扬。

(三)是提升我国司法能动性的要求

就我国刑事立法的现状,张明楷教授认为,"总体而言,如今的刑事立法比较被动和消极,增设新罪相对缓慢和拘谨"①。对此,可以从正反两个方面进行解读。从正面理解就是刑法的谦抑性原则,即"即使行为侵害或威胁了他人的生活利益,也不是必须直接动用刑罚,可能的话,采取其他社会统治手段才是理想的。可以说,只有在其他社会统治手段不充分时,或者其他社会统治手段(如私刑)过于强烈有代之以刑罚的必要时才可以动用刑法"②。从反面解读可能是风险社会与疏而多漏的刑事法网之间的冲突,因此"迫切需要予以大力度的犯罪化处理,以有效保护法益、保护社会、保障人权、保障社会的健康和谐发展,有效预防和制止越来越多的严重侵害社会的行为"③。美国的企业刑事合规制度的运行是司法能动的结果。如前文介绍的"胡萝卜"激励机制中对涉案企业量刑时考量的因素,"大棒"惩罚的严厉性的措施。"胡萝卜+大棒"是企业刑事合规制度得以运行并取得成效的动力之源,离开这些措施的实施,企业刑事合规制度将难以真正运行。这些措施的实施者是检察官和法官,而检察官和法官的能动性执法与司法又是这些措施实施的关键环节。《反海外腐败法》出台之后的应用遇冷,直到本法完善后的应用变得炙手可热,前后两重天的原因,固然有修法的原因,但与检察官和法官执法与司法的能动性的大小也存在密不可分的关系。需要特别强调的是,美国的司法能动性与我国强调的司法能动性存在根本不同,其中一个重要原因是对于成文法的态度不同。前者基于判例法传统,往往不将制定法作为司法

---

① 张明楷:《刑法学》(第六版),法律出版社2021年版,前言。
② 日本学者平野龙一教授的观点。转引自张明楷:《论刑法的谦抑性》,载《法商研究》1995年第4期。
③ 李瑞生:《论后劳教时代的社会与刑事立法之应对——关于犯罪化问题的研究》,载《新疆财经大学学报》2014年第2期。

创制的起点,而是将判例作为司法创造的起点;①后者是以成文法作为司法的根据,即使"无法可依",也将自行创制的规则冠以"依法"之名。在后者,判例仅作为论证的理由。② 因而,不同的法律传统构成对法律借鉴的语境和限定。

(四)功能性原则的桥梁作用

比较法方法论的基本原则是功能性原则。③ 所谓功能性是指完成相同任务、具备相同功能的事物才具有可比较性。功能性原则是建立在经验主义基础上的,即"每个社会的法律在实质上都面临同样的问题"④,往往采用不同的解决方法,结果基本相同。不同的解决路径具有可比性,有优劣之分。因此,借鉴好的解决方案就成为必然的选择。就功能性原则在引入企业刑事合规制的作用而言,体现在以下几个方面:第一,面临的问题相同。如上所述,企业不正当支出、企业受贿等,这些问题在美国与中国基本相同。只不过美国面临问题的主体和行为发生在领土之外,而中国面临的问题是企业在国内的行为。第二,解决的路径不同。正如前文所介绍的,美国针对前述问题采用了"胡萝卜+大棒"的恩威并重的方法,迫使企业制定有效合规计划并自觉实施,由此实现了个别预防与一般预防的双重效果。中国面对相同问题的解决办法是传统上惩罚为主的个别预防措施,主要是"大棒",欠缺"胡萝卜"。因此,借鉴美国的企业刑事合规制度为我国所用具有正当性。第三,符合相同问题相同处理的正义的要求。相同问题相同处理不仅是处理国内法律事务的原则,也是借鉴比较法上的成功经验的原则。因为,"正义就是真善美"⑤。

---

① 参见[德]茨威格特·克茨:《比较法总论(上)》,潘汉典等译,中国法制出版社2017年版,第476页。
② 在大陆法系国家,判例构成裁判论证的参考资料。参见[德]茨威格特·克茨:《比较法总论(上)》,潘汉典等译,中国法制出版社2017年版,第476页。
③ 同上书,第58页。
④ 同上注。
⑤ 吴经熊:《正义之源泉:自然法研究》,张薇薇译,法律出版社2015年版,第335页。

三、企业刑事合规进入中国法的路径选择

（一）现有的问题

西方的企业刑事合规制度被我国学者引入中国大致是十年前（即2011年左右）的事情。目前，无论是理论、立法还是司法都取得了丰硕的成果，但也存在不回避的问题。

首先，理论上的成果和问题。理论上的研究成果可以归纳为以下特点：其一，研究队伍逐渐扩大。研究队伍既包括刑法学者，也包括刑诉法学者；既包括理论研究者，也包括实务研究者。实务研究者中包括法官、检察官，也包括律师。其二，研究视角多维。研究的视角既包括刑法，也包括刑诉法。刑法视角中又包括单位犯罪论、刑罚论、个别预防与一般预防、刑事政策等内容。刑诉法视角又包括认罪认罚与企业合规计划的关系。其三，研究方向多重。研究方向既包括学术的引入，也包括从刑法和刑诉法引进企业刑事合规的建议。其四，研究方法多元。研究方法包括立法论、解释论，也包括法教义学。其五，研究的问题多且对立。关于企业刑事合规的问题多，同时又尖锐对立，如企业刑事合规的研究是否应以单位犯罪的法定化为前提条件的问题，就有两种对立的主张。有的学者持肯定说，[①]有的学者持否定说。[②] 与此同时，有的学者对企业刑事合规研究进行了阶段性的梳理和反思，认为研究视角多维值得肯定；在研究方法上应当重视法教义学方法的运用；在研究方向上，在关注企业合规计划个别预防的同时，也要兼顾一般预防的过渡对涉案企业自主权的侵害。与此同时，对争议的问题也进行了梳理并在反思的基础上提出了洞见。[③]

其次，立法的成果和问题。在 Alpha 数据平台系统上检索，截至2021年8月31日，涉及企业合规的立法共25件，涉及企业刑事合规的2件。

[①] 参见万方：《企业合规刑事化的发展及启示》，载《中国刑事法杂志》2019年第2期。
[②] 参见李本灿：《我国企业合规研究的阶段性梳理与反思》，载《华东政法大学学报》2021年第4期。
[③] 同上注。

综观这些立法有以下特点:其一,检察机关和国有资产监督管理部门是立法的主力军。25 件立法中,国有资产监督管理部门或其参与的立法 23 件,占比 82%,检察机关或其参与的 2 件,占比 8%。其二,检察机关通过典型案例指导检察实践,如 2021 年 6 月 3 日,最高人民检察院举办"依法督促涉案企业合规管理 将严管厚爱落到实处"新闻发布会,发布企业合规改革试点典型案例,用以指导试点单位的企业合规改革工作。其三,立法调整的行为包括国内行为和国外行为,如由国务院国有资产监督管理委员会等 7 家单位联合发布的《企业境外经营合规管理指引》就是规范企业境外合规管理的立法。该指引第 2 条第 1 款规定:"本指引适用于开展对外贸易、境外投资、对外承包工程等'走出去'相关业务的中国境内企业及其境外子公司、分公司、代表机构等境外分支机构。"但也应看到,上述立法存在诸多问题,如立法层级低、企业刑事合规的立法少、调整的主体单一、调整的范围过窄等。

最后,司法实践的成果和问题。司法实践以企业合规为由的案例已经出现,有两种表现形式:示范性案例和一般性判例。[1] 前者如最高人民检察院发布的典型案例,后者指相关法院的生效裁判。一般性判例的应用以隐性应用为主。[2] 隐性应用是指在审判过程中,涉案企业请求法官因其合规而免责,法官对此在裁判理由部分未明确予以回应,但是其裁判结果与涉案企业主张相一致的情形。[3] 隐性应用包括案后评析型隐性应用和沉默型隐性应用。前者是指裁判生效后,参与法官以案后评析的方式披露裁判的理由,如"吉安文山有限责任会计师事务所、邹某出具证明文件重大失实案"中,裁判要旨是:"在单位从事具体业务的自然人对其业务

---

[1] 参见顾培东:《我国成文法体制下不同属性判例的功能定位》,载《中国法学》2021 年第 4 期。

[2] 经查,截至 2021 年 9 月 1 日,在 Alpha 数据平台系统,以"企业合规"为关键词,未检索到以此为裁判理由的生效裁判。

[3] 参见郭叶、孙妹:《最高人民法院指导性案例 2019 年度司法应用报告》,载《中国应用法学》2020 年第 3 期;孙维飞:《隐名的指导案例——以"指导案例 1 号"为例的分析》,载《清华法学》2016 年第 4 期。

行为可能发生的危险,具有较高的注意义务。从事该特定业务时的过失行为严重违反单位规章制度的,不能体现单位意志,行为不构成单位的过失犯罪,单位不承担刑事责任。"①本案生效判决宣告吉安文山有限责任会计师事务所不构成单位过失犯罪的同时,判决相关责任人因业务过失行为造成危害社会的后果构成犯罪。该判决一方面弘扬了法治是最好的营商环境的精神,依法保护了民营企业的生存和发展;另一方面对类似的民营企业上了一堂生动的法制课,告诫民营企业在发展过程中规范单位行为、规范单位成员行为,同时也对企业在发展中做好刑事风险防范、建立企业刑事合规制度提出了法律警示。后者如"被告人郑某、杨某、杨某某、李某某、杜某某、孙某、王某某、丁某某、杨某甲犯侵犯公民个人信息罪案",在裁判理由部分指出:"单位犯罪是为本单位谋取非法利益之目的,在客观上实施了由本单位集体决定或者由负责人决定的行为。雀巢公司政策、员工行为规范等证据证实,雀巢公司禁止员工从事侵犯公民个人信息的违法犯罪行为,各上诉人违反公司管理规定,为提升个人业绩而实施犯罪为个人行为。"②本案一审判决书也指出:"被告人郑某、杨某、杨某甲、李某某、杜某某辩称,为完成公司任务收集公民个人信息;多名辩护人提出本案系单位犯罪,应追究雀巢(中国)有限公司的刑事责任的辩护意见。经查,陈某某等证言、雀巢公司 DR 任务材料,雀巢公司证明、雀巢公司政策、员工行为规范等,证明雀巢公司不允许向医务人员支付任何资金或者其他利益,不允许员工以非法方式收集消费者个人信息。对于这些规定要求,雀巢公司要求所有营养专员接受培训并签署承诺函。被告人郑某、杨某甲、杨某、李某某、杜某某等明知法律法规以及公司禁止性规定的情况下,为完成工作业绩而置法律规范、公司规范于不顾,违规操作进而贿买医务人员,获取公民个人信息的行为,并非雀巢公司的单位意志体现,故本案不属于单位犯罪,对该辩护意见不予支持。"③

---

① 江西省吉安市中级人民法院重审(2019)赣 08 刑终 238 号判决书。
② 甘肃省兰州市中级人民法院(2017)甘 01 刑终 89 号裁定书。
③ 甘肃省兰州市城关区人民法院(2016)甘 0102 刑初 605 号判决书。

尽管案后评析型隐性应用在司法实践中被作为统一裁判尺度的方法来对待,①但是此种事后将内心确证的内容公开的方法,系在诉讼程序之外,没有纳入诉讼程序而听取公诉人、被告人和辩护律师的意见,为法律神秘主义的体现,一方面违反了正当程序原则,另一方面也违反了裁判文书"要释明法理,说明裁判所依据的法律规范以及适用法律规范的理由"的释法说理的基本要求,②不值得提倡。至于沉默型隐性应用,在案后评析型隐性应用尚不值得提倡的情形下,举轻明重,此种隐性应用更不值得提倡。正如胡云腾教授所言:"案例是真正的法治,是真实的法治,案例是什么样子,法治就是什么样子。"③

上述三个方面的成果和问题,系对经验和实然方面企业刑事合规的归纳和总结。这也同时说明,企业刑事合规已经进入学术研究、立法和司法领域,成为学术研究的热点问题、立法的规制问题和司法应用的问题。由此,企业刑事合规问题通过学术、立法和司法三条路径进入了中国法的体系。

(二)引介路径选择

本文经过选择,认为上述三条路径都可以作为进入中国法的正确路径,但应当进行规范化改造,方能实现中国法借鉴的目的。

1. 法教义学的路径

本文之所以称法教义学路径而不称学术路径,首先是两者的定位不同。法教义学是以立法、司法和学术为研究对象,以法律解释和漏洞填补方法及法律论证为内容的学说。可见,法教义学不仅包括学术,而且将立法和司法作为研究范围,以法律解释、漏洞填补方法及法律论证为研究内容,具有鲜明的实践导向,用以解决立法和司法实践中的问题。学术的定

---

① 最高人民法院《关于完善人民法院司法责任制的若干意见》[法发〔2015〕13号]第8条第2款,即"建立审判业务法律研讨机制,通过类案参考、案例评析等方式统一裁判尺度"。
② 最高人民法院《关于加强和规范裁判文书释法说理的指导意见》[法发〔2018〕10号]第2条。
③ 胡云腾:《影响诉讼的法治价值》,载《南方周末》2020年9月3日,第3版。

位则不同,其不仅研究立法与司法,也研究其他问题;不仅具有实践性,而且具有自由性。其次,两者的功能不同。法教义学具有规范的属性,能够产生类似规范上的效力;学术具有天然的解构性格,而不是建构。

法教义学又称为法律信条学、法律解释学等,①本文认为法教义学是以立法、司法和学术为研究对象,以法律解释和漏洞填补方法及法律论证为内容的学说。法教义学包括知识法教义学和方法法教义学。② 法教义学有稳定、整合、批判、修正等功能。③ 关于企业刑事合规与刑事法教义学的关系,有三种主张,其一,前者不受后者的约束;④其二,前者要受后者的制约;⑤其三,前者以后者为基础,以发展后者为使命。⑥ 经分析比较,本文认同第三种观点。理由是:

第一,刑法教义学的稳定性决定企业刑事合规应以刑法教义学为基础。刑法教义学的主要功能是稳定或安定,即"保证有一个站得住脚的统一的学说,避免法律的运用被偶然因素和专断所左右"⑦。由此决定,刑法教义学是一种面向过去的、偏重个别预防的惩罚机制;相反,企业刑事合规是一种面向未来的、偏重一般预防的激励机制,此种机制具有政策灵活性。刑法教义学与刑事政策之间的抵牾反而成为两者融合的理由。对于前者,刑法教义学成为以刑事政策为导向的刑法教义学,⑧具有了开放性;

---

① 参见[德]伯恩·魏德士:《法理学》,丁晓春、吴越译,法律出版社2013年版,第136页。
② 参见雷磊:《什么是法教义学——基于19世纪以后德国学说史的简要考察》,载《法制与社会发展》2018年第4期;车浩:《理解当代中国刑法教义学》,载《中外法学》2017年6期。
③ 参见[德]伯恩·魏德士:《法理学》,丁晓春、吴越译,法律出版社2013年版,第1405-1429页。
④ 参见[德]托马斯·罗什:《合规与刑法:问题、内涵与展望——对所谓的"刑事合规"理论的介绍》,李本灿译,载赵秉志主编:《刑法论丛》2016年第4卷,法律出版社2016年版,第365页。
⑤ 参见[日]甲斐克则:《企业的合规文化·计划与刑事制裁》,谢佳君译,载李本灿等编译:《合规与刑法:全球视野的考察》,中国政法大学出版社2018年版,第274页。
⑥ 参见孙国祥:《刑事合规的刑法教义学思考》,载《东方法学》2020年5期。
⑦ [德]李斯特:《德国刑法教科书》,徐久生译,法律出版社2006年版,第3—4页。
⑧ 参见[德]克劳斯·罗克辛:《刑事政策与刑法体系(第二版)》,蔡桂生译,中国人民大学出版社2011年版,第12页。

对于后者,刑事政策成为刑法教义学的范畴,①刑事政策因而具有了稳定的性质。可见,企业刑事合规的灵活性是具有"稳定性的灵活性"。

第二,刑法教义学的整合性决定企业刑事合规应以刑法教义学为基础。刑法教义学的整合性是将"一个卓有成效、具有结构性的刑法理论排除了任意性,并且使一个受规则引导的刑法适用成为可能"②。"任何刑法意义的举措如果不能通过传统刑法教义学的归类和证成,该举措的正当性或多或少就会受到质疑。"③刑法教义学整合性形成的过程是共识形成的过程,而共识是刑法教义学有约束力的内在原因,也是刑法实证法规范得以应用而不可或缺的决定性因素。企业刑事合规欲入法成为刑法规范,则自身须进行整合性处理,融入刑法教义学的体系之中。否则,"刑事合规脱离了刑法教义的指导,就可能成为自说自话的概念,无法融入刑法学科体系中,缺乏刑法教义的滋养,刑事合规的实践和理论注定无法走远"④。我国《刑法》第286条之一第1款关于"致使违法信息大量传播的""致使用户信息泄露,造成严重后果的""致使刑事案件证据灭失,情节严重的""有其他严重情节的"中的"大量传播""造成严重后果""情节严重的""有其他严重情节的"认定,如果离开刑法教义学的解释,会各说各话,无法形成共识,更无法在司法中正确应用。

第三,企业刑事合规对刑法教义学的突破促进了刑法教义学的发展。企业刑事合规制度对传统刑法教义学的突破主要表现在以下几个方面:其一,定位上的突破。前者定位于定罪与量刑上的实质合理性,着眼于未来;后者定位于定罪量刑上的形式主义,着眼于过去。其二,在归责原则上的突破。前者的归责原则是不合规就承担刑事责任。也就是说,企业的管理者要对企业员工的不法行为担责,系"他人责任";后者则是行为人只对

---

① 参见孙国祥:《刑事合规的刑法教义学思考》,载《东方法学》2020年5期。
② [德]埃里克·希尔根多夫:《德国刑法学:从传统到现代》,江溯、黄笑岩等译,北京大学出版社2015年版,第177页。
③ 孙国祥:《刑事合规的刑法教义学思考》,载《东方法学》2020年5期。
④ 同上注。

自己的行为负责,无须对他人的行为担责,即"自己责任"。其三,追诉模式上的突破。前者采取公权力和私权力合作的模式;后者则是采取国家公权力追诉的模式。其四,出罪或量刑优待的正当性事由的突破。前者以涉案企业已实施或准备实施企业合规计划为条件;后者则以罪刑相适应为条件,刑罚的报应主义是出罪或量刑优待的条件。企业刑事合规的上述突破是基于社会现实的需求,以及对传统刑法教义学保守和僵化否定的结果。

但刑法教义学本身具有批判与修正的功能,即具备自我纠错和发展的品格。这是因为"法教义学的当代发展,已经从过去那种科学面向的、唯体系化的、纯粹依靠概念和逻辑推理构建起来的法教义学,转向为实践和经验面向的,融合了多学科知识,包含了目的、利益和价值判断的法教义学"①。故此,企业刑事合规对传统刑法教义学的突破都为当代刑法教义学所涵盖和包容。

其一,对企业刑事合规定位突破的涵盖。刑法教义学通过扩张一般预防而将企业刑事合规涵盖其中。具体而言,刑法上的一般预防可以区分为消极的一般预防和积极的一般预防。前者属于传统刑法教义学的观点,即以罪刑相适应的报应主义为指向,对犯罪人科以刑罚,以吓阻犯罪的发生;后者则是通过对犯罪人施以刑罚,强化被其犯罪行为所违反的规范的修复,维护法规范的稳定性。②"积极的一般预防不是用高举的棍棒相威胁,而是针对能够作出清醒的决定、有能力在服从还是违反规范之间作出选择的人。它不想对任何人进行威慑,无论是公众还是受刑者。它的目的是在总体上强化民众的'一般的法律意识'。"③"如果抑制制裁的发动能够更加有效地引导人们遵守法律,就没有必要科处制裁;如果科处较轻的制裁就能够达至效果,就不必硬要施加重的制裁。因为发动制裁会花

---

① 车浩:《理解当代中国刑法教义学》,载《中外法学》2017年6期。
② 参见孙国祥:《刑事合规的刑法教义学思考》,载《东方法学》2020年5期。
③ [美]马库斯·德克·达博:《积极的一般预防与法益理论》,杨萌译,载陈兴良主编:《刑事法评论》第21卷,北京大学出版社2007年版,第447页。

费各种各样的成本,而尽量引导经营者等自主守法才是最有效率的。"①

其二,对企业刑事合规归责原则突破的涵盖。对此,刑法教义学发展出了"企业组织体责任"的理论,即"管理机构或被任命的代表人以'机构性团体正犯'形式实施的违规行为不是'他人犯罪',而是'自己犯罪'"②。这是因为企业存在法定前置义务③和"前过错"④。企业员工的犯罪要归咎于企业自身的犯罪,需要有两个前提条件:(1)企业员工实施了与企业有关的犯罪行为,客观上属于企业自己的犯罪。(2)企业员工的行为可归责于企业。如果犯罪活动系企业直接指挥实施的,员工的犯罪活动是企业意志的体现,对企业追究刑事责任则体现了责任主义原则。若企业员工实施了与企业经营活动有关的犯罪行为,尽管企业并不知晓,但企业存在明显的过错,则仍应认为企业具备了归责基础。由于企业是否要承担刑事责任,取决于企业自身是否存在组织和管理过错,与企业刑事合规存在密切的联系,即企业犯罪归责路径转换的连接点就是看是否形成了有效的前置性合规计划。⑤

其三,对追诉模式突破的涵盖。国家通过公权力追诉企业犯罪,非但没有减少犯罪,反而企业犯罪呈上升趋势。与此同时,公权力追诉还导致社会成本的剧增。企业刑事合规是企业自愿制定切实有效的措施遵守法律,预防企业和员工违反法律的"软法"。⑥ 国家的"硬法"与企业的"软法"共同保证我国刑法的实施既是有效的,也是有效率的。

其四,对出罪或量刑优待正当性事由突破的涵盖。首先,企业刑事合规出罪的正当性理由可以为刑法教义学的信赖原则和期待可能性理论所

---

① [日]佐伯仁志:《制裁论》,丁胜明译,北京大学出版社2018年版,第46页。
② [德]乌尔里希·齐白:《全球风险社会与信息社会中的刑法》,周遵友、江溯等译,中国法制出版社2012年版,第253页。
③ 参见李本灿:《刑事合规理念的国内法表达——以"中兴通讯事件"为切入点》,载《法律科学》2018年第6期。
④ 孙国祥:《刑事合规的刑法教义学思考》,载《东方法学》2020年5期。
⑤ 同上注。
⑥ 参见[德]马克·恩格尔哈特:《德国经济刑法的发展和现状》,载徐剑译、陈兴良主编:《刑事法评论:刑法规范的二重性论》,北京大学出版社2017年版,第325页。

涵盖。在传统理论中,被监督者的违法行为就是监督者的过失行为,监督者不得主张信赖原则而免除自己的责任。此种将被监督责任等同于监督者责任的做法系严格责任,即使在监督者无过错的情形下,亦应担责。此种责任归咎既与企业组织体责任相冲突,也与社会现实相矛盾。随着社会分工的日益精细化,企业的体量庞大,结构复杂,动辄要求企业管理者对企业员工的行为负责确系强人所难。因为"在新情况下,由行为所导致的责任风险很难预计,也很难通过合规性的措施来加以控制"①。因此,企业因采取有效的合规措施而信赖员工会遵守法律,但因为员工个人的原因而违法,企业可以基于对员工的信赖免责具有正当性。所谓可期待性是指社会所期待的是自愿制定合法有效合规计划并实施的企业,对于违法犯罪的员工行为不负责任。这是从规范正当化、不法、非难可能性以及公共利益等角度综合考量的结果。② 其次,企业刑事合规量刑优待的正当性可以为刑法教义学刑罚正当性和犯罪目的合理性融合理论所涵盖。企业是否建立并有效实施了合规计划,反映了预防的必要性,因而影响预防刑的供给与需求,通过量刑激励,给予企业合规压力和动力,从制度合规逐步形成合规文化,从而实现积极一般预防的良性循环。③

综上,企业刑事合规的引入可以融入我国刑法教义学的体系而成为其有机组成部分。这也就意味着,我国的刑法教义学是企业刑事合规的理论基础、立法参考和适用指南。具体而言,在企业刑事合规未入法之前,刑法教义学作为企业刑事合规的理论基础,可以作为司法裁判的论据,如最高人民法院已将比较法、法理和学术通说作为裁判的论据。④ 裁判文书中引用学术观点作为理由已成为常态。⑤ 在企业刑事合规入法之

---

① [德]埃里克·希尔根多夫:《德国刑法学:从传统到现代》,江溯、黄笑岩等译,北京大学出版社 2015 年版,第 510 页。
② 参见[德]乌尔里希·齐白:《全球风险社会与信息社会中的刑法》,周遵友、江溯等译,中国法制出版社 2012 年版,第 261 页。
③ 参见孙国祥:《刑事合规的刑法教义学思考》,载《东方法学》2020 年第 5 期。
④ 参见《最高人民法院关于加强和规范裁判文书释法说理的指导意见》[法发〔2018〕10 号]第 13 条。
⑤ 参见孙瑞玺:《裁判文书中能否引用学术观点?》,载《民法与法制》2020 年第 4 期。

后,刑法教义学是释法的工具,即"按照人们认可的范式来表述和论证每个现行的刑法条文的适用条件"①。

需要特别说明的是,刑法教义学在具备优势的同时,也存在固有的缺陷,需要引起高度关注。刑法教义学具有客观性和公理性的一面,也有主观性和随意性的一面,易形成不同的观点,且各说各话,难以达成共识。由此决定了刑法教义学解释法律所形成的结论也会各不相同,稳定和整合功能难以发挥作用。因而,刑法教义学的客观性、公理性、稳定性、整合性形成,要经历时间的砥砺,在此期间,各种观点相互碰撞、相互切磋、相互竞争,通说才能胜出,共识才会形成。因此,刑法教义学路径的形成一是需要时间的积累,二是需要达成共识。此种路径的稳定性较立法路径和司法实践路径相比相对较弱。

2. 立法的路径

如上所述,我国现有关于刑事合规的立法少,且主要在检察领域。在此情形下,是从实体法还是程序法引入企业刑事合规制度,有不同的主张。有学者认为应当从程序法上引入,因为在我国已经确立认罪认罚从宽制度的背景下,没有必要引入域外的刑事合规计划。总体上可以将认罪认罚从宽制度作为载体,完善我国企业犯罪案件办理工作机制。② 有学者对此进行了批判,认为程序路径并非排斥实体路径的理由。③ 本文赞同后者,应当从实体法和程序法两个方面引入企业刑事合规制度。

首先,在实体法引入企业刑事合规有比较法、刑法教义学和中国法上的理由和根据,已如前述。企业刑事合规制度的本质是定罪与量刑问题,这两个方面的内容属于刑事实体法即刑法的范畴是共识。我国刑法规定为企业刑事合规制度的引入准备好了接口,此种接口包括总则与分则两个方面:其一,在总则方面。从我国《刑法》第 30 条关于单位犯罪的

---

① 参见[德]沃斯·金德霍伊泽尔:《适应与自主之间的德国刑法教义学——用教义学来控制刑事政策的边界?》,蔡桂生译,载《国家检察官学院学报》2010 年第 5 期。
② 参见赵恒:《涉罪企业认罪认罚从宽制度研究》,载《法学》2020 年第 4 期。
③ 参见李本灿:《我国企业合规研究的阶段性梳理与反思》,载《华东政法大学学报》2021 年第 4 期。

构成,以及第 14 条、15 条关于故意和过失犯罪的定义,可以看出我国单位或企业犯罪的责任形式是组织体责任,①不是美国企业刑事合规的代位责任。② 在关涉不特定社会大众的生命、健康和安全的关键领域,③制定有效企业合规计划并切实履行的涉案企业,通过自身行为发挥了刑法个别预防与积极一般预防的功能,④犯罪的社会危害性得以消解,因而,应当认定无罪。其二,在分则方面。刑法在涉及社会大众的生命、健康和安全的关键领域,通过前置性行政合规义务和刑事合规义务的双重课予,⑤为涉案企业是否入罪划定了红线。如果合规,出罪;如果不合规,入罪,如《刑法》第 286 条之一的网络服务提供者的合规义务和刑事责任、第 133 条之一中的机动车所有人和管理人的合规义务及责任等。⑥

其次,在程序上引入企业刑事合规的路径。本文不认同认罪认罚从宽制度可以替代企业刑事合规制度的观点。理由包括:第一,两者功能定位的着眼点不同。尽管两者的功能定位有交叉,如前者的"从宽"包括实体法的从宽,主要是量刑上的从轻、减轻或免除等,也包括程序法上的从宽,如应羁押的嫌疑人采取非羁押措施、应予逮捕的嫌疑人作出不予逮捕的决定、应当公诉的案件作出相对不起诉决定等。后者包括实体法上的

---

① 参见黎宏:《组织体刑事责任论及其应用》,载《法学研究》2020 年第 2 期。
② 参见李本灿:《域外企业缓起诉制度比较研究》,载《中国刑事法杂志》2020 年第 3 期。
③ 参见李本灿:《合规计划的效度之维——逻辑与实证的双重展开》,载《南京大学法律评论》2014 年第 2 期。
④ 此谓国家与企业的共同管制,其典型形态就是企业合规计划。参见李本灿:《企业犯罪预防中国家规制向国家与企业共治转型之提倡》,载《政治与法律》2016 年第 2 期。
⑤ 参见李本灿:《刑事合规理念的国内法表达——以"中兴通讯事件"为切入点》,载《法律科学》2018 年第 6 期。
⑥ 除这个罪名之外,《刑法》第 134 条第 1 款重大责任事故罪、第 134 条第 2 款强令违章冒险作业罪、第 135 条重大劳动安全事故罪、第 135 条之一大型群众性活动重大事故罪、第 136 条危险物品肇事罪、第 137 条工程重大安全事故罪、第 138 条教育设施重大安全事故罪、第 139 条消防责任事故罪等都属于双合规义务及刑事责任的罪名。《关于审理交通肇事刑事案件具体应用法律若干问题的解释》第 7 条也属于上述类型。参见李本灿:《刑事合规理念的国内法表达——以"中兴通讯事件"为切入点》,载《法律科学》2018 年第 6 期。

优待,也包括程序法上的激励机制。① 但是,两者着眼点完全不同。前者着重于个案或当前,即个别预防;后者则不仅着眼于个案和当前,更着力于未来,即个别预防与积极的一般预防的结合,但以积极的一般预防为主。第二,两者的思想基础不同。前者是建立在国家追诉主义和惩罚主义的基础之上的;后者则是建立在国家与企业共治主义和犯罪预防主义基础上的。②

需要提醒的是,立法的路径受严格的立法程序以及利益多元主体的诉求的影响,要实现对企业刑事合规的立法化任重而道远。

3. 司法的路径

现有的典型案例和隐性应用都难以完成企业刑事合规司法化的任务。本文认为应当采取以下多种路径完成这项任务:其一,指导性案例,包括最高人民法院和最高人民检察院的指导性案例;其二,公报案例,包括最高人民法院和最高人民检察院的《公报》案例;其三,典型案例,包括最高人民法院和最高人民检察院的典型案例;其四,最高人民法院的生效裁判;其五,参考性案例,包括省(自治区、直辖市)法院和检察院的参考性案例;其六,上级法院和本级法院的生效裁判。以如此顺序排列的理由是依据我国的司法体制和我国的案例体系。③ 具体根据是最高人民法院《关于统一法律适用加强类案检索的指导意见(试行)》第 4 条第 1 款,即"类案检索范围一般包括:(一)最高人民法院发布的指导性案例;(二)最高人民法院发布的典型案例及裁判生效的案件;(三)本省(自治区、直辖市)高级人民法院发布的参考性案例及裁判生效的案件;(四)上一级人民法院及本院裁判生效的案件"。

---

① 参见李本灿:《我国企业合规研究的阶段性梳理与反思》,载《华东政法大学学报》2021 年第 4 期。
② 参见李本灿:《企业犯罪预防中国家规制向国家与企业共治转型之提倡》,载《政治与法律》2016 年第 2 期;李本灿:《刑事合规理念的国内法表达——以"中兴通讯事件"为切入点》,载《法律科学》2018 年第 6 期。
③ 参见刘树德、孙海波主编:《类案检索实用指南》,北京大学出版社 2021 年版,第 62—78 页。

通过上述路径,企业刑事合规进入司法裁判,再行通过上述案例群的指导,企业刑事合规真正走入司法裁判,使企业刑事合规在中国法上落地生根。从中国国情和现状分析,在立法引介尚需时日的情况下,司法路径与法教义学路径的有机组合是上佳的路径选择。

结　语

本文从美国企业刑事合规制度的构成、应用及成因、中国引入企业刑事合规制度的正当性理由、企业刑事合规的路径选择等宏观视角,透视了企业刑事合规制度。如此视角,一是体现了本文主题论纲的意旨;二是体现了本文与现有学术成果之间的差异,此种差异正是本文些许价值的体现。

美国的企业刑事合规制度有其自身的特色,其背后的成因是思维上的单边主义、方法上的现实主义和内容上的效率优先主义。我国借鉴美国式的企业刑事合规制度的正当性理由是正义与效率的呼唤,是扩大对外开放的必然要求,是提升我国司法能动性的要求和功能性原则的桥梁作用。企业刑事合规可以通过法教义学、立法和司法的路径进入中国法体系。从中国国情和现状来观察,法教义学与司法路径的结合是上佳且现实的路径选择。

检察机关服务企业重大法务风险防控研究①

泰安市人民检察院课题组*

摘　要：重大法务风险不同于法律风险，其具有扩散性，严重影响企业发展，关系企业存亡。通过检察职能防范化解企业重大法务风险具有正当性，服务企业重大法务风险防控应当成为检察职能服务经济发展的制度化切入点。检察机关对关系企业切身利益的重大风险的防范化解越来越重视，推进检企协同、共同治理、共同防范化解重大法务风险的导向愈加突出，然而，当前阶段检察机关在履行职责过程中保障企业发展还存在不足之处，可借鉴域外刑事合规制度，通过构建企业重大法务风险发现受理机制、企业刑事合规管理的检察防控机制、企业合法权利的检察监督机制和受困企业司法救助机制，帮助企业防范和化解重大法务风险。

关键词：检察机关；企业；重大法务风险；防控；对策

引　言

风险社会的背景之下，企业需要正确应对法务风险的影响，尤其需要防控重大法务风险对企业生存与发展的影响。党的十九届四中全会要求，各级国家机关要提高运用法治思维和法治方式深化改革、推动发展、

---

① 本文系2020年度山东省人民检察院检察理论研究课题《检察机关服务企业重大法务风险防控研究》(SD2020B01)的研究成果。

* 课题组成员：王锡友，山东省泰安市人民检察院党组书记、检察长；郑岩，山东省泰安市人民检察院法律政策研究室主任；马骏，山东省泰安市人民检察院法律政策研究室副主任；滕孝海，山东省泰安市岱岳区人民检察院党组成员、政治部主任；王瑾，山东省泰安市人民检察院第六检察部四级检察官助理；耿浩然，山东省泰安市人民检察院第二检察部五级检察官助理。

化解矛盾、维护稳定、提高应对风险的能力。中共中央《关于加强新时代检察机关法律监督工作的意见》明确提出,要充分发挥法律监督职能作用,为大局服务、为人民司法,服务保障经济社会高质量发展。近年来,全国检察机关出台了一系列服务保障经济发展的政策文件,通过梳理发现,检察机关对关系企业切身利益的重大风险的化解愈加重视,推进检企协同、共同治理、共同防范化解重大法务风险的导向愈加突出,但是从整体来看还处于观念构建、试点探索阶段,尚未形成完整的制度体系。检察机关应设身处地真正从企业方出发,真正从企业家最迫切的现实需要出发,结合检察职能,以服务企业重大法务风险为引领,增加相关制度供给,切实服务保障经济社会高质量发展。

一、检察机关服务企业重大法务风险防控概述

(一)企业重大法务风险的概念与特点

企业重大法务风险是指重大法律事务的风险,即因经营活动不符合法律规定或者外部法律事件引发法律责任,受到相关处罚,造成经济或声誉损失以及其他负面影响的可能性。

重大法务风险以企业重大利益损害可能性为前提。企业重大利益具有基本性、终结性、毁灭性,其并非来源于某一条块或某一领域的法律规定,而是存在于企业设立、发展直至破产清算的全流程,分布于企业经营管理的各个环节,伴随企业家职业生涯的终身。[1] 企业重大利益具有相对性、发展性,企业发展利益与国家宏观经济政策、市场经济发展态势及经济政策导向密切相关,会随着时代的发展变化而变化。受立法与司法政策变动影响,在此时此地认定为一般性违法、违规、违约行为,在彼时彼地可能认定为某种严重违法犯罪行为。

重大法务风险是相对于一般法务风险而言,过滤了细小的法律风

---

[1] 参见张远煌、向泽选主编:《企业家犯罪风险分析与刑事风险防控报告(2015—2016年卷)》,北京大学出版社2017年版,第4页。

险,关切可能招致企业重创和形成企业家终局性败局的风险,如果把任何细碎的法务风险都暴露在企业防控中,易导致完美而不够有效。以重大的法务风险为检察机关服务防控之切入点,一定程度上能够避免越位规制。重大法务风险并非以单纯部门法为划分判断依据,虽然刑事法律风险存在引爆突然、发展迅速、难以补救的特点,但民商事法律风险、行政法律风险同样带有高危因素,使企业无法驾驭、难以应对,因此该概念摒弃了刑事一元化,体现出联动多元的特点。

重大法务风险具有扩散性。当前使用法律风险一词时,绝大多数情况下是指某种具体法律问题产生承担法律责任的风险,甚至将法律风险等同于诉讼中涉及的程序和实体法律问题,忽略了因承担法律责任而造成的无法驾驭、难以应对的一系列负面性影响。重大法务风险概念的构建着重考虑了风险因子的扩散性后果,即对当下的法律风险未采取任何防控措施而暴露在风险中的不利状态。例如,《巴塞尔新资本协议》中就指出,法律风险包括但不限于因监管措施和解决民商事争议而支付的罚款、罚金或者惩罚性赔偿所导致的风险敞口。风险敞口是对于风险未采取任何防范措施而导致出现损失的部分。可以说,风险敞口是评估法务风险重大性的重要标准。企业是社会活动的重要参与主体,承担重要的社会责任。企业经营与发展存在诸多利益相关者,风险爆发被影响的个体和群体众多,可能包括股东、雇员、供应者、消费者、社会和政府等,他们在不同的水平上受企业法务风险影响,如企业员工、债权人等其他权利人遭受不成比例的损失,或使当地的经济发展和就业形势遭受重创,风险也就从私领域扩展到公共领域。将风险造成的不利后果内化为重大法务风险概念的组成部分,旨在防控各种法律风险带来的一系列损害,增强检察机关服务和保障企业发展的有效性,有利于保持企业长期稳定。

(二)检察机关服务企业重大法务风险防控的正当性分析

企业犯罪是企业面临的重大法务风险。防控企业犯罪,司法机关运用刑罚制裁可以实现特殊预防,但是,对于已经因犯罪而处于破产、关门境地的企业来说,除了达致刑罚报应主义之外,已经没有实质意义。国家对于企业犯罪,打击的预防效果并不明显。"我们的研究显示,建立在单一的刑罚威慑框架之下的企业犯罪控制很难起效。"①"研究显示,近年来我国企业犯罪的案件总数呈现快速增长趋势,2014年全国企业犯罪案件总数为657件,2015年为793件,2016年激增为1458件,2017年为2319件。"②实践已经表明,传统刑罚威慑的效果有限,为此,在重打击的同时,需要国家与企业合作,共同开展法务风险防控。

第一,服务企业法务风险防控是检察机关履行国家保护义务的国家责任。理论上,国家正当性的基础在于安全功能的确保。保护市场主体进而促进社会建设是国家的义务。在我国,国家保护企业发展的义务具备宪法文本的支持。我国现行《宪法》第7条、第8条、第11条分别规定了国家对国有经济、集体经济和非公经济的保护义务。③ 保护义务要求国家所采取之积极行为,须通过立法、行政与司法等国家机关共同促成保护目的之实现。检察机关是国家的法律监督机关,在国家治理体系中具有重要功能。保护社会主义建设,维护企业合法权益,是检察机关的职责所在。我国《检察官法》将"维护国家利益、社会公共利益,维护个人和组织的合法权益"规定为检察官的义务。④ 开展企业重大法务风险防控是检察机关履行国家保护义务的责任担当。

第二,服务企业法务风险防控是检察机关作为政治机关的属性要求。我国检察机关在成立之初就具有显明的政治属性,是国家政权的组成部分,是党和人民的"刀把子",是党领导下的重要执政力量。在我国,担任

---

① 李本灿:《企业犯罪预防中国家规制向国家与企业共治转型之提倡》,载《政治与法律》2016年第2期。

② 欧阳本祺:《我国建立企业犯罪附条件不起诉制度的探讨》,载《中国刑事法杂志》2020年第3期。

③ 我国现行《宪法》第7条规定:……国家保障国有经济的巩固和发展。第8条规定:……国家保护城乡集体经济组织的合法权利和利益,鼓励、指导和帮助集体经济的发展。第11条规定:……国家保护个体经济、私营经济等非公有制经济的合法的权利和利益。国家鼓励、支持和引导非公有制经济的发展,并对非公有制经济依法实行监督和管理。

④ 《检察官法》第10条:检察官应当履行下列义务:……(四)维护国家利益、社会公共利益,维护个人和组织的合法权益……。

检察官的条件之一是具备良好的政治素质。① 我国检察机关必须坚持党的领导,在党的领导下开展检察工作。中国特色社会主义进入新时代,党中央将平等保护非公有制经济健康发展工作提到了前所未有的高度,党中央密集出台文件,习近平总书记多次就民营企业、非公经济发展作出重要论述,提出党和政府要关心服务企业家,要关心民营企业发展、民营企业家成长,要尊重企业家价值,要千方百计把市场主体保护好。检察机关服务企业重大法务风险防控,提供企业犯罪司法治理法务风险防控的法治产品、检察产品,是落实中央保护企业发展要求的重要切入点,是落实政治机关政治属性的具体体现,也是落实最高人民检察院对全国检察机关提出的"讲政治、顾大局"的工作要求。

第三,检察机关服务企业法务风险防控具备法定的职权工具。国家保护义务非仅单纯要求国家应采取积极的危险预防措施,同时也隐含国家须对加害者施加干预手段以成就安全实现的义务。由此看来,履行国家保护义务不应仅限于防御权面向的理解,也含有积极提供保护义务的可能。企业重大法务风险需要防和控两个维度的治理,从职权角度来分析,检察机关都有相应的工具性职权:其一,检察机关具备的侦查、批捕和起诉权,可以服务于企业刑事法律风险的预防和保护两个方面的需要。从企业被害的角度来分析,检察机关通过打击针对企业的刑事犯罪,能够保护企业家、企业的合法权利,为企业追赃挽损,营造安全的生产经营环境;从企业犯罪的角度来分析,检察机关可以对企业家作出不批捕的决定,也可以对企业和企业家作出不起诉的决定,还可以提出较轻的量刑建议,通过上述轻缓的处理,保护企业免受更大的影响。据最高人民检察院公布的办案数据,检察机关 2019 年不批捕非国有公司企业人员 14358 人,不捕率 29.4%,较总体刑事犯罪不捕率高 7 个百分点;不起诉 13025 人,不起诉率

---

① 《检察官法》第 12 条:担任检察官必须具备下列条件:……(三)具有良好的政治、业务素质和道德品行……。

15.9%,较总体刑事犯罪不起诉率高 6.4 个百分点。① 其二,检察机关行使诉讼监督权,能够保护企业公正面对行政权、审判权的行使。检察机关能够监督对企业的立案活动、侦查活动、审判活动和执行活动,对于不规范、违法的诉讼活动,可以运用检察建议、纠正违法、抗诉等手段监督相关针对企业的执法、司法活动,保护企业的合法利益。检察建议权是法律赋予检察机关行使法律监督职权的方式之一,同时具备纠违纠错与促进治理的作用。检察建议可以针对企业不合规的情形,提出具体的治理建议,帮助企业减少法务风险。其三,通过指导性案例对保护义务进行类型化建构。企业法务风险种类多、情况复杂,检察机关服务企业防控的工作因而具有高度的复杂性与抽象性,难以一概而论,自上而下建立类型化的应用机制便显得更为可行。党的十八届四中全会提出"加强和规范司法解释和案例指导,统一法律适用标准",这为检察机关服务企业法务风险防控的类型化建构提供了良好的契机。2019 年,最高人民检察院发布首批涉民营企业司法保护典型案例,所发布的四个典型案例选取不同角度,为各级检察院保护民营企业合法权益、服务和保障非公有制经济健康发展提供参考和指引。

第四,检察机关防控企业刑事法律风险具备程序法条件。企业一旦被刑事立案,就像被缚在一条大船上,被迫开启诉讼之旅。在刑事公权力的调查、追诉面前,企业将面临巨大的刑事法律风险:刑事侦查阶段,企业家可能被采取刑事强制措施失去人身自由而脱离企业运营;审查起诉阶段,企业行为将面对检察机关的进一步调查和审查;案件审理阶段,企业会面对检察机关的指控和法院的审判;在刑罚执行阶段,企业家有接受刑罚执行的风险,企业有接受财产刑处罚的风险。在进入刑事诉讼程序后,企业面对重重法律风险,而且几乎不可控,除非出现了司法机关主动改变程序措施和诉讼进程,才有控制风险和预防更大风险发生的机会。

---

① 参见彭波:《最高检公布去年全国检察机关主要办案数据 危险驾驶起诉多 电信诈骗增幅大》,载《人民日报》2020 年 06 月 03 日,第 11 版。

对于企业面对的诸多刑事法律风险,在现有刑事诉讼制度下,检察机关具备丰富的防控企业风险的机会和手段。在现行法律和刑事政策下,检察机关也有主动防控企业刑事法律风险的责任和程序法条件。其一,我国《检察官法》规定,检察官有客观公正的义务。此项义务内含检察官在办案过程中既要注重收集企业有罪、罪重和刑重的证据,也要收集企业无罪、罪轻和刑轻的证据的要求。由此,可以实现企业风险的可控甚至最小化。党和国家在现阶段保护企业的政策,已经由刑事政策转向检察工作,在应然情况下,检察机关办理涉企案件,应当起到防控企业风险的效果,从而保护企业发展。其二,在以审判为中心的刑事诉讼制度下,检察官在整个刑事诉讼中是承担主导责任的。审前主导案件走向,审中决定指控事实,审后决定是否抗诉、执行监督,其中的每一项决定都与企业风险的防控有关。在审前阶段,可以监督对企业不应当立案而立案的违法立案行为,从诉讼源头上消除企业法律风险;可以监督侦查机关对企业采取的涉及人身自由和财产权的刑事强制措施,避免企业受到违法侵害;可以提前介入侦查活动,引导侦查行为依法开展,防止企业风险扩大。在审查起诉过程中,运用起诉裁量权和量刑建议权,执行认罪认罚从宽制度,可以对企业作出不起诉决定和从宽处罚的量刑建议,从而实现程序分流、从轻处罚的风险防控效果。在案件审理和刑罚执行阶段,检察机关决定指控企业犯罪事实,提出罪轻、刑轻的证据,并监督审判结果和刑罚执行,对于定罪量刑可以决定抗诉,可以监督包括财产刑执行在内的涉企案件的刑罚执行。综上,检察机关行使刑事诉讼程序职能,具备防控企业风险的程序条件。

二、检察机关服务企业重大法务风险防控的现状检视

近年来检察机关坚持把服务和保障经济健康发展作为服务大局的重要内容,先后制定实施了一系列涉企案件办理规范性文件。同时,通过发布指导性案例、典型案例等方式,宣传检察机关服务经济发展、保障企业权益的经验做法,引导检察机关在办案中贯彻宽严相济刑事理念,实现

三个效果的统一。

(一)检察机关服务企业发展概况

从 2016 年 2 月开始,最高人民检察院先后印发《关于充分发挥检察职能依法保障和促进非公有制经济健康发展的意见》《关于充分履行检察职能加强产权司法保护的意见》《关于充分发挥职能作用营造保护企业家合法权益的法治环境支持企业家创新创业的通知》《充分发挥检察职能为民营企业发展提供司法保障——检察机关办理涉民营企业案件有关法律政策问题解答》等文件。特别是 2020 年 7 月,最高人民检察院印发《关于充分发挥检察职能服务保障"六稳""六保"的意见》,要求统筹疫情防控与企业复工复产,促进恢复正常经济社会秩序,把保障企业正常经营提升到一个新的高度。同时,最高人民检察院通过召开过新闻发布会、发布典型案例等形式,针对涉民营企业案件有关法律政策问题、典型案例进行面对面的解答,加强办案指引,为全国检察机关规范行使职权、加强服务保障举措提供了切实参照。

回顾近年的工作举措可以发现,检察机关在保障企业健康发展的政策框架下,对关系企业切身利益的重大风险的防范化解越来越重视,推进检企协同、共同治理、共同防范化解重大法务风险的导向愈加突出,在某种程度上,成为检察机关服务企业健康发展的政策落脚点。如 2016 年 2 月印发的《关于充分发挥检察职能依法保障和促进非公有制经济健康发展的意见》第 11 条明确指出,要认真落实"谁执法,谁普法"的普法责任制,帮助和促进非公有制企业、非公有制经济人士强化依法经营意识,明确法律红线和法律风险,促进非公有制企业及从业人员做到既依法办事、守法经营,又提高自我保护意识,有效防控重大法律风险,提高经营管理的法治化水平。将"防控重大法律风险"纳入"谁执法,谁普法"的普法责任制要求,强调了其重要意义。2017 年 1 月印发的《关于充分履行检察职能加强产权司法保护的意见》第 1 条明确要求,检察机关要主动适应经济发展新常态,切实把防控风险、服务发展摆在更加突出位置,为保护企业和个人合法产权、促进经济平稳健康发展和社会和谐稳定提供优质的司法服务。该文件把"防控风险、服务发展"从一般的"普法责任制"要求提升到政策引领的位置。12月印发的《关于充分发挥职能作用营造保护企业家合法权益的法治环境支持企业家创新创业的通知》也提到，检察机关要帮助企业家建章立制，提高企业规范经营、抵御风险的能力。在2018年11月检察机关办理涉民营企业案件有关法律政策问题解答中，专门将"检察机关如何帮助民营企业防控风险"作为一个专题进行解答，明确人民检察院在办理涉民营企业案件时，要做好风险防控预案，针对案件存在的矛盾点、风险点，提出防范对策，避免引发和加剧民营企业经营风险，避免因办案时机或者方式的把握不当，严重影响民营企业正常生产、工作秩序或者引发群体性、突发性事件。在政策引领之外，增加了可操作性的内容，明确了风险防控预案、考虑办案继发的新的风险等，把司法办案和风险化解结合起来考虑。2019年1月，在保护民营企业典型案例的发布会上，最高人民检察院相关负责同志结合典型案件的办理，充分肯定了检察机关延伸触角、服务风险防控的一系列举措，认为检察机关对办案时发现的受害民营企业管理制度的漏洞提出的检察建议，在帮助民营企业堵塞漏洞、抵御风险、化解隐患、提高安全防范能力等方面具有示范效应。其还号召各级检察机关都要结合办案，注重检察建议的充分运用，积极参与社会治理，推动包括民营企业在内的公司、企业规范管理，依法经营。最高人民检察院法律政策研究室进一步指出，对办案中发现民营企业经营管理中的典型性、普遍性问题，及时提出检察建议，把检察建议作为风险防控的制度举措，促进民营企业提升防范风险能力。在2020年7月印发的《关于充分发挥检察职能服务保障"六稳""六保"的意见》，进一步加强了化解重大法务风险的力度，明确了努力落实让企业"活下来""留得住""经营得好"的目标。该文件还直接规定了部分不起诉案件的标准，如对提起公诉前退还挪用资金或者具有其他情节轻微情形的，可以依法不起诉。在政策引领、办案要求、制度工作之外，明确了司法办案的导向问题，努力落实让企业"活下来""留得住""经营得好"的目标成为全国检察机关的共同的政治责任，"各级检察机关要进一步转变观念、加大力度，进一步做实做细服务非公经济检察政策,坚持依法保障企业权益与促进守法合规经营并重,尽可能帮助企业渡过难关"①。特别是,进一步明确了相关案件的办案标准,细化了某些案件的不起诉标准,具备了准司法解释的性质,具有强制约束力。

可以发现,检察机关与企业进行协作,共同防范化解企业重大法务风险的导向越来越明确,对企业经营发展风险的关注已经从传统的只对符合条件的某些案件作不起诉决定逐步发展到在审查起诉环节发挥主导作用,对特定类型案件明确告知不作为犯罪处理、作不起诉决定的法定条件并加以引导,实质上以防范化解企业重大法务风险的意识全面主导相关案件走向,扩展了企业风险的内涵,把检察职能的触角从办案后延伸到办案中,强化了检察机关在企业风险化解中的实质影响地位。

(二)检察机关服务经济发展的实践概况

近年来,各地检察机关结合本地实际,推出了一系列护航经济健康发展的举措,进行了有益的探索,但是也暴露出缺乏制度化保障、检企互动积极性不高、保障经济成效迟缓等诸多问题,需要我们认真审视。

1. 检察机关服务经济发展缺乏完整的制度化保障

最高人民检察院一系列文件规定为全国检察机关服务保障经济发展提供了相对明确的政策指引,起到了重要的导向作用。然而,应当看到,检察机关服务保障经济发展缺乏制度化、法治化保障举措,相关工作呈现出碎片化、随机化的特点,严重制约了形成保障经济发展的合力。

检察机关服务保障经济发展,缺乏明确的法律文件依据,其政策依据又存在着制度衔接上的障碍。如有论者认为政策依据主要源于检察官的客观公正义务。《检察官法》第 5 条规定,检察官履行职责,应当以事实为根据,以法律为准绳,秉持客观公正的立场。检察官在履行检察职权过程中,客观公正的立场要求不偏不倚、公正无私,刑事案件中注重打击犯罪

---

① 本报评论员:《坚持"稳进",以更优检察履职服务"六稳""六保"》,载《检察日报》2020 年 6 月 3 日,第 1 版。

与保障人权的平衡,其他案件中坚持超然中立。有论者总结为,检察官的客观义务可以具体化为客观取证义务、中立审查行为、公正判决追求。具体而言,"客观取证义务是指检察官必须客观公正地收集证据,既要收集对犯罪嫌疑人不利的证据,又要收集对其有利的证据。中立审查行为是指检察官审查案件,应当以中立司法官的立场,既注意犯罪嫌疑人有罪和罪重的因素,又注意其无罪和罪轻的因素,客观公正地作出判断并决定案件如何处理"[①]。概括而言,检察官在履行检察职权过程中,保护犯罪嫌疑人、被告人的合法权益,甚至主动收集对其有利的证据都是客观公正义务的应有之义。

然而,刑事诉讼法的程序设计与客观公正义务并非完全一致。《刑事诉讼法》第51条规定,公诉案件中被告人有罪的举证责任由人民检察院承担;第52条规定,审判人员、检察人员、侦查人员必须依照法定程序,收集能够证实犯罪嫌疑人、被告人有罪或者无罪、犯罪情节轻重的各种证据;第37条规定,辩护人的责任是根据事实和法律,提出犯罪嫌疑人、被告人无罪、罪轻或者减轻、免除其刑事责任的材料和意见,维护犯罪嫌疑人、被告人的诉讼权利和其他合法权益。《人民检察院刑事诉讼规则》(以下简称《刑事诉讼规则》)第61条规定,人民检察院提起公诉,应当秉持客观公正立场,对被告人有罪、罪重、罪轻的证据都应当向人民法院提出。虽然相关法律、文件明确了检察机关应收集罪轻、无罪的证据,但是其程序设计无法与指控犯罪的责任相提并论,对罪轻、无罪、减轻责任的举证责任由辩护人承担,其有权向人民法院、人民检察院申请调取。基于职权立场,检察机关的法定责任仍然主要侧重于指控犯罪,职权立场决定了其工作重心,特别是《刑事诉讼规则》等规范文件并没有明确收集罪轻、无罪、减轻责任的制度化路径,相关职权的行使缺乏顺畅通道。

2. 检察机关服务保障经济发展的着力点不清晰

服务保障经济健康发展是检察机关服务大局的重要体现,也是重要

[①] 龙宗智:《刑事诉讼中检察官客观义务的内容及展开》,载《人民检察》2016年第12期。

的政策要求,然而,检察机关立足检察职能,应当从哪些方面、哪个角度入手服务保障经济发展,在实践中争议较大。

从各地实践做法来看,检察机关服务经济发展缺乏制度化保障的客观原因也在于没有真正找准切入点,有的仅仅制发服务保障经济发展的意见,将服务保障经济健康发展作为一般性的政策加以传导,没有建立长效机制,没有形成具体抓手;有的设立了服务保障经济发展的专门机构,但是定位不明、职能不清,开展一般法律咨询,混同于企业法务机构,难以体现检察属性、发挥检察职能;有的开展主动服务、走访问需,与政府机关、工商联、行业协会等机构职能交叉,对企业需求难以消化理解,不能提供切实有效帮助,反而损伤了检察职能的公信力。以上种种问题的出现,根源在于检察机关没有找准检察职能服务企业经济发展的切入点,虽然立足检察职能,但是没有把检察职能的独特优势与企业经济发展的客观规律相结合,导致难以深入。有论者指出,"由于这项制度是地方基层检察院先行先试的改革,它在实践中仍然存在一些亟待探索的空白领域,需要对检察权基础理论进行更为深入的研究"①。

值得注意的是,不少检察机关在实践过程中已经加强了相关工作的探索。如有的地方提出了"如何立足职能找准检察工作服务民营经济的切入点和着力点,切实提高服务保障民营经济发展的积极性、主动性、实效性是检察机关面临的迫切问题"的命题,并展开多方面的举措,包括加强交流沟通、维护合法权益、提供法律服务、做好法治宣传。②遗憾的是,上述检察机关仍然没有针对检察职权、司法办法提出切实可行的切入路径,有平均用力之嫌。

如何在检察职权范围内对企业家进行重点保护,成为各地实践的重点。2020年1月20日,吉林省高级人民法院、吉林省人民检察院、吉林省公安厅、吉林省司法厅联合下发《关于民营企业及经营者轻微犯罪依法免

---

① 《检察机关保障和服务非公企业发展》课题组:《检察机关服务非公企业的探索——基于江苏南通检察创新实践的分析》,载《犯罪研究》2016年第3期。

② 参见黄兆茀:《检察机关服务民营经济的基层视角》,载《人民法治》2019年第15期。

责免罚清单》的通知,以对轻微刑事犯罪行为,依法从轻、减轻或者免予刑事处罚,依法慎用刑事强制措施,依法从宽执行刑罚措施三个角度,提出了保护民营企业、保障民营经济的相关举措。该通知基于认真落实中央和省委关于大力发展民营经济的决策部署,激发民营企业及经营者创造创新创业活力的政策考虑,对特定的犯罪及强制措施、刑罚执行的指引性规范,具有一定的指导意义。然而,该通知并没有将保护民营经济的政策要求与现行法律、法规有机结合,并没有将民营企业在犯罪后的积极响应、彻底悔改涉案企业再犯可能性降低、预防刑角度可以宽宥等犯罪情节充分引入刑事诉讼流程,给人以为了保护而保护的错觉,冲击了罪刑法定的基本原则,也引发了实践中的争议。检察机关服务保障经济发展的切入点直接影响是否在法治轨道、检察职权范围内充分履职,影响到人民群众对优质法治产品的获得感。

3. 检察机关的保护成效往往较为迟缓

应当看到,司法治理往往具有滞后性,检察机关服务企业健康发展,如果没有及时有效的切入途径、没有完整成熟的治理机制,机械地按照现有的刑事诉讼流程、检察办案规范进行,必将导致企业合法权益受到"合法的伤害",保护成效往往较为迟缓,甚至大打折扣。

以检察建议为例,根据《人民检察院检察建议工作规定》(以下简称《规定》)第11条规定:"人民检察院在办理案件中发现社会治理工作存在下列情形之一的,可以向有关单位和部门提出改进工作、完善治理的检察建议:(一)涉案单位在预防违法犯罪方面制度不健全、不落实,管理不完善,存在违法犯罪隐患,需要及时消除的……"第19条规定,人民检察院提出检察建议,除另有规定外,应当要求被建议单位自收到检察建议书之日起两个月以内作出相应处理,并书面回复人民检察院。

当前司法实践中,往往是在案件办理完成后发出检察建议,检察建议的督促办理并不受《刑事诉讼法》等法律的强制性约束,往往存在刚性不足的问题。如果案件不起诉,那么已经终局;如果案件起诉,受法院判决的影响,导致检察机关对涉案企业的督促力度不能发挥。

另外，犯罪发生后的行为人表现不能导入刑事诉讼流程，也是制约检察机关保护成效不足的原因之一。根据刑事诉讼理论，判决前羁押行为能够折抵刑期，反映出刑事诉讼过程中犯罪嫌疑人、被告人的法律责任具有连续性，应该允许并鼓励承担法律责任的行为。涉案企业根据检察机关的检察建议等主导要求作出相关改善，理应得到检察机关的呼应和鼓励，形成保护企业持续发展的合力。

检察机关的保护成效往往较为迟缓，也反映在检察机关对企业的保护举措过多倚重不起诉等终局性权力。现在各地检察机关反映保护民营企业做法的举措以"慎捕""慎诉"为主基调，特别是对涉案企业作出不起诉决定，往往是服务保障经济的主基调。然而，在构成犯罪起诉和不起诉之间，应该存在着"可捕可不捕""可诉可不诉"的过渡地带，涉案企业、涉案企业家犯罪后的表现，如是否赔偿谅解、是否积极修复、是否赔礼道歉等预防刑量刑情节，是审查起诉的重要考量因素，也是关乎企业能否度过风险的重要情节，检察机关能不能有所作为，如何作为成为考验各级检察机关如何真切服务保障企业发展的重要命题。

三、域外企业重大法务风险防控先进经验：刑事合规制度

（一）刑事合规之源流——企业合规计划

在域外的公司治理过程中，企业多通过制定"合规计划"的方式规避生产经营过程中的合规风险。1991年颁行的美国《联邦量刑指南》将企业合规计划定义为"用于预防、发现和制止企业违法犯罪行为的内控机制"①。同时规定了企业构建"有效的"企业合规计划的七项最低标准：(1)企业应建立合规政策和标准；(2)企业应指定高层人员监督自身的合规政策与标准；(3)企业不得聘用在尽职调查期间了解到具有犯罪前科记录的高管；(4)向所有员工有效普及企业的合规政策和标准，如进行培训；(5)采取合理措施，以实现企业标准下的合规，例如利用监测、审计系统来

---

① U.S. Sentencing Guidelines Manual, § 8B 2.1(a)(2004).

监测员工的犯罪行为,建立违规举报制度,让员工举报可能的违规行为;(6)通过适当的惩戒机制,严格贯彻执行合规标准;(7)发现犯罪后,采取必要的合理措施来应对犯罪行为,并预防类似行为发生,如修改完善合规计划。①

企业在规避合规风险时,对于刑事责任和刑事风险的规避是其中尤为重要的一环,是故,企业的合规计划逐渐刑事化,作为刑法激励机制的刑事合规理念愈发凸显。关于刑事合规的概念,学界并无统一理解,孙国祥教授将其定义为"为避免因企业或企业员工相关行为给企业带来的刑事责任,国家通过刑事政策上的正向激励和责任归咎,推动企业以刑事法律的标准来识别、评估和预防公司的刑事风险,指定并实施遵守刑事法律的计划和措施"②。在国外刑事合规的发展进程中,美国《联邦量刑指南》被视为"企业合规发展的'分水岭'",其为鼓励企业构建并实施合规计划提供了有效的激励机制,将企业合规规定为影响法官是否决定对犯罪企业减免罚金和适用缓刑的法定要素。根据规定,如果企业因其代理人实施的违法行为而被起诉和定罪,有效的合规计划可以减轻企业的刑罚。③ 实践中,美国《联邦量刑指南》关于企业合规的规定,逐渐成为检察官评估违法企业罪责的基础和法官对企业进行刑罚裁量活动的法定标准,同时也成为法官在对违法企业量刑活动结束后实施监管的法律依据。④

(二)刑事合规在服务企业重大法务风险防控层面的优越性

1.刑事合规具有事后消极应对转向事前积极预防的犯罪预防功能

刑事合规之所以在本文中被作为国外企业风险防控的先进经验予以研究,在于其本身具有预防犯罪的特性,而在企业重大法务风险防控层

---

① See U.S. Sentencing Guidelines Manual, § 8B 2.1(b)(2004).
② 参见孙国祥:《刑事合规的理念、机能和中国的构建》,载《中国刑事法杂志》2019年第2期。
③ See U.S. Sentencing Guidelines Manual, § 8B 2.5(f)(2010).
④ 参见万方:《企业合规刑事化的发展及启示》,载《中国刑事法杂志》2019年第2期。

面,刑事犯罪的预防可谓是关键问题。根据前文所述企业构建有效合规计划的七项标准,企业通过建立合规政策和标准、组建监管人员等方式来促进企业内部的自我管理和自我约束,从而实现企业内部犯罪的预防,将刑事犯罪的风险防控由事后消极应对转向事前积极预防,推广实施企业的刑事合规制度,能起到预防公司犯罪、强化公司治理、构建和完善现代企业制度的重要作用。①

2. 刑事合规可弱化刑罚的水波效应

所谓刑罚的水波效应,是指惩罚罪犯对其他人(与犯罪行为无涉、但与罪犯存在某种社会关系的第三人)所可能产生的不利影响。② 企业犯罪被刑事追诉后所产生的负面效果远高于个人犯罪。在美国的安达信会计师事务所事件中,因涉嫌参与安然公司财务造假事件,销毁相关财务资料,并拒绝认罪协商,安达信会计师事务所被指控犯有妨碍司法罪。2002 年 6 月 15 日,安达信被判定有罪,最终被判处 50 万美元罚金,并禁止其在 5 年内从事业务。安达信因此失去公共审计业务资格并最终倒闭,造成 28,000 名职员失业,③对企业刑事追诉的后果可见一斑。通过构建刑事合规计划而实现的刑罚激励机制,运用减少罚金、适用缓刑等便宜性的方式加以处理,可以在很大程度上减少损失,避免因企业犯罪被刑事追诉后所造成的不利后果。

3. 刑事合规构建了企业与国家合作预防犯罪的新模式

企业犯罪本身即具有难以侦破调查和起诉的特点,企业通过建立刑事合规计划,将刑法外部治理的理念、规则和措施内化为企业的内部控制机制,可以促进企业内部的自我监管与约束。④ 而企业通过内部的自我约束,不但可以积极承担企业本身的社会责任,而且可以弥补国家预防犯罪

---

① 参见韩轶:《企业刑事合规的风险防控与建构路径》,载《法学杂志》2019 年第 9 期。
② 参见叶良芳:《美国法人审前转处协议制度的发展》,载《中国刑事法杂志》2014 年第 3 期。
③ See Lawrence D. Finder, Ryan D. McConnell, Devolution of Authority: The Department of Justice's of Corporate Charging Policies, Saint Louis University Law Journal, Vol.51, 2006, pp.14-15.
④ 参见万方:《美国刑法中的合规计划及其启示》,载《人民检察》2018 年第 11 期。

力量的不足,促使国家与企业关系由对抗转为合作。企业刑事合规规则的实际运用,就使犯罪治理在某种程度上和某个领域中变成了国家和企业合作的模式,犯罪预防在这种合作治理的模式中,由国家责任变成了国家和企业的共同责任。①

(三)域外检察机关刑事合规参与之暂缓起诉协议制度

作为美国检察机关处理轻微刑事案件的一种重要方式,审前转处协议(Pre-Trial Diversion Agreement)最初用于未成年人轻微犯罪的处理,自20世纪90年代开始逐渐适用于法人犯罪案件中。法人审前转处协议包括暂缓起诉协议(Deferred Prosecution Agreement,DPA)"和不起诉协议"(Non-Prosecution Agreement,NPA)两种基本类型。二者最大的不同,在于检察官是否要制作刑事起诉书以及协议是否需要提交法院审查。签订暂缓起诉协议时,检察官通常要制作正式的起诉书,连同协议提交有关法院审查;而签订不起诉协议时,检察官不需要制作正式的起诉书,协议只需由当事人双方保存而不需要提交法院审查。鉴于不起诉协议赋予检察官过多的自由裁量权,在国际范围内,暂缓起诉协议制度成为较多国家的选择,已成为域外检察机关处理企业犯罪案件,参与企业合规治理的重要方式。

与辩诉交易制度不同的是,检察官对于接受暂缓起诉协议的企业,在考验期结束后一旦认为企业遵守了协议要求,就可以不起诉而结案。换言之,与检察官达成辩诉交易的企业,最终仍然要被法院作出有罪裁决;而与检察官达成暂缓起诉协议的企业,在考验期结束后会被宣告为无罪。而对于涉嫌犯罪的企业,检察官决定是否达成缓起诉协议的标准,主要依据为美国《联邦检察官手册》(U.S. Attorney Manual)的规定,总体而言,是否建立了初步的企业合规计划是影响检察官决定的重要因素。

继美国之后,英国于2014年实施了《犯罪与法院法》,正式确立了暂

---

① 参见石磊:《刑事合规:最优企业犯罪预防方法》,载《检察日报》2019年1月26日,第3版。

缓起诉制度。2018年6月,加拿大仿效英国,修订了《刑法典》,正式确立暂缓起诉协议制度,授权检察官在企业涉嫌欺诈、贿赂、洗钱等严重经济犯罪案件中,可以与涉案企业达成暂缓起诉协议。2018年3月,新加坡也仿效英国确立了暂缓起诉协议制度。①

各国暂缓起诉制度的确立,在授予检察官不同程度自由裁量权的前提下,其核心之处就在于:一是将企业重建合规体系纳入协议之中,在要求涉案企业缴纳高额罚款的基础上,作出完善合规计划的承诺。同时,为避免受到更严厉的处罚,防止遭受更严重的损失,涉案企业也会承诺在原有披露违法信息、配合监管调查、完善合规计划等各项工作的前提下,进一步采取改进合规管理体系的努力,以便堵塞合规体系的漏洞,防范、识别和有效监控可能的合规风险,有效地惩处违法违规责任人,最大限度地减少再次出现违法行为的可能性。二是部分国家通过要求企业聘请独立的合规监督员(compliance monitor)的方式,随时监督和审查涉案企业遵守协议、改变经营方式以及制定或完善合规机制的情况,并向执法机关或监管机构作出定期汇报,形成对企业完善合规计划的持续监控,确保企业重建刑事合规计划承诺得到落实。②

以是否建立初步合规计划作为检察官是否签订暂缓起诉协议的主要前提,以合规计划的完善落实情况作为检察官是否最终放弃起诉的依据,暂缓起诉协议制度已成为众多企业重建或完善合规计划的重要动力,亦是国外检察机关降低诉讼成本、预防公司再次犯罪、督促构建刑事合规计划的重要手段,该制度充分发挥了检察机关在提起公诉的关键节点上对企业重大法务风险防控的重要作用,实现了刑罚功能的有效替代。

---

① 参见李本灿:《域外企业缓起诉制度比较研究》,载《中国刑事法杂志》2020年第3期。
② 参见陈瑞华:《企业合规视野下的暂缓起诉协议制度》,载《比较法研究》2020年第1期。

四、检察机关服务企业重大法务风险防控的对策

（一）构建企业重大法务风险发现受理机制

1.建立健全检察机关主动发现企业法务风险机制

防范风险、保护市场主体是检察机关服务经济社会发展的职责。对于企业面临的大量法务风险，检察机关不应作壁上观，而是应当秉持能动司法的理念，积极提供检察服务，主动向企业了解风险防控需求，或者帮助企业开展法律体检，从中发现法务风险，进而与企业合作，开展企业风险防控工作。部分检察机关在实践中已经开展了服务企业的活动，比如，甘肃省检察机关开展"千人进万企"大调研大走访大排查，收集企业反映的各类问题线索1121条。① 江苏省宜兴市人民检察院联合宜兴市委、政法委制定出台了《关于开展"检察官进网格"工作的实施意见》，依托市委、政法委网格化管理体系，构建"网格+检察"工作的常态化司法服务监督保障机制，让网格员化身民营企业保护监督员，有效破解涉民营企业案件监督线索"发现难、渠道窄"等问题。② 检察机关开展的类似服务活动取得了客观成效，但是，对于防控企业法务风险而言，存在不够精准和运动式治理的问题。检察机关通过办理涉及企业的某一类案件，能够发现某一领域或者行业存在的普遍法务风险，建议检察机关带着这些风险点进相关企业开展法律风险防控服务，并纳入检察官办案的业绩考核，形成常态化服务机制。

2.建立健全检察机关线上线下接受企业申诉求助机制

企业面对已经发生或者将要发生的法务风险，可能存在求助无门的问题，而检察机关有积极主动服务的准备却不了解企业的需求，从而形成了企业的求助需求与检察机关的服务需求不对接的现象。在信息化高速

---

① 参见王博、郎兵兵：《甘肃：检察干警"千人进万企"护民企优环境》，http://www.xinhuanet.com/2020-01/06/c_1125428084.htm，访问日期：2020年9月25日。
② 参见卢志坚、唐健：《加油站内扫码支付，危险！江苏宜兴：督促相关部门严格安全管理》，载《检察日报》2020年9月14日，第1版。

发展的时代背景下,作为公权力机关,检察机关占有着企业无法具备的国家资源,其应当充分运用信息化的手段,让数据多跑路,让群众少跑腿,建立信、访、网、电等多渠道,立体化接收企业诉求的求助机制。在来信、来访等传统方式之外,应当充分利用"12309"检察服务中心为企业提供线上线下一体化的法律服务,有条件的检察机关可以建立专门的企业重大法务风险防控中心,具备受理、响应、会商、处置等功能,为企业提供流程化服务。检察机关应当加强宣传,将建立的服务措施传达至企业,与企业形成良性互动,以充分发挥各项服务措施的效能。

3. 建立检察机关主动评估涉案企业法务风险机制

检察官办案既受制于程序法的约束,又要以实体法为依据,穿梭于事实与证据之间,往往沉浸于以事实为根据、以法律为准绳的求证过程中,但是,检察工作是业务性很强的政治工作,这就要求检察官办案不能就办案而办案,要追求政治效果、社会效果和法律效果的统一,因此,在办理涉企案件时,检察官应当贯彻党的一系列政治要求。在服务企业重大法务风险防控方面,检察官应当在审查法律事实和证据的过程中,注意发现企业存在的不合法、不合规和管理漏洞等法务风险,并应当制定涉案企业的风险防控预案。对于办理类案发现的共性问题,检察机关可以经由企业主管部门或者行业组织,向相关行业和领域的从业者,发出风险预警通知书,帮助某一类企业防控法务风险。

4. 健全企业法务风险防控诉求反映的内外联动反馈机制

企业面临的法务风险能够通过管理服务和经营运作等渠道反映至相关政府部门和行业组织,比如基层政府所属的发改局、市场监督管理局、商业局、税务局、工信局,还有党群部门如工商联及其所属商会等。检察机关应当秉持"双赢多赢共赢"理念,与上述部门和组织加强联系沟通,健全企业法务风险防控诉求反映的内外联动反馈机制,在企业风险防控诉求反映、司法大数据分析等方面,努力实现信息共享、平台联动,共同为企业提供精准的防控服务。

(二)构建企业刑事合规管理的检察防控机制

近年来,随着企业法务风险的不断提升,刑事合规作为国外企业风险防控的先进对策及成熟经验愈发受到我国学者的青睐,该机制不但被有的学者称为"最优企业犯罪预防方法"[1],而且实现了检察机关服务企业风险防控层面权能的明显变化。例如,在美国"暂缓起诉协议和不起诉协议制度的推行,改变了检察官的传统角色,促使其从事后的追求刑事处罚转向为督促涉案企业对法律法规的遵守"[2]。我国2018年修订后的《刑事诉讼法》正式确立了认罪认罚从宽原则,这是合作性司法理念在我国刑事立法上的突出体现及重大突破,为引入刑事合规制度提供了良好的契机。

当前,在我国的刑事实体法、程序法的立法现状下,作为检察机关服务企业重大法务风险防控的重要经验,刑事合规模式的引入不宜一蹴而就,而应当有节点、分层次、分步骤推进,宜设立短期、中期、长期目标,建立符合我国实际情况的"刑事合规"体系。

1.短期目标:适用企业犯罪认罪认罚从宽制度

认罪认罚从宽制度作为一种量刑协商制度,与刑事合规不仅存在外在适用范围上的重叠,更具有内部的同一性,可以作为刑事合规制度引进刑事程序法上的切入点,亦可以成为检察机关服务企业风险防控的有力抓手。2018年11月16日,最高人民检察院检察长张军针对保护民营企业产权时指出:"对于涉企业犯罪,要落实好修改后《刑事诉讼法》有关认罪认罚从宽的规定,对符合改变羁押强制措施的及时改变,对符合从宽处理的案件依法坚决从宽。"[3]也就是说,张军检察长强调了认罪认罚制度在保护企业权益、防控风险层面的重要性。然而,以"认罪认罚从宽"为关键词,对中国裁判文书网进行检索之后可以发现,2019年、2020年的相关案

---

[1] 石磊:《刑事合规:最优企业犯罪预防方法》,载《检察日报》2019年1月26日,第3版。
[2] 陈瑞华:《美国暂缓起诉协议制度与刑事合规》,载《中国律师》2019年第4期。
[3] 姜洪:《"三个没有变"关键在落实,着力为民营经济发展贡献检察力量》,载《检察日报》2018年11月7日,第1版。

件数量分别为22456件、13390件。进一步筛选不难发现,企业犯罪认罚从宽案件极为有限,2019年和2020年的数量分别为101件、62件。也就是说,单位认罪认罚从宽的适用存在着很大的局限性。2019年10月"两高""三部"发布的《关于适用认罪认罚从宽制度的指导意见》中虽未禁止单位犯罪适用认罪认罚,但并未针对单位犯罪的特殊性作出专门规定。

尽管相关文件并未明确规定企业犯罪可以适用认罪认罚从宽处理机制,但目前已有企业犯罪认罪认罚从宽的有益探索,如上海市浦东新区人民检察院出台了《服务保障浦东新区营商环境建设十二条意见》,探索单位犯罪认罪认罚从宽试点工作,对单位犯罪设置有所区分的刑事政策与制度,通过实行聘请专家团队、提出可行性检察建议、限定企业整改、评估整改效果等方式,对整改到位、认罪认罚的企业依法适用不起诉。该探索的意义在于针对企业犯罪不同于自然人犯罪的特殊性,专门创建适用于企业犯罪认罪认罚的指向性规定。本文认为,企业犯罪认罪认罚从宽机制的构建,应注意以下三点:

首先,应精准把握企业"认罪""认罚"的标准。认罪标准应当侧重涉罪企业对其自身实施犯罪行为、犯罪性质的明确认知,即应当在如实供述主要犯罪事实的基础上,接受检察机关指控的具体罪名,而非仅仅是供述实施的行为或者笼统的违法性认识;①认罚标准不单为真诚悔罪,愿意接受处罚,还应进行积极整改,并承诺强化单位内部监管及合规计划的构建。

其次,企业犯罪签署认罪认罚具结书应区别于自然人犯罪,认罪认罚内容上不应只包含认可犯罪事实、罪名及量刑建议,还应当包括该企业犯罪前是否有为预防犯罪制定的相关的管理制度、对犯罪行为是否可以即刻整改、今后是否会针对犯罪建立合规计划等相关规定。

最后,对于单位犯罪认罪认罚的,检察机关应结合上述因素考虑企业案件情况,慎用羁押等强制措施,充分发挥不起诉的审前分流和过滤作用,对认罪认罚后没有争议,不需要判处刑罚的轻微刑事案件,依法作出

---

① 参见赵恒:《"认罪认罚从宽"内涵再辨析》,载《法学评论》2019年第4期。

不起诉决定,减少刑罚给企业带来的水波效应。

2. 中期目标:探索诉前检察建议制度

2018年12月,最高人民检察院公布了《规定》,进一步加强和规范了检察建议工作。其中第2条指出,检察建议具有"预防和减少违法犯罪"的功能;第11条规定,涉案单位在预防违法犯罪方面制度不健全、不落实,管理不完善,存在违法犯罪隐患,需要及时消除的,可以向有关单位和部门提出改进工作、完善治理的检察建议。根据《规定》要求,检察机关应当通过制发检察建议的形式在犯罪预防过程中发挥应有的作用,但是,针对涉案单位在预防违法犯罪方面制度不健全、不落实等问题制发的社会治理类检察建议难免制约力"疲软",刚性不足,难以达到预期的效果。同时,《规定》中明确了公益诉讼检察建议这一检察建议类型,在公益诉讼检察工作中,检察机关办理行政公益诉讼案件应当在提起诉讼前向特定领域负有监督管理职责的行政机关制发诉前检察建议,检察建议书中须载明相关行政机关违法行使职权或者不作为的事实、法律依据,并要求行政机关在一定期限内依法履行职责或者纠正违法行为。诉前检察建议发出后行政机关不依法履行职责或纠正违法行为的,检察机关应依法向人民法院提起诉讼。在行政公益诉讼案件中,诉前检察建议的独特性在于:一是考虑行政机关的特殊性,为行政机关预留整改的时间和时机;二是将检察建议的回复整改情况作为检察机关是否提起行政公益诉讼的依据,检察建议的刚性和制约力显著增强。

有鉴于此,考虑到企业犯罪区别于自然人犯罪的特殊性,为强化检察建议在预防企业犯罪中的效果,发挥检察机关在企业重大法务风险防控中的作用,可以尝试将行政公益诉讼的诉前检察建议机制引入企业犯罪办案过程中,在检察机关对企业提起公诉前向其制发诉前检察建议,检察建议应当包括认可犯罪行为、积极整改补偿、合规性计划的承诺建立等内容,企业收到检察建议后承认自身罪行、积极整改并承诺未来一定时间内建立合规计划的,可作为检察机关酌定不起诉的考虑因素,对于不符合不起诉条件的,可作为独立的法定从宽量刑情节。

不可忽视的是,在企业犯罪办案中引入诉前检察建议难免存在时间问题。当前《刑事诉讼法》规定检察机关对于监察机关、公安机关移送起诉的案件,审理期限为1个月,重大、复杂案件可以延长半个月。在该时间限度内,可设计表单式(告知式)诉前检察建议,与权利义务告知书、认罪认罚从宽告知书、有权委托辩护人告知书一并发送涉罪企业。诉前检察建议书中,根据企业常见的犯罪类型分类列明整改要求,检察官可结合案件类型、案件情况进行勾选,其他要求则单独表述,企业应在15日内回复整改并在评估后制定合规计划列表,案情复杂的可根据办案期限适当延长。为更好地发挥诉前检察建议的效果,今后可针对企业犯罪诉前检察建议制发设定单独时限,借鉴行政公益诉讼诉前检察建议两个月的回复整改期,为企业预留充足时间构建合规计划。

3.长期目标:构建企业犯罪附条件不起诉制度

2012年修改后的《刑事诉讼法》明确了适用于未成年人犯罪的附条件不起诉制度,对未成年人涉嫌可能判处1年有期徒刑以下刑罚的部分犯罪,有悔罪表现的,检察机关可以作出附条件不起诉的决定,在设定6个月以上1年以下的考验期内对未成年犯罪嫌疑人进行监督考察,考验期满且不违反相关规定的,人民检察院应当作出不起诉的决定。刑事案件的附条件不起诉的根据在于,未成年犯罪嫌疑人罪行较轻且有悔罪表现,而更为深层次的原因还在于特殊预防的考虑,即基于未成年人刑事责任能力的特殊性,更多发挥特殊预防中改善和教育的目的。① 附条件不起诉制度实现了程序分流的激励需求,发挥了特殊预防的作用,与缘起美国的暂缓起诉协议制度具有较多的共通之处。鉴于此,可以通过构建企业犯罪附条件不起诉制度的方式,借鉴国外检察机关服务企业法务风险防控的先进经验,为企业合规化发展提供刑事诉讼激励。

构建企业附条件不起诉制度,在检察机关及企业层面均具有可行性。就检察机关而言,从实体上看,一方面其罪行相对较轻,适用不起诉并不

---

① 参见时延安:《单位刑事案件的附条件不起诉与企业治理理论探讨》,载《中国刑事法杂志》2020年第3期。

影响刑罚报应和特殊预防目的的实现;另一方面,该企业具有较好的改变违法生产、经营的倾向。在这种情况下,检察机关既可以主动提出,要求该企业做出具体方案,有效且全面地遵守法律,犯罪嫌疑企业也可以主动提出,无论是哪种情形,检察机关都是在审查其守法意愿及方案可操作性的基础上作出的。① 就企业而言,企业自身具有积极寻求不诉或附条件不诉的动机,因为如若被不诉或附条件不诉,企业可以获得巨大的利益,包括从烦琐的程序中解脱出来,节省诉讼成本;避免定罪或严厉的刑罚,尽早挽回企业的形象;制定新的合规计划,促进企业规范化。②

为减少企业刑事犯罪的成本损耗,将企业犯罪预防模式实现由事后消极应对转向事前积极预防,可以参考国外的暂缓起诉协议制度,从以下几个方面入手,建构企业犯罪附条件不起诉制度:

一是参考企业犯罪之前的企业合规体系构建情况,将存在较为完善的预防企业犯罪的管理机制、培训机制、考核评估机制等与企业的认罪认罚情况、企业犯罪的严重程度一并作为是否适用附条件不起诉的考虑因素。

二是单位附条件不起诉制度适用过程中,应当以签订书面协议的形式明确企业义务。在这一点上,美国的暂缓起诉过程中,普遍将完善合规计划、赔偿损失等作为基本义务加以规定,这些都可以作为我国企业附条件不起诉协议中的参考。协议内容应区分大型企业、小型企业、微型企业具体情况,结合我国实际国情设计。

三是设置考验期。当前对于未成年人犯罪适用附条件不起诉制度的考验期为6个月以上1年以下,鉴于企业完备合规计划的时间要求,可将考验期适当延长至1年以上两年以下,给予企业整改完善期限。

四是合规计划建立效果的评估。企业应定期向检察机关汇报合规计划进展情况,考验期结束后,检察机关通过第三方评估、行政机关评估等

---

① 参见时延安:《单位刑事案件的附条件不起诉与企业治理理论探讨》,载《中国刑事法杂志》2020年第3期。
② 参见李玉华:《我国企业合规的刑事诉讼激励》,载《比较法研究》2020年第1期。

方式考量企业合规计划的建立及完善情况,决定是否提起公诉。

(三)构建企业合法权利保护的检察监督机制

1.追诉风险控制

刑事立案程序是追究企业刑事责任的入门程序。企业一旦被侦查机关立案侦查,即须接受刑事调查,侦查机关可能对企业直接负责的主管人员和其他直接责任人员采取刑事强制措施,企业也可能被采取查封、扣押、冻结财产等强制性侦查措施。上述措施会对企业形成重大的运营风险。避免企业被刑事立案是企业法务风险防控的重要目的。但是,市场主体具有天然的逐利本性,在我国《刑法》规定的数量可观而又日渐严密的经济犯罪规范面前,企业触犯刑律而被立案侦查的风险较高。立案制度在我国刑事诉讼中就具有重要的权利保障作用,设立立案程序的重要目的在于从程序上防止公安机关滥用权力,随意采取侦查行为或者强制性手段,侵犯公民合法权益的情况发生。① "立案就像过滤器一样,从刑事诉讼一开始,就把罪与非罪,应否追究刑事责任区别开来。"②检察机关服务企业重大法务风险防控工作,应当从依法避免企业被刑事立案入手。在现有法律框架下,检察机关可以开展刑事立案监督,监督侦查机关对于涉企案件不该立案而立案和该撤案不撤案行为。根据《刑事诉讼规则》第508条之规定,检察机关对于公安机关不应当立案而立案侦查的案件,应当要求公安机关说明立案理由;检察机关经调查核实认为公安机关立案理由不成立的,应当通知公安机关撤销案件。《关于公安机关办理经济犯罪案件的若干规定》明确规定,公安机关对犯罪嫌疑人解除强制措施之日起12个月内或者对犯罪嫌疑人未采取强制措施自立案之日起两年内,仍然不能移送审查起诉或者依法作出其他处理的,应当撤销案件。检察机关对审查逮捕和审查起诉工作中发现的法律规定不追究刑事责任而应予以撤案但公安机关未予撤销的案件,应当及时监督纠正。检察机关对于

---

① 参见陈光中主编:《刑事诉讼法学》(第五版),北京大学出版社、高等教育出版社2013年版,第268页。

② 刘根菊:《刑事立案论》,中国政法大学出版社1994年版,第14—15页。

涉企刑事案件,应准确把握刑事立案标准,正确运用刑事政策,通过依法监督启动刑事诉讼程序来追诉犯罪,以依法监督终止刑事诉讼程序来确保企业不受到刑事追责,防控企业刑事法律风险。在监督线索发现模式上,除了企业可以向检察机关提出控告、举报外,检察机关应贯彻中央政法领域全面深化改革推进会精神,向公安机关执法办案管理中心派驻检察室,实现第一时间了解涉企案件立案、撤案、行政处罚等程序信息,解决立案监督工作中的及时性问题。

2.人身和产权损害风险控制

我国法律对于单位犯罪实行两罚制,涉嫌犯罪的企业"直接负责的主管人员"和"其他直接责任人员"可能被采取监视居住、取保候审、拘留、逮捕等侦查强制措施,也可能会被法院判处拘役和徒刑以上刑罚,进而人身自由受到限制。在司法实践中,不规范采取刑事强制措施现象仍时有发生,尽管企业涉经济犯罪中绝大多数被告人所获刑罚较轻,但羁押率仍然偏高,有些案件久拖不决,企业主被长期羁押。党的十八届四中全会提出要完善对限制人身自由司法措施和侦查手段的司法监督。作为法律监督机关,检察机关应正确履行监督职能,主动运用相关司法政策,发现并依法监督刑事强制措施违法行为。2016年中共中央、国务院于出台的《关于完善产权保护制度依法保护产权的意见》提出:"对涉案企业和人员,应当综合考虑行为性质、危害程度以及配合诉讼的态度等情况,依法慎重决定是否适用强制措施和查封、扣押、冻结措施。"最高人民检察院《关于充分履行检察职能加强产权司法保护的意见》进一步详细规定:"对于涉嫌犯罪的各类产权主体主动配合调查,认罪态度好,犯罪情节较轻,且没有社会危险性的,一律不采取拘留、逮捕、指定居所监视居住等强制措施。"两份文件都提出了慎用强制措施的要求。为了落实上述文件精神,建议建立涉企案件刑事强制措施司法审查制度,包括合法性和必要性审查。检察机关在接到涉企案件犯罪嫌疑人的申请或者在办理涉企案件过程中,应审查侦查机关采取的刑事强制措施的合法性,对于不符合法律规定的,要依法监督。在企业产权保护方面,检察机关应履行刑事和民事审判监督职能,坚持依法保护、平等保护、全面保护的原则,依法纠正超标的、超范围、超时限查封等诉讼、执行违法行为和冤错案件,最大限度地降低对企业生产经营活动的不利影响。

(四)构建受困企业司法救助机制

企业因涉罪或涉诉而导致经营失衡、破产,将直接影响企业员工、投资人和债权人的利益,严重者将导致风险后果扩及整个社会,使当地就业形势与营商环境遭受重创。如此,企业的法务风险便从私领域扩展至公共领域,超出企业驾驭范围。检察机关应当树立衡平理念,探索濒危企业的司法拯救,系统研究企业的具体情况,统筹研判个案拯救或退出利弊得失,采取相应的拯救机制积极应对,防范化解相关法务风险。一般有以下路径选择:

一是通过介入危机企业营业转让、合并、分立等内部发展方式,强化企业的治理机制,恢复企业正常运营。法国《企业保护法》坚持提前处理企业危机的价值理念,即在危机企业陷入无法克服或有支付不能可能性时,可申请启动调解程序,在保留企业主体的前提下,通过与债权人达成债务调整甚或企业出让计划的方式,使企业摆脱危机。① 检察机关可探索借鉴金融机构对银行坏账呆账的托管模式,建议国家有关部门对涉嫌犯罪的企业进行托管经营,使企业合法项目继续运营。尤其是检察机关应重点引导企业构建合规计划,使企业在一个良好的、有效的合规管理制度下运营。具体而言,检察机关监督企业内部治理结构和经营方式的改革,纠正企业及其员工的不当行为,审查企业作出经营决策的程序合规性,把控企业合规风险,避免企业重蹈覆辙。

二是充分运用重整、和解法律手段促使陷入困境但尚有运营价值的企业得到有效救治。将债务清偿和企业拯救结合起来,稳住职工就业、政府税收、上下游产业链,控制企业重大风险的扩散。与人民法院共同探索

---

① 参见徐盈雁:《法国:困境企业不一定非得破产》,载《检察日报》2007年11月7日,第4版。

预重整、兼并重整、个人债务清理等工作制度创新,合理完善重整制度供给。预重整制度包括程序外的自愿重组与程序内的司法强制保护两个方面。以程序内的公权赋予重组协议或计划以强制约束力,约束债权人和债务人的行为,保证庭外重组协议或计划的顺利实施,增加成功拯救危机企业的可能性。

三是完善破产程序法律监督制度。借鉴美国联邦破产托管人制度,推进破产管理机制的建立。美国《破产法》将托管人分为私人托管人与联邦托管人,联邦托管人由国家公务人员组成,其基本职能是确保职工安置、消费者权益保护等公众利益在破产案件管理中得到正确执行,同时监督私人托管人。我国现行《企业破产法》并未设立国家公务人员性质的破产管理人,公共利益审查的职能实际由人民法院行使。法院是破产程序的主导者,但是当公共利益突出时,仅靠法院单打独斗解决不了问题,必须统筹整合各方力量。在实践中,党委政府往往承担起类似美国联邦托管人的作用,尤其在大型企业破产重整的案件中,政府机构考虑到大量职工失业、大面积资金链断裂等所带来的社会不稳定因素,即使不作为破产管理人角色出现在破产重整的法律程序中,也会在幕后积极协调,尽量促使重整计划获得通过,实际上政府所站的立场和出发点就是包括国税与地税两级税收、职工安置、社会稳定在内的公共利益的考量,而该角色由现行《企业破产法》规定的破产管理人和人民法院是无法完成的。[①] 从保护和考虑公共利益的角度来看,检察机关与联邦管理人存在目标重叠,因此,检察机关应当加强与政府等其他破产参与人的沟通,推动建立常态化、制度化府院联动机制,共同化解风险,维护公共利益。另外,充分发挥法律监督职能,依法运用民事调查核实权,对相关单位或部门过度干预、违法行使职权、不依法及时履行职责,影响案件公正高效审理的情形及时开展监督工作。同时结合案件具体情况,探索采用检察建议、提示函等多元监督方式,开展行之有效的监督,并做好监督全过程记录。

---

① 参见贺轶民:《美国联邦破产托管人制度的启示》,载《法学杂志》2010年第5期。

五、检察机关服务企业重大法务风险防控的实践探索——以 J 公司等建筑企业串通投标系列案件为例

(一)案情简介

2013 年以来,XT 市 J 公司等 6 家建筑企业,迫于涉黑组织影响力,参与涉黑案骨干成员(犯串通投标罪被判处有期徒刑 1 年零 6 个月)组织的串通投标。该骨干成员暗箱操作统一制作标书、统一控制报价,导致涉及建筑施工等 13 个工程项目被涉黑案骨干成员所在的公司中标。由涉黑案带出的 5 起串通投标案件,涉及 1 家民营企业、2 家国有企业、3 家集体企业,均为当地建筑业龙头企业,牵扯面大,社会关注度高。

2020 年 3 月、4 月,公安机关将上述 5 起串通投标案件移送 XT 市人民检察院审查起诉。检察机关受理案件后,通过自行补充侦查进一步查清案件事实,同时深入企业开展调查,于 2020 年 5 月召开公开听证会,对 J 公司等 6 家企业作出不起诉决定。

(二)检察机关防控企业重大法务风险的履职

一是审查事实、证据,奠定办案基础。检察机关通过自行补充侦查,查清 J 公司等 6 家企业被胁迫陪标的案件事实,6 家企业案发时均处于黑恶势力控制范围内,慑于该涉黑组织的不良影响,被迫出借建筑资质参与陪标,且没有获得任何非法利益。

二是关注、评估企业风险危机。检察机关实地到 6 家企业走访调查,掌握了企业在疫情防控常态化下复工复产情况及存在的困难问题。多次到住建部门座谈,了解到 6 家企业常年承接全市重点工程项目,年创税均达 1000 万元以上,1 家企业年创税 1 亿余元,在繁荣地方经济、城乡建设、劳动力就业等方面作出了突出贡献。如果检察机关作出起诉决定,6 家企业 3 年内将无法参加任何招投标工程,同时会被列入银行贷款黑名单,这将对企业发展、劳动力就业和全市经济社会的稳定造成一定的影响。

三是引入第三方联合评估并督促整改。2020 年 5 月,在上级检察机

关指导下,检察机关邀请人民监督员等各界代表召开公开听证会,参会人员一致同意对J公司等6家企业及其负责人作不起诉处理。检察机关当场公开宣告不起诉决定,并依法向住建部门提出对6家企业给予行政处罚的检察意见,同时建议对近年来建筑行业的招投标情况进行全面细致的摸排自查,净化建筑业招投标环境。

四是开展普遍性法务风险隐患排查。听证会结束后,检察机关组织当地10家建筑企业,连同6家涉案企业负责人召开专题座谈会,宣讲企业合规知识,用身边案例警醒企业依法规范经营,从而实现了"办理一案、教育一片、扩大社会面"的目的。

五是由点到面深化实践探索。结合企业合规试点精神,检察机关与11家单位会签《关于建立涉案企业合规第三方监督评估机制的实施意见(试行)》,成立由22名专家组成的名录库,成立企业合规改革试点第三方监督评估机制管理委员会,制定《XT市人民检察院关于办理企业合规案件工作指引(试行)》。

检察机关还向6家涉案企业发出检察建议,要求企业围绕所涉罪名及相关领域开展合规建设,并对合规建设情况进行跟踪监督,最后举办检察建议落实情况公开答复会,对合规建设情况进行验收,从源头上避免再发生类似违法犯罪问题。在合规建设过程中,6家涉案企业缴纳171万余元罚款,并对公司监事会作出人事调整,完善公司重大法务风险防控机制。此后6家被不起诉企业积极扩大就业规模,安置就业人数2000余人,先后中标20余项重大工程,中标工程总造价20余亿元。

在办案过程中,检察机关充分履行自行补充侦查职权,全面查清案件事实,为适用企业合规提供充分依据。同时,检察机关推动企业合规与检察听证、检察意见、检察建议等相关工作紧密结合,对企业违法犯罪行为依法教育并予以矫治,使企业能够改过自新、合规守法经营,又能减少和预防企业再犯罪,使企业更主动地承担社会公益责任,同时推动当地建筑行业深层次管理问题的解决,为企业合规建设提供了生动的检察实践。

结　语

检察机关应当为经济发展保驾护航,提升企业应对风险能力。为此,其必须立足检察职能本身,关切企业发展中的痛点、难点问题,将检察职能与企业需求深度融合,主动开展供给侧结构性改革,提供优质的、符合企业发展需求的检察产品。企业重大法务风险防控或可成为检察机关服务保障经济健康发展的最佳切入点。从全球化的视野来看,"国家—企业合作预防"的新型刑事司法模式已成为各国共识,我们应当通过不断加强预防性刑法理论研究与实践,发挥出刑事理论在创建刑事合规制度、指导企业构建刑事风险内控方面的贡献力。基于"中国立场",立足做好"六稳"工作,落实"六保"任务,我们更应关注企业的内部治理问题,充分发挥检察职能,通过附条件不起诉、检察建议前置、检察监督、司法救助等一系列制度供给,帮助企业防范和化解涉诉涉罪法务风险,弥补因之前的危害行为造成的公领域损害,同时激励企业构建起防范重大法务风险的能力,真正让企业"活下来""留的住""经营得好"。

检察视角下企业合规第三方监管机制的构建

李紫阳*、杭　程**

摘　要：我国企业犯罪形势日益严峻，为此最高人民检察院开展了"合规不起诉"改革试点。目前实践中已初步构建以协商式程序正义为法理基础，以刑事激励为功利导向，以认罪认罚从宽及相对不起诉为激励路径的企业合规。不过，也存在企业整改意愿不足、刑行程序抵牾、监管人独立性缺乏、合规经费难以保障等问题。对此，需要构建宽严相济、协同治理、监管独立的第三方监管机制，以助力企业行稳致远，并最终实现第三方监管合规向自主合规的转向。

关键词：企业犯罪；刑事合规；第三方监管

一、问题的提出

近年来，随着我国经济的快速发展，企业以及企业家所面临的风险不断攀升，尤其是刑事风险。根据中国企业家犯罪预防研究中心发布的《2019—2020 企业家刑事风险分析报告》显示，在 2019—2020 年中国裁判文书网上传的刑事判决书中，可检索出企业家犯罪案例 2635 件，企业家犯罪 3278 次。其中，国有企业的企业家犯罪数为 234 次，约占企业家犯罪总数的 7.14%；民营企业的企业家犯罪数为 3011 次，约占企业家犯罪总数的 91.85%。[①] 同时，根据张远煌教授主持编写的《企业家刑事风险分析报告（2014—2018）》显示，2014 年至 2018 年间企业犯罪 6988 件，企业家犯罪

---

* 李紫阳，东北财经大学法学院讲师、法学博士。
** 杭程，华东政法大学刑法学硕士研究生。
① 参见蒋安杰：《〈2019—2020 企业家刑事风险分析报告〉发布》，载 http://epaper.legal-daily.com.cn/fzrb/content/20210428/Articel09002GN.htm，访问日期：2021 年 8 月 12 日。

8965次,其中2018年企业犯罪案件2222件,企业家犯罪2889次。① 从上述的数据中可以发现,刑事风险已成为悬在我国企业及企业家头上的"达摩克利斯之剑",企业犯罪整体率呈上升趋势,其中民营企业所面临的刑事风险尤为突出。无论是为了促进经济发展还是为了保障人权,我国企业犯罪及企业家犯罪问题都必须得到重视。

2019年12月中共中央、国务院印发了《关于营造更好发展环境支持民营企业改革发展的意见》,明确提出要以习近平新时代中国特色社会主义思想为指导,健全平等保护的法治环境,促进民营企业规范健康发展,推动民营企业守法合规经营。"中兴合规案"与"湖南建工合规案"等合规案件也告诫我们,企业稳定健康地发展离不开合规经营。2020年3月开始,最高人民检察院在全国6家基层检察院开展"企业犯罪相对不诉适用机制改革",督促涉案企业合规管理。在2021年十三届全国人大四次会议上,最高人民检察院检察长张军在报告里提出,对涉案企业既要厚爱,也要严管,一方面,对民企负责人涉经营类犯罪,依法能不捕的不捕,能不诉的不诉,能不判实刑的提出适用缓刑建议;另一方面,对涉及企业的不捕、不诉、判缓刑案件,企业及其负责人须承诺并践行可监管、可检查的整改措施,以促进涉案企业吸取教训、合规经营、完善现代企业管理制度。目前,不少地区检察机关已经开始相关制度的试点改革,如深圳市龙华区人民检察院印发《关于对涉民营经济刑事案件实行法益修复考察期的意见(试行)》,辽宁省人民检察院发布《关于建立涉罪企业合规考察制度的意见》,各地积极探索刑事合规的建设。

2021年3月,最高人民检察院启动了第二期企业合规改革试点工作,根据试点工作方案,第二期改革试点范围扩大至北京、辽宁、浙江、江苏等10个省份、直辖市。在本轮改革试点中,最高人民检察院明确提出要结合各地实际情况,探索建立企业合规第三方监管机制,通过第三方调查、

---

① 参见张远煌:《企业家刑事风险分析报告(2014—2018)》,载《河南警察学院学报》2019年第4期。

监督,促进企业践行合规承诺。最高人民检察院法律政策研究室主任高景峰认为,企业合规第三方监管机制,即检察机关在办理涉企犯罪案件时,对符合企业合规改革试点适用条件的,交由第三方监管机制管理委员会选任组成的第三方监管组织,对涉案企业的合规承诺进行调查、评估、监督和考察。考察结果将作为检察机关依法处理案件的重要参考。① 企业合规的第三方监管机制是试点过程中探索出的刑事合规方式之一,上海市金山区就是该方式的典例。上海市金山区人民检察院不仅联合区司法局会签了《关于企业合规第三方监管人遴选、选任、管理的暂行规定》,建立第三方监管人机制,还联合区司法局、公安局、法院等10家单位,成立企业合规监督管理委员会,共同负责对第三方监管人的工作进行指导、监督,建立了企业合规公开听证制度。② 2021年6月3日,最高人民检察院联合司法部、财政部等部门印发《关于建立涉案企业合规第三方监督评估机制的指导意见(试行)的通知》(以下简称《指导意见》),明确第三方监管机制为检察机关探索企业合规的主要方式,为下级检察院探索合规监管提供规范指导。《指导意见》回应了试点探索中的诸多问题,但部分问题仍未予明确,如企业合规意愿不高,刑行衔接不畅等问题,如何构建本土化的企业合规第三方监管机制,值得进一步探讨。

二、企业合规第三方监管机制的本土探索

(一)构建以协商式程序正义为法理基础的企业合规

企业合规制度与传统的刑事诉讼制度不相同,在报应犯罪嫌疑人的同时,强调犯罪的特殊预防以及社会损害的修复,从而将犯罪对社会的侵害程度降到最低,这是刑事司法模式从对抗性模式向协商式模式的转变。2021年4月,深圳市龙华区人民检察院印发《关于对涉民营经济刑事案件

---

① 参见《最高检下发工作方案,依法有序推进企业合规改革试点纵深发展》,载 https://www.spp.gov.cn/xwfbh/wsfbt/202104/t20210408_515148.shtml#1,访问日期:2021年7月3日。

② 参见《上海金山:探索企业合规整改第三方监管人机制》,载 http://www.shxuhui.jcy.gov.cn/xwdt/jcdt/71684.jhtml,访问日期:2021年7月15日。

实行法益修复考察期的意见(试行)》,推行企业合规条件下的法益修复考察期制度,对移送审查起诉的涉民营企业经济案件,犯罪嫌疑人有修复受损法益意愿的,允许对犯罪嫌疑人适用轻缓强制措施,由犯罪嫌疑人提出合规方案,对被侵害的法益进行修复,并视修复情况及悔罪态度等情况作不起诉处理或提出从轻量刑建议。① 该制度对于修复社会关系,使行为人回归社会具有重要意义,而且可以有效避免"刑罚的水波效应"和"破窗效应",减轻犯罪对社会影响的同时避免纵容犯罪。

企业合规背后是"恢复性司法"的理念。20世纪70年代,西方国家开始兴起"恢复性司法"运动,国家开始对被害人与被告人间的协商合作予以认可,认为这种协商式的司法模式可以修复因犯罪行为而遭受破坏的社会关系。彼时,因司法体系不堪重负却又难为公众所满意,美国司法部及美国律师协会开始探索替代传统法院解决纠纷的机制。恢复性司法的理念基础是恢复性协商式正义,强调对犯罪的反应应该致力于减轻犯罪所带来的损害及威胁。纯粹的报应性的反应难以减轻社会损失,而且在促进社会矛盾解决的作用上也是有限的。② 之后,恢复性司法在全球快速发展,成为传统司法模式的重要补充。在2000年4月召开的第十届联合国预防犯罪与罪犯待遇大会上,诸多代表对恢复性司法方案给予了高度的评价。③

传统的刑事司法模式主要关注的是诉讼过程的控制和影响,忽略了对裁判结果的控制与塑造,难以面对那些存在合作、协商的领域。相比对抗式的司法模式,协商合作式的模式更具结果主义特征,这种司法模式并不推崇诉讼各方参与的充分性和有效性,而是强调双方通过程序性的影响,使最终结果体现双方的合意。④ 从刑事和解到新确立的认罪认罚从宽制度,我国现有的刑事诉讼体系已经体现了这种协商式的程序正义,司法

---

① 参见《深圳龙华:建立法益修复考察期制度推动企业合规整改》,载https://www.spp.gov.cn/zdgz/202106/t20210621_521906.shtml,访问日期:2021年7月15日。
② 参见宋英辉,许身健:《恢复性司法程序之思考》,载《现代法学》2004年第3期。
③ 参见刘东根:《恢复性司法及其借鉴意义》,载《环球法律评论》2006年第2期。
④ 参见陈瑞华:《论协商性的程序正义》,载《比较法研究》2021年第1期。

协作式程序正义也成了企业合规第三方监管机制的探索基础。

当下,企业一旦进入刑事诉讼程序,其所面临的结果往往是毁灭性的。而且,企业和企业家犯罪的特点和规律表明,忽视强力引导和推动企业建立刑事风险防范机制、主动消除内部犯罪诱因而主要依赖事后惩罚方式的治理,不仅难以减少犯罪,而且还容易引发包括企业遭受重创甚至倒闭在内等一系列负面效应。在多地检察院的积极探索下,检察机关参与国家治理体系与治理能力现代化的程度越来越高。在刑事诉讼程序中,摒弃了传统偏重"惩罚制裁"的办案式思维,转而采取"刑事制裁"与"合规营救"并重的举措,督促企业依法合规经营。企业合规第三监管机制的探索以协商式程序正义为法理基础,努力实现法律效果与社会效果乃至政治效果的统一。

(二)构建以刑事激励为功利导向的企业合规

企业是市场经济中典型的经济理性人,其行为决策一般基于功利主义的考量。而企业合规意味着企业需要高昂的成本投入,甚至需要企业整个集团战略资源的倾斜。缺乏足够的功利主义激励,企业的合规体系就难以搭建落实。以熟悉的"中兴合规案"以及"湖南建工合规案"为例,其均为典型的受强制的企业合规。中兴起初缺乏有效的企业合规体系,2017年3月与美国商务部等达成和解协议后,才依据协议要求成立合规委员会,新设合规管理部门。后美国商务部指控中兴违反和解协议,2018年6月双方达成新的和解协议,中兴无条件接受所有处罚,其中包括自费聘请合规团队监督业务的合规性。而湖南建工建立合规体系则是因为其在参加一个由世界银行资助的道路翻修项目竞标时,提交了不真实的业务经验文件。世界银行将此认定为欺诈行为,并实施了为期二年的"附解除条件的取消资格"制裁,该制裁给湖南建工造成融资困难和声誉损失。后湖南建工建立并实施了符合世界银行要求的合规体系,于2017年6月被解除制裁。中兴与湖南建工均为大企业,即便如此,事发前也未能真正认识到合规本身对企业发展的意义以及给企业所带来的价值。

早在2006年,我国已开始关注企业的合规管理,在金融行业引入合规管理。《商业银行合规风险管理指引》《保险公司合规管理指引》《证券公司合规管理试行规定》及《合规管理体系指南》等规范就是这一时期的探索成果。2018年,为保障企业持续健康发展,国资委印发了《中央企业合规管理指引(试行)》。2021年5月13日新华社消息,中央企业已全部成立合规委员会,出台管理制度,完善工作机制,其中不少企业还探索构建法治框架下的法律、合规、风险、内控协同运作机制,着力打造"法律合规大风控"管理体系。① 但金融企业以及央企的企业合规更多的是自上而下的合规,并且这部分企业是我国众多企业中很少的一部分。目前,对于企业合规的推行,最高人民检察院给出的方案是通过对涉罪企业予以刑事激励,以第三方监管的形式促进企业合规的建立。

20世纪90年代,美国量刑委员会制定了美国《联邦量刑指南》,在计算罚金时导入了合规管理机制,旨在鼓励各企业建立合规制度。尽管都是以刑事激励促进企业合规的建立,但在参与第三方监管的企业方面,我国实践情况与域外情况截然不同。域外参与刑事合规的绝大多数都是大型企业,这类企业更为关注企业本身的罪责问题,因为企业涉案不仅严重损害声誉,而且会导致很多经营活动的权利受限。美国在单位犯罪归责时采用了严格责任制度——替代责任制。替代责任制度,是指当企业成员的违法行为属于依职权所做的行为或者该行为实际是为企业牟求利益之时,则该违法行为导致的责任由该企业来承担。例如,在纽约中央哈德逊铁路公司上诉一案中,由于该公司总经理及其助理在从纽约向底特律运送糖的过程中向其他公司支付了回扣,铁路公司也因此被提起刑事诉讼,检察机关要求铁路公司也承担责任。② 替代责任制无疑是宽泛又严苛的,在此制度背景之下,企业势必会寻求摆脱此类法律风险的出路。而有效的企业合规计划能够为企业带来刑事责任上的减免,中和了这一严苛

---

① 参见《中央企业已全部成立合规委员会》,载http://www.sasac.gov.cn/n2588025/n2588139/c18544156/content.html,访问日期:2021年7月20日。
② 详见NEW YORK CENTRAL AND HUDSON RIVER RAILROAD COMPANY v. UNITED STATES, 212,U.S.(1909).

的归责原则。所以即使合规成本高昂,如须缴纳巨额罚款、接受长期考验、建立合规机制,但为了企业存续,域外国家涉案企业愿意参与合规。

我国实践中涉嫌犯罪的企业多为中小型企业,一方面是这类企业数量众多,另一方面是这类企业主体规模较小、股权组成单一,在企业管理上多体现企业家的"个人主义",容易违规经营。这类企业家在涉案后主要关注的是自然人的处罚问题,而非企业本身的罪与非罪。此外,我国企业设立成本不高、刑法规定的从业禁止力度有限、部分单位犯罪的入罪门槛高于自然人,上述原因使涉案人员更愿意通过注销企业另行注册的方式重新经营,而不是花费大量成本参与合规。因此,在实践中激励涉案企业进行合规整改主要是对涉案企业家予以刑事上激励,如作不起诉决定,或出具刑罚较轻的量刑建议。而涉案企业家出于功利上的考量,考虑自己如果被判处实刑,企业可能会就此倒闭;但如果进行合规整改,自己仅会被判处缓刑,企业可以继续经营,最终所带来的经济收益超过企业合规整改的成本。而且,对于中小型企业,企业合规第三方监管机制对其主要的吸引力还在于自然人本身的自由刑激励。

(三)构建以相对不起诉及认罪认罚从宽为激励路径的企业合规

2021年最高人民检察院举行"依法督促涉案企业合规管理,将严管厚爱落到实处"新闻发布会。① 会上,最高人民检察院副检察长杨春雷强调企业合规改革试点是检察工作的改革创新,不能随意突破法律,要在法律规定的框架内积极探索推进试点改革。

如何在现有的刑事诉讼体系下探索企业合规是各地检察机关首先需要考虑的问题。在司法实践中,检察机关主要是通过相对不起诉制度以及认罪认罚从宽制度对参与第三方监管的企业予以刑事激励。以辽宁省人民检察院发布的《关于建立涉罪企业合规考察制度的意见》为例,该意见在第6条中明确规定,对涉罪企业适用合规考察制度的要求涉罪企业及

---

① 参见《依法督促涉案企业合规管理,将严管厚爱落到实处》,载 https://www.spp.gov.cn/spp/zgjjxyfdcsaqyhggl/xwfbh.shtml,访问日期:2021年7月20日。

直接负责人员自愿认罪认罚。① 再比如上海市长宁区人民检察院通过"合规检察建议+相对不起诉"模式助力企业依法开展刑事合规管理。②

我国采用的是以起诉法定主义为主,兼采起诉便宜主义的刑事诉讼制度,《刑事诉讼法》中相对不起诉的规定即为起诉便宜主义的体现。相对不起诉是检察机关基于行使自由裁量权终结刑事诉讼程序的一项重要职能。在试点过程中,也有部分检察机关以法定不起诉为契机,主动对涉案企业进行合规审查。③ 不过法定不起诉适用的前提是涉案企业无不法行为,此时主动对其进行合规审查的必要性是值得商榷的。就实践现状来看,即使在法定不起诉中开展企业合规,其意义也是有限的,绝大部分涉案企业还是落在相对不起诉的范畴中。以相对不起诉为路径构建企业合规无疑是更符合我国司法实践现状的。就企业犯罪总体情况来看,企业犯罪往往表现为企业家的个人犯罪,与企业相比,企业家在适用相对不起诉时较为容易一些。目前,我国的合规不起诉适用的对象不仅包括企业,也包括企业家。黎宏教授认为,企业合规实际上是企业负责人进行合规建设,对涉罪的企业家个人进行相对不起诉不仅不会违背企业合规的初衷,还能消除企业合规不起诉于法无据的问题。④

认罪认罚从宽制度是《刑事诉讼法》修改时新设立的制度,旨在犯罪嫌疑人自愿认罪认罚时予以其从宽处理的制度。2018年,认罪认罚从宽制度设立之初,最高人民检察院相关负责人曾表示,办理涉民营企业案件,应当根据修改后《刑事诉讼法》的相关规定,落实认罪认罚从宽的相关

---

① 参见《辽宁建立涉罪企业合规考察制度,护航民企健康发展》,载 http://ln.people.com.cn/n2/2021/0330/c378317-34647623.html,访问日期:2021年7月25日。
② 参见《上海长宁检察如何护航企业"轻装"再出发?合规检察建议+相对不起诉!》,载 https://baijiahao.baidu.com/s? id=1680990502057387877&wfr=spider&for=pc,访问日期:2021年8月1日。
③ 参见《检察听证+企业合规审查,以检察履职助力民企"重生"》,载 https://www.bjjc.gov.cn/bjoweb/minfo/view.jsp? DMKID=214&ZLMBH=0&XXBH=68292,访问日期:2021年8月10日。
④ 参见黎宏:《企业合规不起诉:误解及纠正》,载《中国法律评论》2021年第3期。

要求。① 当前,我国刑事司法政策已由"重市场经济秩序保护、轻经营者合法权益保障"转变为"保护市场经济秩序和保障经营者合法权益并重"。认罪认罚从宽制度本质上是检察官主导的一种量刑协商机制,其与企业合规制度无论是在正当性依据上还是功能价值上都高度契合。具体而言,认罪认罚制度与企业合规制度都是非对抗性的诉讼模式,其在预防刑上具有积极意义,不仅可以让特定企业特殊预防,还可以进一步激励不特定企业实现积极的一般预防。② 甚至有学者认为合规是企业认罪认罚的高级形式,应以合规为核心进一步发展认罪认罚从宽制度。③ 在合规工作法律地位未确立的情况下,以现有的诉讼制度为依托,将二者融合,通过认罪认罚从宽激励路径探索企业合规已成为理论界与实务界的共识。

在最高人民检察院开展"合规不起诉"试点前,我国已自发地在现有制度红线下探索企业合规之路,以加强对民营企业的保护。以2016年"浙江某饰品厂涉嫌污染环境(不起诉)案"为例,彼时企业合规尚未进入公众视野里,在该案办理中,涉案企业通过业务转型升级实现合规整改,最终获得检察机关认可,以相对不起诉予以结案。④ 再比如在最高人民检察院公布的第二十三批指导性案例"刘某某涉嫌生产、销售'伪劣产品'(不起诉)案"中,检察机关未简单套用现有产品标准认定涉案企业产品为"伪劣产品",而是运用听证、专家意见等多种手段推动行业标准的完善,以不起诉促进企业合规治理,实现法律效果与社会效果的统一。⑤ 上述案件都是企业合规与相对不起诉制度及认罪认罚制度相融的典范。今后企业合规制

---

① 参见王治国、徐日丹:《最高检明确规范办理涉民营企业案件执法司法标准》,载 https://www.spp.gov.cn/tt/201811/t20181115_399230.shtml,访问日期:2021年8月1日。
② 参见李勇:《检察视角下中国刑事合规之构建》,载《国家检察官学院学报》2020第4期。
③ 参见李玉华:《以合规为核心的企业认罪认罚从宽制度》,载《浙江工商大学学报》2021年第1期。
④ 参见刘华英:《上市公司刑事合规系列六——刑事合规中的企业内部调查》,载 https://mp.weixin.qq.com/s/A0_sWb7keoxs24h-HmT1gQ,访问日期:2021年7月5日。
⑤ 参见戴佳:《最高检发布第二十三批指导性案例,聚焦检察机关依法履职促进社会治理》,载 https://mp.weixin.qq.com/s/_TbM3GUIIQ4wqTAa8jLMGQ,访问日期:2021年8月1日。

度将会在相对不起诉制度及认罪认罚制度的基础上进一步探索完善,向企业释放更多的司法红利,使合规深度融入检察机关的社会治理工作中。

三、企业合规第三方监管机制的实践困境

自 2020 年 3 月试点以来,"企业合规"成为了热点词汇,各地的探索也在如火如荼地开展中。作为一项域外引入的制度,企业合规在本土化进程中难免有水土不服的情况,部分检察机关的试验也引发了一些争议。比如某地检察机关官方微信公众号发布新闻稿宣传检察机关联合律所成立全国首家"企业合规事务所",该报道引起监管人独立性的激烈讨论。不过,之后最高人民检察院官方微信公众号发布新闻稿称企业合规事务所依法依规独立运营,相关执法司法部门不参与、不干涉事务所的运行。① 该事件虽为一次乌龙事件,但大家对于监管人独立性的担忧是客观存在的。最高人民检察院 6 月 3 日发布的《指导意见》已经回应了实践中存在的部分问题,但《指导意见》作为试行意见,内容有限,更多的还是指导意义,一些问题仍存于司法实践中。

(一)企业整改意愿不足

最高人民检察院调研组赴张家港市调研企业合规改革试点时,江苏省人民检察院副检察长俞波涛提出企业合规整改意愿不足的问题。② 实践中,企业整改意愿不足的原因是多方面的,其中既有企业自身的原因,也有改革制度层面的问题,具体而言,主要原因有如下三个:

一是在于企业合规整改能力不足。如前文所言,实践中进入第三方监管机制中的企业多为中小型企业,以小微企业为主。据《2018 年第四次全国经济普查年鉴》显示,截至 2018 年全国有小型企业 2399010 个,微型企业 15562054 个。小微企业数量多,规模小,抗风险能力薄弱,对外部经

---

① 参见林先昌:《福建晋江试点企业合规改革助力企业健康发展》,载 https://mp.weixin.qq.com/s/dMazfpqtHxmbkItXWifQTA,访问日期:2021 年 6 月 28 日。

② 参见邱春艳:《最高检调研组赴江苏省张家港市调研企业合规改革试点》,载 https://www.spp.gov.cn/tt/202105/t20210516_518255.shtml,访问日期:2021 年 8 月 2 日。

济政策环境的敏感程度较高。囿于其规模及成本利润情况,小微企业往往存在治理结构不规范、缺乏完备治理体系的问题。管理知识的缺乏导致小微企业在实际经营中沿用创业初期的用人模式,即以个人能力、优势及特点确定岗位部门,后果是企业岗位职责模糊,管理不规范,缺乏内部制衡,存在巨大的经营风险和财务风险。而合规整改需要企业投入巨大的资金成本,有的甚至要求企业对主营业务进行转型升级。但小微企业所处行业的显著特点是技术要求低,竞争充分,市场趋于饱和,利润微薄,所以产业层次普遍不高,转型升级难度较大。因而,部分企业囿于资金及能力问题,整改意愿不高。

二是刑事激励效果不明显。目前,合规整改所依托的路径主要是认罪认罚从宽制度以及相对不起诉制度。这意味着涉案企业依赖现有的制度就足以获得其想要的刑事激励效果,无须再另外进行合规整改。而且部分地区检察机关出于谨慎性,并未给予企业相较认罪认罚制度更多的量刑优待。这也是部分企业参与第三方合规监管的积极性较低的重要原因。当然,《指导意见》现已明确,合规考察是依法作出批准逮捕或者不批准逮捕、起诉或者不起诉以及是否变更强制措施等决定,提出量刑建议或者检察建议、检察意见的重要参考,而认罪认罚只是合规的前提。《指导意见》为检察机关开展改革试点活动提供了一定依据,也在规范层面上进一步激励企业构建合规体系的积极性。

三是企业担心参与合规会引发新的问题。企业第三方监管机制建立在对企业的调查了解基础上的,所以检察机关或第三方监管组织会在监督履职过程中了解企业全面的经营情况,包括但不限于对企业资金流水的查阅、对企业库存的盘点等。此时企业会担忧,其在接受合规监管后是否会导致尚未被办案机关掌握的犯罪事实或者新实施的犯罪行为被发现。一旦被第三方组织或检察机关发现,其将会面临更严厉的惩治。哪怕仅是引发行政责任,合规对其所产生的价值都难言是正向的。因此,企业可能会基于此考虑,拒绝合规整改。

(二)刑行衔接抵牾

企业生产经营过程中所发生的犯罪多为行政犯,企业的不法行为可能面临的不仅有刑事责任,还有行政责任。刑事责任与行政责任错综复杂,若处理不当将难以保障企业合规的开展,甚至会出现"反向激励"的情形。例如,在税务犯罪中,企业因涉嫌虚开增值税专用发票罪而进行合规整改。此时,为体现悔罪态度,企业须补缴税款,同时依照《税收征收管理法》承担少缴纳应纳税额5倍以下的罚款。如果企业不选择合规整改,让检察机关一诉了之,企业在财产上将只需承担2万元以上20万元以下的罚金(以此量刑区间为例)。从财产收益来看,企业选择合规的经济收益低于不合规所产生的收益。

因为依据《行政处罚法》第35条规定:"违法行为构成犯罪,人民法院判处罚金时,行政机关已经给予当事人罚款的,应当折抵相应罚金;行政机关尚未给予当事人罚款的,不再给予罚款。"按上述规定,对同一违法犯罪行为,原则上只能给予一次财产罚,不能重复适用。根据国务院《行政执法机关移送涉嫌犯罪案件的规定》的相关规定,如果违法行为已构成犯罪,行政机关不得以行政处罚代替刑事处罚。税务行政处罚措施被刑法规定的刑罚措施所吸收,行政处罚与刑罚不应并列适用。所以,涉案人员若构成犯罪只须承担刑事责任,若不构成犯罪则需要承担行政责任。这种行刑财产惩罚的倒置,导致企业被判处刑事责任可能面临更轻的财产处罚,不少企业可能会因此拒绝合规整改。

事实上,无论是合规整改事前、事中还是事后,机制的有效运行都离不开行政机关的配合。首先,在合规整改之前,涉案企业若想适用合规监管机制就需要配合行政机关解决好前置性行政责任,如税务犯罪中涉案企业应按税务机关要求补足税款、滞纳金及罚款,而在环境资源犯罪中则需要按环境主管部门要求缴纳足额环境资源修复相关费用。其次,在合规整改过程中,可以适当参考有关行政监管机关的意见。在辽宁省人民检察院等10部联合印发的《关于建立涉罪企业合规考察制度的意见》中,行政机关甚至充当的是监管人角色。毕竟有关行政监管机关不仅地位独立,而且也有能力进行专业性考察。譬如在环境资源犯罪中,自然资源环保监督部门有能力考察涉案企业关于封堵漏洞、改造治理、完备手续、赔偿损失、生态恢复等情况。最后,在合规整改后,企业还有相应的行政责任需要承担的话,检察机关则须将案件转交给行政机关处理。此外,涉案企业的后续持续监管也需要行政机关的协助。行政机关要在合规监管全过程中发挥作用,离不开良好的程序衔接,若缺乏配套程序只会导致检察机关与行政机关间的冲突,难以真正落实第三方合规监管机制。

(三)监管人独立性缺乏

在《指导意见》公布之前,不少地区已开始第三方独立监管人制度的探索,如上文提到的上海市金山区人民检察院。该检察院联合区司法局共同会签《关于企业合规第三方监管人遴选、选任、管理的暂行规定》,建立标准化、规范化工作流程,确保第三方监管人依法履行职责,并与10家单位联合制定《上海市金山区企业合规监督管理委员会章程》,牵头成立企业合规监督管理委员会。不过,实践中更多的地区则是选择由涉案企业的辩护人充当第三方监管组织。此时,辩护律师经委托授权代表涉案企业向检察机关提出合规整改的意愿,经检察机关同意后开始进行合规整改。合规考察由律师监督,完成整改后再由律师撰写书面考察报告交由检察机关评估考核。在这种模式下,辩护律师作为合规监管人带有天然倾向性,其监督的独立性难以保证。尽管企业整改最后的结果由检察机关进行复核验收,但监管过程的缺失使合规体系有效的可信度大打折扣。

对于第三方监管人的设立,《指导意见》给出的答案与上海市金山区人民检察院类似,都是建立一个完全独立的第三方监管机构。第三方监管机构主要职责是负责制定相关的规范性文件,第三方组织人员入库的标准,协调其他机构等。根据《指导意见》的规定,具体负责监管的是第三方组织,组织组成人员由第三方机制管委会根据案件具体情况以及涉案企业类型,从专业人员名录库中随机抽取。首先是名录库的设立问题,名录库的设立以何为标准,是否需要以地域为限?以上文提到的上海市金山区人民检察院试点为例,金山区名录库以金山区律师事务所为限。

若设立区域性的名录则会导致专业性问题,并非所有地区都像上海一样,有着丰富的司法资源。其次是名录标准的问题,是以单位还是以个人为选择对象？若以个人为选择对象,那具体要求是严格一些还是宽松一些？这些均需要进一步细化。最后则是随机选取的问题,随机选取可能在某种程度上参考了破产管理人的选任。部分地区选择破产管理人采用的就是"自愿报名+摇号"的方式。不过企业合规整改直接关系到涉案企业及涉案企业家后续的刑事责任问题,完全排除企业的利益诉求采用随机方式确立第三方监管人员是值得商榷的。

此外,《指导意见》对于办案经费这一重要问题并未明确。在实践中,各地对于第三方监管机构所需经费的安排不尽相同,具体以浙江省岱山县人民检察院以及浙江省温州市人民检察院为例。根据温州市人民检察院联合司法局等相关部门联合发布的《关于建立企业刑事合规第三方监管机制的工作办法(试行)》,独立监管人的劳动报酬原则上由犯罪嫌疑单位承担,确因犯罪嫌疑单位财务状况不良导致没有支付能力的,可以向检察机关提出申请,经核实后由同级财政部门安排给予保障。① 温州市检察机关认为,既然是对涉案企业进行合规整改,获有利益的是涉案企业,相关经费原则上自然由企业负担。这又回到上述提到的问题,若独立监管人的办案经费由企业提供,那独立监管人的独立性何以保证？岱山县检察机关在具体操作中则是选择在公共安全类支出项下列支或建立专门的专项经费保障第三方监管机构的运行。② 该模式的优点在于保证了监管人的独立性,个别案件由检察机关负担经费可能并无问题,但后续若案件量增加,完全由检察机关提供经费保障也难言合理。而且,合规监管是一项专业性极强的工作,根据《指导意见》规定,第三方监管组织不仅需要对涉案企业的合规计划进行审查,提出修改完善意见,还需要定期或不

---

① 参见《关于公开选任企业刑事合规独立监管人的公告》,载 http://www.wenzhou.jcy.gov.cn/system/2021/07/02/014107580.shtml,访问日期:2021 年 7 月 25 日。
② 参见《解读〈涉企案件刑事合规办理规程(试行)〉》,载 http://www.zjdaishan.jcy.gov.cn/llyt/202012/t20201207_3068086.shtml,访问日期:2021 年 7 月 15 日。

定期完成合规考察报告。若没有充足的经费保障,难以保证独立监管人工作的有效开展。

四、企业合规第三方监管机制的构建展望

(一)构建宽严相济的第三方监管机制

宽严相济是一项我们党和国家同犯罪作斗争必须长期坚持的刑事政策。正如对待企业犯罪,一方面要厚爱,另一方面也须严管。企业合规第三方监管机制给予企业刑事上激励,但在强调刑罚的预防功能时不可偏废,司法亦有其严肃的一面,刑罚同时具有报应的价值的另一面。构建宽严相济的企业合规第三方监管机制主要有四点须予以关注。

1. 建立合规准入门槛或负面清单

涉案企业适用第三方监管机制需要一些限制,切勿随意扩大适用范围。2020年12月,辽宁省人民检察院在制定的《关于建立涉罪企业合规考察制度的意见》中规定了七种不适用企业合规的情形,具体分为三种类型,分别是特定犯罪、社会负面影响大的犯罪以及企业犯罪外观的个人犯罪。《指导意见》也明确了不适用第三方机制的情形,不过相比辽宁省的意见则相对宽松一些,主要限制的都是企业犯罪外观的个人犯罪。在特定犯罪上,比如虚开发票和骗取出口退税犯罪,辽宁省检察机关认为不适用合规考察制度。但《企业家刑事风险分析报告(2014—2018)》显示,本罪在2014—2018年企业家犯罪罪名分布中位列第二,仅次于非法吸收公众存款罪。税收犯罪,尤其是虚开增值税专用发票是企业常见的合规风险点,该类型犯罪还是纳入合规考察范畴中更为妥当。除了负面清单,第三方监管机构在合规考察前还应做好合规可行性评估。企业自愿适用第三方机制仅是前提,并非所有企业都具有合规整改的可行性。可行性评估需要关注企业的经营状况以及企业整改的方向等内容,对于不具有合规整改可行性的企业应依法提起诉讼。

2. 建立整改退出机制

对于整改难以继续下去或整改效果不佳的企业应及时清退。企业合

规整改的愿景往往是美好的,起初可能也真实投入一定的财力人力以保障整改的进行,但整改的结果具有不确定性。以因涉嫌污染环境而进行合规整改的企业为例,由于经营业务的特殊性,企业在生产过程中不可避免地污染环境,那整改的方向一般是转型升级,彻底改变主营业务。而企业整体的转型升级需要内外部的共同努力,若缺乏外部契机,企业难以完成真实转向。因而,第三方监管机制应设立相应的退出机制,一方面是满足现实的企业需求,另一方面也可以告诫企业,并非开始合规整改就万事大吉,只有切实有效的消除犯罪因素才能真正获得合规激励。

3. 明确"漏罪"与"新罪"的处理方式

在试点过程中,有检察机关认为发现企业还存在尚未被发现的违法或犯罪风险因素,不应该参照《刑法》中发现漏罪或犯新罪的规定,直接数罪并罚或认定企业前科过多而直接起诉,而是应当综合评估,尽可能让愿意合规经营的企业继续整改。① 这种做法可以在一定程度上打消企业开展合规整改的顾虑,提高企业参与合规的积极性,但相应的有违背平等原则、过度保护企业之嫌。目前,《指导意见》将"漏罪"被发现风险的选择权交给涉案企业。根据《指导意见》规定,第三方监管合规的启动须以企业自愿适用为前提,若在考察期内被第三方组织发现"漏罪"或"新罪",则中止第三方监督评估程序,并向相应的检察院报告。督促企业合规治理不能矫枉过正,不能以牺牲公平来换得经济的进步。

4. 设立涉案企业的持续监督机制

无论采用"合规承诺+相对不起诉"模式,还是探索"附条件合规不起诉"模式,检察机关在最终评估考核时更多的还是从书面上考察企业合规的有效性。毕竟办案期限是有限的,即使第三方组织或检察官实地考核,也难以真正考察企业的实际运行情况。所以,对涉案企业的持续监督是必不可少的。该工作可以由第三方组织或者相应的行政主管机关承担。当然,检察机关进行有效性考核时也应关注合规体系的自我更新功能。

---

① 参见《解读〈涉企案件刑事合规办理规程(试行)〉》,载 http://www.zjdaishan.jcy.gov.cn/llyt/202012/t20201207_3068086.shtml,访问日期:2021 年 7 月 15 日。

(二)构建协同共治的第三方监管机制

党的十九大报告中,习近平总书记明确指出,要打造共建共治共享的社会治理格局。① 企业合规制度体现的就是一种协作共治式刑事诉讼模式,不同于认罪认罚制度对诉讼效率的追求,合规制度的真正目的在于创新社会治理方式,实现对涉罪企业的改造进而避免涉罪企业遭遇刑事犯罪的巨大风险。综合的社会治理离不开社会多方力量,特别是执法机关间的协调推进。

1. 创新行政执法方式

面对刑事激励,行政监管需要进一步创新执法方式,以缓解其与企业管理间的紧张关系,引导企业合规发展并为刑事合规落地提供助力。一方面,行政机关本就具有合规监管的职能,我国大量法律、法规赋予了监管机关监督管理权限;另一方面,通过行政层面的合规可以予以企业更大的激励,有效提高企业的合规意愿。有学者指出,行政监管合规已经取代了传统的"严刑峻法"式的行政执法方式。相较于纯粹的事后惩罚机制,行政监管机关通过评估检查、限期整改等措施介入企业管理,可以让企业合规运行,形成更为全面的监管体系。② 早在2015年,随着《行政和解试点实施办法》的出台,我国就已经在金融领域施行行政执法和解。在行政执法中,行政相对人交纳行政和解金,并承诺改正所涉嫌的违法行为,消除违法行为所造成的后果。相应地,监管部门终止行政执法调查程序,不再对行政相对人实施行政处罚。不过直到2019年,首个行政执法和解案例才出现。在"中国证监会与高盛(亚洲)有限责任公司、北京高华证券有限责任公司等案"中,双方达成和解协议,行政相对人须交纳行政和解金并进行合规整改,向证监会提交整改报告,而证监会则终止对相对人的调查审理程序。③ 同时,自2017年起,在建设工程领域开始行政审批事项中试行告知承诺制度改革。申请人向行政机关作出《行政审批告知承

---

① 参见俞可平:《自治与基层社会治理现代化》,载《党政视野》2016年第7期。
② 参见崔瑜:《论企业合规管理的政府监管》,载《行政法学研究》2021年第4期。
③ 参见陈瑞华:《行政执法和解与企业合规》,载《中国律师》2020年第6期。

诺书》,承诺具体的合规要求。① 我国行政层面的合规激励已经有了初步探索。

2021年7月15日起,修订后的《行政处罚法》正式施行,执法方式进一步创新。本次修订体现了惩治与教育相结合的原则,具体表现为轻微不罚、初次不罚以及无错不罚制度的确立。这些制度均为刑事合规中的"反向激励"问题提供解决路径,也为将来刑事合规与行政合规的衔接提供了基础。2021年上半年国家税务总局就已经开始"首违不罚"的执法方式。国家税务总局制定了《税务行政处罚"首违不罚"事项清单》,对于首次发生清单中所列事项且危害后果轻微,在税务机关发现前主动改正或者在税务机关责令限期改正的期限内改正的,不予行政处罚。行政机关创新执法方式,释放更多的行政合规激励,有利于刑事行政合规治理的协调发展。

2. 充分运用检察建议

检察建议是检察机关进行社会综合治理的重要方式,《人民检察院检察建议工作规定(试行)》(以下简称《检察建议规定》)对检察建议的性质在规范上予以明确。《检察建议规定》第2条明确检察建议是人民检察院依法履行法律监督职责,参与社会治理,维护司法公正,促进依法行政,预防和减少违法犯罪,保护国家利益和社会公共利益,维护个人和组织合法权益,保障法律统一正确实施的重要方式。检察建议是企业合规中检察机关、涉案企业以及行政机关间的重要纽带。检察机关一方面可以配合"合规不起诉"制度向涉案企业发出检察建议,以督促涉案企业整改;另一方面,检察机关也可以向相关行政主管部门制发检察建议,建议行政机关以行政监管的方式帮助企业完成合规计划。例如,上海市长宁区人民检察院在一批企业虚开发票案件中,作出相对不起诉决定的同时向税务机关制发了检察建议书,建议其督促企业查找漏洞,建立健全税收申报等

---

① 参见周佑勇:《契约行政理念下的企业合规协议制度构建——以工程建设领域为视角》,载《法学论坛》2021年第3期。

制度。① 检察机关要充分利用检察建议,丰富检察建议的内涵,将行政机关引入合规考察工作,通过对刑事司法力量和行政监管力量的统筹运用,实现司法和行政的有机融合,确保企业合规成果在刑事和行政领域得到同步显现,最大程度惠及企业经营发展。

3. 积极推进检察听证

企业合规既是企业治理体系和治理能力现代化的重要体现,也是国家治理体系和治理能力现代化的重要组成部分,而检察听证是其中重要的一环。按照《人民检察院审查案件听证工作规定》,检察机关可以邀请与案件没有利害关系的人员作为听证员参与听证,且听证员的意见是人民检察院依法处理案件的重要参考。这一规定不仅将合规考察置于公众的监督之下,提高合规工作的公开性、透明度,同时为社会协同助力企业合规提供了规范依据。检察机关可以通过合规听证吸收更多专业人员参与合规治理,协同助力营商环境优化。目前,各地已积极探索将检察听证融入企业合规第三方监管机制。2021 年 5 月 18 日,辽宁省人民检察院以视频会议的形式召开涉民营企业案件不起诉公开听证观摩会,省、区人大代表受邀担任听证员。② 2021 年 6 月 15 日,浙江省人民检察院检察长贾宇主持浙江省人民检察院与宁波市人民检察院共同组织的合规考察听证会。③ 今后检察机关要进一步推进检察听证的开展,让听证成为检察机关与社会其他力量协同共治的连接点。

(三)构建监管独立的第三方监管机制

独立监管人制度是第三方监管机制的核心,也是实践中颇具争议的问题,即使在制度与经验都比较成熟的美国依旧面临诸多困扰。在未来的适用过程中,我们亟须厘清检察机关、涉案企业及第三方监管人间的关

---

① 参见李奋飞:《论企业合规检察建议》,载《中国刑事法杂志》2021 年第 1 期。
② 参见《辽宁检察机关召开涉民营企业案件不起诉公开听证观摩会》,载 http://www.ln.jcy.gov.cn/art/2021/5/19/art_142_45547.html,访问日期:2021 年 8 月 1 日。
③ 参见《浙江:对涉案企业合规整改情况进行公开听证》,载 https://www.spp.gov.cn/spp/dfjcdt/202107/t20210720_524358.shtml,访问日期:2021 年 8 月 1 日。

系,明确第三方监管人的选任方式及监管费用的承担。

1. 明确第三方监管人的功能定位

深圳市宝安区司法局于 2020 年 8 月 28 日发布了《关于企业刑事合规独立监控人选任及管理规定(试行)》,规定监管人是指受犯罪嫌疑企业委托,对企业刑事合规情况进行调查、规划、监督的律师事务所。① 这一规定与前文提到的上海金山区做法类似,主要存在的问题是第三方监管人角色定位不清晰,既参与合规整改,又对整改情况进行监督。《指导意见》则进一步完善了相关规定,将第三方监管人定位为监督者,不参与企业的合规整改,也不参与检察机关的合规考察。第三方监管人有其独立性,主要职责是向检察机关报告企业合规整改情况。《指导意见》对于监管人的责任规定也有待完善之处,比如勤勉尽责的标准与相应的保障机制并未被提及。后续应进一步明确第三方监管的监督责任,借鉴律师、注册会计师等中介服务人员违背勤勉义务的规定,赋予企业在合规监督中更多的救济。

2. 细化第三方监管人的选任方式

《指导意见》对于第三方监管人的选任方式暂未明确规定。目前主要存在的争议在于具体选任标准以及涉案企业对选任的参与度上。第一,各地现有的选任范围相对单一,尽管规定律师、注册会计师及税务师等中介服务人员均可参与选任,但主要集中在律师群体,其他中介服务人员参与度有限。况且,即使有注册会计师、税务师参与,人员仍过于单一,难以应对复杂多元的合规案件。应根据涉案企业的业务类型以及涉罪情况,扩展到其他专业领域。第二,为避免专业人员资源不均衡,应起码在市级,并逐步在省级层面统筹建立第三方监管人员名录。第三,《指导意见》规定第三方监管人随机抽取,涉案企业对第三方监管人仅享有一定的"异议权"。这可能导致企业与监管人的不信任甚至对立,可以考虑参

---

① 参见《深圳市宝安区司法局关于企业刑事合规独立监控人选任及管理规定(试行)》,载 http://www.baoan.gov.cn/basfj/gkmlpt/content/8/8040/post_8040099.html#5161,访问日期:2021 年 8 月 2 日。

考仲裁员的选择方式,在一定程度上考虑涉案企业的意志,以充分保护整改中的企业利益。

3.明确监管费用的承担

第三方监管机构保持客观性、独立性的关键在于保障资金的独立性。监管费用主要存有三个问题:一是费用的来源问题,即监管人的费用由企业支付还是由国家财政承担,各地规定不一。从域外实践来看,费用多由企业承担,毕竟企业是直接获利主体,而且这部分支出也可以视为对企业的先行制裁。① 本文认为,可以考虑费用分担。尤其是在中小微企业的合规监管过程中,从承担社会治理职责的视角来看,由执法机关分担一部分合规费用是合理的。此外,对中小微企业根据其经营范围分类引导、组织开展合规制度建设,属于工商联、企业协会等自律组织的公共服务供给的重要组成部分。鉴于此,为了缓解中小微企业的合规费用压力,根据企业的经营范围,由自律组织开展合规监管也不失为一个选择。比如,由工商联、行业协会协调,统一购买合规服务,一旦企业被纳入合规计划,从中支付独立监管人的合规费用。二是费用定价问题。该问题的争论在美国也无定论,目前主流观点是,判断合规支出的合理性标准不能仅仅考虑刑事制裁的风险;相反,应取决于公司业务覆灭或中断、生产力降低、费用和其他非法律成本投入后的前景。三是费用支付方式问题。企业合规是一个长期的过程,参考《合规意见》,合规考察大致可分为考察前、中期考核以及终期考核三个阶段,按阶段支付监管人费用较为合适。

五、余论

第三方监管机制是检察机关履行社会治理职能新的探索,是提高治理水平,优化营商环境的重要抓手。检察机关是我国《宪法》规定的"法律监督机关",尽管职务犯罪侦查权整体转隶,但检察机关的法律性质并未改变,仍承担着纠正法治破坏的职责。企业合规是检察机关参与社会治

---

① 参见马明亮:《论企业合规监管制度——以独立监管人为视角》,载《中国刑事法杂志》2021年第1期。

理得新的契机,通过个案中发现的社会漏洞,延伸出法律监督职能触角,以工作创新引导企业健康发展。

现阶段,我们应该承认企业合规意识不足,企业不仅缺乏合规体系更缺乏合规文化。所以我国企业合规最先开始的是刑事领域,在制裁最为严厉的刑事领域释放司法善意,以刑罚激励推动企业建立合规体系,从而培养合规意识。第三方监管合规是企业被动合规,只是企业合规的第一步,我们真正所需要的是企业自主合规。部分刑事合规试点检察院已开始探索事后合规向事前合规的推进。实践中的做法是由检察院对企业已有的合规体系进行验收考核,判断企业合规体系的有效性。若企业自有的合规体系得到检察院的认可,那么检察院将会予以相应的刑事激励。检察机关在今后不断完善第三方监管机制的同时,要注重企业合规意识的培养,促进企业自主合规。

后　记

2020年10月,在山东大学法学院四十周年院庆之际,我筹划、主持了"山东大学刑事合规名家论坛",一方面,想为学院的院庆活动添彩,另一方面,恰逢最高人民检察院涉案企业合规改革试点刚刚启动,也想通过一系列的学术活动,为改革试点提供学术支持。由于疫情影响,计划中的学术活动未能全部如期举行,而是断断续续,持续了九个月之久。按照当初的活动筹划方案,系列讲座结束之后,我们要把相关内容整理成文字结集出版,从而让学术名家的思想能够惠及更多读者。没想到的是,对学术讲座的文字整理比预想得要困难、复杂。一方面,我们想尽可能地保留讲授内容的完整性;另一方面,又要使文字化的讲座内容更加规范,更加紧凑、符合逻辑。很多时候,这两点会发生矛盾,原因是,人的口头表达与文字表述方式存在显著差异,在讲座的过程中,题外的自由发挥可以使讲座现场氛围活跃,使讲座更为生动有趣,但以文字的形式呈现则显得结构较为松散。为此,文字整理就消耗了很长时间。在整理文字的同时,为了使出版内容更为丰富,我又约了理论界和实务界的同人,围绕合规的基础理论、比较法考察以及实践问题撰写相关论文。由此,本书的全部文稿得以形成。书稿提交到出版社之后,经过编校等一系列程序,等到可以出版时,已经是2023年夏天了。

在我们策划活动时,最高人民检察院的改革试点刚刚开始不久,等到本书出版时,改革试点都已经进入了尾声。由此产生的疑问是,这些文字是否还有必要出版?这半年以来,我也一直有这样的疑虑。今天就以后记的形式来作一个简单的自我解答,而这也是本书学术价值的一个说明。

当初在选择主讲人、与谈人以及专题论文作者时,我就充分考虑了他们的学术方向、研究方法以及学术观点。从学科分布来看,讲座内容涵盖了刑法、刑事诉讼法、民商法和经济法的相关内容,即本书是对企业合规理论的多学科解读。从具体内容来看,全书不仅涵盖了德国、意大利、法国等制度发展较为充分的国家的详尽立法、司法以及学术研究现状,还更多地体现了对基础理论的观照。例如,关于刑事合规研究的教义学方法问题,单位犯罪的定罪、量刑问题,公司内刑事责任分配机制问题等都是刑事合规问题域中非常核心的理论议题。从这个角度来说,本书并不会因为时过境迁而不再"前沿",基础理论是永远的"时尚"、前沿。

涉案企业合规改革试点已经进行了三年多时间,经过几年的试点,我们已经积累了诸多有益经验,但也产生了不少问题。站在事后的角度往回看,本书中的诸多观点,对于今天,乃至未来的改革试点、立法仍具有重要意义,下面试举几例:

第一,关于刑事合规的概念问题。概念是我们展开学术研究的基础,不同的概念会引导出不同的制度体系,也会引导出不同的理论认知。例如,直到今天仍有不少学者反对刑事合规这个概念,而是基于不同的考量倡导企业合规概念;也有不少学者对于刑法学者将合规问题教义学化的主张持反对态度,原因是中国刑法之中根本没有合规概念,哪来的教义学化?其实,所有这些问题都取决于我们如何理解刑事合规这个概念。通过对学术文献的梳理和合规实践的观察不难发现,对合规问题的研究和实践存在明显的视角区分,即企业视角和国家视角的区分。视角不同,合规的概念也不相同。企业视角下,合规是公司治理的问题,是公司为了防止违法犯罪行为而采取的整体性组织措施;国家视角下,合规是国家为了激励企业合规而建构的法制度工具。如果从国家视角来看,刑事合规的概念当然没有任何问题。在德国,基尔大学的丹尼斯·伯克教授早在十几年前就以"刑事合规"为题撰写了教授资格论文,内容有827页之多。如果站在国家视角,刑事合规制度当然也存在于我们国家的刑法体系和理论之中,我们需要做的就是,用合规理念来对相关的法条进行重新阐释,使其发挥更好的企业犯罪预防功能。因此,刑事合规的教义学化的主张当然也可以成立,甚至,未来的立法设计都会有不同的方向。关于刑事合规概念的视角分化问题,在张远煌教授的讲座之中早就有了非常清晰的讲解。在诸多的与谈人发言之中,也清楚表达了这样的意思。在卢勤忠教授的讲座中,也清晰展示出,合规问题具有不同的面向。

第二,刑事合规的制度边界问题。在孙国祥教授的讲座之中,其所表达的核心观点就是,刑事合规制度要受到刑法教义学的制约,而不能游离于刑法体系之外。我们今天再来看这样的观点,仍然非常受益,也值得深思。在改革试点的过程中,最高人民检察院始终在强调试点的合法性原则,即试点必须在现行制度体系内展开,而不能违法试点。但实践中,部分试点单位内确实出现了违背刑法基本规则的试点方案。从这个意义上说,再回过头去看当时学者的学术主张,仍具有非常重要的意义。

第三,单位犯罪的定罪、量刑问题。无论是黎宏教授的讲座,还是时延安教授的讲座,都以现行刑法为基础,在现有的理论体系内对单位犯罪的定罪、量刑问题提出了方案,对于可能的方向偏差也发出了预警。例如,时延安教授在讲座中就提出,在单位犯罪的定罪、量刑过程中,要反对"窃钩者诛"的做法,单位刑事案件的处理,要考虑、尊重基本原理和规则,而不能仅仅看政策需求。在黎宏教授的讲座中,对于合规不起诉中出现的合规整改效果及于企业家的实践做法,也提出了系统性反思。可是,实践中仍然出现诸多类似情况,甚至出现"员工生病,企业吃药,药效及于员工"的情况。

第四,公司内的责任分配机制问题。在系列讲座中,以江溯教授为典型,充分涉及了公司内的责任分配机制问题,即合规责任的负担问题。为了更深入了解这个问题在德国的研究情况,我也专门约请了德国刑事合规问题的权威学者丹尼斯·伯克教授来介绍德国的最新判例和研究情况。这个问题还未引起国内学界的充分重视,但是它却对我们的公司犯罪治理具有重要的意义,对于我们理解、反思、重构单位责任理论也具有重要的启示意义。众所周知,我国的传统理论强调"单位集体决定、领导人决定"在公司犯罪认定中的重要意义。在实践中,由于对"领导人"概念的宽泛解读,人为造成了公司内责任链条断裂的现象,即众多的公司犯罪案件中,仅仅将领导人解读为负责具体事务的级别较低的公司领导,从而造成了"距离犯罪越远,危险越小"的现象,也使公司领导的合规动力被显著削弱。这种实践方案也成为理论上的批判对象。实际上,也许我们不必对现有体系进行颠覆性重构,如果从公司内合规责任分配的角度重新审视我们的传统方案,也许问题就能迎刃而解。具体来说,如果公司合规是公司领导的集体责任,并不会因为分工、授权而发生义务的转移,那么公司领导集体就要为单位犯罪负责,这样不仅符合合规的基本原理,具有公司法的根据,还可以在客观上建构起公司内毫不断裂的责任链条,更加有利于企业合规目的之达成。由此,我们的公司刑事责任理论的问题也就迎刃而解了。

第五,合规问题的具体化问题。我们今天的讨论,从刑法学界的角度来看,主要集中在总则性问题,即合规与单位犯罪的定罪、量刑关系问题上。然而,同样具有价值的是具体领域内的合规问题,例如反洗钱合规、数据保护合规等,在这方面,王新教授的讲授具有启发意义,他为我们展示了刑法分则领域内合规问题研究的方式。

第六,合规问题的前置化问题。在国内,起初主要是刑事法学者在讨论刑事合规问题时,随着行政合规概念的提出,行政法、公司法、经济法领域的学者也开始研究合规问题。在以往的讨论之中,从来没有看到有学者从民法的角度理解合规问题。在这方面,赵万一教授开了先河。通过研读赵万一教授的发言,也确实有很多启发。例如,在英文文献中,诸多文献都提到了单位在反性骚扰问题上的义务,而这恰恰与我国《民法典》中的规定相契合。因此,如何从民法的角度理解单位的合规问题,具有超前的理论意义。

第七,对于起诉过程中的"公共利益"考量问题。在今天的改革试点实践中,起诉企业可能带来的地方税收、就业方面的问题成为重要的考量要素,名曰不起诉可以保护"公共利益",可是这样理解公共利益可能过于狭隘了。实际上,石磊研究员的讲座中早就提出,法律才是最大的公共利益,依法试点就是在维护最大的公共利益。

以上是我对当前的学术研究和司法实践的一些观察,也是对本书的学术意义的一点补充说明,希望能够对读者理解本书有所帮助。

最后,要向讲座参与人、论文撰稿人、编辑老师表达感谢,没有你们,就没有本书的出版,向你们表达诚挚的谢意!同时要感谢为本书文字初稿整理付出辛勤劳动的各位研究生同学,你们辛苦了!

李本灿

2023 年 6 月 15 日

于德国基尔